CHRISTIAN BASICS

WALKING WITH GOD

The Joy And Blessing Of Obedience

By
Edwin D. Roles

FUNDAMENTOS CRISTIANOS

CAMINANDO CON DIOS

El gozo y la bendición de la obediencia

Spanish Translated By
Wally De La Fuente

Prologue

In a world where people are often eager to be associated with people of stardom, wealth or influence, it would seem that "walking with God" would be one of the greatest blessings a person could have in this life. To be known as a close friend of the Creator and Ruler of the universe would be an exceptional honor and a very special blessing. And, for some people, it is! They regard no other blessing more significant than their close relationship with God and they earnestly seek to live in a way that truly honors and glorifies Him.

There are others, however, who would really like to walk with God but are convinced that it is not possible for them to do so. Some of them emphasize their own weaknesses and failures, while others are convinced that the Bible teaches that no one can or does sincerely and consistently walk with God. For them, walking with God is desirable but not possible.

Still others have neither the desire nor the intention to walk with God in their daily life. They feel that walking with God is far too restrictive, much too difficult, and totally devoid of pleasure and joy. As a result, they do not even consider the possibility of doing what pleases God and they look upon His laws as little more than barriers to happiness.

This course on "walking with God" emphasizes the importance, blessing, and ultimate delight in living the way God has taught us to live in His Word, the Bible.

Though no one is perfect and no one is without failures and sins, the Bible emphasizes that there are many people who faithfully and joyfully walk with God. And, by grace, you can be among them!

May the Lord give you joy and encouragement as you study His Word and may He also give you the special blessing of walking with Him moment by moment and also day after day.

Edwin D. Roels

Prólogo

En un mundo en el que la gente suele estar ansiosa por ser asociada con personas de estrellato, riqueza o influencia, parecería que "caminar con Dios" sería una de las mayores bendiciones que una persona podría tener en esta vida. Ser conocido como un amigo cercano del Creador y Gobernante del universo sería un honor excepcional y una bendición muy especial. Y, para algunas personas, ¡lo es! No consideran ninguna otra bendición más importante que su estrecha relación con Dios y buscan sinceramente vivir de una manera que realmente lo honre y lo glorifique.

Hay otros, sin embargo, que realmente quisieran caminar con Dios, pero están convencidos de que no les es posible hacerlo. Algunos de ellos hacen hincapié en sus propias debilidades y fracasos, mientras que otros están convencidos de que la Biblia enseña que nadie puede caminar con Dios de forma sincera y consistente. Para ellos, caminar con Dios es deseable pero no posible.

Otros no tienen ni el deseo ni la intención de caminar con Dios en su vida diaria. Sienten que caminar con Dios es demasiado restrictivo, demasiado difícil y totalmente carente de placer y alegría. Como resultado, ni siquiera consideran la posibilidad de hacer lo que le agrada a Dios y consideran sus leyes como poco más que barreras para la felicidad.

Este curso sobre "caminar con Dios" enfatiza la importancia, la bendición y el placer final de vivir de la manera en que Dios nos ha enseñado a vivir en Su Palabra, la Biblia.

Aunque nadie es perfecto y nadie está libre de fracasos y pecados, la Biblia enfatiza que hay muchas personas que caminan fiel y alegremente con Dios. Y, por gracia, ¡usted puede estar entre ellos!

Que el Señor te dé alegría y ánimo mientras estudias Su Palabra y que también te dé la bendición especial de caminar con Él momento a momento y también día a día.

Edwin D. Roels

THE BLESSING OF WALKING WITH GOD
Lesson One

Introduction

Do you want to live a life that is pleasing to God? You can! Though the power of evil is very strong and you may personally feel very weak, the Bible teaches that God will graciously give us everything we need in order to live a life that pleases and honors Him (2 Peter 1:3-4).

> *This does not mean, of course, that we will never sin or do anything wrong. But it does mean that God will truly help us to live a life that honors Him, glorifies Him, and pleases Him—if we genuinely and sincerely desire to live such a life and prayerfully seek to walk with Him every moment of every day.*

Many Christians, however, continue to emphasize their weaknesses and failures and the power of evil in the world. What they say about their weaknesses may be true, but when emphasizing the negative, they often neglect or minimize those many passages in the Bible which tell us of the grace of God and the power of God and the victory that He promises to give to those who humbly seek to serve and honor Him.

> *If we continue to emphasize the negative, we will probably not pray with the confidence that God will really help us live a life that is pleasing to Him. In fact, we may even get to the point wherewe actually expect to fail! And, after a while, we may not even be very concerned about our failures any more since we simply resignourselves to the idea that "no one can ever please God anyway."*

In this course, therefore, we begin with an emphasis on the positive teachings of the Bible concerning holiness and obedience. Though only Jesus perfectly did the will of His Father in heaven, we will find that there are many other people in the Bible who are commended for their lives of trust and obedience. And, in addition, we will find that the Bible provides us with many promises and some wonderful encouragement as we humbly and sincerely seek to Walk With God!

GOD CALLS US TO A LIFE OF HOLINESS AND OBEDIENCE

The Bible repeatedly calls us to live the way God wants us to live. Sometimes it emphasizes what the results will be if we choose not to trust and obey Him. But over and over we are called to be holy and obedient because God is holy and we are to be like Him . . . or because we are His representatives in a fallen and sinful world and we are to glorify Him . . . or because the unbelieving world must clearly understand the difference between living in the darkness and living in the light . . . or simply because the way of obedience is the way of blessing and joy.

LA BENDICIÓN DE CAMINAR CON DIOS
Lección Uno

Introducción

¿Quieres vivir una vida que agrade a Dios? Puedes hacerlo. Aunque el poder del mal es muy fuerte y puedes sentirte personalmente muy débil, la Biblia enseña que Dios nos dará gentilmente todo lo que necesitamos para vivir una vida que le agrade y honre (2 Pedro 1:3-4).

> *Por supuesto, esto no significa que nunca pecaremos ni haremos nada malo. Pero sí significa que Dios realmente nos ayudará a vivir una vida que lo honre, lo glorifique y lo complazca, si deseamos genuina y sinceramente vivir una vida así y buscamos en oración caminar con Él cada momento de cada día.*

Sin embargo, muchos cristianos continúan enfatizando sus debilidades y fracasos y el poder del mal en el mundo. Lo que dicen sobre sus debilidades puede ser cierto, pero al enfatizar lo negativo, a menudo descuidan o minimizan muchos pasajes de la Biblia que nos hablan de la gracia y del poder de Dios, y de la victoria que Él promete dar a aquellos que humildemente buscan servirle y honrarle.

> *Si continuamos enfatizando lo negativo, probablemente no oraremos con la confianza de que Dios realmente nos ayudará a vivir una vida que le agrade. De hecho, puede que lleguemos al punto de esperar fracasar. Y, después de un tiempo, puede que ya no nos preocupen nuestros fracasos ya que simplemente nos resignamos a la idea de que " de todos modos, nadie puede complacer a Dios".*

Por lo tanto, en este curso comenzamos con un énfasis en las enseñanzas positivas de la Biblia con respecto a la santidad y la obediencia. Aunque sólo Jesús hizo perfectamente la voluntad de su Padre en el cielo, encontraremos que hay muchas otras personas en la Biblia que son elogiadas por sus vidas de confianza y obediencia. Y, además, encontraremos que la Biblia nos proporciona muchas promesas y un maravilloso estímulo mientras buscamos humilde y sinceramente caminar con Dios.

DIOS NOS LLAMA A UNA VIDA DE SANTIDAD Y OBEDIENCIA

La Biblia nos llama repetidamente a vivir como Dios quiere que vivamos. A veces enfatiza cuáles serán los resultados si elegimos no confiar y obedecerle. Pero una y otra vez se nos llama a ser santos y obedientes porque Dios es santo y debemos ser como Él . . . o porque somos sus representantes en un mundo caído y pecador y debemos glorificarlo . . . o porque el mundo incrédulo debe entender claramente la diferencia entre vivir en la oscuridad y vivir en la luz . . . o simplemente porque el camino de la obediencia es el camino de la bendición y el gozo.

God does not give us laws and commandments to make our lives more burdensome or difficult but because He wants the very best for us. And there can be no lasting pleasure or delight when we choose to walk our own way rather than His way. And there can be no greater joy than when, by grace and by choice, we do walk with Him each moment of our lives.

Scripture References

"As he who called you is holy, you also be holy in all your conduct, since it is written, 'You shall be holy, for I am holy.'" 1 Peter 1:15-16

"Don't you know that you yourselves are God's temple and that God's Spirit lives in you?" 1 Corinthians 3:16

"Since we have these promises, beloved, let us cleanse ourselves from every defilement of body and spirit, bringing holiness to completion in the fear of God." 2 Corinthians 7:1

> *"For at one time you were darkness, but now you are light in the Lord. Walk as children of light (for the fruit of light is found in all that is good and right and true), and try to discern what is pleasing to the Lord." Ephesians 5:8-10*

> *"Look carefully then how you walk, not as unwise but as wise, making the best use of the time, because the days are evil." Ephesians 5:15-16*

> *"And it is my prayer that your love may abound more and more, with knowledge and all discernment, so that you may approve what is excellent, and so be pure and blameless for the day of Christ, filled with the fruit of righteousness that comes through Jesus Christ, to the glory and praise of God." Philippians 1: 9-11*

"Therefore, beloved, since you are waiting for these, be diligent to be found by him without spot or blemish, and at peace." 2 Peter 3:14

A MAN WHO WALKED WITH GOD FOR THREE HUNDRED YEARS

Early in the book of Genesis (Genesis 5:21-24) we read about a man named Enoch. In many ways Enoch appeared to have been an "ordinary" man who lived just like everyone else. He married, had children and grandchildren, and went about his ordinary business day after day. But there was also something very special about him.

> *According to verses 22 and 24, Enoch "walked with God." This walk was so very special that Enoch was taken directly up to heaven without ever having to die.*

We don't know exactly what the Bible means when it says that "Enoch walked with God," but it's obvious that he was living in such a way that God was very pleased with him. Hebrews 11:5 tells us that before Enoch was taken to heaven, "he was commended as one who pleased God." And this was not something that happened only once in a while. Genesis 5:22 says that "Enoch walked with God 300 years."

> *At the very least, therefore, it's obvious that Enoch lived day after day and year after year in close and loving fellowship with his God. He was a marvelous*

Dios no nos da leyes y mandamientos para hacer nuestra vida más pesada o difícil, sino porque quiere lo mejor para nosotros. Y no puede haber placer o deleite duradero cuando elegimos andar en nuestro propio camino en lugar de en Su camino. Y no puede haber mayor alegría que cuando, por gracia y por elección, caminamos con Él en cada momento de nuestras vidas.

Referencias Bíblicas

"Si no, como aquel que os llamó es santo, sed también vosotros santos en toda vuestra manera de vivir; porque escrito está: Sed santos, porque yo soy santo". 1 Pedro 1:15-16

"¿No sabéis que sois templo de Dios, y que el Espíritu de Dios mora en vosotros?" 1 Corintios 3:16

"Así que, amados, puesto que tenemos tales promesas, limpiémonos de toda contaminación de carne y de espíritu, perfeccionando la santidad en el temor de Dios." 2 Corintios 7:1

> *"Porque en otro tiempo erais tinieblas, mas ahora sois luz en el Señor; andad como hijos de luz (porque el fruto del Espíritu es en toda bondad, justicia y verdad), comprobando lo que es agradable al Señor." Efesios 5:8-10*

> *"Mirad, pues, con diligencia cómo andéis, no como necios sino como sabios, aprovechando bien el tiempo, porque los días son malos." Efesios 5:15-16*

> *"Y esto pido en oración, que vuestro amor abunde aún más y más en ciencia y en todo conocimiento, para que aprobéis lo mejor, a fin de que seáis sinceros e irreprensibles para el día de Cristo, llenos de frutos de justicia que son por medio de Jesucristo, para gloria y alabanza de Dios." Filipenses 1: 9-11*

"Por lo cual, oh amados, estando en espera de estas cosas, procurad con diligencia ser hallados por él sin mancha e irreprensibles, en paz." 2 Pedro 3:14

UN HOMBRE QUE CAMINÓ CON DIOS DURANTE TRESCIENTOS AÑOS

Al principio del libro del Génesis (Génesis 5:21-24) leemos sobre un hombre llamado Enoc. En muchos aspectos, Enoc parecía ser un hombre "ordinario" que vivía como todos los demás. Se casó, tuvo hijos y nietos, y se dedicó a sus asuntos ordinarios día tras día. Pero también había algo muy especial en él.

> *Según los versículos 22 y 24, Enoc "caminó con Dios". Este paseo era tan especial que Enoc fue llevado directamente al cielo sin tener que morir.*

No sabemos exactamente a qué se refiere la Biblia cuando dice que "Enoc caminó con Dios", pero es obvio que vivía de tal manera que Dios estaba muy complacido con él. Hebreos 11:5 nos dice que antes de que Enoc fuera llevado al cielo, "fue elogiado como alguien que agradaba a Dios." Y esto no era algo que ocurría sólo de vez en cuando. Génesis 5:22 dice que "Enoc caminó con Dios 300 años".

> *Por lo tanto, es obvio que Enoc vivió día tras día y año tras año en estrecha y amorosa comunión con su Dios. Fue un maravilloso ejemplo de alguien que*

It should be very encouraging to us to know that there was someone who was daily living a life that was pleasing to God when most of the people around him were not loving or serving God at all.

OTHERS WHO WALKED WITH GOD

If Enoch were the only person in the Bible who was commended as someone who pleased God, we might feel that we couldn't really learn anything from him. But he is not the only one. He may be the most exceptional one since we never read anything negative about him, but he certainly is not the only person who pleased God in his life. Consider, for example, the following.

"Abel . . . was commended as righteous." Hebrews 11:4

"Noah was a righteous man, blameless in his generation.

Noah walked with God." Genesis 6:9

"Job . . . was blameless and upright, one who feared God and turned away from evil." Job 1:1

David was a man "after God's own heart." Acts 13:22

"John [the Baptist] . . . was a righteous and holy man." Mark 6:20

Zechariah and Elizabeth "were both righteous before God, walking blamelessly in all the commandments and statutes of the Lord." Luke 1:6

"Simeon . . . was righteous and devout." Luke 2:25

"Cornelius [was] an upright and God-fearing man." Acts 10:22

The people mentioned here were certainly not perfect or free from sin. However, their lives were filled with positive desires and sincere intentions as they earnestly sought to do the will of God. And God approved of them and blessed them.

Such people are a great encouragement to us. Enoch and Noah and Job, as well as others, loved and served God even when most others didn't. Their lives clearly show that it is possible to walk with God even when others don't. And they also help us see and believe that God truly does bless those who genuinely love and trust Him.

SOME OLD TESTAMENT PROMISES OF BLESSING ON THE RIGHTEOUS

"Blessed is the man who walks not in the counsel of the wicked nor stands in the way of sinners, nor sits in the seat of scoffers; but his delight is in the law of the Lord, and on his

Debería ser muy alentador para nosotros saber que había alguien que vivía diariamente una vida que agradaba a Dios cuando la mayoría de la gente a su alrededor no amaba ni servía a Dios en absoluto.

OTROS QUE CAMINARON CON DIOS

Si Enoc fuera la única persona de la Biblia a la que se elogia como alguien que agradó a Dios, podríamos pensar que no podríamos aprender nada de él. Pero no es el único. Puede que sea el más excepcional, ya que nunca leemos nada negativo sobre él, pero ciertamente no es la única persona que agradó a Dios en su vida. Consideremos, por ejemplo, lo siguiente.

"Abel . . . fue elogiado como justo." Hebreos 11:4

"Noé era un hombre justo, intachable en su generación.

Noé caminó con Dios". Génesis 6:9

"Job ... era intachable y recto, uno que temía a Dios y se apartaba del mal". Job 1:1

David era un hombre "según el corazón de Dios". Hechos 13:22"

"Juan [el Bautista] . . . era un hombre justo y santo". Marcos 6:20"

Zacarías e Isabel "eran justos ante Dios, andando intachablemente en todos los mandamientos y estatutos del Señor." Lucas 1:6

"Simeón... era justo y piadoso". Lucas 2:25"

"Cornelio [era] un hombre recto y temeroso de Dios". Hechos 10:22"

Las personas mencionadas aquí ciertamente no eran perfectas ni estaban libres de pecado. Sin embargo, sus vidas estaban llenas de deseos positivos e intenciones sinceras, ya que buscaban fervientemente hacer la voluntad de Dios. Y Dios los aprobó y los bendijo.

Tales personas son un gran estímulo para nosotros. Enoc, Noé y Job, así como otros, amaron y sirvieron a Dios incluso cuando la mayoría de los demás no lo hicieron. Sus vidas muestran claramente que es posible caminar con Dios incluso cuando otros no lo hacen. Y también nos ayudan a ver y creer que Dios realmente bendice a los que genuinamente lo aman y confían en Él.

ALGUNAS PROMESAS DE BENDICIÓN PARA LOS JUSTOS EN EL ANTIGUO TESTAMENTO

"Bienaventurado el varón que no anduvo en consejo de malos, Ni estuvo en camino de pecadores, Ni en silla de escarnecedores se ha sentado; Sino que en la ley de Jehová está su delicia, Y en su ley medita de día y de noche. Será como árbol plantado junto a corrientes de aguas, Que da su fruto en su tiempo, Y su hoja no cae; Y todo lo que hace, prosperará. . .

law he meditates day and night . . . In all that he does, he prospers . . . for the Lord knows the way of the righteous, but the way of the wicked will perish." Psalm 1: 1-3, 6

"For you bless the righteous, O Lord; you cover him with favor as with a shield." Psalm 5:12

"Praise the Lord! Blessed is the man who fears the Lord, who greatly delights in his commandments! Light dawns in the darkness for the upright; he is gracious, merciful, and righteous." Psalm 112:1,4

"Blessed are those whose way is blameless, who walk in the law of the Lord! Blessed are those who keep his testimonies, who seek him with their whole heart, who also do no wrong, but walk in his ways!"

Psalm 119:1-3

"The righteous man leads a blameless life; blessed are his children after him." Proverbs 20:7

NEW TESTAMENT TEACHINGS ON WALKING WITH GOD

We all know that temptation is very real and that the devil is very strong (1 Peter 5:8). We also know that even some of the strongest believers sometimes fall into sin. However, it's important that we do not focus primarily on those passages which describe the strength of our enemy or the failures of God's people. Rather, if we truly seek to walk with God, we must focus primarily on who we are "in Christ."

When we focus on ourselves, it is easy to become overwhelmed with a sense of weakness and with the realization that we are completely unable to overcome or resist the powers of evil in our own strength. However, when we focus on who we are in Christ, we realize that we have much more power than those who wish to destroy us or lead us away from the Savior we love. As the Apostle John reminds us, though our enemy is very strong,

"He who is in you is greater than he who is in the world" (1 John 4:4).

Scripture References

Jesus said, "Already you are clean because of the word that I have spoken to you. Abide in me, and I in you   Whoever abides in me

and I in him, he it is that bears much fruit, for apart from me you can do nothing." John 15:3-5

"We know that our old self was crucified with him in order that the body of sin might be brought to nothing, so that we would no longer be enslaved to sin. For one who has died has been set free from sin."

Romans 6:6-7

"You, however, are not in the flesh but in the Spirit, if in fact the Spirit of God dwells in you. Anyone who does not have the Spirit of Christ does not belong to him." Romans 8:9

"Walk by the Spirit, and you will not gratify the desires of the flesh."

Galatians 5:16

Porque Jehová conoce el camino de los justos; Mas la senda de los malos perecerá." Salmos 1: 1-3, 6

"Porque tú, oh Jehová, bendecirás al justo; Como con un escudo lo rodearás de tu favor." Salmos 5:12

"Bienaventurado el hombre que teme a Jehová, Y en sus mandamientos se deleita en gran manera. Su descendencia será poderosa en la tierra; La generación de los rectos será bendita. Bienes y riquezas hay en su casa, Y su justicia permanece para siempre. Resplandeció en las tinieblas luz a los rectos; Es clemente, misericordioso y justo." Salmos 112:1,4

"Bienaventurados los perfectos de camino, Los que andan en la ley de Jehová. Bienaventurados los que guardan sus testimonios, Y con todo el corazón le buscan; Pues no hacen iniquidad Los que andan en sus caminos."

Salmos 119:1-3

"Camina en su integridad el justo; Sus hijos son dichosos después de él." Proverbios 20:7

ENSEÑANZAS SOBRE EL CAMINAR CON DIOS EN EL NUEVO TESTAMENTO

Todos sabemos que la tentación es muy real y que el diablo es muy fuerte (1 Pedro 5:8). También sabemos que incluso algunos de los creyentes más fuertes caen a veces en el pecado. Sin embargo, es importante que no nos centremos en aquellos pasajes que describen la fuerza de nuestro enemigo o los fracasos del pueblo de Dios. Más bien, si realmente buscamos caminar con Dios, debemos enfocarnos principalmente en quiénes somos "en Cristo".

Cuando nos centramos en nosotros mismos, es fácil sentirnos abrumados por una sensación de debilidad y por la constatación de que somos completamente incapaces de vencer o resistir los poderes del mal con nuestras propias fuerzas. Sin embargo, cuando nos centramos en lo que somos en Cristo, nos damos cuenta de que tenemos mucho más poder que aquellos que desean destruirnos o alejarnos del Salvador que amamos. Como nos recuerda el apóstol Juan, aunque nuestro enemigo es muy fuerte,

"Porque mayor es el que está en vosotros, que el que está en el mundo" (1 Juan 4:4).

Referencias Bíblicas

Jesus dijo, "Ya vosotros estáis limpios por la palabra que os he hablado. Permaneced en mí, y yo en vosotros. Como el pámpano no puede llevar fruto por sí mismo, si no permanece en la vid, así tampoco vosotros, si no permanecéis en mí. Yo soy la vid, vosotros los pámpanos; el que permanece en mí, y yo en él, éste lleva mucho fruto; porque separados de mí nada podéis hacer.

Juan 15:3-5

"Sabiendo esto, que nuestro viejo hombre fue crucificado juntamente con él, para que el cuerpo del pecado sea destruido, a fin de que no sirvamos más al pecado. Porque el que ha muerto, ha sido justificado del pecado."

Romanos 6:6-7

"Mas vosotros no vivís según la carne, sino según el Espíritu, si es que el Espíritu de Dios mora en vosotros. Y si alguno no tiene el Espíritu de Cristo, no es de él." Romanos 8:9

VICTORIOUS LIVING IS POSSIBLE

We must remember that Christ not only saved us when we first believed in Him but that He also continues to help us overcome sin and the devil through the Holy Spirit who lives within us. Just as we were *saved* through faith in Christ, we must *live* our daily lives through faith in Him and with faith in His promises to help us in our time of need.

> And if we do fail at times to live as God wants us to, we must never despair or give up but immediately confess our sin to God, trust Him for forgiveness, and then get back in step with our Lord.

If we did not truly believe that God wants us to live a life that is pleasing to Him and enables us to do so, we would continually be frustrated and discouraged whenever we studied the Bible. The more we learned about God's will for our lives, the less joy we would have and the greater would be our sense of hopelessness and despair. But when we focus on God's promises rather than on our weaknesses, we may begin to live a life of trust and obedience which leads to increasing humility, thanksgiving, fellowship, and joy.

Scripture References

After presenting a lengthy list of the kind of people who will not enter the Kingdom of God because of their sinful ways, Paul wrote,

> *"And such were some of you. But you were washed, you were sanctified, you were justified in the name of the Lord Jesus Christ and by the Spirit of our God." 1 Corinthians 6:11*

"For we ourselves were once foolish, disobedient, led astray, slaves to various passions and pleasures, passing our days in malice and envy, hated by others and hating one another. But when the goodness and loving kindness of God our Savior appeared, he saved us, not because of works done by us in righteousness, but according to his own mercy, by the washing of regeneration and renewal of the Holy Spirit . . . so that those who have believed in God may be careful to devote themselves to good works. These things are excellent and profitable for people." Titus 3:3-8

Jesus Christ *"gave himself for us to redeem us from all lawlessness and to purify for himself a people for his own possession who are zealous for good works." Titus 2:14*

> *"Resist the devil, and he will flee from you. Draw near to God, and he will draw near to you." James 4:7b-8*

"s divine power has granted to us all things that pertain to life and godliness, through the knowledge of him who called us to his own glory and excellence, by which he has granted to us

LA VIDA VICTORIOSA ES POSIBLE

Debemos recordar que Cristo no sólo nos salvó cuando creímos en Él por primera vez, sino que también sigue ayudándonos a vencer el pecado y al diablo a través del Espíritu Santo que vive en nosotros. Así como fuimos salvados a través de la fe en Cristo, debemos vivir nuestra vida diaria a través de la fe en Él y con fe en sus promesas de ayudarnos en nuestros momentos de necesidad.

> Y si a veces fracasamos en vivir como Dios quiere que lo hagamos, nunca debemos desesperarnos ni rendirnos, sino confesar inmediatamente nuestro pecado a Dios, confiar en Él para que nos perdone, y luego volver a estar en sintonía con nuestro Señor.

Si realmente no creyéramos que Dios quiere que vivamos una vida que le agrade y nos permita hacerlo, nos sentiríamos frustrados y desanimados cada vez que estudiáramos la Biblia. Cuanto más aprendiéramos sobre la voluntad de Dios para nuestras vidas, menos alegría tendríamos y mayor sería nuestra sensación de desesperanza y de falta de esperanza. Pero cuando nos centramos en las promesas de Dios y no en nuestras debilidades, podemos empezar a vivir una vida de confianza y obediencia que nos lleva a aumentar la humildad, la acción de gracias, el compañerismo y la alegría.

Referencias Bíblicas

Después de presentar una larga lista de la clase de personas que no entrarán en el Reino de Dios debido a sus caminos pecaminosos, Pablo escribió,

> *"Y esto erais algunos; más ya habéis sido lavados, ya habéis sido santificados, ya habéis sido justificados en el nombre del Señor Jesús, y por el Espíritu de nuestro Dios." 1 Corintios 6:11*

"Porque nosotros también éramos en otro tiempo insensatos, rebeldes, extraviados, esclavos de concupiscencias y deleites diversos, viviendo en malicia y envidia, aborrecibles, y aborreciéndonos unos a otros. Pero cuando se manifestó la bondad de Dios nuestro Salvador, y su amor para con los hombres, nos salvó, no por obras de justicia que nosotros hubiéramos hecho, sino por su misericordia, por el lavamiento de la regeneración y por la renovación en el Espíritu Santo . . . para que los que creen en Dios procuren ocuparse en buenas obras. Estas cosas son buenas y útiles a los hombres." Tito 3:3-8

Jesucristo *"se dio a sí mismo por nosotros para redimirnos de toda iniquidad y purificar para sí un pueblo propio, celoso de buenas obras." Tito 2:14*

his precious and very great promises, so that through them you may become partakers of the divine nature, having escaped from the corruption that is in the world because of sinful desire." 2 Peter 1:3-4

"May the God of peace . . . equip you with everything good that you may do his will, working in us that which is pleasing in his sight, through Jesus Christ, to whom be glory forever and ever. Amen." Hebrews 13:20-21

"Now to him who is able to keep you from stumbling and to present you blameless before the presence of his glory with great joy, to the only God, our Savior, through Jesus Christ our Lord, be glory, majesty, dominion, and authority, before all time and now and forever. Amen." Jude 24-25

AN IMPORTANT REMINDER

Though this Lesson focuses primarily on our Walk with God, it is very important to remember that there is no way in which we can earn or merit salvation by our holiness or obedience.

We are not saved from the penalty and the power of sin through our own merits but only through God's mercy and grace.

No one is without sin, and no one can even begin to save himself from the just judgment of God. Every person who comes into the world is born under the curse of sin (Ephesians 2:3) and every person is by nature an object of God's wrath and subject to the penalty of eternal death (John 3:36).

Eternal and perfect righteousness can be ours only through faith in Jesus Christ who mercifully took our sin on Himself and whose perfect righteousness is imputed to us (Romans 3:23-26; Romans 5:1-2; 1 Corinthians 1:30-31; 2 Corinthians 5:21).

However, when Christ saves us, He not only removes the penalty of sin, but He also gives us the ability to fight against the power of sin and overcome it (1 Corinthians 10:13). As an old Christian hymn puts it, through Christ we have a "double cure." He saves us from wrath and He also makes us pure.

In this Course, the emphasis is not on coming to God for salvation butrather on **walking** with God in obedience and gratitude **after** we havebeen saved. If you have not yet taken the first step of trusting Christ for salvation, then it will be totally impossible for you to **walk** with God! But if you are a true believer and sincerely desire to live for Godin your daily life, you may trust that God will enable you to walk withHim in obedience and joy.

(Note: In a future Lesson we will consider some passages in the Bible that mayseem to teach that it is impossible for us to walk faithfully and consistently with God in this life. Before studying those passages, however, it is important to fix your mind and heart on the passages and teachings referred to in this Lesson.)

"Someteos, pues, a Dios; resistid al diablo, y huirá de vosotros.8Acercaos a Dios, y él se acercará a vosotros." Santiago 4:7b-8

"Como todas las cosas que pertenecen a la vida y a la piedad nos han sido dadas por su divino poder, mediante el conocimiento de aquel que nos llamó por su gloria y excelencia, por medio de las cuales nos ha dado preciosas y grandísimas promesas, para que por ellas llegaseis a ser participantes de la naturaleza divina, habiendo huido de la corrupción que hay en el mundo a causa de la concupiscencia." 2 Pedro 1:3-4

"Y el Dios de paz . . . os haga aptos en toda obra buena para que hagáis su voluntad, haciendo él en vosotros lo que es agradable delante de él por Jesucristo; al cual sea la gloria por los siglos de los siglos. Amén."Hebreos 13:20-21

"Y a aquel que es poderoso para guardaros sin caída, y presentaros sin mancha delante de su gloria con gran alegría, al único y sabio Dios, nuestro Salvador, sea gloria y majestad, imperio y potencia, ahora y por todos los siglos. Amén" Judas 24-25

UN RECORDATORIO IMPORTANTE

Aunque esta Lección se centra principalmente en nuestro Camino con Dios, es muy importante recordar que no hay manera de ganar o merecer la salvación por nuestra santidad u obediencia.

No somos salvados de la pena y el poder del pecado por nuestros propios méritos, sino sólo por la misericordia y la gracia de Dios.

Nadie está libre de pecado, y nadie puede ni siquiera empezar a salvarse del justo juicio de Dios. Toda persona que viene al mundo nace bajo la maldición del pecado (Efesios 2:3) y toda persona es por naturaleza objeto de la ira de Dios y está sujeta a la pena de muerte eterna (Juan 3:36).

La justicia eterna y perfecta sólo puede ser nuestra por medio de la fe en Jesucristo, quien misericordiosamente tomó nuestro pecado y cuya justicia perfecta nos es atribuida (Romanos 3:23-26; Romanos 5:1-2; 1 Corintios 1:30-31; 2 Corintios 5:21).

Sin embargo, cuando Cristo nos salva, no sólo elimina la pena del pecado, sino que también nos da la capacidad de luchar contra el poder del pecado y vencerlo (1 Corintios 10:13). Como dice un antiguo himno cristiano, a través de Cristo tenemos una "doble cura". Él nos salva de la ira y también nos hace puros.

En este Curso, el énfasis no está en acudir a Dios para la salvación, sino en caminar con Dios en obediencia y gratitud después de haber sido salvados. Si todavía no has dado el primer paso de confiar en Cristo para la salvación, entonces te será totalmente imposible caminar con Dios. Pero si eres un verdadero creyente y deseas sinceramente vivir para Dios en tu vida diaria, puedes confiar en que Dios te permitirá caminar con Él en obediencia y alegría.

(Nota: En una futura lección consideraremos algunos pasajes de la Biblia que pueden parecer enseñar que es imposible que caminemos fiel y consistentemente con Dios en esta vida. Sin embargo, antes de estudiar

esos pasajes, es importante fijar tu mente y tu corazón en los pasajes y enseñanzas a los que se refiere esta Lección).

LESSON ONE
DAILY BIBLE READINGS

Day 1

Day 2

Day 3

Day 4

Day 5

Day 6

Day 7

Psalm 15:1-5; Isaiah 33:15-16; 1 Corinthians 10:31; James 1:27

Psalm 17:1-5; Psalm 119:97-104; 1 Peter 1:22-23

Deuteronomy 5:29; Joshua 1:7-9; Joshua 11:15; John 14:21, 23;

2 Timothy 2:21; James 1:25; 1 John 1:7; 1 John 2:5-6

Ephesians 1:3-6; 1:17-19a; Ephesians 2:4-10, 12-13, 19;

Ephesians 5:1-2

Psalm 17:3, 5; Psalm 26:11; Psalm 101:2, 3, 6, 7;

Psalm 119:129-133

Romans 8:9-13; Galatians 5:16-18, 5:22-23; Galatians 6:7-10

Philippians 4:8-9; Titus 2:11-14; 2 Peter 1:3-8

LECCIÓN UNO
LECTURAS BÍBLICAS DIARIAS

Día 1

Día 2

Día 3

Día 4

Día 5

Día 6

Día 7

Salmos 15:1-5; Isaías 33:15-16; 1 Corintios 10:31; Santiago 1:27

Salmos 17:1-5; Salmos 119:97-104; 1 Pedro 1:22-23

Deuteronomio 5:29; Josué 1:7-9; Josué 11:15; Juan 14:21, 23;

2 Timoteo 2:21; Santiago 1:25; 1 Juan 1:7; 1 Juan 2:5-6

Efesios 1:3-6; 1:17-19a; Efesios 2:4-10, 12-13, 19;

Efesios 5:1-2

Salmos 17:3, 5; Salmos 26:11; Salmos 101:2, 3, 6, 7;

Salmos 119:129-133

Romanos 8:9-13; Gálatas 5:16-18, 5:22-23; Gálatas 6:7-10

Filipenses 4:8-9; Tito 2:11-14; 2 Pedro 1:3-8

LESSON ONE – TEST QUESTIONS

TrUE Or FaLSE

Circle T or F.

1. T F By God's grace, it is possible for us to live a life that is truly pleasing to God.

2. T F It does not matter much whether or not whether we obey God's commandments since we are saved by grace and not by our own good works.

3. T F Every one of the men in the Old Testament who "walked with

4. God" had at least one significant "black mark" on his record.

5. T F If we sincerely seek to walk with God, we must focus primarily on who we are in Christ rather than on our own efforts to please God.

6. T F Enoch did not begin to walk with God until later in life, but once he began to walk with God in his life he never turned back.

7. T F The best way to create a sincere desire to walk with God is to focus in the Bible on the failures of people who did not walk with God.

8. T F Both of John the Baptist's parents walked faithfully with God long before their promised son was born.

9. T F David was called a man "after God's own heart" because he always did what God told him to do and did not do what God told him not to do.

10. T F When Jesus saves us He not only forgives our past sins but He also helps us to keep from sinning in the future.

11. T F It likely was much easier to walk with God in Old Testament times than it is today since there were far fewer temptations to sin in those days.

LECCIÓN UNO – PREGUNTAS DE PRUEBA

VERDADERO O FALSO

Encierre con un círculo si es V o F.

1. V F Por la gracia de Dios, es posible que vivamos una vida realmente agradable a Dios.

2. V F No importa mucho si obedecemos o no los mandamientos de Dios ya que somos salvados por gracia y no por nuestras buenas obras.

3. V F Cada uno de los hombres del Antiguo Testamento que "caminó con Dios" tenía al menos una "mancha" significativa en su historial.

4. V F Si buscamos sinceramente caminar con Dios, debemos enfocarnos principalmente en lo que somos en Cristo y no en nuestros propios esfuerzos para agradar a Dios.

5. V F Enoc no comenzó a caminar con Dios hasta más tarde en su vida, pero una vez que comenzó a caminar con Dios en su vida nunca volvió atrás.

6. V F La mejor manera de crear un deseo sincero de caminar con Dios es centrarse en los fracasos de las personas en la Biblia que no caminaron con Dios.

7. V F Los padres de Juan el Bautista caminaron fielmente con Dios mucho antes de que naciera su hijo prometido.

8. V F David fue llamado un hombre "según el corazón de Dios" porque siempre hizo lo que Dios le dijo que hiciera y no hizo lo que Dios le dijo que no hiciera.

9. V F Cuando Jesús nos salva no sólo perdona nuestros pecados pasados, sino que también nos ayuda a no pecar en el futuro.

10. V F. Probablemente, era mucho más fácil caminar con Dios en los tiempos del Antiguo Testamento que en la actualidad, ya que había menos tentaciones para pecar en aquellos días.

MULTIpLE ChOICE

Choose which of the three statements is correct. Circle A or B or C.

1. When we are saved:

    A. We will no longer be tempted to do what is wrong.

    B. We will automatically begin to do what is right.

    C. The Holy Spirit will live within us to help us walk daily with the Lord in trust and obedience.

2. James 4 teaches us that if you resist the devil:

    A. He will ignore you.

    B. He will flee from you.

    C. He will try all the harder to get you to fall into sin.

3. Galatians 5 teaches that those who belong to Christ:

    A. Have crucified their sinful nature with its passions and desires.

    B. Will no longer be tempted to do what is wrong.

    C. Will often be tempted but will win a victory over every temptation.

4. Who said these words: "I will walk with integrity of heart within my house. . . I will know nothing of evil"?

    A. Moses

    B. Abraham

    C. David

5. Where do we find the following words in the Bible? "He saved us not because of works done by us in righteousness, but according to his own mercy . . . so that those who have believed in God may be careful to devote themselves to good works."

    A. Titus 3

    B. Ephesians 4

    C. Galatians 5

6. When we are truly saved by God's grace:

OPCIÓN MÚLTIPLE

Elija cuál de las tres afirmaciones es correcta. Encierre en un círculo A o B o C.

1. Cuando somos salvos:

    A. Ya no somos tentados a hacer lo que es malo.

    B. Automáticamente comenzamos a hacer lo que es correcto.

    C. El Espíritu Santo vive dentro de nosotros para ayudarnos a caminar diariamente con el Señor en confianza y obediencia.

2. Santiago 4 nos enseña que si resistes al diablo:

    A. El te ignorará.

    B. Huirá de ti.

    C. Se esforzará al máximo para que caigas en el pecado.

3. Gálatas 5 enseña que los que pertenecen a Cristo:

    A. Han crucificado su naturaleza pecaminosa con sus pasiones y deseos.

    B. Ya no serán tentados a hacer lo que es malo.

    C. A menudo serán tentados, pero ganarán una victoria sobre cada tentación.

4. ¿Quién dijo estas palabras? "Caminaré con integridad de corazón dentro de mi casa. . . No conoceré nada malo"

    A. Moisés

    B. Abraham

    C. David

5. ¿Dónde encontramos las siguientes palabras en la Biblia? "Nos salvó, no por obras de justicia que nosotros hubiéramos hecho, sino por su misericordia... para que los que creen en Dios procuren ocuparse en buenas obras."

    A. Tito 3

    B. Efesios 4

    C. Gálatas 5

6. Cuando somos verdaderamente salvados por la gracia de Dios:

A. We will no longer have to wrestle with temptation.

B. We will likely not experience any difference in our daily lives.

C. We will grow in our love for God and in our obedience to Him.

7. Who said or wrote the following words? "Walk by the Spirit, and you will not gratify the desires of the flesh."

A. Jesus

B. Paul

C. Peter

8. If we sincerely desire to walk with God in this life:

A. We should not set our goals too high, since we might give up whenever we fail to meet those goals.

B. We should set some very high goals and pray that God will graciously enable us to reach them.

C. We should not set any specific goals at all.

9. The Bible gives us the names of several persons who were said to be "righteous." Which one of the following is NOT included among them?

A. Simeon

B. Noah

C. Paul

10. If we do fail in some way to walk with God in our lives,

A. We should concentrate on that failure so we will not fall into that sin again.

B. We should do whatever we can to keep this information from others so they will not be discouraged in their own walk with God.

C. We should confess our sin to the Lord, ask for His forgiveness and pray that we will not fall into sin again.

A. Ya no tenemos que luchar contra la tentación.

B. Es probable que no experimentemos ninguna diferencia en nuestra vida diaria.

C. Crece nuestro amor por Dios y nuestra obediencia a Él.

7. ¿Quién dijo o escribió las siguientes palabras? "Caminad por el Espíritu, y no satisfacerás los deseos de la carne".

A. Jesus

B. Pablo

C. Pedro

8. Si deseamos sinceramente caminar con Dios en esta vida:

A. No debemos poner nuestras metas demasiado altas, ya que podríamos desistir cuando no alcancemos esas metas.

B. Debemos establecer algunas metas muy altas y orar para que Dios nos permita alcanzarlas.

C. No debemos establecer ninguna meta específica.

9. La Biblia nos da los nombres de varias personas de las que se dice que son "justas". ¿Cuál de los siguientes NO está incluido entre ellos?

A. Simeón

B. Noé

C. Pablo

10. Si fallamos de alguna manera en caminar con Dios en nuestras vidas,

A. Debemos enfocarnos en ese fracaso para no volver a caer en ese pecado.

B. Debemos hacer todo lo posible para mantener esta información lejos de otros para que no se desanimen en su propio caminar con Dios.

C. Debemos confesar nuestro pecado al Señor, pedir su perdón y orar para no volver a caer en el pecado.

LESSON ONE – aDDITIONaL QUESTIONS

1. A. Write out 2 Peter 1:3.
   B. Briefly indicate what this verse teaches us.

2. Various reasons are given in the Lesson notes why God wants us to live holy and obedient lives. List three of them.
   A.
   B.
   C.

3. What wonderful truth does Paul teach in 1 Corinthians 3:16?

4. According to 2 Peter 3:13-14, why should believers seek to be spotless and blameless and at peace with God?

5. Genesis 5:21-24 and Hebrews 11:4-5 tell us about Enoch. Are these statements about him true or false?

   A. Enoch was taken up to heaven without dying.

   B. Enoch pleased God in his daily life.

   C. Enoch was "ordinary" in many ways but we never read anything negative about him.

6. A List five other persons in the Bible (besides Enoch) who were considered to be "righteous" or "upright" in how they lived.

   B. Which two of these five persons do you regard as especially good examples for you to follow in your own life? Please explain why you chose these two persons.

7. A. How many of these "righteous" people were considered to be sinless?

   B. What does it mean that these people were "righteous" or pleasing to God?

8. Enoch and Noah lived a very long time ago when life was so much different. How can their lives still be an encouragement to us today?

---

1. A. Escribe la cita biblica de: 2 Pedro 1:3.

   B. Indica brevemente lo que nos enseña este versículo.

2. En las notas de esta lección se dan varias razones por las que Dios quiere que vivamos una vida santa y obediente. Enumera tres de ellas.

   A.

   B.

   C.

3. ¿Cuál maravillosa verdad enseña Pablo en 1 Corintios 3:16?

4. De acuerdo con 2 Pedro 3:13-14, ¿por qué los creyentes deben procurar ser inmaculados e intachables y estar en paz con Dios?

5. Génesis 5:21-24 y Hebreos 11:4-5 nos hablan de Enoc. ¿Son verdaderas o falsas estas afirmaciones sobre él?

   A. Enoc fue llevado al cielo sin morir.

   B. Enoc agradó a Dios en su vida diaria.

   C. Enoc era "ordinario" en muchos aspectos, pero nunca leemos nada negativo sobre él.

6. A. Enumera otras cinco personas en la Biblia (además de Enoc) que fueron considerados "justos" o "rectos" en su forma de vivir.

   B. ¿Cuáles dos de estas cinco personas consideras especialmente buenos ejemplos para seguir en tu propia vida? Explica por qué has elegido a estas dos personas.

7. A. ¿Cuántas de estas personas "justas" se consideraban que no tenían pecado?

   B. ¿Qué significa que estas personas eran "justas" o agradables a Dios?

8. Enoc y Noé vivieron hace mucho tiempo cuando la vida era muy diferente. ¿Cómo pueden sus vidas seguir siendo un estímulo para nosotros hoy en día?

9. Fill in the blanks in the following passages from the Book of Psalms.

A. "Blessed is the man who________ ______not in the counsel of the wicked, nor ______in the way of sinners, nor_________in the seat of scoffers; but his delight is in___ ____________and on his law he meditates ____________." Psalm 1:1-2

10. "Blessed are those whose way is__________, who__________in the law of the LORD! Blessed are those who keep his testimonies, who seek him   , who also do__________, but _____." Psalm 119: 1-3

11. Indicate whether the following statements are true or false.

A. "Sometimes even the strongest believers fall into sin."

B. "The best way for us to stay away from sin is to focus on our weaknesses, the failures of others, and the power of Satan."

C. "One good way to stay away from sin is to remember that temptation to sin can never be strong for a true believer."

D. "If we do fall into sin for any reason, we should continue to focus on that failure every day so we will not fall into that sin again."

12. What does 1 John 4:4 teach us?

13. A. Do you think God really wants us to live a life that is pleasing to Him?

B. Do you think God really expects us to live a life that is pleasing to Him?

C. Do you think God really enables us to live a life that is pleasing to Him?

D. What difference will it make in your life if you answered these three questions with a YES or a NO?

14. If you increasingly live a life that is pleasing to God, who should get the primary credit for that—you or God? Please explain your answer.

15. What promise of Jesus is recorded in John 15:3-5?

16. What promise is given in James 4:7-8?

9. Completa los espacios en blanco en los siguientes pasajes del Libro de los Salmos.

A. "Bienaventurado el varón que_____ ________________en consejo de malos, ni______en camino de pecadores, ni en____________de escarnecedores se ha sentado; sino que en la ley de Jehová está su ________________y en su ley medita de____________." Salmos 1:1-2

10. "Bienaventurado los_____de camino, los___ ________en la ley de Jehová! Bienaventurados los que guardan sus testimonios, y con todo el corazón , pues no hacen__________, los que andan __." Salmos 119: 1-3

11. Indica si las siguientes afirmaciones son verdaderas o falsas.

A. "A veces, incluso los creyentes más fuertes caen en el pecado".

B. "La mejor manera de alejarnos del pecado es centrarnos en nuestras debilidades, en los fallos de los demás y en el poder de Satanás".

C. "Una buena manera de mantenerse alejado del pecado es recordar que la tentación nunca puede ser más fuerte para un verdadero creyente."

D. "Si por cualquier razón caemos en el pecado, debemos seguir enfocándonos en ese fracaso cada día para no volver a caer en ese pecado."

12. ¿Qué nos enseña 1 Juan 4:4?

13. A. ¿Crees que Dios realmente quiere que vivamos una vida que le agrade?

B. ¿Crees que Dios realmente espera que vivamos una vida que le agrade?

C. ¿Crees que Dios realmente nos permite vivir una vida que le agrade?

D. ¿Qué diferencia habría en tu vida si respondieras a estas tres preguntas con un SÍ o un NO?

14. Si vives cada vez más una vida que agrada a Dios, ¿Quién debería recibir el crédito principal por eso, tú o Dios? Por favor, justifica tu respuesta.

15. ¿Qué promesa de Jesús se registra en Juan 15:3-5?

16. ¿Qué promesa se da en Santiago 4:7-8?

17. What comfort and encouragement do you find in Philippians 2:13?

18. Write out two passages from the Scripture References in this Lesson which are especially meaningful and helpful to you. Then, after each passage, indicate why you chose this particular passage.

    A.

    B.

19. In this Lesson we have read about the importance and blessings of walking with God in holiness, trust, and obedience. Does this Lesson teach that we are able to earn our salvation by living a life that pleases God? Carefully explain your answer.

20. What do you think the hymn writer meant when he said that through Christ we receive a "double cure"?

QUESTIONS FOr rEFLECTION Or DISCUSSION

1. Would you agree or disagree with the following statement? "It's better to emphasize our weaknesses and failures rather than to focus on those passages in the Bible that tell us about the grace and power of God, so that we don't become overconfident and proud."

2. Please explain your answer.

3. Do you think it's possible for a believer to make some very good progress in living a life that is pleasing to the Lord? Or do you feel that living a holy and God-pleasing life is almost impossible in this life?

4. Which of the following activities seem most important to you as you seek to live a life that is pleasing to the Lord? Prayer, Bible study, worship, praise, Christian fellowship, being accountable to others? Are there any other things which you personally find very helpful in your walk with God?

5. Do you think it is possible to please the Lord if you serve and obey Him in most areas of your life but refuse to give up a particular activity or habit that you know is not pleasing to Him? Please explain your answer.

6. In your own personal experience, does it seem that most Christians are generally quite positive about being able to live a life that is pleasing to the Lord, or are they usually quite pessimistic about this?

Write a brief paragraph on why you want to walk with God and live a life that is pleasing to Him.

---

17. ¿Qué consuelo y motivación encuentras en Filipenses 2:13?

18. Escribe dos pasajes bíblicos de esta lección que sean especialmente significativos y útiles para ti. Luego, después de cada pasaje, indica por qué elegiste ese pasaje en particular.

    A.

    B.

19. En esta lección hemos leído sobre la importancia y las bendiciones de caminar con Dios en santidad, confianza y obediencia. ¿Esta lección enseña que podemos ganar nuestra salvación viviendo una vida que agrada a Dios? Justifica cuidadosamente tu respuesta.

20. ¿Qué crees que quiso decir el autor del himno cuando dijo que por medio de Cristo recibimos una "doble cura"?

PREGUNTAS PARA DISCUTIR O REFLEXIONAR

1. ¿Estás de acuerdo o no con la siguiente afirmación? "Es mejor enfatizar nuestras debilidades y fracasos en lugar de centrarnos en aquellos pasajes de la Biblia que nos hablan de la gracia y el poder de Dios, para que no nos volvamos demasiado confiados y orgullosos".

2. Por favor, justifica tu respuesta.

3. ¿Crees que es posible que un creyente progrese mucho en vivir una vida que agrade al Señor? ¿O crees que vivir una vida santa y agradable a Dios es casi imposible en esta vida?

4. ¿Cuáles de las siguientes actividades le parecen más importantes al tratar de vivir una vida que agrade al Señor? ¿La oración, el estudio de la Biblia, la adoración, la alabanza, el compañerismo cristiano, el rendir cuentas a los demás? ¿Hay otras cosas que personalmente encuentras muy útiles en tu caminar con Dios?

5. ¿Crees que es posible agradar al Señor si le sirves y obedeces en la mayoría de las áreas de tu vida, pero te niegas a dejar una actividad o hábito particular que sabes que no le agrada? Por favor, justifica tu respuesta.

6. En tu experiencia, ¿parece que la mayoría de los cristianos son bastante positivos en cuanto a poder vivir una vida que agrade al Señor, o suelen ser bastante pesimistas al respecto?

Escribe un breve párrafo sobre por qué quieres caminar con Dios y vivir una vida que le agrade.

CHALLENGES TO WALKING WITH GOD
Lesson Two

DESAFÍOS PARA CAMINAR CON DIOS
Lección Dos

Introduction

In the first Lesson we focused on the importance and the possibility of walking with God in this life. We saw that there were several people in the Bible who were described as "righteous" or "blameless" or "upright" before the Lord. They earnestly desired to walk with God and to live a life that was pleasing to Him. These people were not totally free from failure and sin, but they did seek to please the Lord, to keep His laws, and to trust and obey Him. And if at times they fell into sin, they sincerely repented of those sins and again sought to walk in step with the Lord.

In Lesson One we also made a brief reference to some other texts in the Bible which seem to present a totally different perspective on living a life that is pleasing to God. Many people believe that these "other texts" teach that it is not possible for us to live a life that is pleasing to God. Since these other texts are often referred to when discussing the Christian life, we will take a careful look at them in this Lesson before going on to study other biblical teachings on how God wants us to live.

> If we sincerely believe that it is impossible for us to live our lives in a way that is pleasing to God, there would be little value in studying further what the Bible teaches about walking with God. In fact, the more we studied, the more discouraged and frustrated we would become!

In this Lesson, therefore, we will study four texts which are frequently quoted to teach that we cannot really live a life that is pleasing to God.

TEXT NUMBER ONE: PSALM 53:3

"There is none who does good, not even one."

This passage is quoted also in Psalm 14:1 and again in the New Testament in Romans 3:12. Further, Romans 3:10-11 says, "None is righteous, no, not one; no one understands; no one seeks for God." And Ecclesiastes 7:20 teaches that "Surely there is not a righteous man on earth who does good and never sins."

There are several things which should be noted concerning these passages.

1) It is true that *every* person on earth is sinful by nature and inclined to sin (Ephesians 2:1-3). That is what is meant by the doctrine of

Introducción

En la primera lección nos centramos en la importancia y la posibilidad de caminar con Dios en esta vida. Vimos que hubieron varias personas en la Biblia que fueron descritas como "justas" o "intachables" o "rectas" ante el Señor. Ellos deseaban fervientemente caminar con Dios y vivir una vida que le agradara. Estas personas no estaban totalmente libres de fracasos y pecados, pero buscaban agradar al Señor, guardar sus leyes, y confiar y obedecerle. Y si a veces caían en el pecado, se arrepentían sinceramente de esos pecados y volvían a tratar de caminar al ritmo del Señor.

En la Lección Uno también hicimos una breve referencia a algunos otros textos de la Biblia que parecen presentar una perspectiva totalmente diferente sobre la vida que agrada a Dios. Muchas personas creen que estos "textos" enseñan que no es posible vivir una vida que agrade a Dios. Puesto que estos textos se mencionan a menudo cuando se habla de la vida cristiana, los examinaremos cuidadosamente en esta lección antes de pasar a estudiar otras enseñanzas bíblicas sobre cómo quiere Dios que vivamos.

> Si creemos sinceramente que es imposible que vivamos nuestras vidas de una manera que agrade a Dios, tendría poco valor estudiar más de lo que la Biblia enseña sobre el caminar con Dios. De hecho, cuanto más estudiáramos, ¡más desanimados y frustrados nos sentiríamos!

Por lo tanto, en esta lección estudiaremos cuatro textos que se citan con frecuencia para enseñar que no podemos vivir realmente una vida que agrade a Dios.

TEXTO NÚMERO UNO: SALMOS 53:3

"No hay quien haga lo bueno, no hay ni aun uno"

Este pasaje también se cita en el Salmo 14:1 y de nuevo en el Nuevo Testamento en Romanos 3:12. Además, Romanos 3:10-11 dice: "No hay justo, ni aun uno; no hay quien entienda. No hay quien busque a Dios.". Y Eclesiastés 7:20 enseña que "Ciertamente no hay hombre justo en la tierra que haga el bien y nunca peque".

Hay varias cosas que deben ser notadas con respecto a estos pasajes.

1) Es cierto que toda persona en la tierra es pecadora por naturaleza y está inclinada a pecar (Efesios 2:1-3). Eso es lo que significa la doctrina del "pecado original". Esta verdad

"original sin." This truth is also affirmed in Romans 3:23 where we

2) read, "All have sinned and fall short of the glory of God." Truly, there is no one who is born without a sinful nature and no one who lives without sin. We must honestly and humbly recognize that. We must also recognize that the only way for us to walk with God and live a life that is pleasing to Him is first of all to receive new life from the Holy Spirit. Receiving this new life is referred to as being "born again."

3) David is referred to as the author of this Psalm. Though David was certainly far from being sin-free in his life, in his other writings he wrote clearly about his own fervent desire to serve and please the Lord. For example, in Psalm 101:2-3 he wrote that he desired to lead "a blameless life" and to walk in his house "with a heart of integrity." David did not live without sin, but he did live in such a way that God regarded him as a man "after His own heart." It's obvious, therefore, that David did not mean in Psalm 53:3 that no one ever does anything that pleases God!

4) If Psalm 53:3 and parallel passages are understood to refer to every person on the face of the earth, then it would mean that nothing really changes in a person's life when he is born again. There would then be no significant difference between the lives of those who are said to be "righteous" or "blameless" before the Lord and those who are described as wicked, sinful, and evil. And if this were true, it would mean that the work of God in a believer's life (referred to in such passages as Philippians 2:13, Colossians 1:29 and Ephesians 1:19-20) really accomplishes nothing as far as Christian living is concerned. And this obviously is not true. Psalm 53:3, therefore, cannot mean that no one anywhere ever does anything that is considered "good" and "right" before the Lord.

5) The question must be raised, therefore, whether Psalm 53:3 describes the life of every person on earth, whether that person is born again or still an unbeliever. The obvious answer is that this text does not refer to the lives of believers who have been born again by the Holy Spirit. The basic reason for this conclusion is that there are so many passages in the Bible that refer to the "good works" of people who know and trust and obey the Lord. These "good works" are never described in the Bible as "sinful" works or "bad works" or "polluted works" but are

también se afirma en Romanos 3:23 donde leemos: "Por cuanto todos pecaron, y están destituidos de la gloria de Dios". En verdad, no hay nadie que nazca sin una naturaleza pecaminosa y nadie que viva sin pecado. Debemos reconocerlo honesta y humildemente. También debemos reconocer que la única manera de caminar con Dios y vivir una vida que le agrade es, en primer lugar, recibir la nueva vida del Espíritu Santo. Recibir esta nueva vida se conoce como "nacer de nuevo".

2) Se hace referencia a David como el autor de este Salmo. Aunque David estaba lejos de estar libre de pecado en su vida, en sus otros escritos escribió claramente sobre su propio deseo ferviente de servir y agradar al Señor. Por ejemplo, en el Salmo 101:2-3 escribió que deseaba llevar "una vida intachable" y caminar en su casa "con un corazón íntegro". David no vivía sin pecado, pero sí vivía de tal manera que Dios lo consideraba un hombre "según su corazón". Es obvio, por lo tanto, que David no quiso decir en el Salmo 53:3 que nadie hace nunca nada que agrade a Dios.

3) Si se entiende que el Salmo 53:3 y los pasajes paralelos se refieren a toda persona sobre la faz de la tierra, entonces significaría que nada cambia realmente en la vida de una persona cuando nace de nuevo. No habría entonces ninguna diferencia significativa entre las vidas de los que se dice que son "justos" o "intachables" ante el Señor y los que se describen como impíos, pecadores y malvados. Y si esto fuera cierto, significaría que la obra de Dios en la vida de un creyente (a la que se refieren pasajes como Filipenses 2:13, Colosenses 1:29 y Efesios 1:19-20) realmente no logra nada en lo que respecta a la vida cristiana. Y esto obviamente no es cierto. Por lo tanto, el Salmo 53:3 no puede significar que nadie en ningún lugar haga algo que se considere "bueno" y "correcto" ante el Señor.

4) Por lo tanto, hay que preguntarse si el Salmo 53:3 describe la vida de cada persona en la tierra, tanto si ha nacido de nuevo como si sigue siendo un incrédulo. La respuesta obvia es que este texto no se refiere a la vida de los creyentes que han nacido de nuevo por el Espíritu Santo. La razón básica para esta conclusión es que hay muchos pasajes en la Biblia que se refieren a las "buenas obras" de las personas que conocen y confían y obedecen al Señor. Estas "buenas obras" nunca se describen en la Biblia como obras "pecaminosas" o "malas obras" u "obras contaminadas", sino que

always referred to as "good." See such passages as Ephesians 2:10; Colossians 1:10; 2 Thessalonians 2:17; 1 Timothy 2:10; 1 Timothy 5:10, 25; Titus 3:1, 8, 14 and various others. Even though the good works of believers may not be perfect in every way, they certainly are much different from the works of unbelievers. And God Himself refers to them in Scripture as "good" works.

TEXT NUMBER TWO: ISAIAH 64:6

"We have all become like one who is unclean, and all our righteous deeds are like a polluted garment."

1) Many of the observations made above concerning Psalm 53:3 would also be relevant here. Anyone who is not born again cannot live a life that is pleasing to God. Even their very best efforts will not be acceptable to God. These efforts are not motivated by true love for God, they are not done for God's glory, and they do not proceed from a born-again heart.

2) However, after a person is born again and receives new life through the Holy Spirit, this person *does* begin to live a life that is pleasing to God. One of the oldest Protestant confessions of faith puts it this way: Question: "What is the coming-to-life of the new self?" Answer: "It is wholehearted joy in God through Christ and a delight to do every kind of good as God wants us to" (Heidelberg Catechism, Lord's Day 33).

3) Though Psalm 53:3 and Isaiah 64:6 have some things in common, there is also a significant difference between the two passages. Psalm 53 begins with a reference to the fool who says in his heart that there is no God. In Isaiah 64:6 we hear the cry of people who believe in God and even know what He requires of them.

> However, the people referred to in Isaiah 64 had substituted external observance of God's laws for true, heartfelt obedience. They were doing some of the things God had commanded them to do, but their motives were impure and their hearts had not been changed.

They were like the people described in Isaiah 1:10-17 and Isaiah 29:13. God said about these people: *"This people draw near with their mouth and honor me with their lips, while their hearts are far from me, and their fear of me is a commandment taught by men."*

siempre se refieren a ellas como "buenas". Ve pasajes como Efesios 2:10; Colosenses 1:10; 2 Tesalonicenses 2:17; 1 Timoteo 2:10; 1 Timoteo 5:10, 25; Tito 3:1, 8, 14 y varios otros. Aunque las buenas obras de los creyentes no sean perfectas en todos los sentidos, ciertamente son muy diferentes de las obras de los incrédulos. Y Dios mismo se refiere a ellas en las Escrituras como obras "buenas".

5)

TEXTO NÚMERO DOS: ISAÍAS 64:6

"Si bien todos nosotros somos como suciedad, y todas nuestras justicias como trapo de inmundicia."

1) Muchas de las observaciones hechas anteriormente sobre el Salmo 53:3 también serían relevantes aquí. Cualquiera que no haya nacido de nuevo no puede vivir una vida que agrade a Dios. Incluso sus mejores esfuerzos no serán aceptables para Dios. Estos esfuerzos no están motivados por el verdadero amor a Dios, no son hechos para la gloria de Dios, y no proceden de un corazón nacido de nuevo.

2) Sin embargo, después de que una persona nace de nuevo y recibe una nueva vida a través del Espíritu Santo, esta persona comienza a vivir una vida que es agradable a Dios. Una de las confesiones de fe protestantes más antiguas lo dice así: Pregunta: "¿Qué es la llegada a la vida del nuevo yo?" Respuesta: "Es la alegría de todo corazón en Dios por medio de Cristo y el placer de hacer toda clase de bien como Dios quiere" (Catecismo de Heidelberg, Día del Señor 33).

3) Aunque el Salmo 53:3 e Isaías 64:6 tienen algunas cosas en común, también hay una diferencia significativa entre los dos pasajes. El Salmo 53 comienza con una referencia al necio que dice en su corazón que no hay Dios. En Isaías 64:6 escuchamos el clamor de las personas que creen en Dios e incluso saben lo que Él exige de ellos.

> Sin embargo, las personas a las que se refiere Isaías 64 habían sustituido la observancia externa de las leyes de Dios por una obediencia verdadera y sincera. Hacían algunas de las cosas que Dios les había ordenado, pero sus motivos eran impuros y sus corazones no habían cambiado.

Eran como el pueblo descrito en Isaías 1:10-17 e Isaías 29:13. Dios dijo de este pueblo *"Este pueblo se acerca con su boca y me honra con sus labios, mientras que su corazón está lejos de mí, y su temor a mí es un mandamiento enseñado por los hombres".*

> Por lo tanto, Isaías 64:6 no se refiere a todo el mundo, sino que se refiere a las personas que pueden estar haciendo

Isaiah 64:6, therefore, does not refer to everyone but refers to people who may be doing some "right" things but are doing them for the "wrong" reasons or in the wrong way.

1) The people described in Isaiah 64:6 were definitely not right with God—and they knew it (see verses 5 and 7). The people described in verse 6 are clearly different from the people referred to in verse 5 who "gladly do what is right." There is here a significant contrast, therefore, between those who are living for God and doing His will and those who aren't. Verse 5 indicates that by God's grace it is *possible* to do what is right and pleasing to God and that there *were* people who were doing so.

2) Isaiah 64:6, therefore, should not be understood as a description of people who are truly serving the Lord in humility and gratitude and who are doing the works which God prepared for them to do (Ephesians 2:10).

There are no passages anywhere in the New Testament that would permit us to call God-prepared, Christ-honoring, Spirit- driven works as being like "filthy rags" in His sight. To call them such is not only discouraging to the people who do them but also dishonoring to the Lord who makes them possible.

TEXT NUMBER THREE: ROMANS 7:15

"For I do not do what I want, but I do the very thing I hate."

This passage is somewhat puzzling for a number of reasons. Commentators have often disagreed whether this passage describes Paul *before* or *after* his conversion.

1) If Paul is here referring to his life *before* his conversion, he would then be describing what life was like for him when he was still living as a proud and self-righteous Pharisee. He *wanted* to serve God, but he simply didn't have the spiritual power to obey Him with pure motives and a clean heart.

   When he was younger, Paul was very careful to obey the law *externally*. He never knowingly or intentionally violated any of God's laws as far as external obedience was concerned. In that regard, he consideredhimself "faultless" (Philippians 3:4-6). He had a "righteousness" of his own and felt that he was doing whatever the law required of him. At that stage in his life, he knew nothing of the perfect righteousness that could be his through faith in Jesus.

   If Paul is indeed describing his "old life" in Romans 7:14-15, he then refers to the spiritual victory that he gained over his old way of life through his faith in Jesus (Romans 7:25-26). He also goes on to describe the

algunas cosas "correctas", pero que las están haciendo por las razones "equivocadas" o de manera equivocada.

1) Las personas descritas en Isaías 64:6 definitivamente no estaban bien con Dios, y lo sabían (ver versículos 5 y 7). Las personas descritas en el versículo 6 son claramente diferentes de las personas a las que se refiere el versículo 5 que "hacen con gusto lo que es correcto". Hay aquí un contraste significativo, por lo tanto, entre los que están viviendo para Dios y haciendo su voluntad y los que no lo están. El versículo 5 indica que por la gracia de Dios es posible hacer lo que es correcto y agradable a Dios y que había personas que lo estaban haciendo.

2) Por lo tanto, Isaías 64:6 no debe entenderse como una descripción de las personas que realmente sirven al Señor con humildad y gratitud y que hacen las obras que Dios preparó para que las hicieran (Efesios 2:10).

No hay pasajes en ninguna parte del Nuevo Testamento que nos permitan llamar a las obras preparadas por Dios, que honran a Cristo y que son impulsadas por el Espíritu, como "trapos de inmundicia" a Sus ojos. Llamarlas así no sólo es desalentador para las personas que las hacen, sino que también deshonra al Señor que las hace posibles.

TEXTO NÚMERO TRES: ROMANOS 7:15

"Porque lo que hago, no lo entiendo; pues no hago lo que quiero, sino lo que aborrezco, eso hago."

Este pasaje es algo desconcertante por varias razones. Los comentaristas han discrepado a menudo sobre si este pasaje describe a Pablo antes o después de su conversión.

1) Si Pablo se refiere aquí a su vida antes de su conversión, estaría describiendo cómo era su vida cuando todavía vivía como un fariseo orgulloso y santurrón. Quería servir a Dios, pero simplemente no tenía el poder espiritual para obedecerle con motivos puros y con un corazón limpio.

   Cuando era más joven, Pablo era muy cuidadoso en obedecer la ley externamente. Nunca violó a sabiendas o intencionalmente ninguna de las leyes de Dios en lo que respecta a la obediencia externa. En este sentido, se consideraba "intachable" (Filipenses 3:4-6). Tenía una "justicia" propia y sentía que hacía todo lo que la ley le exigía. En esa etapa de su vida, no sabía nada de la justicia perfecta que podía ser suya a través de la fe en Jesús.

   Si Pablo está describiendo su "antigua vida" en Romanos 7:14-15, entonces se refiere a la victoria espiritual que obtuvo sobre su antigua forma de vida a través de su fe en Jesús (Romanos 7:25-26). También pasa a describir la

wonderful freedom from the burden of the law which he experienced through the work of the Holy Spirit in his life. (See Romans 8:2-4.)

1) If Paul is here (Romans 7:14-15) describing his life *after* his conversion, he then acknowledges that he still struggled with the power of sin in his life even after he became a believer. Holiness and obedience were not "automatic" for him. The new life of the Holy Spirit in his heart had to contend with the continuing power of his old sin nature. And this struggle continued even after his conversion.

> Many believers who struggle with the power of sin and temptation in their lives are encouraged to know that Paul also shared some of the same struggles that they have. Though they genuinely and eagerly desire to please the Lord in their lives, they acknowledge, to their regret, that they sometimes fail to do what God wants them to do.

1) Paul also reminds us here how utterly impossible it is for us to live a life that is pleasing to God if we depend on our own power and good intentions. As he wrote in Romans 7:18 and 20, *"I know that nothing good dwells in me, that is, in my flesh Now if I do what I do not want, it is no longer I who do it, but sin that dwells within me."*

> By writing in this way, Paul is not making excuses for anything he might do wrong. Rather, he is simply acknowledging that the power of sin within him continues to be very strong—even after he had become a believer and was filled with the Holy Spirit.

1) At the same time, however, he indicates that it is *possible* to win a victory over sin in his life through the power of the Holy Spirit who lives within him. Though the power of sin may be very strong, the power of the Holy Spirit is far greater.

Paul's message in this section includes his honest and humble recognition of the continuing power of his sinful human nature, but it concludes with his grateful and joyful statement regarding the power and victory of the Holy Spirit in his life (Romans 7:25-26 and Romans 8:2-4). And it is this VICTORY that Paul wants to emphasize here.

2) In almost every other passage in which Paul refers to the Christian life and the importance of living as a born again Christian, he writes with boldness and confidence. He even calls his readers to imitate him and to follow his example. If he felt he was not living a life that was pleasing to the Lord, he definitely would

---

maravillosa libertad de la carga de la ley que experimentó a través de la obra del Espíritu Santo en su vida. (Véase Romanos 8:2-4.)

1) Si Pablo está aquí (Romanos 7:14-15) describiendo su vida después de su conversión, entonces reconoce que todavía luchaba con el poder del pecado en su vida incluso después de convertirse en creyente. La santidad y la obediencia no eran "automáticas" para él. La nueva vida del Espíritu Santo en su corazón tenía que luchar con el poder continuo de su vieja naturaleza pecaminosa. Y esta lucha continuó incluso después de su conversión.

> Muchos creyentes que luchan contra el poder del pecado y la tentación en sus vidas se sienten alentados al saber que Pablo también compartió algunas de las mismas luchas que ellos tienen. Aunque desean genuina y ansiosamente complacer al Señor en sus vidas, reconocen, a su pesar, que a veces no logran hacer lo que Dios quiere que hagan.

1) Pablo también nos recuerda aquí lo imposible que es para nosotros vivir una vida que agrade a Dios si dependemos de nuestro propio poder y buenas intenciones. Como escribió en Romanos 7:18 y 20, " Y yo sé que en mí, esto es, en mi carne, no mora el bien… y si hago lo que no quiero, ya no lo hago yo, sino el pecado que mora en mí.".

> Al escribir de esta manera, Pablo no está poniendo excusas por nada que pueda hacer mal. Más bien, simplemente está reconociendo que el poder del pecado dentro de él sigue siendo muy fuerte, incluso después de haberse convertido en un creyente y haber sido lleno del Espíritu Santo.

1) Sin embargo, al mismo tiempo indica que es posible ganar una victoria sobre el pecado en su vida a través del poder del Espíritu Santo que vive en él. Aunque el poder del pecado sea muy fuerte, el poder del Espíritu Santo es mucho mayor.

El mensaje de Pablo en esta sección incluye su honesto y humilde reconocimiento del continuo poder de su naturaleza humana pecaminosa, pero concluye con su agradecida y alegre declaración sobre el poder y la victoria del Espíritu Santo en su vida (Romanos 7:25-26 y Romanos 8:2-4). Y es esta VICTORIA la que Pablo quiere enfatizar aquí.

2) En casi todos los demás pasajes en los que Pablo se refiere a la vida cristiana y a la importancia de vivir como un cristiano nacido de nuevo, escribe con audacia y confianza. Incluso llama a sus lectores a imitarlo y a seguir su ejemplo. Si él sintiera que no está viviendo una vida que agrada al Señor, definitivamente

not urge others to follow his example!
Consider, for example, the following passages.

"I do not write these things to make you ashamed, but to admonish you as my beloved children. For though you have countless guides in Christ, you do not have many fathers. For I became your father in Christ Jesus through the gospel. I urge you, then, be imitators of me. That is why I sent you Timothy, "my beloved and faithful child in the Lord, to remind you of my ways in Christ, as I teach them everywhere in every church."1 Corinthians 4:14-17

"Our boast is this, the testimony of our conscience, that we behaved in the world with simplicity and godly sincerity, not by earthly wisdom but by the grace of God, and supremely so toward you." 2 Corinthians 1:12

"You are witnesses, and God also, how holy and righteous and blameless was our conduct toward you believers."1 Thessalonians 2:10

"I thank God whom I serve, as did my ancestors, with a clear conscience " 2 Timothy 1:3

"Follow my example, as I follow the example of Christ."1 Corinthians 11:1

TEXT NUMBER FOUR: 1 PETER 5:8

"Your adversary the devil prowls around like a roaring lion,seeking someone to devour."

Many believers recognize the power of Satan in the world and feel that they are absolutely no match for his craftiness, power, or persistence. They ask, if Satan was clever enough and powerful enough to get sinless Adam and Eve to listen to him (Genesis 3:1-7), how can we who are sinners expect to be able to resist him?

They also remind us that Satan was able to cause Peter to challenge Jesus right after he (Peter) had made a resounding confession of faith in Jesus (Matthew 16:21-23). Later, Satan led Peter to deny that he even knew Jesus within a few hours after he boasted that he would never deny Jesus even if everyone else did (Luke 22:31, 54-62). And Satan also led Judas, one of Jesus' chosen disciples, to betray his Lord in a way that led to His death (Luke 22: 3ff). And in the early years of the Christian church Satan tempted Ananias and Sapphira to lie publicly, bringing shame and confusion to the early believers (Acts 5:3-11).

Already in Old Testament times Satan was active in tempting, luring, and leading some of the strongest believers into folly, sin, and shame. See, for example, the failures of David in 2 Samuel 11:1-27 and 2 Samuel 24:1-17 and the failures of Solomon in 1 Kings 11:1-13. And later, when God sent an angelic messenger to Daniel, one of Satan's fallen angels was able to delay this messenger for a total of 21 days (Daniel 10:12-13).

"No escribo esto para avergonzaros, sino para amonestaros como a hijos míos amados. Porque, aunque tengáis diez mil ayos en Cristo, no tendréis muchos padres; pues en Cristo Jesús yo os engendré por medio del evangelio. Por tanto, os ruego que me imitéis. Por esto mismo os he enviado a Timoteo, que es mi hijo amado y fiel en el Señor, el cual os recordará mi proceder en Cristo, de la manera que enseño en todas partes y en todas las iglesias."1 Corintios 4:14-17

"Porque nuestra gloria es esta: el testimonio de nuestra conciencia, que con sencillez y sinceridad de Dios, no con sabiduría humana, sino con la gracia de Dios, nos hemos conducido en el mundo, y mucho más con vosotros."   2 Corintios 1:12

"Vosotros sois nuestra gloria y gozo."1 Tesalonicenses 2:10

"Doy gracias a Dios, al cual sirvo desde mis mayores con limpia conciencia…"2 Timoteo 1:3

"Sed imitadores de mí, así como yo de Cristo."1 Corintios 11:1

TEXTO NÚMERO CUATRO: 1 PEDRO 5:8

"Sed sobrios, y velad; porque vuestro adversario el diablo, como león rugiente, anda alrededor buscando a quien devorar."

Muchos creyentes reconocen el poder de Satanás en el mundo y sienten que no son en absoluto rivales para su astucia, poder o persistencia. Se preguntan si Satanás fue lo suficientemente inteligente y poderoso como para lograr que Adán y Eva, sin pecado, lo escucharan (Génesis 3:1-7), ¿cómo podemos nosotros, que somos pecadores, esperar poder resistirlo?

También nos recuerdan que Satanás fue capaz de hacer que Pedro desafiara a Jesús justo después de que él (Pedro) hubiera hecho una rotunda confesión de fe en Jesús (Mateo 16:21-23). Más tarde, Satanás llevó a Pedro a negar que conocía a Jesús a las pocas horas, después de que se jactara de que nunca negaría a Jesús aunque todos los demás lo hicieran (Lucas 22:31, 54-62). Y Satanás también llevó a Judas, uno de los discípulos elegidos por Jesús, a traicionar a su Señor de una manera que le llevó a la muerte (Lucas 22: 3ss). Y en los primeros años de la iglesia cristiana, Satanás tentó a Ananías y Safira para que mintieran públicamente, llevando la vergüenza y la confusión a los primeros creyentes (Hechos 5:3-11).

Ya en los tiempos del Antiguo Testamento Satanás estuvo activamente tentando, atrayendo y llevando a algunos de los creyentes más fuertes a la locura, el pecado y la vergüenza. Véase, por ejemplo, los fracasos de David en 2 Samuel 11:1-27 y 2 Samuel 24:1-17 y los fracasos de Salomón en 1 Reyes 11:1-13. Y más tarde, cuando Dios envió un ángel mensajero a Daniel, uno de los ángeles caídos de Satanás fue capaz de retrasar a este mensajero por un total de 21 días (Daniel 10:12-13).

Ya que Satanás es tan fuerte y nosotros somos a menudo tan débiles, puede parecer que Satanás es capaz de impedirnos

Since Satan is so strong and we are often so weak, it may seem that Satan is able to keep us from walking with the Lord or living a life that is pleasing to Him. And what is worse, we may feel that there is nothing we can do about it. But this is absolutely not true!

It is true, of course, that Satan can tempt us to disobey or distrust God. And it is also true that Satan and his fellow demons will try to make us sin and fall. But he definitely cannot make us disobey God or live contrary to His will.

Consider thoughtfully the following passages.

"No temptation has overtaken you that is not common to man. God is faithful, and he will not let you be tempted beyond your ability, but with the temptation he will also provide the way of escape, that you may be able to endure it." 1 Corinthians 10:13

"Every spirit that does not confess Jesus is not from God   Little children, you are from God and have overcome them, for he who is in you is greater than he who is in the world." 1 John 4:3-4

"Finally, be strong in the Lord and in the strength of his might. Put on the whole armor of God, that you may be able to stand against the schemes of the devil.   that you may be able to withstand in the evil day, and having done all, to stand firm   In all circumstances take up the shield of faith, with which you can extinguish all the flaming darts of the evil one   praying at all times in the Spirit, with all prayer and supplication." Ephesians 6:10-18

"His divine power has granted to us all things that pertain to life and godliness, through the knowledge of him who called us to his own glory and excellence, by which he has granted to us his preciousand very great promises, so that through them you may become partakers of the divine nature, having escaped from the corruption that is in the world because of sinful desire." 2 Peter 1:3-4

"No one born of God makes a practice of sinning, for God's seed abides in him, and he cannot keep on sinning because he has been born of God." 1 John 3:9

"We know that everyone who has been born of God does not keep on sinning, but he who was born of God protects him, and the evil one does not touch him." 1 John 5:18

These passages do not teach that believers will never fall into sin, but they do clearly teach that victory over sin and Satan is always possible if we sincerely and humbly seek the Lord's power to resist temptation and earnestly desire to do His will. Satan would like to have us believe otherwise. He would be pleased if he could get us to believe that it is impossible for us to resist him or to win a victory over temptation.

God, however, has given us abundant reason to believe that victory is possible. And He has also promised that walking with Him and living for Him will always bring us greater joy and blessing than any sin could ever provide.

Some people may also refer to other passages in the Bible that may at first seem to teach that we can never be

caminar con el Señor o vivir una vida que le agrade a Él. Y lo que es peor, podemos sentir que no hay nada que podamos hacer al respecto. Pero esto no es en absoluto cierto.

Es cierto, por supuesto, que Satanás puede tentarnos a desobedecer o desconfiar de Dios. Y también es cierto que Satanás y sus compañeros demonios tratarán de hacernos pecar y caer. Pero definitivamente no puede hacernos desobedecer a Dios o vivir en contra de su voluntad.

Reflexiona sobre los siguientes pasajes

"No os ha sobrevenido ninguna tentación que no sea humana; pero fiel es Dios, que no os dejará ser tentados más de lo que podéis resistir, sino que dará también juntamente con la tentación la salida, para que podáis soportar." 1 Corintios 10:13

"y todo espíritu que no confiesa que Jesucristo ha venido en carne, no es de Dios… Hijitos, vosotros sois de Dios, y los habéis vencido; porque mayor es el que está en vosotros, que el que está en el mundo" 1 Juan 4:3-4

"Por lo demás, hermanos míos, fortaleceos en el Señor, y en el poder de su fuerza. Vestíos de toda la armadura de Dios, para que podáis estar firmes contra las asechanzas del diablo… para que podáis resistir en el día malo, y habiendo acabado todo, estar firmes… Sobre todo, tomad el escudo de la fe, con que podáis apagar todos los dardos de fuego del maligno… orando en todo tiempo con toda oración y súplica en el Espíritu." Efesios 6:10-18

"Como todas las cosas que pertenecen a la vida y a la piedad nos han sido dadas por su divino poder, mediante el conocimiento de aquel que nos llamó por su gloria y excelencia, por medio de las cuales nos ha dado preciosas y grandísimas promesas, para que por ellas llegaseis a ser participantes de la naturaleza divina, habiendo huido de la corrupción que hay en el mundo a causa de la concupiscencia" 2 Pedro 1:3-4

"Todo aquel que es nacido de Dios, no practica el pecado, porque la simiente de Dios permanece en él; y no puede pecar, porque es nacido de Dios." 1 Juan 3:9

"Sabemos que todo aquel que ha nacido de Dios, no practica el pecado, pues Aquel que fue engendrado por Dios le guarda, y el maligno no le toca." 1 Juan 5:18

Estos pasajes no enseñan que los creyentes nunca caerán en el pecado, pero sí enseñan claramente que la victoria sobre el pecado y Satanás es siempre posible si buscamos sincera y humildemente el poder del Señor para resistir la tentación y deseamos sinceramente hacer su voluntad. A Satanás le gustaría hacernos creer lo contrario. Estaría encantado si pudiera hacernos creer que es imposible resistirle o ganar una victoria sobre la tentación.

Sin embargo, Dios nos ha dado muchas razones para creer que la victoria es posible. Y también ha prometido que caminar con Él y vivir para Él siempre nos traerá mayor alegría y bendición que la que cualquier pecado podría proporcionar.

victorious over sin and evil. However, all such passages should be interpreted and understood in the light of the

many positive passages which assure us that God *wants* us to walk with Him and *enables* us to do so.

LESSON TWO
DAILY BIBLE READINGS

Day 1

Day 2

Day 3

Day 4

Day 5

Day 6

Day 7

Romans 16:20; 1 Corinthians 10:13; Ephesians 6:10-18; Hebrews

2:18; James 4:7; 2 Peter 1:3-4; 1 John 5:4; Revelation 15:2

Deuteronomy 18:13; 2 Samuel 22:24, 26; Psalm 18:20-24; 19:13;

26:1, 11; 37:18, 27; 84:11; Proverbs 2:7; 11:20; 1 Thessalonians

2:10; 3:13; 5:23; Titus 1:6-7

Psalm 37:16-17, 21, 25, 29-33; 55:22; 58:11; 64:10; 68:3; 92:12;

97:11; Psalm 112:4-6; Matthew 1:19; 5:45; Luke 1:6; 2:25;

James 5:16; 1 Peter 3:12

LECCIÓN DOS
LECTURAS BÍBLICAS DIARIAS

Día 1

Día 2

Día 3

Día 4

Día 5

Día 6

Día 7

Romanos 16:20; 1 Corintios 10:13; Efesios 6:10-18; Hebreos

2:18; Santiago 4:7; 2 Pedro 1:3-4; 1 Juan 5:4; Apocalipsis 15:2

Deuteronomio 18:13; 2 Samuel 22:24, 26; Salmos 18:20-24; 19:13;

26:1, 11; 37:18, 27; 84:11; Proverbios 2:7; 11:20; 1 Tesalonicenses

2:10; 3:13; 5:23; Tito 1:6-7

Salmos 37:16-17, 21, 25, 29-33; 55:22; 58:11; 64:10; 68:3; 92:12

97:11; Salmos 112:4-6; Mateo 1:19; 5:45; Lucas 1:6; 2:25;

Santiago 5:16; 1 Pedro 3:12

Matthew 5:16; 25:35-36; 1 Timothy 6:18; Titus 2:7, 11-14;

Hebrews 10:24; 1 Peter 2:12

Ephesians 2:10; Colossians 1:10; 1 Timothy 2:10; 5:10, 25;

2 Timothy 2:15; 3:16-17; Titus 3:1, 8, 14; Revelation 14:13; 19:8

Romans 6:14, 17-18; Galatians 5:22-24; Ephesians 3:20-21;

1 John 2:28-29; 1 John 3:3, 6, 9, 21-24; 1 John 4:13

2 Timothy 4:7-8; 1 Peter 5:4; Revelation 2:7, 17, 26; 3; 5, 11, 12,

21, 26-27; Revelation 22:12

Mateo 5:16; 25:35-36; 1 Timoteo 6:18; Tito 2:7, 11-14;

Hebreos 10:24; 1 Pedro 2:12

Efesios 2:10; Colosenses 1:10; 1 Timoteo 2:10; 5:10, 25;

2 Timoteo 2:15; 3:16-17; Tito 3:1, 8, 14; Apocalipsis 14:13; 19:8

Romanos 6:14, 17-18; Gálatas 5:22-24; Efesios 3:20-21;

1 Juan 2:28-29; 1 Juan 3:3, 6, 9, 21-24; 1 Juan 4:13

2 Timoteo 4:7-8; 1 Pedro 5:4; Apocalipsis 2:7, 17, 26; 3; 5, 11, 12,

21, 26-27; Apocalipsis 22:12

■ ■ ■

LESSON TWO – TEST QUESTIONS

TrUE Or FaLSE

Circle T or F.

1. T   F Romans 7:15 teaches that everyone always fails to do what is pleasing to God.

2. T   F Isaiah 64:4 teaches that no one can be sure that he is saved.

3. T   F Ephesians 2:1-3 teaches that everyone on earth is sinful by nature.

4. T   F A person who is born again by the Holy Spirit can live a life that is pleasing to God.

5. T   F Isaiah 29:13 teaches that everyone fails to honor God no matter what they say or do.

6. T   F The Holy Spirit makes it possible for us to win a victory over the power of sin.

7. T   F Romans 8:1 teaches that there is no condemnation for those who are in Christ Jesus.

8. T   F Paul taught others to listen to his teaching but he never told them to follow his example.

9. T   F 1 Corinthians 10:13 teaches that God will always provide a way of escape from temptation.

10. T   F 1 John 5:18 teaches that everyone who has been born of God does not keep on sinning.

LECCIÓN DOS– PREGUNTAS DE PRUEBA

VERDADERO O FALSO

Encierre con un círculo si es V o F.

1. V   F Romanos 7:15 enseña que todos siempre fallan en hacer lo que es agradable a Dios.

2. V   F Isaías 64:4 enseña que nadie puede estar seguro de que es salvo

3. V   F Efesios 2:1-3 enseña que todos en la tierra son pecadores por naturaleza.

4. V   F Una persona que ha nacido de nuevo por el Espíritu Santo puede vivir una vida que agrada a Dios.

5. V   F Isaías 29:13 enseña que todos fallan en honrar a Dios sin importar lo que digan o hagan.

6. V   F El Espíritu Santo hace posible que ganemos una victoria sobre el poder del pecado.

7. V   F Romanos 8:1 enseña que no hay condenación para los que están en Cristo Jesús.

8. V   F Pablo enseñó a otros a escuchar sus enseñanzas, pero nunca les dijo que siguieran su ejemplo.

9. V   F 1 Corintios 10:13 enseña que Dios siempre proveerá una manera de escapar de la tentación.

10. V   F 1 Juan 5:18 enseña que todo el que ha nacido de Dios no sigue pecando.

MULTIpLE ChOICE

Choose which of the three statements is correct. Circle A or B or C.

1. Where do we read in the Bible: "There is none who does good, not even one."

   A. Romans 7:18

   B. Romans 14:1

   C. Psalm 53:3

2. The doctrine of "Regeneration" (being "born again") describes what takes place when:

   A. The Holy Spirit gives people new spiritual life so that they truly want to serve and honor God and are increasingly able to do so.

   B. Parents teach their children how to live a life that is pleasing to God.

   C. Christians who have lost their way spiritually decide to return again to God.

3. A. Satan's power is very great but by God's grace we can resist him.

   B. Satan's power is well beyond our own, so we should not expect to be able to resist him no matter what we do or how hard we try.

   C. Satan's power is so irresistible that we should focus more on God's forgiveness for our sins rather that spending our spiritual energy on trying to resist Satan.

4. Isaiah's statement that all our righteous deeds are like a polluted garment refers to:

   1. All people on earth at all times and in all places.

   2. People who know God's will but are not serving Him faithfully and sincerely.

   3. People who have not been born again.

5. Romans 7:15 teaches that:

   1. People always fail to do what is pleasing to God no matter how hard they try.

   2. Paul continued to wrestle with temptation and sometimes failed to do what he wanted to do.

Elija cuál de las tres afirmaciones es correcta. Encierre en un círculo A o B o C.

1. ¿Dónde leemos en la Biblia: "No hay ninguno que haga el bien, ni siquiera uno"?

   A. Romanos 7:18

   B. Romanos 14:1

   C. Salmos 53:3

2. La doctrina de la "Regeneración" (nacer de nuevo) describe lo que ocurre cuando:

   A. El Espíritu Santo da a las personas una nueva vida espiritual para que realmente quieran servir y honrar a Dios y sean cada vez más capaces de hacerlo.

   B. Los padres enseñan a sus hijos como vivir una vida que es agradable a Dios.

   C. Los cristianos que se han perdido espiritualmente deciden volver de nuevo a Dios.

3. A. El poder de Satanás es muy grande, pero por la gracia de Dios podemos resistirlo.

   B. El poder de Satanás es mucho más grande que el nuestro, así que no debemos esperar resistirlo sin importar lo que hagamos o lo mucho que nos esforcemos.

   C. El poder de Satanás es tan irresistible que debemos enfocarnos más en el perdón de Dios por nuestros pecados en lugar de gastar nuestra energía espiritual en tratar de resistir a Satanás.

4. La afirmación de Isaías de que todas nuestras acciones justas son como trapo de inmundicia se refiere a:

   1. Todas las personas en la tierra en todo momento y en todo lugar.

   2. Las personas que conocen la voluntad de Dios, pero no le sirven fiel y sinceramente.

   3. Las personas que no han nacido de nuevo.

5. Romanos 7:15 enseña que:

   1. Las personas siempre fallan en hacer lo que le agrada a Dios sin importar que tanto lo intenten.

   2. Pablo continuó luchando contra la tentación y a veces falló en hacer lo que quería hacer.

   3. Pablo, como todos los demás, se excusaba por no poder vivir como Dios quería.

3. Paul, like everyone else, made excuses for his failure to live the way God wanted him to live.

a. 1 Peter 1:5-8 teaches that:

1. God will guard and keep His children safe for eternity even if they face many trials and challenges.

2. Some temptations are simply more than we can handle, so we should live with the recognition that our salvation is uncertain and unsure.

3. Few Christians will face trials in their life if their faith is genuine.

b. Which of the following statements is taught in the Bible?

1. We do not need to take Satan too seriously since he has already been defeated by Christ.

2. In biblical times, Satan was able to lead weak persons into sin but he was never able to lead true believers into sin.

3. Even though Satan is strong and powerful, he is not able to make us sin.

c. In Romans 7 Paul teaches that:

1. It is not possible for us to live a life that is pleasing to God if we depend on our own efforts.

2. It is possible to live a life that is pleasing to God if we would sincerely try harder.

3. It is foolish for us to "try harder" since God's standards are higher than anyone can ever meet.

d. Which of these statements did Paul NOT write to the Corinthians?

1. "I am a fallible servant, so follow the example of Christ rather than me."

2. "Be imitators of me, as I am of Christ."

3. "My way of life . . . agrees with what I teach in every church."

e. Which one of the following statements is not found in 1 John?

1. "No one born of God makes a practice of sinning . . . and he cannot keep on sinning because he has been born of God."

2. "We know that anyone born of God does not continue to sin. The one who was born of God keeps him safe."

a. 1 Pedro 1:5-8 enseña que:

1. Dios guardará y mantendrá a sus hijos a salvo por la eternidad, aunque enfrenten muchas pruebas y desafíos.

2. Algunas tentaciones son más de lo que podemos manejar, por lo que debemos vivir reconociendo que nuestra salvación es incierta e insegura.

3. Pocos cristianos enfrentarán pruebas en su vida si su fe es genuina.

b. ¿Cuál de las siguientes afirmaciones se enseña en la Biblia?

1. No necesitamos tomar a Satanás demasiado en serio ya que él ya ha sido derrotado por Cristo.

2. En los tiempos bíblicos, Satanás podía llevar a personas débiles al pecado, pero nunca pudo llevar a los verdaderos creyentes al pecado.

3. Aunque Satanás es fuerte y poderoso, no es capaz de hacernos pecar.

c. En Romanos 7 Pablo enseña que:

1. No es posible que vivamos una vida que agrade a Dios si dependemos de nuestras propias fuerzas.

2. Es posible vivir una vida que agrade a Dios si nos esforzamos sinceramente.

3. Es una tontería que nos "esforcemos más" ya que las normas de Dios son más altas de lo que cualquiera puede cumplir.

d. ¿Cuál de estas afirmaciones NO escribió Pablo a los corintios?

1. "Soy un siervo falible, así que sigan el ejemplo de Cristo en lugar de yo".

2. "Sed imitadores de mí, como yo lo soy de Cristo".

3. "Mi forma de vida... coincide con lo que enseño en todas las iglesias".

e. ¿Cuál de las siguientes afirmaciones no se encuentra en 1 Juan?

1. "Nadie nacido en Dios practica el pecado . . . y no puede seguir pecando porque ha nacido de Dios".

2. "Sabemos que el que ha nacido en Dios no sigue pecando. El que ha nacido en Dios se mantiene a salvo".

3. "Ningún hombre en la tierra vive sin pecar aunque haya nacido de nuevo".

3. "No man on earth lives without sinning even if he has been born again."

LESSON TWO – aDDITIONaL QUESTIONS

1. Which of the following statements is the most accurate?

   A. The people in the Old Testament who were called "righteous" were people who sincerely and faithfully walked with God in their daily lives.

   B. The people in the Old Testament who were called "righteous" were without known sin of any kind.

   C. The people in the Old Testament who were called "righteous" were really not very holy but simply seemed that way because everyone else was so very unholy.

2. Write out three passages in the Old Testament which state that there is no one who is righteous or does what is good.

   A.

   B.

   C.

3. Complete the following statements from Ephesians 2:1 and 3: "And you were_____in the trespasses and sins in which you once walked___carrying out the desires of the body and mind, and were by nature children of____like the rest of mankind."

   1. The teaching that we are all sinful by nature and inclined to sin is called the doctrine of _ _______.

   2. What is meant by the doctrine of regeneration?

1. A. Who is the author of Psalm 53?

   B. What does this author of Psalm 101:2-4 say about himself?

   C. What can we learn from the fact that the same author wrote both Psalm 53:1 and Psalm 101:2-3?

2. What does Philippians 2:13 teach us?

   A. What does Colossians 1:28-29 teach us?

   B. What does Ephesians 1:19-20 teach us about the power of God in the lives of believers?

   C. What comfort and confidence do these three passages give us as we seek to live a life that is pleasing to God?

LECCIÓN DOS – PREGUNTAS ADICIONALES

1. ¿Cuál de las siguientes afirmaciones es la más correcta?

   A. Las personas del Antiguo Testamento que eran llamadas "justas" eran personas que caminaban sincera y fielmente con Dios en su vida diaria.

   B. Las personas en el Antiguo Testamento que eran llamadas "justas" no tenían pecado conocido de ningún tipo.

   C. Las personas en el Antiguo Testamento que fueron llamadas "justas" realmente no eran muy santas, pero simplemente parecían así porque todos los demás eran muy impíos.

2. Escribe tres pasajes del Antiguo Testamento que afirmen que no hay nadie que sea justo o que haga el bien.

   A.

   B.

   C.

3. Completa las siguientes afirmaciones de Efesios 2:1 y 3: "Y él os dio___________, cuando estabais muertos en vuestros delitos y pecados . . . . haciendo la voluntad de la carne y de los pensamientos, y éramos por naturaleza hijos de______, lo mismo que los demás."

   1. La enseñanza de que todos somos pecadores por naturaleza y estamos inclinados a pecar se llama la doctrina de ___________.

   2. ¿Qué significa la doctrina de **regeneración**?

1. A. ¿Quién es el autor del Salmo 53?

   B. ¿Qué dice de sí mismo el autor del Salmo 101:2-4?

   C. ¿Qué podemos aprender del hecho de que el mismo autor escribió tanto el Salmo 53:1 como el Salmo 101:2-3?

2. ¿Qué nos enseña Filipenses 2:13?

   A. ¿Qué nos enseña Colosenses 1:28-29?

   B. ¿Qué nos enseña Efesios 1:19-20 sobre el poder de Dios en la vida de los creyentes?

   C. ¿Qué consuelo y confianza nos dan estos tres pasajes mientras buscamos vivir una vida que agrade a Dios?

3. A. Write out two New Testament passages that refer positively to goodworks.

1)

2)

B. Are there any New Testament passages that indicate that these good works are not pleasing to God or acceptable to Him?

If you answer No, indicate why you think this is important.If you answer Yes, write out the text(s) that support(s) your answer.

4. Write out Isaiah 64:6

B. Are the people described here true and faithful believers?

C. Give the reason for your answer to question B.

1. How does the Heidelberg Catechism answer the question "What is the coming-to-life of the new self?"

2. A. Write out Romans 7:15.

B. Who is the author of this verse?

3. A. Before Paul became a Christian, was he careful to obey the laws of God in the Old Testament or did he deliberately disobey them?

B. What does Paul say about himself in Philippians 3:4b and verse 6?

4. What did Paul teach about his spiritual struggles in Romans 7:24-25? "___________man that I am! Who will deliver me from this body of______? Thanks be to God through __________ our Lord!"

5. Paul clearly recognized the power of sin that still existed in his old sin nature.

A. In Romans 7:18 he wrote, "I know that nothing ________dwells in me."

However, he also recognized the greater power of the Holy Spirit in the life of the believer.

B. Write out what he wrote in Romans 8:9.

6. In Romans 7:20 Paul wrote: "Now if I do what I do not want, it is no longer I who do it, but sin that dwells within me."

A. Do you think Paul is trying to use these words as an excuse for his sin?

B. Please explain your answer.

7. A. Complete this sentence from 1 Thessalonians 2:10 : "You are witnesses, and God also, how

3. A. Escribe dos pasajes del Nuevo Testamento que se refieran positivamente a las buenas obras.

1)

2)

B. ¿Hay algún pasaje del Nuevo Testamento que indique que estas buenas obras no son agradables a Dios o aceptables para Él?

Si tu respuesta es No, indica por qué crees que esto es importante. Si tu respuesta es Sí, escribe el/los texto(s) que respaldan tu respuesta.

4. A. Escribe el pasaje de Isaías 64:6

B. ¿Las personas descritas aquí son verdaderos y fieles creyentes?

C. Justifica tu respuesta de la pregunta B.

1. ¿Cómo responde el Catecismo de Heidelberg a la pregunta "¿Qué es la llegada a la vida del nuevo yo?"

2. A. Escribe Romanos 7:15.

B. ¿Quién es el autor de este versículo?

3. A. Antes de que Pablo se hiciera cristiano, ¿tenía cuidado de obedecer las leyes de Dios en el Antiguo Testamento o las desobedecía deliberadamente?

B. ¿Qué dice Pablo de sí mismo en Filipenses 3:4b y en el versículo 6?

4. ¿Qué enseña Pablo sobre sus luchas espirituales en Romanos 7:24-25?"¡_________de mí! ¿Quién me librará de este cuerpo de______? Gracias doy a Dios, por ___Señor nuestro"

5. Pablo reconoció claramente el poder del pecado que aún existía en su vieja naturaleza pecaminosa.

A. En Romanos 7:18 escribió: "y yo sé que en mí, esto es, en mi carne, _____________."

Sin embargo, también reconoció el poder mayor del Espíritu Santo en la vida del creyente.

B. Escribe lo que escribió en Romanos 8:9.

6. En Romanos 7:20 Pablo escribió: "Y si hago lo que no quiero, ya no lo hago yo, sino el pecado que mora en mí."

A. ¿Crees que Pablo está tratando de usar estas palabras como una excusa para su pecado?

and____ and   was our conduct toward you believers."

B. Complete this passage from 1 Corinthians 4:16: "I urge you, then, be________ of me."

8. Write True or False before each of the following statements.

    A. Satan sometimes appears as an "angel of light" when he tempts us.

    B. If we are walking close to the Lord, Satan will never be able to tempt us at all.

9. Which of the following three statements best describes what the Bible teaches?

A. True believers will never fall into sin, no matter how strongly they are tempted.

B. True believers may sometimes fall into sin when they are tempted, but victory over Satan is always possible if they truly and humbly seek the Lord's help.

C. True believers will usually fall into sin when they are tempted since they still have a sinful human nature.

10. A. Which people do you think are more likely able to overcome temptation?

    1) Those who expect to fall because of their old sinful nature, or

    2) Those who expect to overcome temptation because of their new nature in Christ.

    B. Please explain your answer.

11. A. Who do you think has more lasting joy and happiness in this life?

    1) Someone who does whatever he pleases, enjoying every possible pleasure that is offered to him in this life, or

    2) Someone who sincerely and humbly walks with the Lord, even if he has to stay away from some of the "pleasures" that this life offers.

    B. Please explain your answer.

QUESTIONS FOr rEFLECTION Or DISCUSSION

1. How would you respond to the following statement?

"Even though I know I can never please God in this life, it's still important to know what God wants me

---

B. Por favor, justifica tu respuesta.

7. A. Completa esta frase de 1 Tesalonicenses 2:10: "Vosotros sois testigos, y Dios también, de cuán______,____ e______nos comportamos con vosotros los creyentes."

B. Completa este pasaje de 1 Corintios 4:16: "Por tanto, os ruego que me   ."

8. Escribe Verdadero o Falso delante de cada una de las siguientes afirmaciones.

    A. Satanás a veces se presenta como un "ángel de luz" cuando nos tienta

    B. Si estamos caminando cerca del Señor, Satanás nunca podrá tentarnos en absoluto.

9. ¿Cuál de las siguientes tres afirmaciones describe mejor lo que enseña la Biblia?

    A. Los verdaderos creyentes **nunca** caerán en el pecado, no importa cuán fuertemente sean tentados.

    B. Los verdaderos creyentes pueden caer **a veces** en el pecado cuando son tentados, pero la victoria sobre Satanás es siempre posible si buscan verdadera y humildemente la ayuda del Señor.

    C. Los verdaderos creyentes **usualmente** caerán en pecado cuando son tentados ya que todavía tienen una naturaleza humana pecaminosa.

10. A. ¿Qué personas crees que son más capaces de vencer a la tentación?

1) Aquellos que esperan **caer** debido a su vieja naturaleza pecaminosa, o

2) Aquellos que esperan **vencer** a la tentación debido a su nueva naturaleza en Cristo.

    B. Por favor, justifica tu respuesta.

11. A. ¿Quién crees que tiene más alegría y felicidad duradera en esta vida?

1) Alguien que hace lo que le place, disfrutando de todos los placeres posibles que se le ofrecen en esta vida, o

2) Alguien que camina sincera y humildemente con el Señor, aunque tenga que alejarse de algunos de los "placeres" que esta vida ofrece.

    B. Por favor, justifica tu respuesta.

PREGUNTAS PARA REFLEXIONAR O DISCUTIR

to do so that I can better understand how sinful I am."

2. A. Would you agree or disagree with the following statement?

    "We definitely can live sinless lives if we only tried harder and prayed more."

    B. Please explain your answer.

3. What would you say to someone who says: "Since there are some temptations I absolutely cannot resist, I just give in to them and then ask God to forgive me for my weakness"?

4. What would you say to someone who said to you after reading Romans 7:14-15, "Well, if Paul didn't do the good things he wanted to do and did do some bad things he didn't want to do, I don't feel so bad about my own struggles. I certainly can't expect that I can live a more holy life than Paul did."?

5. Write out three or four passages in the Bible that give you confidence and joy as you seek to live a life that is pleasing to God. After each one, write why that passage is helpful to you.

1. ¿Cómo responderías a la siguiente afirmación?

    "Aunque sé que nunca podré complacer a Dios en esta vida, sigue siendo importante saber lo que Dios quiere que haga para poder entender mejor lo pecador que soy".

2. A. ¿Estarías de acuerdo o en desacuerdo con la siguiente afirmación?

    "Definitivamente podemos vivir vidas sin pecado si sólo nos esforzamos más y oramos más".

    B. Por favor, justifica tu respuesta.

3. ¿Qué le dirías a alguien que dice: "Como hay algunas tentaciones que no puedo resistir en absoluto, simplemente cedo a ellas y luego le pido a Dios que me perdone por mi debilidad"?

4. ¿Qué le dirías a alguien que te dijera después de leer Romanos 7:14-15?: "Bueno, si Pablo no hizo las cosas buenas que quería hacer, pero sí hizo algunas cosas malas que no quería hacer, no me siento tan mal por mis propias luchas. Ciertamente no puedo esperar vivir una vida más santa que la de Pablo"

5. Escribe tres o cuatro pasajes de la Biblia que te den confianza y alegría al tratar de vivir una vida que agrade a Dios. Después de cada uno, escribe por qué ese pasaje es útil para ti.

THE FIRST COMMANDMENT
Lesson Three

Introduction

In the first two Lessons we learned that God, in His mercy and grace, enables us to live our lives in fellowship with Him. The more we trust Him and obey Him, the more we will delight in knowing and doing His will. He helps us to walk in the light and to stay away from the darkness. He gives us a thankful heart so that we want to please Him in all that we do. He also enables us to love others and to serve them in His name.

> However, we also learned that as we walk with God there will often be things we will have to fight against and there will be many temptations we will have to overcome. There may even be times when we will struggle to be all that we want to be or all that God wants us to be. Doing what is good and right is not automatic—and it is not always easy. However, though Satan is strong and temptations are many, the One who is in us is greater than he that is in the world. As we put on the whole armor of God (Ephesians 6), God enables us to win victory after victory.

To help us walk faithfully and joyfully with the Lord, God has given us many warnings in the Bible, teaching us always to be vigilant and wise, being careful not to wander away from Him or displease Him or dishonor Him. In future Lessons we will look carefully at some of those warnings and prohibitions.

> However, before looking at the things we should avoid, we will focus in this Lesson on some of the things God wants us to do.

By concentrating on the things we *should* do, we will be strengthened and encouraged to stay away from the things we should *not* do. By sincerely pursuing what pleases the Lord, we will have less time, less energy and less desire to pursue things that do not please Him. The opposite, of course, is also true. If we spend a lot of time and energy pursuing things that do not please God, we will have less time or desire or energy to pursue the things that do please Him. So we begin in this Lesson by focusing on the positive.

THE FIRST AND GREATEST COMMANDMENT

> When Jesus was asked what the greatest commandment was, He replied: "'*You shall love the Lord your God with all your heart and*

EL PRIMER MANDAMIENTO
Lección Tres

Introducción

En las dos primeras lecciones aprendimos que Dios, en su misericordia y gracia, nos permite vivir nuestras vidas en comunión con Él. Cuanto más confiemos en Él y le obedezcamos, más nos deleitaremos en conocer y hacer su voluntad. Él nos ayuda a caminar en la luz y a alejarnos de la oscuridad. Nos da un corazón agradecido para que podamos agradarle en todo lo que hacemos. También nos capacita para amar a los demás y servirles en Su nombre.

> Sin embargo, también aprendimos que mientras caminamos con Dios, a menudo habrá cosas contra las que tendremos que luchar y habrá muchas tentaciones que tendremos que superar. Incluso puede haber momentos en los que lucharemos por ser todo lo que queremos ser o todo lo que Dios quiere que seamos. Hacer lo que es bueno y correcto no es automático y no siempre es fácil. Sin embargo, aunque Satanás es fuerte y las tentaciones son muchas, el que está en nosotros es más grande que el que está en el mundo. Cuando nos ponemos la armadura de Dios (Efesios 6), Dios nos permite ganar una victoria tras otra.

Para ayudarnos a caminar fiel y alegremente con el Señor, Dios nos ha dado muchas advertencias en la Biblia, enseñándonos a ser siempre vigilantes y sabios, teniendo cuidado de no alejarnos de Él o desagradarle o deshonrarle. En futuras Lecciones veremos cuidadosamente algunas de esas advertencias y prohibiciones.

> Sin embargo, antes de ver las cosas que debemos evitar, en esta lección, nos centraremos en algunas de las cosas que Dios quiere que hagamos.

Al centrarnos en las cosas que debemos hacer, seremos fortalecidos y animados a mantenernos alejados de las cosas que no debemos hacer. Al perseguir sinceramente lo que agrada al Señor, tendremos menos tiempo, menos energía y menos deseo de perseguir cosas que no le agradan. Lo contrario, por supuesto, también es cierto. Si gastamos mucho tiempo y energía persiguiendo cosas que no agradan a Dios, tendremos menos tiempo o deseo o energía para perseguir las cosas que sí le agradan. Por lo tanto, en esta lección comenzamos a centrarnos en lo positivo.

EL PRIMER Y MÁS GRANDE MANDAMIENTO

> Cuando le preguntaron a Jesús cuál era el mayor mandamiento, respondió: "*Amarás al Señor tu Dios con todo tu corazón, y con*

with all your soul and with all your mind. This is the great and first commandment'" (Matthew 22:37-38).

Those who truly love God as He commanded will enjoy a fruitful, meaningful, and joyful walk with the Lord. Those who fail to love God in this way will soon wander away from Him and get involved in all kinds of things that destroy their fellowship with Him.

Even if they stay away from some specific things that are clearly displeasing to Him (such as lying, stealing, killing, and adultery), they will still not enjoy a fruitful and joyful walk with God if they do not continually put Him in first place in their lives and truly love Him with all their heart and soul and mind.

In the Sermon on the Mount, Jesus emphasized the blessedness and importance of putting God first in our lives when He said: *"'Seek first the kingdom of God and his righteousness, and all these [other] things will be added to you'"* (Matthew 6:33). No matter what we may choose to do or choose not to do, if we don't put God first in our lives and seek to honor and please Him in everything we do, our lives will never be all they could be or should be.

Jesus also taught that when we live a life of holiness and good works, we will often cause others to praise Him as well. He said, *"'Let your light shine before others, so that they may see your good works and give glory to your Father who is in heaven'"* (Matthew 5:16).

Already in the Old Testament, we read of the joy and delight faithful believers bring to Almighty God when they love and serve and obey Him.

The prophet Zephaniah wrote, *"The LORD your God . . . will rejoice over you with gladness; he will quiet you by his love; he will exult over you with loud singing"* (Zephaniah 3:17).

Several years after Jesus returned to His Father in heaven, Paul wrote to the Christian believers in the city of Corinth. Most of the Christians in Corinth had come out of a very pagan and sinful background and often found it difficult to live the holy and obedient life that God requires. When Paul wrote to them, he reminded them of the importance of always seeking to live for the Lord—no matter what they were doing. He wrote, *"So, whether you eat or drink, or whatever you do, do all to the glory of God"* (1 Corinthians 10:31).

Later Paul wrote to the church in Colossae, *"And whatever you do, in word or deed, do everything in the name of the Lord Jesus, giving thanks to God the Father through him"* (Colossians 3:17). If we sincerely desire to walk with the Lord, there is absolutely no place and no time when we can simply forget about God and go our own way—putting our personal desires before our love for God.

If we do not deliberately choose to keep God in first place in our lives, it will be very difficult to keep in step with Him. And if we are out of step with God, we will lose the joy and blessing we could personally have. In addition, we will also forfeit the blessing we could be to others. Nothing is more important in our walk with God than making a diligent and faithful effort to please and

---

toda tu alma, y con toda tu mente. Este es el primero y grande mandamiento." (Mateo 22:37-38).

Aquellos que verdaderamente aman a Dios como Él lo ordenó, disfrutarán de un paseo fructífero, significativo y alegre con el Señor. Aquellos que no aman a Dios de esta manera pronto se alejarán de Él y se involucrarán en todo tipo de cosas que destruyen su comunión con Él.

Incluso si se mantienen alejados de algunas cosas específicas que son desagradables para Él (como mentir, robar, matar y adulterar), aun así, no disfrutarán de un camino fructífero y alegre con Dios si no lo ponen continuamente en primer lugar en sus vidas y lo aman verdaderamente con todo su corazón, alma y mente.

En el Sermón de la Montaña, Jesús enfatizó la bendición y la importancia de poner a Dios en primer lugar en nuestras vidas cuando dijo *"'Buscad primero el reino de Dios y su justicia, y todas estas [otras] cosas os serán añadidas'"*. (Mateo 6:33). No importa lo que elijamos hacer o no hacer, si no ponemos a Dios en primer lugar en nuestras vidas y buscamos honrarlo y complacerlo en todo lo que hacemos, nuestras vidas nunca serán todo lo que podrían o deberían ser.

Jesús también enseñó que cuando vivimos una vida de santidad y buenas obras, a menudo haremos que otros lo alaben también. Dijo: *"Así alumbre vuestra luz delante de los hombres, para que vean vuestras buenas obras, y glorifiquen a vuestro Padre que están los cielos."* (Mateo 5:16).

Ya en el Antiguo Testamento, leemos sobre la alegría y el deleite que los creyentes fieles brindan al Dios Todopoderoso cuando le aman, le sirven y le obedecen.

El profeta Sofonías escribió: *"Jehová está en medio de ti, poderoso, él salvará; se gozará sobre ti con alegría, callará de amor, se regocijará sobre ti con cánticos."* (Sofonías 3:17).

Varios años después de que Jesús regresara a su Padre en el cielo, Pablo escribió a los creyentes cristianos de la ciudad de Corinto. La mayoría de los cristianos de Corinto habían salido de un entorno muy pagano y pecaminoso y a menudo les resultaba difícil vivir la vida santa y obediente que Dios requiere. Cuando Pablo les escribió, les recordó la importancia de buscar siempre vivir para el Señor, sin importar lo que estuvieran haciendo. Escribió: *"Si, pues, coméis o bebéis, o hacéis otra cosa, hacedlo todo para la gloria de Dios."* (1 Corintios 10:31).

Más tarde, Pablo escribió a la iglesia de Colosas: *"todo lo que hacéis, sea de palabra o de hecho, hacedlo todo en el nombre del Señor Jesús, dando gracias a Dios Padre por medio de él."* (Colosenses 3:17). Si deseamos sinceramente caminar con el Señor, no hay lugar ni momento en el que podamos olvidarnos de Dios y seguir nuestro propio camino, anteponiendo nuestros deseos personales a nuestro amor por Dios

Si no elegimos deliberadamente mantener a Dios en primer lugar en nuestras vidas, será muy difícil mantener el paso con Él. Y si estamos fuera del paso con Dios, perderemos la alegría y la bendición que podríamos tener personalmente. Además, también perderemos la bendición que podríamos ser para otros. Nada es

honor Him in everything we do or say or think. (See 2 Peter 1:5-11.)

THE SECOND GREAT COMMANDMENT

Jesus closely tied together our love for God with the love we should have for others. After referring to the first and greatest commandment, He said, *"'And a second is like it: You shall love your neighbor as yourself. On these two commandments depend all the Law and the Prophets'"* (Matthew 22:39-40).

> When Jesus said we should love others, He was not referring to our feelings or emotions concerning other people, but rather to our attitude toward them and our desires and actions concerning them.

It may not always be possible or even necessary for us to *like* everyone. But no matter what our personal feelings may be toward others, when we genuinely love them, we will always seek what is truly best for them, never hold grudges against them, and never seek to repay evil for evil. (Read Romans 12:9-21.) True Christian love for others is not "natural," nor is it something we can manufacture or develop on our own.

> But when God's love fills our own hearts, his love can flow through us to others—even if they are not very lovely or not very "lovable."

Throughout history there have been many marvelous examples of people who showed Christ-like love to very unlovable people—demonstrating not the goodness of man but rather the reality and power of the love of GOD.

> *Jesus said, "'So whatever you wish that others would do to you, do also to them, for this is the Law and the Prophets'" (Matthew 7:12).*

> *Jesus said, "Love your enemies, do good to those who hate you, bless those who curse you, pray for those who abuse you. . . . Love your enemies, and do good, and lend, expecting nothing in return, and your reward will be great, and you will be sons of the Most High Be merciful, even as your Father is merciful.'"*

> *Luke 6:27-28, 35-36*

> *"By this we know love, that he laid down his life for us, and we ought to lay down our lives for the brothers. But if anyone has the world's goods and sees his brother in need, yet closes his heart against him, how does God's love abide in him? Little children, let us not love in word or talk but in deed and in truth." 1 John 3:16-18*

> *"Beloved, if God so loved us, we also ought to love one another. No one has ever seen God; if we love one another, God abides in us and his love is perfected in us." 1 John 4:11-12*

---

más importante en nuestro caminar con Dios que hacer un esfuerzo diligente y fiel para complacerlo y honrarlo en todo lo que hacemos o decimos o pensamos. (Véase 2 Pedro 1:5-11.)

EL SEGUNDO GRAN MANDAMIENTO

Jesús vinculó estrechamente nuestro amor a Dios con el amor que debemos tener a los demás. Después de referirse al primer y más grande mandamiento, dijo: " *Y el segundo es semejante: Amarás a tu prójimo como a ti mismo. De estos dos mandamientos depende toda la ley y los profetas.*" (Mateo 22:39-40).

> Cuando Jesús dijo que debíamos amar a los demás, no se refería a nuestros sentimientos o emociones respecto a otras personas, sino a nuestras actitudes hacia ellas y a nuestros deseos y acciones respecto a ellas.

Puede que no siempre sea posible o incluso necesario que nos agrade todo el mundo. Pero no importa cuáles sean nuestros sentimientos personales hacia los demás, cuando los amamos de verdad, siempre buscaremos lo que es verdaderamente mejor para ellos, nunca les guardaremos rencor y nunca trataremos de devolver mal por mal. (Lea Romanos 12:9-21.) El verdadero amor cristiano por los demás no es "natural", ni es algo que podamos fabricar o desarrollar por nuestra cuenta.

> Pero cuando el amor de Dios llena nuestros propios corazones, su amor puede fluir a través de nosotros hacia los demás, incluso si no son muy encantadores o no son muy "amables".

A lo largo de la historia ha habido muchos ejemplos maravillosos de personas que mostraron un amor como el de Cristo a personas muy poco adorables-demostrando, no la bondad del hombre, sino la realidad y el poder del amor de DIOS.

> *Jesús dijo, "Así que, todas las cosas que queráis que los hombres hagan con vosotros, así también haced vosotros con ellos; porque esto es la ley y los profetas" (Mateo 7:12).*

> *Jesús dijo, "Pero a vosotros los que oís, os digo: Amad a vuestros enemigos, haced bien a los que os aborrecen; bendecid a los que os maldicen, y orad por los que os calumnian . . . Amad, pues, a vuestros enemigos, y haced bien, y prestad, no esperando de ello nada; y será vuestro galardón grande, y seréis hijos del Altísimo; porque él es benigno para con los ingratos y malos. Sed, pues, misericordiosos, como también vuestro Padre es misericordioso."*

> *Lucas 6:27-28, 35-36*

> *"En esto hemos conocido el amor, en que él puso su vida por nosotros; también nosotros debemos poner nuestras vidas por los hermanos. Pero el que tiene bienes de este mundo y ve a su hermano tener necesidad, y cierra contra él su corazón, ¿cómo mora el amor de Dios en él? Hijitos míos, no amemos de palabra ni de lengua, sino de hecho y en verdad" 1 Juan 3:16-18*

> *"Amados, si Dios nos ha amado así, debemos también nosotros amarnos unos a otros. Nadie ha visto jamás a Dios. Si nos amamos unos a otros, Dios permanece en nosotros, y su amor se ha perfeccionado en nosotros." 1 Juan 4:11-12*

> *"Antes sed benignos unos con otros, misericordiosos, perdonándoos unos a otros, como Dios también os perdonó a vosotros en Cristo*

THE OLD TESTAMENT VIEW

Already in the Old Testament God made it very clear that those who did not have a genuine love for Him AND for others were not pleasing to Him.

This was true even when people seemed to be obedient to the Lord. They were saying the right things and even doing many of the things God had commanded, but they did not truly love Him with all their heart. And they certainly were not showing love to their neighbors.

Speaking through the prophet Isaiah, God said, *"This people . . . honor me with their lips, while their hearts are far from me."* Isaiah 29:13

In the very first chapter of Isaiah, God took note of the formal and external obedience of the people as they offered their prayers and presented their sacrifices to Him. However, He was extremely displeased with their wrong attitude and their lack of true love for others. He said,

"Remove the evil of your deeds from before my eyes; cease to do evil, learn to do good; seek justice, correct oppression; bring justice to the fatherless, plead the widow's cause." Isaiah 1:16-17

Later in the book, we again read of God's great displeasure with many of the people. They were giving external obedience to His teachings on fasting, but their hearts were not right and their motives were wrong. They were not showing true love either to God or to their neighbors. So God responded with these words:

"Is not this the fast that I choose: to loose the bonds of wickedness, to undo the straps of the yoke, to let the oppressed go free, and to break every yoke? Is it not to share your bread with the hungry and bring the homeless poor into your house; when you see the naked, to cover him, and not to hide yourself from your own flesh?" Isaiah 58:6-7

If the people would learn to obey and love God with all their hearts and if they would love others as themselves, then their lives would be radically changed. In the words of Isaiah:

"Then shall your light rise in the darkness and your gloom be as the noonday. And the LORD will guide you continually and satisfy your desire in scorched places.   You shall be like a watered garden, like a spring of water, whose waters do not fail   Then you shall take delight in the LORD, and I will make you ride on the heights of the earth. . . . " Isaiah 58:10b-11,14

EL PUNTO DE VISTA DEL ANTIGUO TESTAMENTO

Ya en el Antiguo Testamento Dios dejó muy claro que aquellos que no tenían un amor genuino por Él y por los demás, no eran agradables para Él.

Esto era cierto incluso cuando la gente parecía ser obediente al Señor. Ellos decían las cosas correctas y hasta hacían muchas de las cosas que Dios había ordenado, pero no lo amaban verdaderamente con todo su corazón. Y ciertamente no mostraban amor a sus prójimos.

Hablando a través del profeta Isaías, Dios dijo, *"Porque este pueblo se acerca a mí con su boca, y con sus labios me honra, pero su corazón está lejos de mí."* Isaías 29:13

En el primer capítulo de Isaías, Dios tomó nota de la obediencia formal y externa del pueblo al ofrecer sus oraciones y presentar sus sacrificios a Él. Sin embargo, estaba sumamente disgustado con su actitud equivocada y su falta de amor verdadero por los demás. Les dijo,

"Lavaos y limpiaos; quitad la iniquidad de vuestras obras de delante de mis ojos; dejad de hacer lo malo; aprended a hacer el bien; buscad el juicio, restituid al agraviado, haced justicia al huérfano, amparad a la viuda." Isaías 1:16-17

Más adelante en el libro, volvemos a leer el gran disgusto de Dios con muchos de los pueblos. Estaban dando obediencia externa a sus enseñanzas sobre el ayuno, pero sus corazones no eran correctos y sus motivos eran erróneos. No estaban mostrando amor verdadero ni a Dios ni a sus prójimos. Así que Dios respondió con estas palabras:

"¿No es más bien el ayuno que yo escogí, desatar las ligaduras de impiedad, soltar las cargas de opresión, y dejar ir libres a los quebrantados, y que rompáis todo yugo? ¿No es que partas tu pan con el hambriento, y a los pobres errantes albergues en casa; que cuando veas al desnudo, lo cubras, y no te escondas de tu hermano?" Isaías 58:6-7

Si el pueblo aprendiera a obedecer y a amar a Dios con todo su corazón y si amara a los demás como a sí mismo, su vida cambiaría radicalmente. En palabras de Isaías

"en las tinieblas nacerá tu luz, y tu oscuridad será como el mediodía. Jehová te pastoreará siempre, y en las sequías saciará tu alma. y serás como huerto de riego, y como manantial de aguas, cuyas aguas nunca faltan...... entonces te deleitarás en Jehová; y yo te haré subir sobre las alturas de la tierra. . . . " Isaías 58:10b-11,14

In a beautiful but simple summary of what it means to love God and love others, Micah, speaking for God, wrote these words:

"He has told you, O man, what is good; and what does the LORD require of you but to do justice, and to love kindness, and to walk humbly with your God?" Micah 6:8

Walking with God will be a source of joy and blessing for us if we always remember to keep God in first place in every area of our lives and if we truly seek to love others as we love ourselves.

GOALS AND GUIDELINES FOR OUR WALK WITH GOD

As believers, our primary goal in life will be much different from the goals of non-believers. We will not seek first of all to achieve personal fame, wealth, honor or pleasure for ourselves. Rather, the primary goal of our lives will be to bring honor and glory to God.

It certainly is not wrong for us to achieve wealth or fame in this life if we do so honestly, fairly and in a way that pleases God. Nor is it wrong to delight in the many wonderful pleasures that God permits us to enjoy. The Bible itself promised that if we truly delight ourselves in the Lord, He will give us the desires of our hearts (Psalm 37:4). However, gaining material wealth or enjoying earthly pleasures should never be our primary goal.

Besides, the pursuit of earthly and temporal goals can easily lead us away from maintaining a close and joyful fellowship with the Lord.

It's so important, therefore, to make very sure that our desire for earthly or temporal blessings does not in any way interfere with our sincere desire and intention to honor and glorify the Lord in all that we do.

Scripture References

"If then you have been raised with Christ, seek the things that are above, where Christ is, seated at the right hand of God. Set your minds on things that are above, not on things that are on earth. For you have died, and your life is hidden with Christ in God. When Christ who is your life appears, then you also will appear with him in glory." Colossians 3:1-4

"Let us also lay aside every weight, and sin which clings so closely, and let us run with endurance the race that is set before us, looking to Jesus, the founder and perfecter of our faith, who for the joy that was set before him endured the cross, despising the shame, and is seated at the right hand of the throne of God." Hebrews 12:1-2

"When you were slaves of sin, you were free in regard to righteousness   But now that you have been set free from sin and have become slaves of God, the fruit you get leads to sanctification and its end, eternal life." Romans 6:20, 22

En un hermoso pero sencillo resumen de lo que significa amar a Dios y amar a los demás, Miqueas, hablando en nombre de Dios, escribió estas palabras

"Oh hombre, él te ha declarado lo que es bueno, y qué pide Jehová de ti: solamente hacer justicia, y amar misericordia, y humillarte ante tu Dios" Miqueas 6:8

Caminar con Dios será una fuente de alegría y bendición para nosotros si siempre recordamos mantener a Dios en primer lugar en cada área de nuestra vida y si realmente buscamos amar a los demás como nos amamos a nosotros mismos.

OBJETIVOS Y DIRECTRICES PARA NUESTRO CAMINO CON DIOS

Como creyentes, nuestro objetivo principal en la vida será muy diferente de los objetivos de los no creyentes. No buscaremos en primer lugar conseguir fama personal, riqueza, honor o placer para nosotros mismos. Más bien, la meta principal de nuestras vidas será traer honor y gloria a Dios.

Ciertamente no es malo que logremos riqueza o fama en esta vida si lo hacemos de manera honesta, justa y de una manera que agrade a Dios. Tampoco es malo deleitarse en los muchos y maravillosos placeres que Dios nos permite disfrutar. La propia Biblia promete que, si nos deleitamos verdaderamente en el Señor, Él nos dará los deseos de nuestro corazón (Salmo 37:4). Sin embargo, obtener riquezas materiales o disfrutar de los placeres terrenales nunca debe ser nuestro objetivo principal.

Además, la búsqueda de objetivos terrenales y temporales puede alejarnos fácilmente de mantener una estrecha y alegre comunión con el Señor.

Por lo tanto, es muy importante asegurarse de que nuestro deseo de obtener bendiciones terrenales o temporales no interfiera de ninguna manera con nuestro deseo sincero e intención de honrar y glorificar al Señor en todo lo que hacemos.

Referencias Bíblicas

"Si, pues, habéis resucitado con Cristo, buscad las cosas de arriba, donde está Cristo sentado a la diestra de Dios. Poned la mira en las cosas de arriba, no en las de la tierra. Porque habéis muerto, y vuestra vida está escondida con Cristo en Dios. Cuando Cristo, vuestra vida, se manifieste, entonces vosotros también seréis manifestados con él en gloria." Colosenses 3:1-4

"Por tanto, nosotros también, teniendo en derredor nuestro tan grande nube de testigos, despojémonos de todo peso y del pecado que nos asedia, y corramos con paciencia la carrera que tenemos por delante, puestos los ojos en Jesús, el autor y consumador de la fe, el cual por el gozo puesto delante de él sufrió la cruz, menospreciando el oprobio, y se sentó a la diestra del trono de Dios." Hebreos 12:1-2

"Porque cuando erais esclavos del pecado, erais libres acerca de la justicia   Mas ahora que habéis sido libertados del pecado

"Finally, brothers, whatever is true, whatever is honorable, whatever is just, whatever is pure, whatever is lovely, whatever is commendable, if there is any excellence, if there is anything worthy of praise, think about these things. What you have learned and received and heard and seen in me—practice these things, and the God of peace will be with you." Philippians 4:8-9

SPECIFIC COMMANDS

The Bible not only gives us some general goals or guidelines; it also gives us many specific commands or teachings concerning God's will for our lives. Among those commands are the Ten Commandments, given first of all to God's people in the Old Testament (Exodus 20). God also gave the people many other laws and commandments concerning almost every area of life. The New Testament also has many prohibitions and commands which Christians are called to observe.

In the following Lessons we will study each of the Ten Commandments and look briefly at some other related commands as well. Though most of the Ten Commandments are presented in the Old Testament in a negative form, ("You shall not "), we shall also consider the positive implications

of each of those commands. God not only wants us to stay away from certain things; He also wants us to live positively and joyfully in every area of our lives.

WHY DO WE STILL NEED RULES AND COMMANDS AS BELIEVERS?

When we get to heaven, we will no longer need rules or commands. It will then no longer even be possible for us to sin. We will be completely free from every trace or effect of sin, and the powers of evil that now tempt us will be totally destroyed.

> In this life, however, we still have to deal with our old sinful nature. And, as Paul reminds us, there is nothing good in our old sinful nature (Romans 7:18). Besides, we constantly have to be on guard against Satan and all the powers of evil in the world which are determined to defeat us (1 Peter 5:8). In addition, we are continually surrounded by evil examples, peer pressure, sinful traditions, and by people who try to draw us away from God.

It's very important for us, therefore, to have the "warning" signs which God provides in His rules and commands. These warnings are not intended to take away our joy in life, but rather to help us avoid those things which would lead us into sin and break our joyful fellowship with the Lord.

We NEED the warnings. Without them, we would easily go astray and find ourselves walking *away* from God rather than walking *with* Him. It's truly a great blessing to have God's laws and commands. The people of Israel

y hechos siervos de Dios, tenéis por vuestro fruto la santificación, y como fin, la vida eterna." Romanos 6:20, 22

"Por lo demás, hermanos, todo lo que es verdadero, todo lo honesto, todo lo justo, todo lo puro, todo lo amable, todo lo que es de buen nombre; si hay virtud alguna, si algo digno de alabanza, en esto pensad. Lo que aprendisteis y recibisteis y oísteis y visteis en mí, esto haced; y el Dios de paz estará con vosotros." Filipenses 4:8-9

MANDAMIENTOS ESPECÍFICOS

La Biblia no sólo nos da algunos objetivos o directrices generales; también nos da muchos mandatos o enseñanzas específicas sobre la voluntad de Dios para nuestras vidas. Entre esos mandatos están los Diez Mandamientos, dados en primer lugar al pueblo de Dios en el Antiguo Testamento (Éxodo 20). Dios también dio al pueblo muchas otras leyes y mandamientos relativos a casi todos los ámbitos de la vida. El Nuevo Testamento también tiene muchas prohibiciones y mandamientos que los cristianos están llamados a guardar.

En las siguientes lecciones estudiaremos cada uno de los Diez Mandamientos y miraremos brevemente algunos otros mandamientos relacionados también. Aunque la mayoría de los Diez Mandamientos se presentan en el Antiguo Testamento en forma negativa, ("No harás"), también consideraremos las implicaciones positivas de cada uno de esos mandamientos. Dios no sólo quiere que nos mantengamos alejados de ciertas cosas; también quiere que vivamos positiva y alegremente en todos los ámbitos de nuestra vida.

¿POR QUÉ SEGUIMOS NECESITANDO REGLAS Y MANDATOS COMO CREYENTES?

Cuando lleguemos al cielo, ya no necesitaremos reglas ni mandatos. Ni siquiera será posible que pequemos. Estaremos completamente libres de todo rastro o efecto del pecado, y los poderes del mal que ahora nos tientan serán totalmente destruidos.

> Sin embargo, en esta vida todavía tenemos que lidiar con nuestra vieja naturaleza pecaminosa. Y, como nos recuerda Pablo, no hay nada bueno en nuestra vieja naturaleza pecaminosa (Romanos 7:18). Además, tenemos que estar constantemente en guardia contra Satanás y todos los poderes del mal en el mundo los cuales están decididos a derrotarnos (1 Pedro 5:8). Además, estamos continuamente rodeados de malos ejemplos, de la presión de los compañeros, de tradiciones pecaminosas y de personas que tratan de alejarnos de Dios.

Por lo tanto, es muy importante para nosotros tener las señales de "advertencia" que Dios proporciona en sus reglas y mandatos. Estas advertencias no tienen la intención de quitarnos el gozo de la vida, sino de ayudarnos a evitar aquellas cosas que nos llevarían al pecado y romperían nuestra alegre comunión con el Señor.

NECESITAMOS las advertencias. Sin ellas, nos desviaríamos fácilmente y nos encontraríamos

considered themselves especially favored to have these laws (Psalm 147:19-20 and Romans 3:1-2). And so are we!

WHAT ABOUT OUR CONSCIENCE?

Our conscience is our personal feeling or belief concerning what is right and what is wrong. It can often serve as a very helpful guide for us when we are faced with making moral choices. This does not mean, however, that it is always right to follow our conscience!

> The apostle Paul, for example, carefully followed his conscience in his younger years, believing that he was living a life that was pleasing to the Lord (Acts 26:4-5, 1 Corinthians 4:4; 1 Timothy 1:13). However, in spite of his good intentions and his desire to do what God wanted him to do, his life was definitely not always pleasing to the Lord (Acts 9:1-4).

It's also possible to have what the Bible calls a "seared" conscience (1 Timothy 4:2; see also Titus 1:15 and Hebrews 9:14). A seared conscience is one that has been influenced over time by standards and activities that are not in harmony with the Bible. It's quite possible, for example, for a person to do something so often and for such a long time that he no longer considers it wrong—even though it is clearly contrary to God's Word.

> Though our conscience does not always lead us to do what is "right," we should never do anything which clearly violates our conscience. If we truly believe something is displeasing to God, whatever it is, we sin against God if we do it (Romans 14:23).

WHICH LAWS IN THE BIBLE MUST WE STILL OBSERVE TODAY?

Since there are many laws and commands in the Bible, we may wonder whether we are still required to obey each one of those laws today. If not, how can we know which laws and commandments were intended only for people who lived in the past and which ones are still valid for us today?

To answer that question, it's important to begin by looking at the laws in the Old Testament. Most of these laws fall into three general categories: civil laws, ceremonial laws, and moral laws. The civil laws had to do primarily with the political or national life of the people of Israel. They included laws regarding government structure and leadership, the organization of society, business, property, the military, the justice system, etc. The ceremonial laws governed the worship life of the people such as offerings, sacrifices, worship at the temple or tabernacle, the duties and responsibilities of priests and other spiritual leaders, and related matters. The moral laws covered all matters related specifically to personal holiness and to people's

caminando lejos de Dios en lugar de caminar con Él. Realmente es una gran bendición tener las leyes y los mandatos de Dios. El pueblo de Israel se consideraba especialmente favorecido por tener estas leyes (Salmo 147:19-20 y Romanos 3:1-2). ¡Y nosotros también!

¿QUÉ PASA CON NUESTRA CONCIENCIA?

Nuestra conciencia es nuestro sentimiento o creencia personal sobre lo que está bien y lo que está mal. A menudo puede servirnos de guía muy útil cuando nos enfrentamos a decisiones morales. Sin embargo, ¡esto no significa que siempre sea correcto seguir nuestra conciencia.

> El apóstol Pablo, por ejemplo, siguió cuidadosamente su conciencia en sus años de juventud, creyendo que estaba viviendo una vida que agradaba al Señor (Hechos 26:4-5, 1 Corintios 4:4; 1 Timoteo 1:13). Sin embargo, a pesar de sus buenas intenciones y su deseo de hacer lo que Dios quería que hiciera, su vida definitivamente no siempre fue agradable al Señor (Hechos 9:1-4).

También es posible tener lo que la Biblia llama una conciencia "cauterizada" (1 Timoteo 4:2; véase también Tito 1:15 y Hebreos 9:14). Una conciencia cauterizada es aquella que ha sido influenciada a lo largo del tiempo por normas y actividades que no están en armonía con la Biblia. Es muy posible, por ejemplo, que una persona haga algo con tanta frecuencia y durante tanto tiempo que ya no lo considere malo, aunque sea claramente contrario a la Palabra de Dios.

> Aunque nuestra conciencia no siempre nos lleva a hacer lo que es "correcto", nunca debemos hacer nada que viole claramente nuestra conciencia. Si realmente creemos que algo es desagradable a Dios, sea lo que sea, pecamos contra Dios si lo hacemos (Romanos 14:23).

¿QUÉ LEYES DE LA BIBLIA DEBEMOS SEGUIR GURDANDO HOY EN DÍA?

Dado que hay muchas leyes y mandamientos en la Biblia, podemos preguntarnos si todavía hoy se nos exige obedecer cada una de esas leyes. Si no es así, ¿cómo podemos saber qué leyes y mandamientos estaban destinados sólo a personas que vivieron en el pasado y cuáles siguen siendo válidos para nosotros hoy?

Para responder a esa pregunta, es importante empezar por examinar las leyes del Antiguo Testamento. La mayoría de estas leyes se dividen en tres categorías generales: leyes civiles, leyes ceremoniales y leyes morales. Las leyes civiles tenían que ver principalmente con la vida política o nacional del pueblo de Israel. Incluían leyes relativas a la estructura del gobierno y el liderazgo, la organización de la sociedad, los negocios, la propiedad, el ejército, el sistema de justicia, etc. Las leyes ceremoniales regían la vida de culto del pueblo, como las ofrendas, los sacrificios, el culto en el templo o tabernáculo, los deberes y responsabilidades de los

relationship to God and to one another. The "moral" laws included the Ten Commandments and many other rules or regulations regarding personal morality, honesty, integrity, everyday living and personal relationships.

Many of the Old Testament civil laws were intended specifically for the people of Israel in Old Testament times. The Israelites were a unique people different from all other nations in the world. They had God as their Ruler, Judge, and Lawgiver. He was the ultimate authority in every area and in every situation. Those who served as leaders among the people (whether as judges, kings, or lawgivers) served in His name and as His representatives. All authority belonged to God.

Since most Christian believers no longer live in nations where Jehovah (Yahweh) God is recognized as King and Lord, they are not expected or required to obey all the civil laws of the Old Testament. At the same time, believers should recognize the importance and significance of some of those laws as guidelines for their own situations. For example, the civil laws of the Old Testament required justice, fairness, honesty, integrity, concern for the poor and other persons who were not able to defend or support themselves. So, even though we are no longer bound to observe all the specific civic laws of the Old Testament, we should never violate the fundamental principles which lie behind them.

Further, Christians should always seek to love God and others in *every* area of life—including the political arena. The "Two Great Commandments"

discussed earlier in this Lesson (to love God above all and our neighbors as ourselves) are still valid always and everywhere! The way in which these commandments are observed may differ from one situation to another, but these commandments are never to be violated.

The ceremonial laws of the Old Testament were intended specifically for the people of Israel. God was "present" in the Temple and it was there where His people would gather for public worship and where faithful Israelites were required to bring their sacrifices and offerings.

Today there is no longer a central place of worship for all believers, and the sacrifices and offerings required in the Old Testament are no longer required. After Jesus came to earth and made a perfect sacrifice for our sins, the old system of sacrifices and worship was no longer necessary or appropriate. (See the book of Hebrews for a more extensive presentation of these teachings.)

The moral laws of the Old Testament were also given specifically to God's people in the Old Testament, but

sacerdotes y otros líderes espirituales, y otros asuntos relacionados. Las leyes morales abarcaban todos los asuntos relacionados específicamente con la santidad personal y la relación de las personas con Dios y entre sí. Las leyes "morales" incluían los Diez Mandamientos y muchas otras normas o reglamentos relativos a la moralidad personal, la honestidad, la integridad, la vida cotidiana y las relaciones personales.

Muchas de las leyes civiles del Antiguo Testamento estaban destinadas específicamente al pueblo de Israel en los tiempos del Antiguo Testamento. Los israelitas eran un pueblo único y diferente a todas las demás naciones del mundo. Tenían a Dios como su gobernante, juez y legislador. Él era la máxima autoridad en cada área y en cada situación. Aquellos que servían como líderes entre el pueblo (ya sea como jueces, reyes o legisladores) servían en su nombre y como sus representantes. Toda la autoridad pertenecía a Dios.

Dado que la mayoría de los creyentes cristianos ya no viven en naciones donde se reconoce a Jehová (Yahvé) como Rey y Señor, no se espera ni se exige que obedezcan todas las leyes civiles del Antiguo Testamento. Al mismo tiempo, los creyentes deben reconocer la importancia y el significado de algunas de esas leyes como directrices para sus propias situaciones. Por ejemplo, las leyes civiles del Antiguo Testamento exigían justicia, equidad, honestidad, integridad, preocupación por los pobres y otras personas que no podían defenderse o mantenerse por sí mismas. Por eso, aunque ya no estemos obligados a guardar todas las leyes cívicas específicas del Antiguo Testamento, nunca debemos violar los principios fundamentales que subyacen en ellas.

Además, los cristianos siempre deben tratar de amar a Dios y a los demás en todos los ámbitos de la vida, incluido el ámbito político. Los "dos grandes mandamientos" discutidos anteriormente en esta Lección (amar a Dios por encima de todo y a nuestro prójimo como a nosotros mismos) siguen siendo válidos siempre y en todas partes. La forma de guardar estos mandamientos puede diferir de una situación a otra, pero estos mandamientos nunca deben ser violados.

Las leyes ceremoniales del Antiguo Testamento estaban destinadas específicamente al pueblo de Israel. Dios estaba "presente" en el Templo y era allí donde su pueblo se reunía para el culto público y donde los israelitas fieles debían llevar sus sacrificios y ofrendas.

Hoy en día ya no existe un lugar central de adoración para todos los creyentes, y los sacrificios y ofrendas requeridos en el Antiguo Testamento ya no son necesarios. Después de que Jesús vino a la tierra e hizo un sacrificio perfecto por nuestros pecados, el antiguo sistema de sacrificios y adoración ya no era necesario ni apropiado. (Ver el libro de Hebreos para una presentación más extensa de estas enseñanzas).

Las leyes morales del Antiguo Testamento también fueron dadas específicamente al pueblo de Dios en el Antiguo Testamento, pero estas leyes generalmente no

these laws are generally not restricted to one time or place or one group of people.

Most of those laws are therefore re-emphasized and repeated in the N.T. and are considered valid for all people at all times. The specific application of those laws may sometimes differ from one time or one place to another, but the fundamental requirements of these laws remain the same. (In the next Lessons we will consider the application of some of these laws to our lives today.)

Most of the laws and commands that were given in the New Testament are still valid for us today since they are not limited to one time or one group of people or one situation. At times, however, a command was directed to a specific person or situation and is therefore not necessarily applicable today. (See, for example, Luke 18:22.) Also, Jesus sometimes gave a command which was not intended to be taken literally. (See, for example, Matthew 18:8-9.)

Most of the time it is quite clear whether a New Testament command is still valid today, though Christians may reasonably disagree on the specific application of certain laws. In general, however, the major challenge we have as believers is doing what is right rather knowing what is right!

AN IMPORTANT REMINDER

When reading or studying the laws of the Bible, it is always important to remember that no one can ever be made right with God by observing those laws (Romans 3:20). Only Jesus, who perfectly kept God's laws Himself and who made a perfect sacrifice for our sins, can make us right with God (Matthew 5:17; 2 Corinthians 5:17-21; 1 Peter 1:18-19). It's also true, however, that those who sincerely desire to walk with God will find joy and blessing in observing His laws and they will also be a blessing to others.

Scripture References

"But now the righteousness of God has been manifested apart from the law   the righteousness of God through faith in Jesus Christ forall who believe." Romans 3:21-22

"So then, the law was our guardian until Christ came, in order that we might be justified by faith. But now that faith has come, we are no longer under a guardian." Galatians 3:24-25

"But now we are released from the law, having died to that which held us captive, so that we serve in the new way of the Spirit and not in the old way of the written code." Romans 7:6

"For this is the covenant that I will make with the house of Israel after those days, declares the Lord: I will put my laws into their minds, and write them on their hearts, and I will be their God, and they shall be my people." Hebrews 8:10

SUMMARY AND CONCLUSION

están restringidas a un tiempo o lugar o a un grupo de personas.

Por ello, la mayoría de esas leyes se vuelven a enfatizar y repetir en el N.T. y se consideran válidas para todas las personas en todo momento. La aplicación específica de esas leyes puede diferir a veces de un tiempo o un lugar a otro, pero los requisitos fundamentales de estas leyes siguen siendo los mismos. (En las próximas Lecciones consideraremos la aplicación de algunas de estas leyes a nuestra vida actual).

La mayoría de las leyes y mandatos que se dieron en el Nuevo Testamento siguen siendo válidos para nosotros hoy en día, ya que no se limitan a una época o a un grupo de personas o a una situación. Sin embargo, a veces un mandamiento estaba dirigido a una persona o situación específica y, por lo tanto, no es necesariamente aplicable hoy en día. (Véase, por ejemplo, Lucas 18:22.) Además, a veces Jesús dio un mandato que no estaba destinado a ser tomado literalmente. (Véase, por ejemplo, Mateo 18:8-9.)

La mayoría de las veces está bastante claro si un mandato del Nuevo Testamento sigue siendo válido hoy en día, aunque los cristianos pueden discrepar razonablemente sobre la aplicación específica de ciertas leyes. Sin embargo, el mayor desafío que tenemos como creyentes es hacer lo que es correcto en lugar de saber lo que es correcto.

UN RECORDATORIO IMPORTANTE

Al leer o estudiar las leyes de la Biblia, siempre es importante recordar que nadie puede quedar bien con Dios observando esas leyes (Romanos 3:20). Sólo Jesús, que guardó perfectamente las leyes de Dios y que hizo un sacrificio perfecto por nuestros pecados, puede hacernos justos con Dios (Mateo 5:17; 2 Corintios 5:17-21; 1 Pedro 1:18-19). Sin embargo, también es cierto que aquellos que desean caminar con Dios sinceramente, encontrarán alegría y bendición en la observancia de sus leyes y también serán una bendición para otros.

Referencias Bíblicas

"Pero ahora, aparte de la ley, se ha manifestado la justicia de Dios, testificada por la ley…… la justicia de Dios por medio de la fe en Jesucristo, para todos los que creen en él." Romanos 3:21-22

"De manera que la ley ha sido nuestro ayo, para llevarnos a Cristo, a fin de que fuésemos justificados por la fe. Pero venida la fe, ya no estamos bajo ayo." Gálatas 3:24-25

"Pero ahora estamos libres de la ley, por haber muerto para aquella en que estábamos sujetos, de modo que sirvamos bajo el régimen nuevo del Espíritu y no bajo el régimen viejo de la letra." Romanos 7:6

"Por lo cual, este es el pacto que haré con la casa de Israel Después de aquellos días, dice el Señor: Pondré mis leyes en la mente de ellos, Y sobre su corazón las escribiré; Y seré a ellos por Dios, Y ellos me serán a mí por pueblo." Hebreos 8:10

Believers no longer live under the burden of all the laws of the Old Testament. However, because of our sinful nature and the power of Satan and the sinful world around us, we still need laws to guide us in our daily lives. God graciously provides these laws for us so that we may more clearly know His will, do that which pleases Him, and stay away from that which does not please Him. Our conscience, though very important and often helpful, is not an absolutely reliable guide for us. We need God's written Word to sharpen our conscience and to guide our thoughts and actions.

> The two greatest commandments that God has given have never changed and never will. Those commands are (1) to love God with all our heart and soul and mind and strength and (2) to love our neighbors as ourselves. The specific application of these laws may depend on the circumstances in which we find ourselves, but the laws themselves are absolute. In that regard, God's standards never change.

By His grace and through the work of the Holy Spirit, God enables us to love and trust and obey Him with increasing joy and faithfulness. However, we can never earn or merit salvation through our obedience. Salvation is always a gift of God's grace. Jesus has perfectly obeyed all God's laws in our behalf and has also provided a perfect sacrifice for all *our* failures to obey those laws.

Through Jesus' presence in our lives we will increasingly seek to do the will of God, and through His sacrifice on the cross, we can have the assurance of an eternal life of never-ending joy and peace in His glorious presence.

RESUMEN Y CONCLUSIÓN

Los creyentes ya no viven bajo la carga de todas las leyes del Antiguo Testamento. Sin embargo, debido a nuestra naturaleza pecaminosa y al poder de Satanás y del mundo pecaminoso que nos rodea, todavía necesitamos leyes que nos guíen en nuestra vida diaria. Dios nos proporciona estas leyes para que podamos conocer claramente su voluntad, hacer lo que le agrada y alejarnos de lo que no le agrada. Nuestra conciencia, aunque es muy importante y a menudo útil, no es una guía absolutamente fiable para nosotros. Necesitamos la Palabra escrita de Dios para agudizar nuestra conciencia y guiar nuestros pensamientos y acciones.

> Los dos mandamientos más grandes que Dios ha dado, nunca han cambiado y nunca cambiarán. Esos mandamientos son (1) amar a Dios con todo nuestro corazón, alma, mente y fuerzas y (2) amar a nuestro prójimo como a nosotros mismos. La aplicación específica de estas leyes puede depender de las circunstancias en las que nos encontremos, pero las leyes en sí son absolutas. En ese sentido, las normas de Dios nunca cambian.

Por su gracia y a través de la obra del Espíritu Santo, Dios nos capacita para amar, confiar y obedecerle con creciente alegría y fidelidad. Sin embargo, nunca podemos ganar o merecer la salvación a través de nuestra obediencia. La salvación es siempre un don de la gracia de Dios. Jesús ha obedecido perfectamente todas las leyes de Dios en nuestro nombre y también ha proporcionado un sacrificio perfecto por todos nuestros fracasos en obedecer esas leyes.

A través de la presencia de Jesús en nuestras vidas buscaremos cada vez más hacer la voluntad de Dios, y a través de su sacrificio en la cruz, podemos tener la seguridad de una vida eterna de gozo y paz sin fin en su gloriosa presencia.

LESSON ThrEE

DAILY BIBLE READINGS

Day 1

Day 2

Day 3

Day 4

Day 5

Day 6

Day 7

Deuteronomy 6:5; 10:12-13; 11:1; Joshua 22:5; 23:11; Matthew

22:37-38; Mark 12:30-32; 1 John 5:2-4; 2 John 5-6

John 13:34-35; John 15:9-13; Romans 13:8-10; Romans 15:1-2; 1

Timothy 1:5; James 2:8

Romans 12:9-21; John 4:10-21

Galatians 3:1-4; Galatians 3:21-25; Galatians 5:1-6; 5:16-18;

Colossians 2:13-23

1 Thessalonians 3:12-13; 4:9-10; 5:8-11; 5:23-24;

2 Thessalonians 1:3-4; 1:11-12; 2:16-17; 3:3-5

Colossians 1:9-14; 2:6-7; 3:12-17; 3:23-24; 4:2-6

Luke 6:31-36; 10:27-37; 1 John 3:11-18

LECCIÓN TRES

LECTURAS BÍBLICAS DIARIAS

Día 1

Día 2

Día 3

Día 4

Día 5

Día 6

Día 7

Deuteronomio 6:5; 10:12-13; 11:1; Josué 22:5; 23:11; Mateo

22:37-38; Marcos 12:30-32; 1 Juan 5:2-4; 2 Juan 5-6

Juan 13:34-35; Juan 15:9-13; Romanos 13:8-10; Romanos 15:1-2; 1

Timoteo 1:5; Santiago 2:8

Romanos 12:9-21; Juan 4:10-21

Gálatas 3:1-4; Gálatas 3:21-25; Gálatas 5:1-6; 5:16-18;

Colosenses 2:13-23

1 Tesalonicenses 3:12-13; 4:9-10; 5:8-11; 5:23-24;

2 Tesalonicenses 1:3-4; 1:11-12; 2:16-17; 3:3-5

Colosenses 1:9-14; 2:6-7; 3:12-17; 3:23-24; 4:2-6

Lucas 6:31-36; 10:27-37; 1 Juan 3:11-18

LESSON ThrEE – TEST QUESTIONS

TrUE Or FaLSE

Circle T or F.

1. T F God wants us to honor and serve Him with right motives as well as with right actions, but since we still have a sinful human nature, He is pleased if we at least honor Him with right actions.

2. T F Knowing God's laws and commands is a privilege and a blessing.

3. T F If we become rich, important or famous, that is usually a clear indication that God is pleased with the way we are living.

4. T F Many people who lived in Israel felt that Jesus broke one or more of the laws that God had given to His people in the Old Testament.

5. T F Jesus taught that we should let our light shine before others so they would give glory to our Father in heaven.

6. T F The words "love your neighbor as yourself" are not found in Exodus 20 or Deuteronomy 5.

7. T F Micah 6:8 teaches that if we truly have a <u>heart</u> of justice, kindness, and humility, we do not have to be concerned about the way we live.

8. T F A sensitive conscience is a better guide for us than laws could ever be.

9. T F Faithful Christians should obediently obey most of the ceremonial laws given in the Old Testament.

10. T F Christians today do not have to obey most of the moral laws of the Old Testament.

MULTIpLE ChOICE

Choose which of the three statements is correct. Circle A *or* B *or* C.

LECCIÓN TRES – PREGUNTAS DE PRUEBA

VERDADERO O FALSO

Encierre con un círculo si es V o F.

1. V F Dios quiere que lo honremos y sirvamos con motivos y acciones correctas, pero como todavía tenemos una naturaleza humana pecaminosa, se complace si al menos lo honramos con acciones correctas.

2. V F Conocer las leyes y mandatos de Dios es un privilegio y una bendición.

3. V F Si llegamos a ser ricos, importantes o famosos, eso suele ser una clara indicación de que Dios está complacido con la forma en que estamos viviendo.

4. V F Muchas personas que vivían en Israel sentían que Jesús rompía una o más de las leyes que Dios había dado a su pueblo en el Antiguo Testamento.

5. V F Jesús enseñó que debemos dejar que nuestra luz brille ante los demás para que den gloria a nuestro Padre en el cielo.

6. V F Las palabras "ama a tu prójimo como a ti mismo" no se encuentran en Éxodo 20 o Deuteronomio 5.

7. V F Miqueas 6:8 enseña que, si realmente tenemos un <u>corazón</u> de justicia, bondad y humildad, no tenemos que preocuparnos por la forma en que vivimos.

8. V F Una conciencia sensible es una mejor guía para nosotros de lo que podrían ser las leyes.

9. V F Los cristianos fieles deben obedecer la mayoría de las leyes ceremoniales dadas en el Antiguo Testamento.

10. V F Los cristianos de hoy no tienen que obedecer la mayoría de las leyes morales del Antiguo Testamento.

OPCIÓN MÚLTIPLE

Elija cuál de las tres afirmaciones es correcta. Encierre en un círculo A o B o C.

1. A. Cuando nos convertimos en cristianos

1. A. When we become sincere Christians, we will rarely have to wrestle with temptations to sin.

   B. Even sincere Christians may sometimes have to struggle with temptations to sin.

   C. There are some temptations which we will never be able to overcome.

2. A. As Christians, we should sincerely seek what is best for our enemies,even if they treat us unfairly or unkindly.

   B. Unbelievers will never come to know their need for forgiveness if wetreat them kindly.

   C. Since God does not love sinners, we should not love them either.

3. A. God's laws do not change, so Christians should obey all the laws in both Old and New Testaments.

   C. Christians do not have to obey any laws of the Old Testament because they were intended specifically for God's people in Old Testament times.

   C. Christians should obey some of the civil and moral laws of the Old Testament.

4. A. Obedience to the ceremonial laws made full atonement for the sins of Old Testament believers.

   C. The Bible teaches that the blood of bulls and goats cannot pay for our sins.

   D.

   C. Priests in the Old Testament did not have to offer sacrifices for themselves because they were faithful in obeying all of the Old Testament laws.

5. A. We should never do anything which we sincerely think is wrong in the sight of God.

   B. If our conscience "tells" us that something is right in the sight of God,then it is OK for us to do it, even if other believers think it is wrong.

   C. If something is "right" for some people, it is right for everyone. If something is "wrong" for some people, it is wrong for everyone.

6. A. No one has ever "earned" or achieved

sinceros, rara vez tendremos que luchar contra las tentaciones de pecar.

   B. Incluso los cristianos sinceros tienen que luchar a veces con tentaciones de pecar.

   C. Hay algunas tentaciones que nunca podremos superar.

2. A. Como cristianos, debemos buscar sinceramente lo mejor para nuestros enemigos, aunque nos traten de forma injusta o poco amable.

   B. Los incrédulos nunca llegarán a conocer su necesidad de perdón si los tratamos con amabilidad.

   C. Como Dios no ama a los pecadores, nosotros tampoco debemos amarlos.

3. A. Las leyes de Dios no cambian, así que los cristianos deben obedecer todas las leyes tanto del Antiguo como del Nuevo Testamento.

   B. Los cristianos no tienen que obedecer ninguna de las leyes del Antiguo Testamento porque fueron pensadas específicamente para el pueblo de Dios en los tiempos del Antiguo Testamento.

   C. Los cristianos deben obedecer algunas de las leyes civiles y morales del Antiguo Testamento.

4. A. La obediencia a las leyes ceremoniales hizo una plena expiación de los pecados de los creyentes del Antiguo Testamento.

   B. La Biblia enseña que la sangre de toros y machos cabríos no puede pagar por nuestros pecados.

   C. Los sacerdotes en el Antiguo Testamento no tenían que ofrecer sacrificios por ellos mismos porque eran fieles en obedecer todas las leyes del Antiguo Testamento.

5. A. Nunca deberíamos hacer nada que pensemos sinceramente que es malo a los ojos de Dios.

   B. Si nuestra conciencia nos "dice" que algo es correcto a los ojos de Dios, entonces está bien que lo hagamos, aunque otros creyentes piensen que está mal.

   C. Si algo es "correcto" para algunas personas, es correcto para todos. Si algo es "malo" para algunas personas, es malo para todos.

6. A. Nadie ha "ganado" o logrado la salvación por guardar las leyes de Dios.

salvation by observing God's laws.

B. In Old Testament times, people earned their salvation IF they faithfully observed God's laws.

C. In New Testament times, people could earn salvation by their faith AND works.

7. A. Sincere Christians no longer need any laws to guide them since they are being led by the Holy Spirit.

B. Non-Christians should not be taught to obey God's laws since that will lead them to believe that they can earn salvation through their obedience.

C. The two foundational laws ("Love God above all" and "Love your neighbor as yourself") as well as some other laws in the Old Testament are still valid for all Christians.

8. The Second Great Commandment is: "Love your neighbor as yourself." This means that:

A. We should have as much affection for our enemies as we do for our friends.

B. We should seek what is truly best for others even if they treat us unkindly or unfairly.

C. We should never criticize an unbeliever for the way he or she lives.

9. A. The people of Israel considered themselves to be favored by God because He had given them His laws and commands.

B. The people of Israel felt they were being punished by God because He gave them so many laws and commands.

C. The people of Israel didn't really care whether or not they had God's laws, since they knew they could never observe them anyway.

10. A. Most of the moral laws given in the Old Testament were intended only for the people of Israel.

B. Most of the moral laws given in the Old Testament are still valid for God's people today.

C. None of the moral laws given in the Old Testament are valid today because believers today live by grace and are not under the law.

B. En los tiempos del Antiguo Testamento, la gente ganaba su salvación SI guardaba fielmente las leyes de Dios.

C. En los tiempos del Nuevo Testamento, la gente podía ganar la salvación por su fe Y sus obras.

7. A. Los cristianos sinceros ya no necesitan ninguna ley que los guíe ya que son guiados por el Espíritu Santo.

B. Los no cristianos no deberían ser enseñados a obedecer las leyes de Dios ya que eso los llevaría a creer que pueden ganar la salvación a través de su obediencia.

C. Las dos leyes fundamentales ("Ama a Dios sobre todo" y "Ama a tu prójimo como a ti mismo"), así como algunas otras leyes del Antiguo Testamento, siguen siendo válidas para todos los cristianos.

8. El segundo gran mandamiento es: "Ama a tu prójimo como a ti mismo". Esto significa que:

A. Debemos tener afecto tanto por nuestros enemigos como por nuestros amigos.

B. Debemos buscar lo que es verdaderamente mejor para los demás, aunque nos traten de forma poco amable o injusta.

C. Nunca debemos criticar a un incrédulo por su forma de vivir.

9. A. El pueblo de Israel se consideraba favorecido por Dios porque les había dado sus leyes y mandatos.

B. El pueblo de Israel se sentía castigado por Dios porque les dio muchas leyes y mandatos.

C. El pueblo de Israel realmente no se preocupaba por tener o no las leyes de Dios, ya que sabían que nunca podrían guardarlas de todos modos.

10. A. La mayoría de las leyes morales dadas en el Antiguo Testamento estaban destinadas sólo al pueblo de Israel.

B. La mayoría de las leyes morales dadas en el Antiguo Testamento siguen siendo válidas para el pueblo de Dios hoy en día.

C. Ninguna de las leyes morales dadas en el Antiguo Testamento son válidas hoy en día porque los creyentes de hoy viven por gracia y no están bajo la ley.

LESSON ThrEE – aDDITIONaL QUESTIONS

1. According to Matthew 22:37-38, what is the first and greatest commandment?

2. What important truth did Jesus teach in Matthew 6:33?

3. What does Zephaniah 3:17 teach about God's "response" when His people love and serve and obey Him?

4. Write out two texts that emphasize the importance of always living for theLord, seeking to please Him and bringing Him honor and glory through whatever we do.

    A.

    B.

5. A. What is the second GREAT commandment? (See Matthew 22:39-40.)

    B. Matthew 7:12 is sometimes referred to as "The Golden Rule."

    1. Write out this text.

    2. Do you think this text is basically the same as the "Second Great Commandment"?

    3. Please explain your answer.

6. Jesus said that we should love our enemies and do good to them. Which of the following statements best explains what this means? Choose A orB or C or D.

    A. We should feel as much affection for our enemies as we do for our friends.

    B. We should sincerely seek what is best for our enemies, even if theytreat us unfairly or unkindly.

    C. We should seek what is best for our enemies, but we should also treat them as they treat us, since that is the only way that they will learn.

    D. Loving our enemies is truly the best thing to do, but Jesus knew thatno one would ever be able to do it.

7.   A. Fill in the blanks to complete these verses from Ephesians 4 32 and 5:1. "Be kind to one another,___________________________, forgiving one another, as God in Christ

LECCIÓN TRES – PREGUNTAS ADICIONALES

1. Según Mateo 22:37-38, ¿cuál es el primer y más grande mandamiento?

2. ¿Qué verdad importante enseñó Jesús en Mateo 6:33?

3. ¿Qué enseña Sofonías 3:17 acerca de la "respuesta" de Dios cuando su pueblo lo ama, sirve y obedece?

4. Escribe dos textos que enfaticen la importancia de vivir siempre para el Señor, buscando complacerlo y llevándole honor y gloria a través de todo lo que hacemos.

    A.

    B.

5. A. ¿Cuál es el segundo GRAN mandamiento? (Ver Mateo 22:39- 40.)

    B. En Mateo 7:12 a veces se le llama "La regla de oro".

    1. Escribe este texto.

    2. ¿Crees que este texto es básicamente lo mismo que el "Segundo Gran Mandamiento"?

    3. Por favor, justifica tu respuesta.

6. Jesús dijo que debemos amar a nuestros enemigos y hacerles el bien. ¿Cuál de las siguientes afirmaciones explica mejor lo que esto significa? Elije A o B o C o D.

    A. Debemos sentir afecto tanto por nuestros enemigos como por nuestros amigos.

    B. Debemos buscar sinceramente lo mejor para nuestros enemigos, aunque nos traten de forma injusta o poco amable.

    C. Debemos buscar lo mejor para nuestros enemigos, pero también debemos tratarlos como ellos nos tratan a nosotros, ya que es la única manera de que aprendan.

    D. Amar a nuestros enemigos es realmente lo mejor que podemos hacer, pero Jesús sabía que nadie sería capaz de hacerlo.

7. A. Rellena los espacios en blanco para completar estos versículos de Efesios 4:32 y 5:1. "Antes sed benignos unos con otros,_________, perdonándoos unos a otros, como Dios también ost___a vosotros en Cristo. Sed, pues,_________

you. Therefore be _______________ of God, as
beloved________________________And walk
in______________________________, asChrist
____
us and gave himself up for us, a fragrant
offering and____________________
to God."

B. Does this verse indicate that forgiving and
   loving others will be easy?

C. Please give the reason for your answer.

8. A. The New Testament clearly teaches us that
   love for others is very important. Is this
   same truth found in the Old Testament or
   was thissomething new taught by Jesus?

   B. Please explain your answer and write out a
   text or passage that supports your answer.

9. A. Is the following statement true or false? "God
   would much prefer to have us honor and
   serve him with our actions as well as with
   our words, but He knows that we still have
   a sinful human nature, so Heis pleased if we
   at least honor Him through what we say."

   C. Write out a text from the Bible that supports
      your answer.

10. A. According to Micah 6:8, what does God require
    of us?

    B. If we obey these requirements, does that
    mean we do not have to beconcerned about
    any other commands of God?

    C. Please explain your answer.

11. A. Do you agree or disagree with the following
    statement? "If webecome rich or famous,
    this is a clear indication that God is pleased
    with our lives."

    B. Please give the reason for your answer.

12. In your own words, summarize the message of
    each of the following verses.

    A. Colossians 3:1-4Hebrews 12:1-3

    B. 1 Timothy 6:6-9

13. List three reasons why it is necessary and helpful for
    us to have specificrules or commands for our lives.

    A.

    B.

imitadores de Dios como hijos amados y
andan en__, como Cristo nos__
_______________and y se entregó a
símismo por nosotros, ofrenda y
_______________a Dios."

B. ¿Este versículo indica que perdonar y amar a
   los demás será fácil?

C. Por favor, justifica tu respuesta.

8. A. El Nuevo Testamento nos enseña claramente
   que el amor a los demás es muy importante.
   ¿Se encuentra esta misma verdad en el
   Antiguo Testamento o fue algo nuevo
   enseñado por Jesús?

   B. Por favor, explica tu respuesta y escribe un
   texto o pasaje que respalde tu respuesta.

9. A. ¿Es verdadera o falsa la siguiente afirmación?
   "Dios preferiría que lo honráramos y
   sirviéramos con nuestras acciones, así como
   con nuestras palabras, pero Él sabe que aún
   tenemos una naturaleza humana
   pecaminosa, por lo que se complace si al
   menos lo honramos a través de lo que
   decimos."

   B. Escribe un texto de la Biblia que respalde tu
   respuesta.

10. A. De acuerdo con Miqueas 6:8, ¿qué requiere
    Dios de nosotros?

    B. Si obedecemos estos requisitos, ¿significa que
       no tenemos que preocuparnos por otros
       mandatos de Dios?

    C. Por favor, justifica tu respuesta.

11. A. ¿Estás de acuerdo o en desacuerdo con la
    siguiente afirmación? "Si llegamos a ser
    ricos o famosos, esto es una clara indicación
    de que Dios está complacido con nuestras
    vidas".

    B. Por favor, justifica tu respuesta.

12. En tus propias palabras, resume el mensaje de
    cada uno de los siguientes versículos.

A. Colosenses 3:1-4Hebreos 12:1-3

B. 1 Timoteo 6:6-9

    13. Enumera tres razones por las que es necesario y
        útil que tengamos reglas o mandatos para
        nuestras vidas.

        A.

        B.

        C.

C.

14. A. Which of the two following statements is most correct?

   (1) Knowing God's laws and commands is a privilege and a blessing.

   (2) Knowing God's laws and commands is a burden, since it makes us feel guilty when we break them and it takes a lot of the fun out of life when we keep them.

   B. Please give the reason for your answer.

15. A. Would you agree or disagree with the following statement?

   "We can always depend on our conscience to help us know and do what is right."

   B. Please give the reason for your answer.

16. A. Is it ever right to violate your conscience (that is, do something which your conscience tells you is wrong)?

   B. What does Romans 14:23 teach about this?

17. A. What are "civil" laws (as these are found in the Bible)?

   B. What are "ceremonial" laws?

   C. What are "moral" laws?

18. Why do we no longer have to observe all the civil laws of the Old Testament?

19. Why do we no longer have to observe all the ceremonial laws of the Old Testament?

20. A. Must we always obey the two "Great Commandments" Jesus referred to, even if external circumstances change?

   B. Please give the reason for your answer.

QUESTIONS FOr rEFLECTION Or DISCUSSION

1. Jesus said that the greatest commandment is this: Love the Lord your God with all your heart, soul, mind, and strength. How can you love God with your "mind"?

2. What do you think it means to love your neighbor AS YOURSELF?

3. A. According to Matthew 5:16, what will be the result if we let our light shine before others?

14. A. ¿Cuál de las siguientes dos afirmaciones es la más correcta?

   (1) Conocer las leyes y los mandatos de Dios es un privilegio y una bendición.

   (2) Conocer las leyes y los mandatos de Dios es una carga, ya que nos hace sentir culpables cuando los rompemos y le quita mucha diversión a la vida cuando los cumplimos.

   B. Por favor, justifica tu respuesta.

15. A. ¿Estás de acuerdo o no con la siguiente afirmación?

   "Siempre podemos depender de nuestra conciencia para que nos ayude a saber y hacer lo que es correcto".

   B. Por favor, justifica tu respuesta.

16. A. ¿Es correcto alguna vez violar tu conciencia (es decir, hacer algo que tu conciencia te dice que está mal)?

   B. ¿Qué enseña Romanos 14:23 al respecto?

17. A. ¿Qué son las leyes "civiles" (como se encuentran en la Biblia)?

   B. ¿Qué son las leyes "ceremoniales"?

   C. ¿Qué son las leyes "morales"?

18. ¿Por qué ya no tenemos que guardar todas las leyes civiles del Antiguo Testamento?

19. ¿Por qué ya no tenemos que guardar todas las leyes ceremoniales del Antiguo Testamento?

20. A. ¿Debemos obedecer siempre los dos "Grandes Mandamientos" a los que Jesús se refirió, aunque cambien las circunstancias externas?

   B. Por favor, justifica tu respuesta.

PREGUNTAS PARA REFLEXIONAR O DISCUTIR

1. Jesús dijo que el mayor mandamiento es éste: Amar al Señor tu Dios con todo tu corazón, alma, mente y fuerzas. ¿Cómo puedes amar a Dios con tu "mente"?

2. ¿Qué crees que significa amar a tu prójimo COMO A TI MISMO?

3. A. De acuerdo con Mateo 5:16, ¿cuál será el resultado si dejamos que nuestra luz brille ante los demás?

B. Do you think this will ALWAYS be the result if we let our light shine before others?

C. Please give the reason for your answer.

4. What are some of the things that may help us develop our conscience in such a way that it can really be a good and dependable guide for our lives?

5. A. Do you agree that it is helpful to focus first of all on things we SHOULD

   do rather than on things we should NOT do?

   B. Please give the reason for your answer.

B. ¿Crees que este será SIEMPRE el resultado si dejamos que nuestra luz brille ante los demás?

C. Por favor, justifica tu respuesta.

4. ¿Cuáles son algunas de las cosas que pueden ayudarnos a desarrollar nuestra conciencia de tal manera que pueda ser realmente una guía buena y fiable para nuestras vidas?

5. A. ¿Estás de acuerdo en que es útil centrarse primero en las cosas que DEBEMOS hacer en lugar de en las cosas que NO debemos hacer?

   B. Por favor, justifica tu respuesta.

THE SECOND COMMANDMENT
Lesson Four

Introduction

God gave the people of Israel the Ten Commandments on Mt. Sinai shortly after He delivered them from slavery in Egypt. For over four hundred years the people had lived in Egypt, spending most of those years as captives in a foreign land. Though they were many in number, they had little power and no freedom. They had absolutely no way of escaping from their bondage. Unless God Himself would set them free, they would have to stay where they were and live the rest of their lives as slaves who would always have to do what others told them to do.

> It's very significant, therefore, that the Ten Commandments begin with the words, *"I am the LORD (Yahweh) your God, who brought you out of the land of Egypt, out of the house of slavery"* (Exodus 20:2). The people had been serving other masters and may even have been serving other gods, but from that time on God alone would be their Lord and Master. They were to have no other gods, no other lords, and no other masters—ever!

It's also significant that God gave His people these Commandments *after* He delivered them from slavery. He did not give them the Commandments so that they could somehow earn their way out of bondage by their obedience.

> *Their deliverance came purely because of God's mercy and grace. He demonstrated His grace both by rescuing them from bondage and also by promising them a new home in a new land, the land of Canaan (Exodus 20:12).*

This was the land that God had promised to their ancestor Abraham more than four hundred years before. God had made a special promise to Abraham and his descendants when He made a covenant with him (Genesis 12:1-3, 15:7, 18; and 17:8), and He would not go back on that promise—even though it would not be fulfilled for hundreds of years (Deuteronomy 7:6-9).

> By giving His people the Ten Commandments after He gave them their freedom, God showed the people how they should live in gratitude and thanksgiving for what He had done for them.

If they obeyed God's commands, they would continue to walk with Him in joy and fellowship and they would also continue to enjoy His blessings in the land He promised to give them (Deuteronomy 5:28-33; 6:3,10-19, 23- 25; 7:12-15). However, if they would break God's laws and go their own way, they would not only lose the joy of walking with God but they would also lose God's

EL SEGUNDO MANDAMIENTO
Lección Cuatro

Introducción

Dios dio al pueblo de Israel los Diez Mandamientos en el Monte Sinaí poco después de liberarlos de la esclavitud en Egipto. Durante más de cuatrocientos años el pueblo había vivido en Egipto, pasando la mayor parte de esos años como cautivos en una tierra extranjera. Aunque eran muchos, tenían poco poder y ninguna libertad. No tenían ninguna forma de escapar de su esclavitud. A menos que Dios mismo los liberara, tendrían que quedarse donde estaban y vivir el resto de sus vidas como esclavos que siempre tendrían que hacer lo que otros les dijeran que hicieran.

> Es muy significativo, por tanto, que los Diez Mandamientos comiencen con las palabras: "Yo soy Jehová (Yahvé) tu Dios, que te saqué de la tierra de Egipto, de la casa de servidumbre" (Éxodo 20:2). El pueblo había estado sirviendo a otros amos e incluso pudo haber estado sirviendo a otros dioses, pero a partir de ese momento sólo Dios sería su Señor y Maestro. No debían tener otros dioses, ni otros señores, ni otros amos, ¡nunca!

También es significativo que Dios le diera a su pueblo estos Mandamientos después de haberlos liberado de la esclavitud. Él no les dio los Mandamientos para que de alguna manera pudieran ganarse su salida de la esclavitud por su obediencia.

> *Su liberación vino puramente por la misericordia y la gracia de Dios. Demostró su gracia tanto al rescatarlos de la esclavitud como al prometerles un nuevo hogar en una nueva tierra, la tierra de Canaán (Éxodo 20:12).*

Esta era la tierra que Dios había prometido a su antepasado Abraham más de cuatrocientos años antes. Dios había hecho una promesa especial a Abraham y a sus descendientes cuando hizo un pacto con él (Génesis 12:1-3, 15:7, 18; y 17:8), y no se retractaría de esa promesa, aunque no se cumpliera durante cientos de años (Deuteronomio 7:6-9).

Al dar a su pueblo los Diez Mandamientos después de darles la libertad, Dios le mostró al pueblo cómo debía vivir en gratitud y agradecimiento por lo que había hecho por ellos.

Si obedecían los mandamientos de Dios, continuarían caminando con Él en alegría y comunión y también seguirían disfrutando de Sus bendiciones en la tierra que Él prometió darles (Deuteronomio 5:28-33; 6:3,10-19, 23-25; 7:12-15). Sin embargo, si rompían las leyes de Dios y seguían su propio camino, no sólo perderían el gozo de caminar con Dios, sino que también perderían las

blessings and be punished instead of blessed (Deuteronomy 7:10-11; 8:19-20).

In this Lesson we will study the first two of the Ten Commandments as they are found in Exodus 20:2-6. Those commands are: *"You shall have no other gods before me"* and *"You shall not make for yourself a carved image, or any likeness of anything You shall not bow down to them orserve them."*

YOU SHALL HAVE NO OTHER GODS BEFORE ME

Although there is only one true and eternal God (2 Kings 19:19; Isaiah 43:10-12; Isaiah 44:6, 8) the world is full of false gods, and people continue to honor and worship them (1 Corinthians 8:4-5). If they do not know the true God as He revealed Himself in the Bible, they will create gods of their own.

> Even Abraham's father and other ancestors worshiped other gods before God called Abraham to go to the land He would give him (Joshua 24:2, 15).

Abraham may have heard something about the one true God when he was young, but God called him out of his home environment to go to a land where he could make a new beginning, serving only this one true God.

When God brought His people out of slavery, He knew that His own people, as well as all other people, would be tempted over and over again to worship and serve other gods instead of Him. And even when they did not completely give up their worship of the one true God, He knew they would be tempted to worship and serve other gods in addition to Him.

> In the very first Commandment, therefore, God strongly emphasized that His people should never serve any other gods, and in the second Commandment He emphasized that they should worship Him in the way He commanded.

God graciously promised wonderful blessings to "a thousand generations" of those who would love Him and obey His Commandments while he also pronounced severe punishments on those who chose not to obey His Commandments (Exodus 20:5).

> God would never share His honor or glory with anyone else (Isaiah 42:8). He alone was Creator, Ruler, Sovereign, and Redeemer, and He would not tolerate the worship of any other gods in any way.

When the people of Israel first heard God speak these Commandments on Mt. Sinai, and when they heard the thunder and saw the lightning on the mountain, and when they heard the piercing trumpet blast and saw the mountain in smoke, they trembled with fear (Exodus 20:18). Though they had already witnessed many

bendiciones de Dios y serían castigados en lugar de bendecidos (Deuteronomio 7:10-11; 8:19-20).

En esta lección estudiaremos los dos primeros de los Diez Mandamientos tal como se encuentran en Éxodo 20:2-6. Esos mandamientos son: *"No tendrás otros dioses delante de mí" y "No te harás imagen tallada, ni ninguna semejanza de algo. No te inclinarás ante ellos ni los servirás".*

NO TENDRÁS OTROS DIOSES DELANTE DE MI

Aunque sólo hay un Dios verdadero y eterno (2 Reyes 19:19; Isaías 43:10-12; Isaías 44:6, 8) el mundo está lleno de dioses falsos, y la gente sigue honrándolos y adorándolos (1 Corintios 8:4-5). Si no conocen al verdadero Dios como se reveló en la Biblia, crearán dioses propios.

> Incluso el padre de Abraham y otros antepasados adoraban a otros dioses antes de que Dios llamara a Abraham a ir a la tierra que le daría (Josué 24:2, 15).

Es posible que Abraham haya escuchado algo sobre el único Dios verdadero cuando era joven, pero Dios lo llamó a salir de su entorno familiar para ir a una tierra donde pudiera comenzar de nuevo, sirviendo sólo a este único Dios verdadero.

Cuando Dios sacó a su pueblo de la esclavitud, sabía que su propio pueblo, así como todos los demás, sería tentado una y otra vez a adorar y servir a otros dioses en lugar de a Él. E incluso cuando no abandonaron completamente su adoración al único Dios verdadero, Él sabía que serían tentados a adorar y servir a otros dioses además de a Él.

> Por lo tanto, en el primer Mandamiento, Dios enfatizó fuertemente que su pueblo nunca debía servir a otros dioses, y en el segundo Mandamiento enfatizó que debían adorarle de la manera que Él ordenaba.

Dios prometió gentilmente bendiciones maravillosas a "mil generaciones" de aquellos que lo amaran y obedecieran Sus Mandamientos, mientras que también pronunció severos castigos sobre aquellos que decidieran no obedecer Sus Mandamientos (Éxodo 20:5).

> Dios nunca compartiría Su honor o gloria con nadie más (Isaías 42:8). Sólo Él era el Creador, el Gobernante, el Soberano y el Redentor, y no toleraría la adoración de ningún otro dios de ninguna manera.

Cuando el pueblo de Israel escuchó por primera vez a Dios pronunciar estos Mandamientos en el monte Sinaí, y cuando oyeron los truenos y vieron los relámpagos en el monte, y cuando oyeron el toque de trompeta y vieron el monte envuelto en humo, temblaron de miedo (Éxodo 20:18). Aunque ya habían sido testigos de muchas

miraculous demonstrations of God's power, this new revelation of God terrified them.

> It was so unmistakably clear to them that this God was the true God, the only God. And they knew that He required them to live every moment of every day before Him in reverence and holy fear.

In many ways the people of Israel had already experienced God's mercy and love, and they would experience His love over and over again in the future (see Exodus 20:6). But when they witnessed this powerful demonstration of God's awesome holiness, they were absolutely overwhelmed. They asked that God would not speak to them again or they were sure that they would die (Exodus 20:19).

> In Moses' response to the people, he indicated that God was testing them and that He wished to instill in them a holy fear which would keep them from sinning. Even then, however, the people did not lose their fear but stepped back and remained at a distance from the mountain where God had spoken to them (Exodus 20:21).

Perhaps it may seem that God was somewhat "excessive" in this demonstration of His majesty and holiness. Was it really necessary for Him to impress so strongly on the minds and hearts of the people that they were to worship Him and Him alone? Could they ever possibly forget the things they had heard and seen as God spoke to them from the mountain? Did God really have to emphasize that He would punish them for several generations if they forsook Him or worshiped other gods?

> *The answer to those questions is a very strong YES! The Israelites had heard and seen things which no one else had ever witnessed or experienced, but they were still left totally unchanged in their hearts.*

Within a very short time after they promised to obey everything God had told them to do (Exodus 24:3), they completely forgot their fears and asked Aaron, Moses' brother, to make them some "gods" who could go before them (Exodus 32:1). Incredibly, Aaron did what the people asked him to do! When the people saw the golden calf that Aaron had made, they boldly stated that the calf represented the "gods" who had delivered them from Egypt (Exodus 32:1-8). By doing this they not only violated the first Commandment (Exodus 20:3), but they also violated the second Commandment (Exodus 20:4-5). They spoke of "gods" instead of the one true God and they worshiped an idol made in the likeness of a calf, something which God had strictly forbidden.

Regrettably, throughout their history, the people of Israel were always tempted to violate both the first and second Commandments. Many years later, King Jeroboam, the first king of the northern ten tribes of Israel, sinfully made two golden calves to represent God among the people (1 Kings 12:26-30). Jeroboam also continued to violate the first two Commandments in

demostraciones milagrosas del poder de Dios, esta nueva revelación de Dios los aterrorizó.

> Les quedó muy claro que este Dios era el Dios verdadero, el único Dios. Y sabían que Él les exigía que vivieran cada momento de cada día ante Él en reverencia y santo temor.

En muchos sentidos, el pueblo de Israel ya había experimentado la misericordia y el amor de Dios, y experimentaría su amor una y otra vez en el futuro (véase Éxodo 20:6). Pero cuando presenciaron esta poderosa demostración de la impresionante santidad de Dios, se sintieron absolutamente abrumados. Pidieron que Dios no les volviera a hablar o estaban seguros de que morirían (Éxodo 20:19).

> En la respuesta de Moisés al pueblo, indicó que Dios los estaba probando y que deseaba inculcar en ellos un temor santo que les impidiera pecar. Sin embargo, incluso entonces, el pueblo no perdió el miedo, sino que retrocedió y se mantuvo a distancia de la montaña donde Dios les había hablado (Éxodo 20:21).

Tal vez pueda parecer que Dios fue algo "excesivo" en esta demostración de su majestad y santidad. ¿Era realmente necesario que Él impresionara tan fuertemente a las mentes y los corazones de la gente que debían adorarle a Él y sólo a Él? ¿Podrían olvidar las cosas que habían oído y visto cuando Dios les habló desde la montaña? ¿Tenía Dios que insistir en que los castigaría durante varias generaciones si lo abandonaban o adoraban a otros dioses?

> *La respuesta a estas preguntas es un rotundo SÍ. Los israelitas habían escuchado y visto cosas que nadie más había presenciado o experimentado, pero aun así quedaron totalmente inmóviles en sus corazones.*

Al poco tiempo de haber prometido obedecer todo lo que Dios les había dicho que hicieran (Éxodo 24:3), olvidaron por completo sus temores y le pidieron a Aarón, el hermano de Moisés, que les hiciera unos "dioses" que pudieran ir delante de ellos (Éxodo 32:1). Increíblemente, ¡Aarón hizo lo que el pueblo le pidió! Cuando el pueblo vio el becerro de oro que Aarón había fabricado, declaró audazmente que el becerro representaba a los "dioses" que los habían liberado de Egipto (Éxodo 32:1-8). Al hacer esto no sólo violaron el primer Mandamiento (Éxodo 20:3), sino que también violaron el segundo Mandamiento (Éxodo 20:4-5). Hablaron de "dioses" en lugar del único Dios verdadero y adoraron a un ídolo hecho a semejanza de un becerro, algo que Dios había prohibido estrictamente.

Lamentablemente, a lo largo de su historia, el pueblo de Israel siempre tuvo la tentación de violar tanto el primer como el segundo mandamiento. Muchos años después, el rey Jeroboam, el primer rey de las diez tribus del norte de Israel, fabricó pecaminosamente dos becerros de oro para representar a Dios entre el pueblo (1 Reyes 12:26-30). Jeroboam también continuó violando los dos primeros Mandamientos de varias otras maneras (1

various other ways (1 Kings 13:33-34) as he led the people farther and farther away from the worship of the one true God.

> Because of this, Jeroboam is referred to over and over again in the Old Testament as the king *"who made Israel to sin."* (See, for example, 2 Kings 15:9, 18, 24, 28.) And ever since the time of Jeroboam, the northern ten tribes of Israel deliberately chose to worship and honor the "gods" of the nations around them or to "worship" the true God through the use of images. No one should have been surprised, therefore, when God finally carried out the punishment He had threatened in Exodus 20:5.

After repeatedly wandering away from the God who had loved them, cared for them, and led them safely through the desert, the people who had received both God's *Commandments* and His *promises* were carried away into captivity in a foreign land. While they were in captivity, some of the Israelites longed for the opportunity to worship the one true God again in the city of Jerusalem (Psalm 137:1-6). But it was too late! Most of the people died in captivity, far away from the land that the Lord their God had promised to give them.

THE IMPORTANCE OF THE FIRST TWO COMMANDMENTS

The first two Commandments clearly form the foundation of all of God's commands. It is impossible to honor God and walk with Him if we disobey either of these Commandments. God created us to know Him, worship Him, love Him, honor Him, and have fellowship with Him. If we put any other gods alongside of Him, this becomes impossible. And if we do not worship Him in the way He Himself has taught us, we cannot please Him.

In Exodus 20:4 God describes Himself *as a jealous God.* This obviously does not mean that He is jealous in the way people are jealous when they want something that other people have and cannot get it. Rather, God is jealous in somewhat the same way that husbands and wives "jealously" want and expect the full affection and faithful devotion of their spouses. They do not want anything or anyone to come between them and they will not tolerate anyone or anything that does. In the same way, God who made us for Himself will not and cannot tolerate any "affection" we have for other "gods" of any kind.

God also indicated that He would *"visit the iniquity of the fathers on the children to the third and the fourth generation" of those who hated him* (Exodus 20:5). This statement comes right after He commanded the people not to bow down to idols or worship them. The fact that He makes this statement here rather than after some of the other

Reyes 13:33-34) mientras conducía al pueblo cada vez más lejos de la adoración del único Dios verdadero.

> Debido a esto, se hace referencia a Jeroboam una y otra vez en el Antiguo Testamento como el rey "que hizo pecar a Israel". (Véase, por ejemplo, 2 Reyes 15:9, 18, 24, 28.) Y desde la época de Jeroboam, las diez tribus del norte de Israel eligieron deliberadamente adorar y honrar a los "dioses" de las naciones de su entorno o "adorar" al verdadero Dios mediante el uso de imágenes. Por lo tanto, nadie debería haberse sorprendido cuando Dios finalmente llevó a cabo el castigo que había advertido en Éxodo 20:5.

Después de alejarse repetidamente del Dios que los había amado, cuidado y guiado con seguridad a través del desierto, el pueblo que había recibido tanto los *mandamientos* de Dios como sus *promesas* fue llevado al cautiverio en una tierra extranjera. Mientras estaban en el cautiverio, algunos de los israelitas anhelaban la oportunidad de volver a adorar al único Dios verdadero en la ciudad de Jerusalén (Salmo 137:1-6). Pero era demasiado tarde. La mayoría del pueblo murió en el cautiverio, lejos de la tierra que el Señor, su Dios, había prometido darles.

LA IMPORTANCIA DE LOS PRIMEROS DOS MANDAMIENTOS

Los primeros dos mandamientos constituyen claramente el fundamento de todos los mandatos de Dios. Es imposible honrar a Dios y caminar con Él si desobedecemos cualquiera de estos mandamientos. Dios nos creó para conocerlo, adorarlo, amarlo, honrarlo y tener comunión con Él. Si ponemos cualquier otro dios al lado de Él, esto se vuelve imposible. Y si no lo adoramos de la manera que Él mismo nos ha enseñado, no podemos complacerlo.

En Éxodo 20:4 Dios se describe como un Dios *celoso*. Obviamente, esto no significa que esté celoso de la manera en que la gente está celosa cuando quiere algo que otra gente tiene y no puede conseguirlo. Más bien, Dios es celoso de la misma manera que los maridos y las esposas quieren y esperan "celosamente" el pleno afecto y la fiel devoción de sus cónyuges. No quieren que nada ni nadie se interponga entre ellos y no tolerarán que nadie ni nada lo haga. De la misma manera, Dios, que nos hizo para Él, no tolerará ni puede tolerar ningún "afecto" que tengamos por otros "dioses" de cualquier tipo.

Dios también indicó que *"visitaría la maldad de los padres sobre los hijos hasta la tercera y cuarta generación"* de los que le aborrecían (Éxodo 20:5). Esta declaración viene justo después de que Él ordenara al pueblo que no se inclinara ante los ídolos ni los adorara. El hecho de que Él haga esta declaración aquí y no después de algunos de los otros mandamientos indica lo extremadamente serio que es violar estos dos primeros mandamientos.

Commandments indicates how extremely serious it is to violate these first two Commandments.

But what did God mean by saying that He would punish the children for the sin of their fathers? Does God punish one person for the sins committed by someone else?

No! In Ezekiel 18:19-20 we read that a righteous son will not share the guilt of his father, but each person will be punished for his own sin. (See also Ezekiel 18:4.) However, sometimes children do suffer some of the *consequences* of the sins of their parents or other ancestors. There are many examples of that—both in Biblical history and in the lives of people today. Sinful parents may not be able to provide for the needs of their children, or they may make life "miserable" for their children through their impatience and lack of love and concern. Or they may provide very poor examples for their children which eventually lead them into some of the same sins as their parents.

This does not always happen, however. Some very wicked kings (such as Ahaz) had very God-fearing children (such as Hezekiah) who were richly blessed by God because of their own obedience. (See 2 Kings 16:2-4 and 2 Kings 18:5-7.) In these situations the sins of the fathers were not continued in the lives of the children and the punishment inflicted on the fathers was not continued in the lives of their faithful descendants.

> However, in Exodus 20 God teaches that when parents begin to worship other gods or when they make and worship idols of any kind, a pattern is often established that leads one generation after another away from God. And, when children and grandchildren walk in the steps of their sinful parents, they also share in their guilt and punishment.

Regrettably, this is exactly what happened in the nation of Israel when one generation after another turned aside to the worship of idols. After Jeroboam, the first king over the ten northern tribes of Israel, erected the two golden calves, most of the following generations never got back to the faithful worship of the one true God. There were some exceptions to this, but there never was even one God-fearing *king* over the ten tribes who faithfully loved and served and honored the Lord. As a result, the ten tribes of Israel were taken into captivity to Assyria after only two hundred years of living as a separate nation (2 Kings 17:7-23, 40-41).

KNOWING THE ONE TRUE GOD

There are millions of people in the world who profess to believe in "God," but many of these people do not know and worship the one true God of the Bible. They may believe that there is some kind of "supreme being" who

Pero, ¿qué quiso decir Dios al afirmar que castigaría a los hijos por el pecado de sus padres? ¿Acaso Dios castiga a una persona por los pecados cometidos por otra?

¡No! En Ezequiel 18:19-20 leemos que un hijo justo no compartirá la culpa de su padre, sino que cada persona será castigada por su propio pecado. (Véase también Ezequiel 18:4.) Sin embargo, a veces los hijos sufren algunas de las consecuencias de los pecados de sus padres u otros antepasados. Hay muchos ejemplos de ello, tanto en la historia bíblica como en la vida de la gente de hoy. Los padres pecadores pueden no ser capaces de satisfacer las necesidades de sus hijos, o pueden hacer la vida "miserable" para sus hijos a través de su impaciencia y falta de amor y preocupación. O pueden dar muy malos ejemplos a sus hijos, lo que eventualmente los lleva a cometer algunos de los mismos pecados que sus padres.

Sin embargo, esto no siempre ocurre. Algunos reyes muy malvados (como Acaz) tuvieron hijos muy temerosos de Dios (como Ezequías) que fueron ricamente bendecidos por Dios debido a su propia obediencia. (Ver 2 Reyes 16:2-4 y 2 Reyes 18:5-7.) En estas situaciones los pecados de los padres no continuaron en las vidas de los hijos y el castigo infligido a los padres no continuó en las vidas de sus fieles descendientes.

> Sin embargo, en Éxodo 20 Dios enseña que cuando los padres comienzan a adorar a otros dioses o cuando hacen y adoran ídolos de cualquier tipo, a menudo se establece un patrón que aleja a una generación tras otra de Dios. Y, cuando los hijos y los nietos siguen los pasos de sus padres pecadores, también comparten su culpa y su castigo.

Lamentablemente, esto es exactamente lo que sucedió en la nación de Israel cuando una generación tras otra se apartó para adorar a los ídolos. Después de que Jeroboam, el primer rey de las diez tribus del norte de Israel, erigiera los dos becerros de oro, la mayoría de las siguientes generaciones nunca volvieron a la adoración fiel del único Dios verdadero. Hubo algunas excepciones, pero nunca hubo un solo *rey* temeroso de Dios sobre las diez tribus que amara, sirviera y honrara fielmente al Señor. Como resultado, las diez tribus de Israel fueron llevadas al cautiverio de Asiria después de sólo doscientos años de vivir como una nación separada (2 Reyes 17:7-23, 40-41).

CONOCIÉNDO AL ÚNICO DIOS VERDADERO

Hay millones de personas en el mundo que profesan creer en "Dios", pero muchas de estas personas no conocen ni adoran al único Dios verdadero de la Biblia. Puede que crean que hay algún tipo de "ser supremo" que gobierna y rige este universo de alguna manera, pero no saben lo que Dios ha revelado sobre sí mismo y

rules and governs this universe in some way, but they do not know what God has revealed about Himself and they do not worship or honor Him in the way He has taught us in the Bible. As a result, millions of sincere people who claim to honor "God" are really honoring a "god" which exists only in their imagination.

If we truly desire to obey the first and second Commandments, we must first make a sincere effort to learn what the Bible tells us about the one true GOD. We will never fully understand God, of course, since He is far more holy and loving and powerful than we can ever imagine or comprehend. But the Bible does teach us enough about God so that we can love and serve and honor Him and enjoy fellowship with Him.

When we study and believe what the Bible teaches us, we will not limit God's power or knowledge or goodness or love or holiness in any way. We will not deny what the Bible says about God simply because there are some things we cannot fully understand. Rather, we will faithfully study what the Bible teaches and humbly accept and believe what God has revealed about Himself.

When we do that, we will understand that God is a Spirit (not a God of flesh), that He is eternal (without beginning or end), that He is almighty (not limited in power), that He is all knowing (not limited in knowledge), that He is everywhere present (not limited to one place), and that He is sovereign (not limited by the choices made by men or angels). We will also understand that God is the creator of the universe, the ruler of the universe, the judge of the universe, unchangeable in His inner being, invisible, and absolutely holy, loving, righteous, gracious and just. We may not understand all these things perfectly, but we will not deny them or believe any teachings that go contrary to what the Scriptures teach.

Among the many Scriptures which could be mentioned here are the following: Exodus 15:11; Exodus 33:20; Deuteronomy 32:4;

Chronicles 29:10-13; Nehemiah 9:5b- 6; Psalm 18:30-31;

Psalm 89:5-8; Psalm 103:3-12; Psalm 104:1; Psalm 135:5-6;

Psalm 139:1-16; Psalm 145:8-13; Isaiah 6:3; Isaiah 40:25-28;

Isaiah 46:9-10; Zephaniah 3:5; John 1:14, 18; John 4:24;

Romans 11:33-36; 1 Timothy 1:17; 1 Timothy 6:15b-16;

Hebrews 1:12; Hebrews 4:13.

The people of Israel in the Old Testament knew that their God was infinitely exalted above all the gods of the nations around them. These false gods were sometimes ridiculed by the psalmists or prophets who made it very clear that the idols which the nations worshiped were simply constructions of human hands and were totally

---

no lo adoran ni lo honran de la manera que Él nos ha enseñado en la Biblia. Como resultado, millones de personas que dicen honrar sinceramente a "Dios", están realmente honrando a un "dios" que existe sólo en su imaginación.

Si realmente deseamos obedecer el primer y segundo mandamiento, primero debemos hacer un esfuerzo sincero para aprender lo que la Biblia nos dice sobre el único y verdadero DIOS. Nunca entenderemos completamente a Dios, por supuesto, ya que Él es mucho más santo y amoroso y poderoso de lo que podemos imaginar o comprender. Pero la Biblia nos enseña lo suficiente sobre Dios para que podamos amarlo, servirlo, honrarlo y disfrutar de la comunión con Él.

Cuando estudiamos y creemos lo que la Biblia nos enseña, no limitaremos el poder, el conocimiento, la bondad, el amor o la santidad de Dios de ninguna manera. No negaremos lo que la Biblia dice sobre Dios simplemente porque hay algunas cosas que no podemos entender completamente. Más bien, estudiaremos fielmente lo que la Biblia enseña y aceptaremos y creeremos humildemente lo que Dios ha revelado sobre Él.

Cuando hagamos eso, entenderemos que Dios es un Espíritu (no un Dios de carne), que es eterno (sin principio ni fin), que es todopoderoso (no limitado en poder), que es omnisciente (no limitado en conocimiento), que está presente en todas partes (no limitado a un lugar), y que es soberano (no limitado por las elecciones hechas por los hombres o los ángeles). También entenderemos que Dios es el creador del universo, el gobernante del universo, el juez del universo, inmutable en su ser interior, invisible, y absolutamente santo, amoroso, recto, bondadoso y justo. Puede que no entendamos todas estas cosas perfectamente, pero no las negaremos ni creeremos en ninguna enseñanza que vaya en contra de lo que enseñan las Escrituras.

Entre las muchas Escrituras que se podrían mencionar aqu,í están las siguientes: Éxodo 15:11; Éxodo 33:20; Deuteronomio 32:4;

1 Crónicas 29:10-13; Nehemías 9:5b- 6; Salmo 18:30-31;

Salmo 89:5-8; Salmo 103:3-12; Salmo 104:1; Salmo 135:5-6;

Salmo 139:1-16; Salmo 145:8-13; Isaías 6:3; Isaías 40:25-28;

Isaías 46:9-10; Sofonías 3:5; Juan 1:14, 18; Juan 4:24;

Romanos 11:33-36; 1 Timoteo 1:17; 1 Timoteo 6:15b-16;

Hebreos 1:12; Hebreos 4:13.

El pueblo de Israel en el Antiguo Testamento sabía que su Dios era infinitamente exaltado por encima de todos los dioses de las naciones de su entorno. Estos falsos dioses eran a veces ridiculizados por los salmistas o los profetas, que dejaban muy claro que los ídolos que las naciones adoraban eran simples construcciones de manos humanas y carecían totalmente de valor y poder

worthless and powerless (Psalm 115:4-8; Isaiah 44:9-20; Jeremiah 10:2-11, 14-15; 2 Kings 19:18).

Even though the people knew all this, however, they often forsook the God of their fathers and began to worship and serve other gods. It is therefore not surprising that Israel so frequently suffered the punishment they so richly deserved and forfeited the blessings they so eagerly desired.

ANTHROPOMORPHISMS

In the Old Testament, God is sometimes described in "human terms" as if He had hands or eyes or arms or feet. (See, for example, 2 Chronicles 16:9; Psalm 18:8; Psalm 33:6; Psalm 34:15; Psalm 89:13 Proverbs 15:3; Isaiah 1:15, Isaiah 59:1.) He also is sometimes presented as riding upon the clouds or on the wind (Deuteronomy 33:26; Psalm 18:10; Psalm 104:3b; Isaiah 19:1), and people were said to find refuge "under His wings" (Psalm 36:7; Psalm 57:1; Psalm 91:4). At times, God also appeared to people in a human form in order to communicate with them. And sometimes He talked with them in an audible voice as He did on Mt. Sinai and on various other occasions. See, for example, Genesis 17:1-22; Exodus 4:1-17 and many other passages in Exodus where God spoke to Moses; Exodus 20:1; Exodus 24:12; Judges 13:1-22; etc.

These references in which God is described in human form are called "anthropomorphisms" ("anthropos" is the Greek word for "man"). These figures of speech were used to help people understand that their God was fully aware of their circumstances, that He was deeply concerned about their needs and concerns, and that He was ready, willing, and able to help them.

However, even though God revealed Himself to His people in this way, He clearly did not want them to think of Himself simply as a "glorified" or "exalted" creature who was basically like themselves. To make sure that His people understood that, He strictly commanded them not to make any images of Himself in any way at any time or in any form.

GOD REVEALS HIMSELF IN JESUS

In the New Testament there are very few anthropomorphisms. However, God does reveal Himself in a new and wonderful way. God Himself appeared on earth in the Person of Jesus Christ. Though Jesus was perfectly human, He was also God in the flesh as John and other writers make plain (John 1:1, John 1:14, 18; Titus 2:11-13; Hebrews 1:1-3; etc.). Those who refer to God today, therefore, must think of Him not simply as He revealed Himself in Old Testament times

(Salmo 115:4-8; Isaías 44:9-20; Jeremías 10:2-11, 14-15; 2 Reyes 19:18).

Sin embargo, aunque el pueblo sabía todo esto, a menudo abandonaba al Dios de sus padres y empezaba a adorar y servir a otros dioses. Por eso no es de extrañar que Israel sufriera con tanta frecuencia el castigo que tanto merecía y perdiera las bendiciones que tanto deseaba.

ANTROPOMORFISMOS

En el Antiguo Testamento, a veces se describe a Dios en "términos humanos", como si tuviera manos u ojos o brazos o pies (véase, por ejemplo, 2 Crónicas 16:9; Salmo 18:8; Salmo 33:6; Salmo 34:15; Salmo 89:13 Proverbios 15:3; Isaías 1:15, Isaías 59:1). A veces también se le presenta como cabalgando sobre las nubes o sobre el viento (Deuteronomio 33:26; Salmo 18:10; Salmo 104:3b; Isaías 19:1), y se dice que la gente encuentra refugio "bajo sus alas" (Salmo 36:7; Salmo 57:1; Salmo 91:4). A veces, Dios también se aparecía a las personas en forma humana para comunicarse con ellas. Y a veces hablaba con ellos con una voz audible, como lo hizo en el monte Sinaí y en varias otras ocasiones. Véase, por ejemplo, Génesis 17:1-22; Éxodo 4:1-17 y muchos otros pasajes del Éxodo en los que Dios habló con Moisés; Éxodo 20:1; Éxodo 24:12; Jueces 13:1-22; etc.

Estas referencias en las que se describe a Dios con forma humana se denominan "antropomorfismos" ("anthropos" es la palabra griega para "hombre"). Estas figuras del lenguaje se utilizaban para ayudar a la gente a entender que su Dios era plenamente consciente de sus circunstancias, que se preocupaba profundamente por sus necesidades y preocupaciones, y que estaba preparado, dispuesto y era capaz de ayudarles.

Sin embargo, aunque Dios se reveló a su pueblo de esta manera, claramente no quería que pensaran en Él simplemente como una criatura "glorificada" o "exaltada" que era básicamente como ellos. Para asegurarse de que su pueblo lo entendiera, les ordenó estrictamente que no hicieran ninguna imagen de sí mismo en ningún momento ni en ninguna forma.

DIOS SE MANIFIESTA A SÍMISMO EN JESÚS

En el Nuevo Testamento hay muy pocos antropomorfismos. Sin embargo, Dios se revela de una manera nueva y maravillosa. Dios mismo apareció en la tierra en la persona de Jesucristo. Aunque Jesús era perfectamente humano, también era Dios en la carne, como lo dejan claro Juan y otros escritores (Juan 1:1, Juan 1:14, 18; Tito 2:11-13; Hebreos 1:1-3; etc.). Por lo tanto, los que se refieren a Dios hoy, deben pensar en Él no simplemente como se reveló en los tiempos del

but also as He revealed Himself in His Son Jesus. In addition, the New Testament teaches that after Jesus returned to heaven, He sent the Holy Spirit from heaven to comfort, guide, and teach believers. Since that time, believers worship God as Father, Son, and Holy Spirit—the one and only true God who existed from all eternity and will continue to exist without end.

Old Testament believers did not have the same revelation we do, so they could not and did not consciously think of God as Father, Son, and Holy Spirit. Neither did any Old Testament writers refer to God in this way. But we who have the New Testament revelation of God should not think of God apart from Jesus Christ or apart from the Holy Spirit.

Though we readily acknowledge that we cannot fully comprehend the fact that there is only one God who has revealed Himself as Father, Son, and Holy Spirit, we must believe what God has revealed to us about Himself and worship Him as He has made Himself known to us.

Many people ask whether non-Christians who also believe there is only one true God are referring to the same God whom Christians honor and worship.

In reply, we can agree that there is only one true God and that He is the God referred to in the Bible. However, we must also recognize that many of those who believe that there is only one true God do not always *think* of Him in the way He has revealed Himself and they do not always *worship* or honor Him in the way He wants to be worshiped.

If we claim that Jesus was not God in the flesh when He was on earth, then we clearly do not believe what He has said about Himself and we are not truly loving or serving Him (1 John 4:1-3; 1 John 5:9-12, 20).

MODERN IMAGES OF GOD

For hundreds of years, people have made "images" of Jesus which have been displayed in churches or in other places where they become objects of veneration by faithful believers. Others have made dramatic presentations of the life of Jesus which have been viewed by hundreds of thousands of people. And in more recent years people have made movies of the life of Jesus which have been viewed by millions of people all over the world.

Some Christians have objected to these representations of Jesus because they believe that they violate the second Commandment with its prohibition against making any images or representations of God. Their sensitivity in this regard should not be taken lightly. Without any question, we should not and may not make any images of God—even if we do so in an honest effort to assist people in understanding, loving, or worshiping Him.

Most portrayals of Jesus, however, do not attempt to portray the divine nature of Jesus. They simply attempt to portray what Jesus might have looked like in His human nature during His days on earth. If cameras had been available during the lifetime of Jesus, we might

Antiguo Testamento, sino también como se reveló en su Hijo Jesús. Además, el Nuevo Testamento enseña que después de que Jesús regresó al cielo, envió al Espíritu Santo desde el cielo para consolar, guiar y enseñar a los creyentes. Desde entonces, los creyentes adoran a Dios como Padre, Hijo y Espíritu Santo, el único y verdadero Dios que existió desde toda la eternidad y seguirá existiendo sin fin.

Los creyentes del Antiguo Testamento no tenían la misma revelación que nosotros, por lo que no podían ni pensaban conscientemente en Dios como Padre, Hijo y Espíritu Santo. Tampoco ningún escritor del Antiguo Testamento se refirió a Dios de esta manera. Pero nosotros, que tenemos la revelación de Dios en el Nuevo Testamento, no debemos pensar en Dios separado de Jesucristo o del Espíritu Santo.

Aunque reconocemos fácilmente que no podemos comprender plenamente el hecho de que hay un solo Dios que se ha revelado como Padre, Hijo y Espíritu Santo, debemos creer lo que Dios nos ha revelado sobre Él y adorarle como se nos ha dado a conocer.

Muchas personas se preguntan si los no cristianos que también creen que hay un solo Dios verdadero se refieren al mismo Dios que los cristianos honran y adoran.

En respuesta, podemos estar de acuerdo en que sólo hay un Dios verdadero y que es el Dios al que se refiere la Biblia. Sin embargo, también debemos reconocer que muchos de los que creen que sólo hay un Dios verdadero no siempre piensan en Él de la forma en que se ha revelado y no siempre lo adoran u honran de la forma en que Él quiere ser adorado.

Si afirmamos que Jesús no era Dios en la carne cuando estaba en la tierra, entonces claramente no creemos lo que Él ha dicho sobre sí mismo y no le estamos amando ni sirviendo verdaderamente (1 Juan 4:1-3; 1 Juan 5:9-12, 20).

IMÁGENES MODERNAS DE DIOS

Durante cientos de años, se han hecho "imágenes" de Jesús que se han expuesto en iglesias o en otros lugares donde se convierten en objetos de veneración por parte de los creyentes. Otros han hecho presentaciones dramáticas de la vida de Jesús que han sido vistas por cientos de miles de personas. Y en años más recientes se han hecho películas de la vida de Jesús que han sido vistas por millones de personas en todo el mundo.

Algunos cristianos se han opuesto a estas representaciones de Jesús porque creen que violan el segundo mandamiento con su prohibición de hacer imágenes o representaciones de Dios. Su sensibilidad a este respecto no debe tomarse a la ligera. Sin duda alguna, no debemos ni podemos hacer ninguna imagen de Dios, aunque lo hagamos en un esfuerzo honesto por ayudar a la gente a entenderlo, amarlo o adorarlo.

La mayoría de las representaciones de Jesús, sin embargo, no intentan representar la naturaleza divina de Jesús. Simplemente intentan retratar el aspecto que

now have a fully accurate portrayal of how He looked and acted and sounded. If such portrayals would have been preserved throughout the past two thousand years, few people would likely argue that they represent a violation of the second Commandment.

> The question does still remain for some, however, whether it is appropriate for anyone today to seek to portray the person of Christ (as in a movie or drama), since Christ was truly both God and man. Christian believers do not all agree whether or not such portrayals are legitimate. At the very least, we should be extremely careful not to represent Christ in any way which would bring Him dishonor or cause people to think of Him in a way that would be misleading or inappropriate.

CHARMS, TALISMANS, AND SHAMANS

In many parts of the world people superstitiously use objects or "spiritual leaders" of one kind or another to help them get in touch with the supernatural world or to receive some kind of help or favor from the "gods" or "spirits" in the unseen world. They are convinced that shamans or other "spiritual" leaders have the ability to put people in direct connection with these "gods" or spirits through the use of charms or talismans or in other ways.

> Though people may not directly worship these shamans themselves, they do use them as "aids" in dealing with the spirits they wish to interact with and they look to the shamans rather than to God for the guidance or blessing they seek.

Shamans and their "tools" are particularly common in animistic cultures where many people live in fear of the spirit world and believe they must somehow pacify these spirits in order to avoid calamity or to overcome some significant problems. Their influence is so strong that even some professing Christians consult with shamans or fortune tellers in the belief that they will be able to get more direct and meaningful help from them than they would receive from God Himself.

> *Whether or not charms and talismans and fortune tellers are specifically forbidden by the First or Second Commandments, they definitely are forbidden by other passages in the Bible. (See Leviticus 19:31; Leviticus 20:6; Deuteronomy 18:9-14; 1 Chronicles 10:13-14;*
>
> *Chronicles 33:6; Isaiah 8:19-22; Acts 19:17-20.) They also clearly interfere with the true and pure worship of God required by the first two Commandments.*

People who consult fortune tellers or shamans obviously do not fully trust God. And they certainly do not honor Him—even if they continue to gather on Sundays with God's people in a church. God has clearly told us in the Bible that we can come directly to Him in prayer in the name of Jesus and ask Him for anything we need. Anything we do or say which undermines this divinely appointed way to God is an insult to Him and a grievous sin in His sight.

podría haber tenido Jesús en su naturaleza humana durante sus días en la tierra. Si las cámaras hubieran estado disponibles durante la vida de Jesús, ahora podríamos tener un retrato totalmente preciso de cómo se veía, actuaba y sonaba. Si tales retratos se hubieran conservado a lo largo de los últimos dos mil años, probablemente pocas personas argumentarían que representan una violación del segundo mandamiento.

> Sin embargo, algunos se preguntan si es apropiado que alguien hoy en día intente retratar la persona de Cristo (como en una película o un drama), ya que Cristo era verdaderamente tanto Dios como hombre. No todos los creyentes cristianos están de acuerdo en si tales representaciones son legítimas o no. Por lo menos, debemos tener mucho cuidado de no representar a Cristo de ninguna manera que lo deshonre o que haga que la gente piense en Él de una manera que sea engañosa o inapropiada.

AMULETOS, TALISMANES Y CHAMANES

En muchas partes del mundo, la gente utiliza supersticiosamente objetos o "líderes espirituales" de un tipo u otro para ayudarles a ponerse en contacto con el mundo sobrenatural o para recibir algún tipo de ayuda o favor de los "dioses" o "espíritus" del mundo invisible. Están convencidos de que los chamanes u otros líderes "espirituales" tienen la capacidad de poner a la gente en conexión directa con estos "dioses" o espíritus mediante el uso de amuletos o talismanes o de otras maneras.

> Aunque las personas no adoren directamente a estos chamanes, los utilizan como "ayudas" para tratar con los espíritus con los que desean interactuar y recurren a los chamanes en lugar de a Dios para obtener la guía o la bendición que buscan.

Los chamanes y sus "herramientas" son especialmente comunes en las culturas animistas, en las que muchas personas viven con miedo al mundo de los espíritus y creen que deben apaciguarlos de algún modo para evitar calamidades o superar algunos problemas importantes. Su influencia es tan fuerte que incluso algunos cristianos profesos consultan a chamanes o adivinos en la creencia de que podrán obtener de ellos una ayuda más directa y significativa que la que recibirían del propio Dios.

> *Independientemente de que los amuletos, talismanes y los adivinos estén específicamente prohibidos por el Primer o el Segundo Mandamiento, definitivamente están prohibidos por otros pasajes de la Biblia. (Véase Levítico 19:31; Levítico 20:6; Deuteronomio 18:9-14; 1 Crónicas 10:13-14; 1 Crónicas 33:6; Isaías 8:19-22; Hechos 19:17-20). También interfieren claramente con la adoración verdadera y pura de Dios requerida por los dos primeros mandamientos.*

Las personas que consultan a adivinos o chamanes obviamente no confían plenamente en Dios. Y ciertamente no lo honran, incluso si continúan reuniéndose los domingos con el pueblo de Dios en una iglesia. Dios nos ha dicho claramente en la Biblia que podemos venir directamente a Él en oración en el nombre de Jesús y pedirle cualquier cosa que necesitemos. Cualquier cosa que hagamos o digamos

OTHER GODS AND IDOLS IN PEOPLE'S LIVES

Idols made by the hands of men are not the only idols in the world. There are many people who would never think of bowing down to such idols but who confidently put their hope and trust in something or someone other than the God of the Bible. For example, they put their confidence in their intelligence, their wealth, their possessions, their achievements, their "connections," their knowledge, their position, their experience, or their talents. These obviously are not "graven images" (images made by tools or by the hands of men), but they definitely can and do take the place of God in the lives of many people.

> *The Bible warns against the danger of putting our confidence or trust in anyone or anything other than God. Although we may enjoy the blessings and gifts God has given us—and thank God for them—these things become a definite hindrance in our walk with God if we put too much emphasis on them or place too much confidence in them.*

"Worshiping" idols of this kind is probably far a greater temptation for people in prosperous circumstances than it is for people who barely have enough to live on. However, the poor may have an excessively strong desire to become rich in order to escape the never-ending pressures of living in poverty. Perhaps we are never totally free from the temptation to put our trust and confidence in things we have or would like to have. We must continue to pray, therefore, that we will not be "led into temptation" in any way in regard to the first and second commandments.

Scripture References

> *"Thus says the LORD: 'Let not the wise man boast in his wisdom, let not the mighty man boast in his might, let not the rich man boast*
>
> *in his riches, but let him who boasts boast in this, that he understands and knows me, that I am the LORD.'" Jeremiah 9:23*
>
> *"Do not lay up for yourselves treasures on earth, where moth and rust destroy and where thieves break in and steal, but lay up for yourselves treasures in heaven. . . For where your treasure is, there your heart will be also." Matthew 6:19-21*
>
> *"Those who desire to be rich fall into temptation, into a snare, into many senseless and harmful desires that plunge people into ruin and destruction. For the love of money is a root of all kinds of evils. It is through this craving that some have wandered away from the faith and pierced themselves with many pangs." 1 Timothy 6: 9-10*
>
> *"As for the rich in this present age, charge them not to be haughty, nor to set their hopes on the uncertainty of riches, but on God, who richly provides us with everything to enjoy. They are to do good, to be rich in good works, to be generous and ready to share, thus storing up treasure for themselves as a good foundation for the future, so*

que socave este camino divino hacia Dios es un insulto a Él y un pecado grave a sus ojos.

OTROS DIOSES E ÍDOLOS EN LA VIDA DE LAS PERSONAS

Los ídolos hechos por la mano del hombre no son los únicos ídolos del mundo. Hay muchas personas que nunca pensarían en inclinarse ante tales ídolos, pero que ponen confiadamente su esperanza y confianza en algo o alguien que no es el Dios de la Biblia. Por ejemplo, ponen su confianza en su inteligencia, su riqueza, sus posesiones, sus logros, sus "conexiones", su conocimiento, su posición, su experiencia o sus talentos. Obviamente, estas no son "imágenes esculpidas" (imágenes hechas con herramientas o por las manos de los hombres), pero definitivamente pueden y toman el lugar de Dios en la vida de muchas personas.

> *La Biblia advierte del peligro de poner nuestra confianza en cualquier cosa que no sea Dios. Aunque podemos disfrutar de las bendiciones y los dones que Dios nos ha dado -y agradecer a Dios por ellos-, estas cosas se convierten en un obstáculo definitivo en nuestro caminar con Dios si ponemos demasiado énfasis en ellas o depositamos demasiada confianza en ellas.*

La "adoración" de ídolos de este tipo es probablemente una tentación mucho mayor para las personas en circunstancias prósperas que para las personas que apenas tienen lo suficiente para vivir. Sin embargo, los pobres pueden tener un deseo excesivamente fuerte de enriquecerse para escapar de las interminables presiones de vivir en la pobreza. Tal vez nunca estemos totalmente libres de la tentación de poner nuestra confianza en las cosas que tenemos o nos gustaría tener. Por tanto, debemos seguir orando para que no seamos "llevados a la tentación" de ninguna manera con respecto al primer y segundo mandamiento.

Referencias Bíblicas

> *"Así dijo Jehová: No se alabe el sabio en su sabiduría, ni en su valentía se alabe el valiente, ni el rico se alabe en sus riquezas. Mas alábese en esto el que se hubiere de alabar: en entenderme y conocerme, que yo soy Jehová." Jeremías 9:23-24*
>
> *"No os hagáis tesoros en la tierra, donde la polilla y el orín corrompen, y donde ladrones minan y hurtan; sino haceos tesoros en el cielo. . . Porque donde esté vuestro tesoro, allí estará también vuestro corazón." Mateo 6:19-21*
>
> *"Porque los que quieren enriquecerse caen en tentación y lazo, y en muchas codicias necias y dañosas, que hunden a los hombres en destrucción y perdición; porque raíz de todos los males es el amor al dinero, el cual codiciando algunos, se extraviaron de la fe, y fueron traspasados de muchos dolores." 1 Timoteo 6: 9-10*
>
> *"A los ricos de este siglo manda que no sean altivos, ni pongan la esperanza en las riquezas, las cuales son inciertas, sino en el Dios vivo, que nos da todas las cosas en abundancia para que las disfrutemos. Que hagan bien, que sean ricos en buenas obras,*

that they may take hold of that which is truly life." 1 Timothy 6:17-19

SUMMARY AND CONCLUSION

When God first created human beings, He made them in His own likeness and image. He gave them wonderful blessings and created them with tremendous potential. Their greatest blessing was that they could know Him, walk with Him, delight in Him, and live for Him. However, when they listened to Satan rather than to their Creator, they lost the blessing God had promised them and learned how terribly costly it is to seek for joy and fulfillment apart from the way God had provided.

> This desire to find happiness apart from God has been a constant temptation for people ever since the fall of Adam and Eve. When God gave the people of Israel the Ten Commandments, therefore, He began by strongly reminding them that they would find true joy and blessing only if they put God in first place in their lives.

They were commanded to love Him and serve Him and worship Him ONLY. God also commanded them to worship Him in the way He Himself required. He knew they would constantly be tempted to go their own way, devise their own life patterns, and worship the "gods" of their own making—always ending in alienation from the God who created them.

> God's laws were always given for the benefit of the people who received them. He never gave His people any laws which would hurt them or take away their joy. He never gave them any commands which would make it difficult to enjoy God's best for them. God's commands were always a gift of love. That was true in Old Testament times, it was true in New Testament times, and it is still true today. To enjoy God's best we must continue to love and serve Him and worship Him in the way He commanded. There is no other way.

dadivosos, generosos; atesorando para sí buen fundamento para lo por venir, que echen mano de la vida eterna." 1 Timoteo 6:17-19

RESUMEN Y CONCLUSIÓN

Cuando Dios creó por primera vez a los seres humanos, los hizo a su imagen y semejanza. Les dio maravillosas bendiciones y los creó con un tremendo potencial. Su mayor bendición era que podían conocerlo, caminar con Él, deleitarse en Él y vivir para Él. Sin embargo, cuando escucharon a Satanás en lugar de a su Creador, perdieron la bendición que Dios les había prometido y aprendieron lo terriblemente costoso que es buscar el gozo y la plenitud fuera del camino que Dios había provisto.

> Este deseo de encontrar la felicidad al margen de Dios ha sido una tentación constante para las personas desde la caída de Adán y Eva. Por eso, cuando Dios le dio al pueblo de Israel los Diez Mandamientos, comenzó recordándoles con fuerza que sólo encontrarían la verdadera alegría y la bendición si ponían a Dios en primer lugar en sus vidas.

Se les ordenó amarlo, servirlo y adorarlo SOLO a Él. Dios también les ordenó que lo adoraran de la manera que Él mismo requería. Él sabía que constantemente se verían tentados a seguir su propio camino, a idear sus propios patrones de vida y a adorar a los "dioses" que ellos mismos creaban, terminando siempre en la alienación del Dios que los creó.

> Las leyes de Dios siempre fueron dadas para el beneficio del pueblo que las recibió. Él nunca dio a su pueblo ninguna ley que los perjudicara o les quitara la alegría. Nunca le dio mandatos que dificultaran el disfrute de lo mejor de Dios para ellos. Los mandatos de Dios siempre fueron un regalo de amor. Eso era cierto en los tiempos del Antiguo Testamento, era cierto en los tiempos del Nuevo Testamento, y sigue siendo cierto hoy. Para disfrutar de lo mejor de Dios debemos continuar amando y sirviéndole y adorándole de la manera que Él ordenó. No hay otra manera.

LESSON FOUr
DAILY BIBLE READINGS

Day 1

Day 2

Day 3

Day 4

Day 5

Day 6

Day 7

Deuteronomy 4:35; 2 Samuel 7:22; Psalm 83:18; 86:8-10; Isaiah 43:10-11; 44:6; 45:18

Psalm 145:1-7; 148:1-6; 150:1-6; Isaiah 37:16; Romans 11:33-36; Revelation 15:3-4

Exodus 20:23; 23:13; Leviticus 19:4; 26:1; Deuteronomy 4:15-

19; Deuteronomy 27:15; Psalm 115:3-8; Isaiah 40:18-20; 44:9-20

Exodus 34:14; Deuteronomy 4:24; 6:15; 32:16, 21; Joshua 24:19;

Psalm 78:58; Joel 2:18; Nahum 1:2; Zechariah 2:8; 8:2

Leviticus 19:26b, 31; 20:6, 27; Deuteronomy 18:9-14;

2 Kings 23:24; 2 Chronicles 33:6; Isaiah 8:19; Jeremiah 27:9;

Acts 8:9-13; Acts 19:17-20

Deuteronomy 4:1, 5-9; 6:10-25; 11:1, 8, 13-15, 22-25;

Deuteronomy 28:1-14; 30: 8-10; 15-16

1 Chronicles 29:10-13; Psalm 92:1-8; 93:1-5; 95:1-7; 96:1-9

LECCIÓN CUATRO
LECTURAS BÍBLICAS DIARIAS

Día 1

Día 2

Día 3

Día 4

Día 5

Día 6

Día 7

Deuteronomio 4:35; 2 Samuel 7:22; Salmos 83:18; 86:8-10; Isaías 43:10-11; 44:6; 45:18

Salmos 145:1-7; 148:1-6; 150:1-6; Isaías 37:16; omanos 11:33-36; Apocalipsis 15:3-4

Éxodo 20:23; 23:13; Levítico 19:4; 26:1; Deuteronomio 4:15-

19; Deuteronomio 27:15; Salmos 115:3 8; Isaías 40:18 20; 44:9-20

Éxodo 34:14; Deuteronomio 4:24; 6:15; 32:16, 21; Josué 24:19;

Salmos 78:58; Joel 2:18; Nahum 1:2; Zacarías 2:8; 8:2

Levítico 19:26b, 31; 20:6, 27; Deuteronomio 18:9-14;

2 Reyes 23:24; 2 Crónicas 33:6; Isaías 8:19; Jeremías 27:9;

Hechos 8:9-13; Hechos 19:17-20

Deuteronomio 4:1, 5-9; 6:10-25; 11:1, 8, 13-15, 22-25;

Deuteronomio 28:1-14; 30: 8-10; 15-16

1 Crónicas 29:10-13; Salmos 92:1-8; 93:1-5; 95:1-7; 96:1-9

LESSON FOUr – TEST QUESTIONS

TrUE Or FaLSE

Circle T or F.

1. T F Knowing God's laws is actually a burden, since the laws make usfeel guilty when we break them and they take a lot of fun out of our lives if we keep them.

2. T F Jesus' teaching that we should love our neighbor as ourselves was a new idea which was not found in the Old Testament.

3. T F Many of the "moral" laws in the Old Testament are relevant for people in every place and every time.

4. T F The ceremonial laws of the Old Testament were intended specifically for the people of Israel and are not binding on us today.

5. T F People in Old Testament times were able to earn salvation by obeying the ceremonial laws, since these laws pointed ahead tothe sacrifice of Jesus.

6. T F If we are sincere Christians, it will usually not be difficult to love our neighbors as ourselves.

7. T F Micah 6:8 teaches: "What does the Lord require of you but to do justice, to love kindness, and to obey God's laws."

8. T F Isaiah 29:13 urges people to at least honor God with their lips even if they do not obey His commands.

9. T F In general, the New Testament emphasizes the spiritual blessings rather than the material blessings that believers will receive if they trust and obey the Lord.

10. T F If we truly believe that something is wrong for us to do, it IS wrongfor us to do it.

LECCIÓN CUATRO – PREGUNTAS DE PRUEBA

VERDADERO O FALSO

Encierre con un círculo si es V o F.

1. V F Conocer las leyes de Dios es en realidad una carga, ya que las leyes nos hacen sentir culpables cuando las infringimos y nos quitan mucha diversión si las cumplimos.

2. V F La enseñanza de Jesús de que debemos amar a nuestro prójimo como a nosotros mismos era una idea nueva que no se encontraba en el Antiguo Testamento.

3. V F Muchas de las leyes "morales" del Antiguo Testamento son relevantes para la gente de todos los lugares y tiempos.

4. V F Las leyes ceremoniales del Antiguo Testamento estaban destinadas específicamente al pueblo de Israel y no son obligatorias para nosotros hoy.

5. V F La gente en los tiempos del Antiguo Testamento podía ganar la salvación obedeciendo las leyes ceremoniales, ya que estas leyes apuntaban hacia el sacrificio de Jesús.

6. V F Si somos cristianos sinceros, normalmente, no será difícil amar a nuestro prójimo como a nosotros mismos.

7. V F Miqueas 6:8 enseña: "¿Qué pide el Señor de vosotros sino hacer justicia, amar la bondad y obedecer las leyes de Dios?".

8. V F Isaías 29:13 insta a las personas a honrar al menos a Dios con los labios, aunque no obedezcan sus mandatos.

9. V F En general, el Nuevo Testamento enfatiza las bendiciones espirituales más que las materiales, las cuales, los creyentes recibirán si confían y obedecen al Señor.

10. V F Si realmente creemos que algo está mal para nosotros, ESTÁ mal que lo hagamos.

MULTIpLE ChOICE

Choose which of the three statements is correct. Circle A *or* B *or* C.

1. The first thing God said to the people of Israel before He gave them the Ten commandments was:

   A. "I am the Lord your God, who brought you out of the land of Egypt,out of the house of slavery."

   B. "Obey these commands I am giving you and you will be safe andblessed."

   C. "If you do not obey these commands I am giving you, you will perishin the wilderness."

2. A. God spoke the Commandments to Moses but He did not writethem.

   B. God both spoke and wrote the Ten Commandments.

   C. God wrote the Ten Commandments, but He did not speak them.

3. What does Joshua 24:2 and 15 tell us about Abraham's background?

   A. Abraham came from a home where the true God was not known orworshiped.

   B. Abraham's parents did not serve God but other ancestors did.

   C. Abraham's relatives all served false gods except for his parents.

4. What did God tell the people of Israel in Exodus 20:6? He said:

   A. He would bless them richly even if they became disobedient.

   B. He would bring them back to the land of Egypt if they becamedisobedient.

   C. He would show steadfast love to thousands of those who loved Himand obeyed His commandments.

5. How did the people respond when they heard the thunder and saw thelightning and heard the trumpet and saw the mountain in smoke?

   A. They sang praises to God for His majesty and grace.

OPCIÓN MÚLTIPLE

Elija cuál de las tres afirmaciones es correcta. Encierre en un círculo A o B o C.

1. Lo primero que Dios dijo al pueblo de Israel antes de darles los Diez Mandamientos fue:

   A. "Yo soy el Señor tu Dios, que te sacó de la tierra de Egipto, de la casa de la esclavitud".

   B. "Obedezcan estos mandamientos que les doy y serán seguros y bendecidos".

   C. "Si no obedecen estos mandatos que les doy, perecerán en el desierto".

2. A. Dios habló los mandamientos a Moisés, pero no los escribió.

   B. Dios tanto habló como escribió los Diez Mandamientos.

   C. Dios escribió los Diez Mandamientos, pero no los habló.

3. ¿Qué nos dice Josué 24:2 y 15 sobre los antecedentes de Abraham?

   A. Abraham venía de un hogar donde no se conocía ni se adoraba al verdadero Dios.

   B. Los padres de Abraham no servían a Dios, pero otros antepasados sí lo hacían.

   C. Todos los parientes de Abraham servían a dioses falsos, excepto sus padres.

4. ¿Qué le dijo Dios al pueblo de Israel en Éxodo 20:6? Él dijo:

   A. Que los bendeciría ricamente, aunque fueran desobedientes.

   B. Que los devolvería a la tierra de Egipto si se volvían desobedientes.

   C. Él mostraría un amor firme a miles de aquellos que lo amaran y obedecieran sus mandamientos.

5. ¿Cómo respondió el pueblo cuando escuchó el trueno y vio el relámpago y escuchó la trompeta y vio la montaña en humo?

   A. Cantaron alabanzas a Dios por su majestad y su gracia.

   B. Tuvieron miedo y temblaron y se mantuvieron alejados.

B. They were afraid and trembled and stood far
off.

C. They bowed their heads in humility and awe.

6. When Moses went back up the mountain to
spend time with God, whatdid the people ask
Aaron to do?

A. They asked him to make some gods who
could lead them as theywent on in the
wilderness.

B. They asked him to teach them more about
their amazing God.

C. They asked him to lead them in prayer
for forgiveness for all thewrong things
they had done.

7. King Jeroboam was a prominent king of the
northern ten tribes of Israel.He is often referred
to in the Bible as the king "who made Israel to
sin." What did Jeroboam do to get this title and
this reputation?

A. He made two golden calves for the people to
worship.

B. He married several foreign women and
encouraged others to do so,too.

C. He blasphemed the name of the Lord when
he was in the temple.

8. What is an "anthropomorphism" (when
speaking or writing about God)?

A. A plea for the almighty God to help humans
in their weaknesses andfears.

B. A description of God as being no greater than
human beings.

C. A reference to God as having human
features.

9. Why do we still need rules and laws as believers
in Jesus?

A We still are often influenced by our old sin
nature, so we need warnings and guidelines
to help us honor and serve and obey the
Lord.

B. We can never be sure of our salvation unless
we live every day in theway the Lord wants
us to live.

C. We will lose our salvation if we do not
faithfully obey the Lord.

10. What role does our conscience play in our lives as

C. Inclinaron sus cabezas en humildad y temor.

6. Cuando Moisés volvió a subir a la montaña
para pasar tiempo con Dios, ¿qué le pidió la
gente a Aarón que hiciera?

A. Le pidieron que hiciera algunos dioses que
pudieran guiarlos mientras seguían en el
desierto.

B. Le pidieron que les enseñara más sobre su
asombroso Dios.

C. Le pidieron que los guiara en la oración
para pedir perdón por todas las cosas malas
que habían hecho.

7. El rey Jeroboam fue un rey prominente de las
diez tribus del norte de Israel. La Biblia se
refiere a él con frecuencia como el rey "que hizo
pecar a Israel". ¿Qué hizo Jeroboam para
obtener este título y esta reputación?

A. Hizo dos becerros de oro para que el pueblo
los adorara.

B. Se casó con varias mujeres extranjeras y
animó a otros a hacerlo también.

C. Blasfemó el nombre del Señor cuando estaba
en el templo.

8. ¿Qué es un "antropomorfismo" (cuando se habla
o escribe sobre Dios)?

A. Una súplica para que el Dios todopoderoso
ayude a los humanos en sus debilidades y
temores.

B. Una descripción de Dios como si no fuera más
grande que los seres humanos.

C. Una referencia a Dios como si tuviera rasgos
humanos.

9. ¿Por qué todavía necesitamos reglas y leyes
como creyentes en Jesús?

A. Todavía estamos influenciados por nuestra
vieja naturaleza pecaminosa, por lo que
necesitamos advertencias y directrices que
nos ayuden a honrar, servir y obedecer al
Señor.

B. Nunca podremos estar seguros de nuestra
salvación a menos que vivamos cada día de
la manera que el Señor quiere que vivamos.

C. Perderemos nuestra salvación si no
obedecemos fielmente al Señor.

10. ¿Qué papel juega nuestra conciencia en nuestra
vida como cristianos?

A. Siempre podemos confiar en nuestra

Christians?

A. We can always trust our conscience as a trustworthy guide to knowwhat is right and what is wrong.

B. Our conscience can often help us to walk in a way that pleases theLord.

C. We can rarely trust our conscience to help us know or do what isright.

D.

LESSON FOUr – aDDITIONaL QUESTIONS

1. What is the significance of the fact that God gave His people the Ten Commandments <u>after</u> He delivered them from slavery and not before?

2. What punishment did God pronounce in Exodus 20:5?

3. What promise did He give in this same verse?

4. A. How did the people respond when they heard the thunder andsaw the lightning and heard the trumpet and saw the mountain in smoke?

   B. How do you think God **wanted** them to respond?

   C. Please give the reason for your answer.

5. Why do you think the people so quickly lost the fear of God that they hadearlier?

6. What happened to the people because of their failure to love and worshipthe Lord and, instead, worshiped an idol?

7. A. What word does God use to describe Himself in Exodus 20:5; 34:14,

      and Deuteronomy 4:24?

   B. What do you think He meant by using that particular word?

8. What do you think God meant when He said that He would "punish the children for the sins of their fathers to the third and fourth generation of those who hate Him (Exodus 20:5)?

   9. A. Did God ever carry out the punishment referred to above?

      B. Can you support your answer with a Scripture reference?

10. What do the following passages tell us about God?

    A. Exodus 15:11

conciencia como una guía confiable para saber lo que está bien y lo que está mal.

B. Nuestra conciencia a menudo puede ayudarnos a caminar de una manera que agrada al Señor.

C. Rara vez podemos confiar en nuestra conciencia para ayudarnos a saber o hacer lo que es correcto.

LECCIÓN CUATRO – PREGUNTAS ADICIONALES

1. ¿Cuál es el significado de que Dios haya dado a su pueblo los Diez Mandamientos <u>después</u> de haberlos liberado de la esclavitud y no antes?

2. ¿Qué castigo pronunció Dios en Éxodo 20:5?

3. ¿Qué promesa dio en este mismo versículo?

4. A. ¿Cómo respondió el pueblo cuando oyó el trueno y vio el relámpago y oyó la trompeta y vio la montaña en humo?

   B. ¿Cómo crees que Dios **quería** que respondieran?

   C. Por favor, justifica tu respuesta.

5. ¿Por qué crees que el pueblo perdió tan rápidamente el temor a Dios que tenía antes?

6. ¿Qué le sucedió al pueblo por no amar y adorar al Señor y, en cambio, adorar a un ídolo?

7. A. ¿Qué palabra utiliza Dios para describirse a sí mismo en Éxodo 20:5; 34:14 y Deuteronomio 4:24?

   B. ¿Qué crees que quiso decir al usar esa palabra en particular?

8. ¿A qué crees que se refería Dios cuando dijo que "castigaría a los hijos por los pecados de sus padres hasta la tercera y cuarta generación de los que le aborrecen (Éxodo 20:5)?

9. A. ¿Dios llevó a cabo alguna vez el castigo al que se refería?

   C. ¿Puedes respaldar tu respuesta con una referencia bíblica?

10. ¿Qué nos dicen los siguientes pasajes sobre Dios?

    A. Éxodo 15:11

    B. Isaías 46:9-11

11. ¿Qué nos dicen estos dos pasajes sobre Dios?

B. Isaiah 46:9-11

11. What do these two passages tell us about God?

   A. Isaiah 46:9-11

   B. Zephaniah 3:5

   C. 1 Timothy 6:15b-16

12. What do the following passages teach us about idols made by the handsof men?

   A. Psalm 115:4-8

   B. 2 Kings 19:18

13. What are "anthropomorphisms"?

14. What anthropomorphisms are found in the following verses?

   A. 2 Chronicles 16:9

   B. Psalm 18:8-9

   C. Psalm 34:15

   D. Isaiah 59:1

15. Write out two verses in the New Testament that teach us that Jesus wastruly God.

   A.

   B.

16. Read 1 John 5:20 and fill in the blanks below.

   "And we know that the Son of God has come and has given us__, so that we may know him who is______;and we are in him who is true, in his Son Jesus Christ. He is the______."

17. A. Why do some **non-Christians** consult shamans?

   B. Why do some **Christians** sometimes consult shamans?

18. A. What does God teach us in Leviticus 19:31 about consulting shamansor fortune tellers?

   B. What does 1 Chronicles 10:13-14 teach us about consultingshamans?

   C. What does Acts 19:18-19 teach about some converts who formerlywere involved in sorcery?

   D. What resulted from their actions? (See Acts 19:20.)

19. How can possessions or fame become an "idol" in a person's life?

20. Write out two passages that warn us about the dangers of putting too much confidence in riches

A. Isaías 46:9-11

   B. Sofonías 3:5

   C. 1 Timoteo 6:15b-16

12. ¿Qué nos enseñan los siguientes pasajes sobre los ídolos hechos por la mano del hombre?

   A. Salmos 115:4-8

   B. 2 Reyes 19:18

13. ¿Qué son los "antropomorfismos"?

14. ¿Qué antropomorfismos se encuentran en los siguientes versículos?

   A. 2 Crónicas 16:9

   B. Salmos 18:8-9

   C. Salmos 34:15

   D. Isaías 59:1

15. Escribe dos versículos del Nuevo Testamento que nos enseñen que Jesús era verdaderamente Dios.

   A.

   B.

16. Lee 1 Juan 5:20 y completa los espacios en blanco de abajo.

   "Pero sabemos que el Hijo de Dios ha venido, y nos ha dado

   _, para conocer al que es ____;y estamos en el verdadero, en su Hijo Jesucristo. Este es el

   __________________________."

17. A. ¿Por qué algunos **no cristianos** consultan a los chamanes?

   B. ¿Por qué algunos **cristianos** consultan a veces a los chamanes?

18. A. ¿Qué nos enseña Dios en Levítico 19:31 sobre la consulta a chamanes o adivinos?

   B. ¿Qué nos enseña 1 Crónicas 10:13-14 acerca de consultar a los chamanes?

   C. ¿Qué nos enseña Hechos 19:18-19 sobre algunos conversos que antes se dedicaban a la brujería?

   D. ¿Qué resultó de sus acciones? (Véase Hechos 19:20.)

19. ¿Cómo pueden las posesiones o la fama convertirse en un "ídolo" en la vida de una persona?

20. Escribe dos pasajes que nos adviertan sobre los

or possessions.

A.

B.

QUESTIONS FOr rEFLECTION Or DISCUSSION

1. How would you respond to someone who says: "I believe that God is a loving and gracious God, but my life would be so much happier if God didn't give us so many Commandments"?

2. When people make a movie of the life of Christ, someone has to play the role of Jesus. Would YOU want to play this role (if you are or were a man)?

   Please give the reason for your answer.

3. Would you agree or disagree with the following statement? "Since there is only one true God, everyone who says that he believes in God is talking about the same Being."

   Please explain your answer.

4. Do you think a person who regularly or even occasionally consults a shaman or fortune teller can be a genuine Christian?

   Please give the reason for your answer.

5. Since there is only one true God, why do you think people serve so manyother gods?

peligros de poner demasiada confianza en las riquezas o las posesiones.

A.

B.

1. ¿Cómo responderías a alguien que dice: "Creo que Dios es un Dios amoroso y bondadoso, pero mi vida sería mucho más feliz si Dios no nos diera tantos mandamientos"?

2. Cuando se hace una película de la vida de Cristo, alguien tiene que hacer el papel de Jesús. ¿Querrías tú hacer este papel (si eres o fueras un hombre)?

   Por favor, justifica tu respuesta.

3. ¿Estás de acuerdo o no con la siguiente afirmación? "Como sólo hay un Dios verdadero, todo el que dice que cree en Dios está hablando del mismo Ser".

   Por favor, justifica tu respuesta.

4. ¿Crees que una persona que consulta regularmente o incluso ocasionalmente a un chamán o adivino puede ser un auténtico cristiano?

   Por favor, justifica tu respuesta.

5. Puesto que sólo hay un Dios verdadero, ¿por qué crees que la gente sirve a tantos otros dioses?

THE THIRD COMMANDMENT
Lesson Five

Introduction

In Lessons Three and Four we considered the first two of the Ten Commandments. In this Lesson we will consider the Third Commandment:

> *"You shall not take the name of the LORD your God in vain, for the LORD will not hold him guiltless who takes his name in vain."* Exodus 20:7

Most people want others to call them by an appropriate name or title. In some cases it may be the name given them at birth, but it may also be some other "name" or title which has become special to them. If we want to have a close relationship with someone, we will be careful to use a name which is most appropriate and most significant. If we carelessly or thoughtlessly misuse someone's name or title, we may make it more difficult to have an enjoyable relationship or "walk" with that person.

THE NAME OF GOD

In the Bible God is referred to by many different names or titles. Each one of them tells us something about God's character or His attributes. They reveal who He is and what He is like. For example, He is referred to as *God Most High* (Genesis 14:18-20), *The Everlasting God* (Genesis 21:33), *The Ancient of Days* (Daniel 7:9), *The Holy One of Israel* (Isaiah 1:4), *The LORD Is Our Righteousness* (Jeremiah 23:5-6) and in various other ways.

> All of these names or designations help us to understand that the God of the Bible is the sovereign Creator of heaven and earth, the One who rules the entire world, and that He is without beginning or end, perfectly just, absolutely holy, all-powerful, and everywhere present.

However, there is one special name in the Old Testament that is considered God's "personal" name. This is the name by which He revealed Himself to Moses at the burning bush in the desert. It is the name *Yahweh* or *Jehovah* (Exodus 3:14-15, Exodus 6:3, 7-8). This holy name comes from the simple verb "to be" and is usually understood to mean *I Am Who I Am*. In Exodus 3:14 God even referred to Himself simply as *"I Am."*

> After revealing this name to Moses, God said, *"This is my name forever, and thus I am to be remembered throughout all generations'"* (Exodus 3:15). God regarded this personal Name as extremely holy and expected His people to use it only with the deepest reverence and respect. He is the eternal God of the Covenant who is faithful to His promises, perfectly dependable in

EL TERCER MANDAMIENTO
Lección Cinco

Introducción

En las Lecciones 3 y 4 consideramos los dos primeros de los Diez Mandamientos. En esta lección consideraremos el tercer mandamiento:

> *"No tomarás el nombre de Jehová tu Dios en vano; porque no dará por inocente Jehová al que tomare su nombre en vano."* Éxodo 20:7

La mayoría de las personas quieren que los demás les llamen por un nombre o título apropiado. En algunos casos puede ser el nombre que les dieron al nacer, pero también puede ser algún otro "nombre" o título que se haya convertido en algo especial para ellos. Si queremos tener una relación estrecha con alguien, tendremos cuidado de utilizar el nombre más apropiado y más significativo. Si, por descuido o sin pensar, utilizamos mal el nombre o el título de alguien, podemos dificultar una relación o un "paseo" agradable con esa persona.

EL NOMBRE DE DIOS

En la Biblia se hace referencia a Dios con muchos nombres o títulos diferentes. Cada uno de ellos nos dice algo sobre el carácter de Dios o sus atributos. Revelan quién es y cómo es. Por ejemplo, se le conoce como el *Dios Altísimo* (Génesis 14:18-20), *el Dios eterno* (Génesis 21:33), el *Anciano de Días* (Daniel 7:9), *el Santo de Israel* (Isaías 1:4), *el Señor es nuestra justicia* (Jeremías 23:5-6) y de varias otras maneras.

> Todos estos nombres o designaciones nos ayudan a entender que el Dios de la Biblia es el Creador soberano del cielo y la tierra, el que gobierna el mundo entero, y que no tiene principio ni fin, es perfectamente justo, absolutamente santo, todopoderoso y está presente en todas partes.

Sin embargo, hay un nombre especial en el Antiguo Testamento que se considera el nombre "personal" de Dios. Es el nombre con el que se reveló a Moisés en la zarza ardiente del desierto. Es el nombre *Yahvé* o *Jehová* (Éxodo 3:14-15, Éxodo 6:3, 7-8). Este nombre sagrado proviene del simple verbo "ser" y suele entenderse como el significado de Yo soy el que soy. En Éxodo 3:14, Dios incluso se refirió a sí mismo simplemente como "Yo Soy".

> Después de revelar este nombre a Moisés, Dios dijo: *"Este es mi nombre para siempre, con él se me recordará por todos los siglos."* (Éxodo 3:15). Dios consideraba este nombre personal como extremadamente sagrado y esperaba que su pueblo lo usara sólo con la más profunda reverencia y respeto. Él es el Dios eterno de

what He says, and the unchanging God whose Word will never fail. He is the GREAT I AM, the Lord of heaven and earth.

In the Hebrew Bible, this name consists of four simple Hebrew consonants, YHWH, which are technically known as the Tetragrammaton (from the two Greek words meaning "four letters"). Since the Hebrew Bible was originally written only with consonants and no vowels, the reader had to supply the vowels himself. Most of the leaders knew the Bible very well so it was relatively easy for them to pronounce all the words correctly.

> However, for hundreds of years orthodox Jews were extremely careful never to pronounce the divine name (YHWH) lest they would dishonor God or misuse His holy name in some way. So, every time they came across this holy name (the Tetragrammaton), they said the word "Adonai" instead. *Adonai* was the common Hebrew word for "Lord."
>
> Consequently, the exact pronunciation of the name was lost, though many scholars today believe the name should be pronounced as *Yahweh*.

Later, when the Hebrew Old Testament was translated into other languages (especially into English), the translators decided to combine the four consonants of the Tetragrammaton with the vowels in the name Adonai. As a result, the name was presented in many Bible translations as JeHoVaH (with the "Y" becoming "J" and the "W" becoming "V"). The name *Jehovah* became accepted for many years as the standard pronunciation of the sacred name and this name was included in many songs, prayers, and other writings – as well as in the Bible itself.

> In more recent translations, however, the name is presented as lord (with small capital letters) and is therefore not always distinguished from the word "Lord." Many find this regrettable since the word "Lord" in Hebrew is very different from the holy name YHWH. That may be one of the reasons why some people continue to use the name "Jehovah" even though it clearly is not the correct pronunciation of the "personal" name which God revealed to Moses.

What is more significant than the exact pronunciation of the name, however, is that Orthodox Jews are still very respectful of this name, very cautious about pronouncing it, and never careless or profane in using it. They serve to remind today's Christians that the name of God is always to be used thoughtfully and reverently!

HONORING THE NAME OF GOD

When God told the people of Israel that they should be careful not to misuse His name, His "name" was not simply a way of identifying Him in distinction from all other "gods." His name stood for all that He is as the Creator and Deliverer and Protector of His people. His name represented the God of the Covenant who had

---

la Alianza que es fiel a sus promesas, perfectamente confiable en lo que dice, y el Dios inmutable cuya Palabra nunca fallará. Él es el GRAN YO SOY, el Señor del cielo y de la tierra.

En la Biblia hebrea, este nombre consiste en cuatro simples consonantes hebreas, YHWH, que se conocen técnicamente como el Tetragrammaton (de las dos palabras griegas que significan "cuatro letras"). Dado que la Biblia hebrea fue escrita originalmente sólo con consonantes y sin vocales, el lector tenía que proporcionar las vocales por sí mismo. La mayoría de los líderes conocían muy bien la Biblia, por lo que les resultaba relativamente fácil pronunciar correctamente todas las palabras.

> Sin embargo, durante cientos de años los judíos ortodoxos fueron extremadamente cuidadosos de no pronunciar nunca el nombre divino (YHWH) para no deshonrar a Dios o usar mal su santo nombre de alguna manera. Así que, cada vez que se encontraban con este nombre sagrado (el Tetragrámaton), decían la palabra "Adonai" en su lugar. Adonai era la palabra hebrea común para "Señor". En consecuencia, la pronunciación exacta del nombre se perdió, aunque muchos eruditos hoy en día creen que el nombre debe ser pronunciado como Yahvé.

Más tarde, cuando el Antiguo Testamento hebreo se tradujo a otros idiomas (especialmente al inglés), los traductores decidieron combinar las cuatro consonantes del Tetragrámaton con las vocales del nombre Adonai. Como resultado, el nombre se presentó en muchas traducciones de la Biblia como JeHoVaH (con la "Y" convertida en "J" y la "W" en "V"). El nombre Jehová se aceptó durante muchos años como la pronunciación estándar del nombre sagrado y este nombre se incluyó en muchas canciones, oraciones y y otros escritos, así como en la propia Biblia.

> Sin embargo, en las traducciones más recientes, el nombre se presenta como señor (con minúsculas) y, por tanto, no siempre se distingue de la palabra "Señor". Muchos consideran que esto es lamentable, ya que la palabra "Señor" en hebreo es muy diferente del nombre sagrado YHWH. Esa puede ser una de las razones por las que algunas personas siguen utilizando el nombre "Jehová" aunque claramente no es la pronunciación correcta del nombre "personal" que Dios reveló a Moisés.

Sin embargo, lo que es más significativo que la pronunciación exacta del nombre es que los judíos ortodoxos siguen siendo muy respetuosos con este nombre, muy cautelosos a la hora de pronunciarlo y nunca descuidados o profanos al utilizarlo. Sirven para recordar a los cristianos de hoy que el nombre de Dios debe usarse siempre con consideración y reverencia.

HONRANDO EL NOMBRE DE DIOS

Cuando Dios le dijo al pueblo de Israel que debía tener cuidado de no abusar de Su nombre, Su "nombre" no era simplemente una forma de identificarlo en distinción de todos los demás "dioses". Su nombre representaba todo lo que Él es como Creador, Libertador y Protector de su pueblo. Su nombre representaba al Dios de la Alianza

chosen Abraham and his descendants as His own special people.

Though God was especially concerned about His people's use of the name "Yahweh," He was not referring *only* to that name when He gave them the third commandment. He strongly warned the people of Israel not to use *any* of His names thoughtlessly or carelessly.

The Psalms contain many references to *Yahweh*. Those who used His name in reverent praise or humble prayer were pleasing to Him. Those who exalted His attributes and His works of mercy and grace glorified Him. And those who named their children using the name of God as part of their own name honored Him.

Many of the Hebrew names of people in Israel therefore included a reference to the God of Israel. For example, names that begin or end with the letters Jeh or jah (such as Jehoshaphat or Jehoram) or end with "jah" or "iah" (such as Elijah or Isaiah) include the name of God. In the same way, names that begin or end with "El" also include one of the words used to refer to God (such as Eliezer, Daniel, Joel, Ezekiel). And the well-known and frequently used word *Hallelujah* means "Praise Yahweh" or "Praise

the LORD." So the people of Israel frequently and reverently used the name of God in ways that honored Him. And when they did, God was pleased and glorified.

USING THE NAME OF GOD APPROPRIATELY

One of the best and most effective ways of making sure that we do not misuse the name of God is by using it humbly, wisely, reverently, and honorably.

How can we use God's name positively? In many ways.

We should reverently use God's name in songs of praise and thanksgiving (Psalm 8:1; Psalm 66:1-4; Psalm 72:17-19). We should humbly pray to Him with sincere

que había elegido a Abraham y a sus descendientes como su propio pueblo especial.

Aunque Dios estaba especialmente preocupado por el uso que su pueblo hacía del nombre "Yahvé", no se refería sólo a ese nombre cuando les dio el tercer mandamiento. Advirtió enérgicamente al pueblo de Israel que no usara ninguno de Sus nombres de manera irreflexiva o descuidada.

Los Salmos contienen muchas referencias a *Yahvé*. Aquellos que usaban Su nombre en alabanza reverente o en oración humilde le resultaban agradables. Los que exaltaban sus atributos y sus obras de misericordia y gracia lo glorificaban. Y aquellos que nombraban a sus hijos usando el nombre de Dios como parte de su propio nombre lo honraban.

Por lo tanto, muchos de los nombres hebreos de las personas en Israel incluían una referencia al Dios de Israel. Por ejemplo, los nombres que comienzan o terminan con las letras Jeh o jah (como Josafat o Joram) o que terminan con "jah" o "iah" (como Elías o Isaías) incluyen el nombre de Dios. Del mismo modo, los nombres que comienzan o terminan con "El" también incluyen una de las palabras utilizadas para referirse a Dios (como Eliezer, Daniel, Joel, Ezequiel). Y la conocida y frecuente palabra Aleluya significa "Alabad a Yahvé" o "Alabad al Señor". Así que el pueblo de Israel usaba frecuente y reverentemente el nombre de Dios en formas que lo honraban. Y cuando lo hacían, Dios se complacía y era glorificado.

USANDO EL NOMBRE DE DIOS APROPIADAMENTE

Una de las mejores y más efectivas maneras de asegurarnos de que no hacemos un mal uso del nombre de Dios es utilizarlo con humildad, sabiduría, reverencia y honor.

¿Cómo podemos usar el nombre de Dios positivamente? De muchas maneras.

Debemos usar reverentemente el nombre de Dios en cantos de alabanza y acción de gracias (Salmo 8:1; Salmo 66:1-4; Salmo 72:17-19). Debemos orar humildemente a

petitions and words of gratitude (Psalm 57:2-3; Psalm 102:1-2; Psalm 106:4-5). We should live in such a way that people who see us and know that we are believers will also be led to praise and honor God (Psalm 138:4-5; Matthew 5:16).

We should also boldly speak up when others misuse the name of God, defending His name and honor (1 Samuel 17:45-47; Psalm 83:16-18). We should proclaim the name of God and the works of God to those who do not know who He is (Psalm 9:1-2; Psalm 67:3-7; Psalm 71:15-18). And we should joyfully confess that we are children of this great God and that we truly want to live our lives for Him (Psalm 9:7-10; 1 Peter 4:16).

MISUSING THE NAME OF GOD THROUGH UNNECESSARY OATHS

One way in which people misuse the name of God is by swearing an oath in His name. They call on God to support the truth of some statement they make and call on God as their witness that what they say is true. Sometimes they do this thoughtlessly, sometimes boastfully, and sometimes carelessly.

At times, swearing an oath may be a sign of fear or insecurity. Peter, for example, loudly swore that he did not know Jesus when he was afraid (Mark 14:66-71). By doing this, he not only lied but he also dishonored God by calling on Him to defend his false and cowardly statements.

Some people swear an oath of allegiance to a club or organization or secret society of some kind. Their oath often binds them to give their highest and absolute allegiance to the group or organization. They may also vow and promise not to give away the secrets of the organization or to violate any of its rules or regulations. Such allegiance is often promised even before the person fully knows what those rules or secrets are!

The Bible strongly condemns all such oaths. James wrote: *"But above all, my brothers, do not swear, either by heaven or by earth or by any other oath, but let your "yes" be yes and your "no" be no, so that you may not fall under condemnation"* (James 5:12).

Jesus also warned against the taking of foolish oaths when He said, *"I say to you, 'Do not take an oath at all. . . Let what you say be simply 'Yes' or 'No'; anything more than this comes from evil'"* (Matthew 5:34-37).

If we have developed a reputation where people know us and trust us, such oaths are totally unnecessary. God is honored when we are known as Christians who do not lie or boast or exaggerate.

Él con peticiones sinceras y palabras de gratitud (Salmo 57:2-3; Salmo 102:1-2; Salmo 106:4-5). Debemos vivir de tal manera que las personas que nos vean y sepan que somos creyentes también sean llevadas a alabar y honrar a Dios (Salmo 138:4-5; Mateo 5:16).

También debemos hablar con valentía cuando otros hacen mal uso del nombre de Dios, defendiendo su nombre y su honor (1 Samuel 17:45-47; Salmo 83:16-18). Debemos proclamar el nombre de Dios y las obras de Dios a aquellos que no saben quién es Él (Salmo 9:1-2; Salmo 67:3-7; Salmo 71:15-18). Y debemos confesar con alegría que somos hijos de este gran Dios y que realmente queremos vivir nuestra vida para Él (Salmo 9:7-10; 1 Pedro 4:16).

HACIENDO MAL USO DEL NOMBRE DE DIOS A TRAVÉS DE JURAMENTOS INNECESARIOS

Una de las formas en que la gente hace mal uso del nombre de Dios es prestando un juramento en su nombre. Invocan a Dios para que apoye la verdad de alguna declaración que hacen y llaman a Dios como su testigo de que lo que dicen es cierto. A veces lo hacen de forma irreflexiva, a veces con jactancia y a veces sin cuidado.

A veces, prestar un juramento puede ser una señal de miedo o inseguridad. Pedro, por ejemplo, juró en voz alta que no conocía a Jesús cuando tuvo miedo (Marcos 14:66-71). Al hacer esto, no sólo mintió, sino que también deshonró a Dios al pedirle que defendiera sus falsas y cobardes declaraciones.

Algunas personas hacen un juramento de lealtad a un club u organización o sociedad secreta de algún tipo. Su juramento a menudo les obliga a dar su más alta y absoluta lealtad al grupo u organización. También pueden jurar y prometer no revelar los secretos de la organización ni violar ninguna de sus normas o reglamentos. Esta lealtad a menudo se promete incluso antes de que la persona conozca plenamente cuáles son esas reglas o secretos.

La Biblia condena enérgicamente todos esos juramentos. Santiago escribió: *"Pero sobre todo, hermanos míos, no juréis, ni por el cielo, ni por la tierra, ni por ningún otro juramento; sino que vuestro sí sea sí, y vuestro no sea no, para que no caigáis en condenación."* (Santiago 5:12).

Jesús también advirtió sobre la realización de juramentos insensatos cuando dijo, *"Pero yo os digo: No juréis en ninguna manera. . . Pero sea vuestro hablar: Sí, sí; no, no; porque lo que es más de esto, de mal procede."* (Mateo 5:34-37).

Si hemos desarrollado una reputación en la que la gente nos conoce y confía en nosotros, esos juramentos son totalmente innecesarios. Dios se siente honrado cuando se nos conoce como cristianos que no mienten ni se jactan ni exageran.

The swearing of such oaths, whether explicitly using the name of God or not, brings dishonor to the God to whom we owe absolute allegiance in all things. God strongly condemns such oaths and makes it very clear that the people who make them displease and dishonor Him. (See Leviticus 5:4 and 19:12; Jeremiah 5:2; Zephaniah 1:5; Zechariah 5:3-4.)

However, the Bible does not condemn all oaths under all circumstances. For example, when people are required to swear an oath in a court of law, they need not fear doing so. The Bible clearly tells us that we should obey those in authority because these authorities have been ordained by God to promote integrity and justice (Romans 13:1-7). The Bible also presents various examples when people swore an oath of some kind without incurring the displeasure or disapproval of God. See, for example, Deuteronomy 6:13 and 10:20, Matthew 26:63-64; 2 Corinthians 1:23; and Galatians 1:20.

MISUSING THE NAME OF GOD IN ORDINARY SPEECH

Any time we use the name of God without thinking about what we are doing, we are using his name "in vain" and are sinning against Him. Regrettably, this happens not only among non-believers but among Christians as well. For example, people often use the name of God (in such expressions as "O my God!") whenever they are surprised, perplexed, or amazed. Such references to God are usually thoughtless and meaningless, and are therefore profane.

Christians can also misuse the name of God when they are singing, praying, or even preaching. They may say or sing words of praise and adoration, but their hearts and minds may be focused on themselves rather than on God. They may want others to notice how impressively they can pray or how beautifully they can sing. Or someone may say "Hallelujah!" when he or she doesn't know what else to say at the moment.

It should be obvious to every sincere believer that every careless and thoughtless use of God's name or other words or expressions related to God are clearly displeasing to Him and a violation of the Third Commandment.

VIOLATING THE THIRD COMMANDMENT WITHOUT SAYING A WORD

At times we may fail to honor or hallow the name of God through our silence when we should be speaking. Though the Third Commandment does not explicitly teach that we should seek to "defend" the name of God or "protect" it from abuse, we should do whatever we can to uphold the name and honor of God when others are misusing it. We should always do so humbly and

Hacer tales juramentos, ya sea usando explícitamente el nombre de Dios o no, deshonra al Dios al que debemos absoluta lealtad en todas las cosas. Dios condena enérgicamente tales juramentos y deja muy claro que las personas que los hacen le desagradan y le deshonran. (Véase Levítico 5:4 y 19:12; Jeremías 5:2; Sofonías 1:5; Zacarías 5:3-4).

Sin embargo, la Biblia no condena todos los juramentos en todas las circunstancias. Por ejemplo, cuando las personas deben prestar un juramento en un tribunal, no deben temer hacerlo. La Biblia nos dice claramente que debemos obedecer a las autoridades porque éstas han sido ordenadas por Dios para promover la integridad y la justicia (Romanos 13:1-7). La Biblia también presenta varios ejemplos en los que la gente hizo algún tipo de juramento sin incurrir en el desagrado o la desaprobación de Dios. Véase, por ejemplo, Deuteronomio 6:13 y 10:20, Mateo 26:63-64; 2 Corintios 1:23; y Gálatas 1:20.

HACIENDO MAL USO DEL NOMBRE DE DIOS EN EL DISCURSO ORDINARIO

Cada vez que usamos el nombre de Dios sin pensar en lo que estamos haciendo, estamos usando su nombre "en vano" y estamos pecando contra Él. Lamentablemente, esto ocurre no sólo entre los no creyentes, sino también entre los cristianos. Por ejemplo, la gente suele utilizar el nombre de Dios (en expresiones como "¡Oh, Dios mío!") siempre que se sorprenden, quedan perplejos o se asombran. Tales referencias a Dios suelen ser irreflexivas y sin sentido, y por tanto son profanas.

Los cristianos también pueden hacer un mal uso del nombre de Dios cuando cantan, oran o incluso predican. Pueden decir o cantar palabras de alabanza y adoración, pero sus corazones y mentes pueden estar centrados en ellos mismos en lugar de en Dios. Puede que quieran que los demás se den cuenta de lo impresionantes que son al orar o de lo bien que cantan. O alguien puede decir "¡Aleluya!" cuando no sabe qué más decir en ese momento.

Debería ser obvio para todo creyente sincero que todo uso descuidado e irreflexivo del nombre de Dios u otras palabras o expresiones relacionadas con Dios son claramente desagradables para Él y una violación del Tercer Mandamiento.

VIOLANDO EL TERCER MANDAMIENTO SIN DECIR UNA SOLA PALABRA

A veces podemos no honrar o santificar el nombre de Dios con nuestro silencio cuando deberíamos hablar. Aunque el Tercer Mandamiento no enseña explícitamente que debamos "defender" el nombre de Dios o "protegerlo" del abuso, debemos hacer todo lo que podamos para mantener el nombre y el honor de Dios cuando otros lo usen mal. Siempre debemos hacerlo con humildad y sabiduría, pero nunca debemos

wisely, but we should never be ashamed or reluctant to remind others that they should not take the name of the Lord in vain.

THE PUNISHMENT FOR VIOLATING THIS COMMANDMENT

Blaspheming the name of God involves any misuse of God's name by cursing, swearing, insulting or deliberately dishonoring the name of God in any way. When God gave the Ten Commandments to Moses, He warned the people of Israel that anyone who blasphemed or misused His name would not be held guiltless (Exodus 20:7).

> When God first gave this command, He did not indicate what the penalty would be for misusing His name. Later, however, when a man carelessly and deliberately *"blasphemed [God's] Name, and cursed"* (Leviticus 24:11), God said, *"Whoever blasphemes the name of the LORD shall surely be put to death. All the congregation shall stone him"* (Leviticus 24:23). And that is exactly what happened to the person who was found guilty.

In the New Testament, the Jews accused Jesus of blasphemy when He testified that He was the Christ, the Son of God. Because they considered Him to be guilty of blasphemy, they declared that He should be put to death. (See Matthew 9:3, John 10:33, and Matthew 26:63-66.) Later, Stephen was stoned to death because the authorities apparently felt that he was guilty of blasphemy when he gave his testimony concerning Jesus (Acts 7:54- 58). Even Paul confessed that he had at one time been a blasphemer who had persecuted those who followed Jesus as Lord and Savior (1 Timothy 1:13).

> In spite of all this, most people today do not seem to think that violating the Third Commandment is a very serious sin. Though they may not deliberately misuse the name of God themselves, they don't consider this sin to be nearly as significant as sins against our fellow human beings such as murder, stealing, or lying.

The writers of the *Heidelberg Catechism* (a summary of Christian doctrine which was written already in 1563) had a different view—one that more clearly reflects what God Himself taught us in the Third Commandment. There the question is raised: "What is God's will for us in the third commandment?" The answer is:

> *"That we neither blaspheme nor misuse the name of God by cursing, perjury, or unnecessary oaths, nor share in such horrible sins by being silent bystanders. In a word, it requires that we use the holy name of God only with reverence and awe, so that we may properly confess him, pray to him, and praise him in everything we do and say"* (Question and Answer 99).

avergonzarnos o ser reacios a recordar a los demás que no deben tomar el nombre del Señor en vano.

EL CASTIGO POR VIOLAR ESTE MANDAMIENTO

Blasfemar el nombre de Dios implica cualquier uso indebido del nombre de Dios al maldecir, jurar, insultar o deshonrar deliberadamente el nombre de Dios de cualquier manera. Cuando Dios le dio los Diez Mandamientos a Moisés, le advirtió al pueblo de Israel que cualquiera que blasfemara o usara mal Su nombre no quedaría libre de culpa (Éxodo 20:7).

> Cuando Dios dio por primera vez este mandamiento, no indicó cuál sería el castigo por usar mal Su nombre. Sin embargo, más tarde, cuando un hombre, por descuido y deliberadamente, *"blasfemó el Nombre [de Dios] y maldijo"* (Levítico 24:11), Dios dijo: "Cualquiera que blasfeme el nombre de Yahveh morirá. Toda la congregación lo apedreará" (Levítico 24:23). Y eso es exactamente lo que le ocurría a la persona que era declarada culpable.

En el Nuevo Testamento, los judíos acusaron a Jesús de blasfemia cuando testificó que era el Cristo, el Hijo de Dios. Como lo consideraron culpable de blasfemia, declararon que debía ser condenado a muerte. (Véase Mateo 9:3, Juan 10:33 y Mateo 26:63-66.) Más tarde, Esteban fue apedreado hasta la muerte porque las autoridades aparentemente consideraron que era culpable de blasfemia cuando dio su testimonio sobre Jesús (Hechos 7:54- 58). Incluso Pablo confesó que en algún momento había sido un blasfemo que había perseguido a los que seguían a Jesús como Señor y Salvador (1 Timoteo 1:13).

> A pesar de todo esto, la mayoría de las personas hoy en día no parecen pensar que violar el Tercer Mandamiento es un pecado muy grave. Aunque no usen deliberadamente el nombre de Dios, no consideran que este pecado sea tan importante como los pecados contra nuestros semejantes, o como el asesinato, el robo o la mentira.

Los redactores del *Catecismo de Heidelberg* (un resumen de la doctrina cristiana que se escribió ya en 1563) tenían una visión diferente, que refleja más claramente lo que Dios mismo nos enseñó en el Tercer Mandamiento. Allí se plantea la cuestión: "¿Cuál es la voluntad de Dios para nosotros en el tercer mandamiento?". La respuesta es:

> *"Que no blasfememos ni hagamos mal uso del nombre de Dios con maldiciones, perjurios o juramentos innecesarios, ni compartamos esos horribles pecados siendo espectadores silenciosos". En una palabra, requiere que usemos el santo nombre de Dios sólo con reverencia y temor, para que podamos confesarlo adecuadamente, orarle y alabarlo en todo lo que hacemos y decimos"* (Pregunta y Respuesta 99).

A continuación, el *Catecismo* se pregunta: "¿La blasfemia del nombre de Dios mediante juramentos y maldiciones es realmente un pecado tan grave que Dios se enfada

The Catechism then goes on to ask: "Is blasphemy of God's name by swearing and cursing really such serious sin that God is angry also with those who do not do all they can to help prevent it and forbid it?" The answer is, *"Yes, indeed. No sin is greater, no sin makes God more angry than blaspheming his name. That is why he commanded the death penalty for it"* (Question and Answer 100).

CONCLUSION

Probably no prayer is prayed among Christians as often as the prayer commonly referred to as "The Lord's Prayer." The very first petition of that familiar prayer focuses on the name of God. Immediately after addressing God as our Father in heaven, and before bringing any other requests or petitions to God, we pray: *"Hallowed be your name."*

The *Heidelberg Catechism* explains the significance of this beautiful but simple petition in these words in Lord's Day 47:

> *"Help us to really know you, to bless, worship, and praise you for all your works and for all that shines forth from them: your almighty power, wisdom, kindness, justice, mercy, and truth. Help us to direct all our living—what we think, say, and do—so that your name will never be blasphemed because of us but always honored and praised."*

May we be given the grace to say with the Psalmist: *"I will extol you, my God and King, and bless your name forever and ever. Every day I will bless you and praise your name forever and ever"* (Psalm 145:1-2).

también con los que no hacen lo posible para ayudar a evitarla y prohibirla?". La respuesta es: "Sí, *ciertamente. Ningún pecado es mayor, ningún pecado enfurece más a Dios que blasfemar su nombre. Por eso ordenó la pena de muerte por ello*" (Pregunta y Respuesta 100).

CONCLUSIÓN

Probablemente ninguna oración se ora entre los cristianos con tanta frecuencia como la oración comúnmente conocida como "El Padre Nuestro". La primera petición de esta conocida oración se centra en el nombre de Dios. Inmediatamente después de dirigirnos a Dios como nuestro Padre en el cielo, y antes de presentar cualquier otra petición o solicitud a Dios, oramos: *"Santificado sea tu nombre"*.

El *Catecismo de Heidelberg* explica el significado de esta hermosa pero sencilla petición con estas palabras en el Día del Señor 47:

> *"Ayúdanos a conocerte realmente, a bendecirte, a adorarte y a alabarte por todas tus obras y por todo lo que de ellas se desprende: tu poder omnipotente, tu sabiduría, tu bondad, tu justicia, tu misericordia y tu verdad. Ayúdanos a dirigir toda nuestra vida -lo que pensamos, decimos y hacemos- para que tu nombre nunca sea blasfemado por nuestra culpa, sino siempre honrado y alabado".*

Que se nos conceda la gracia de decir con el salmista "*Te exaltaré, mi Dios, mi Rey, Y bendeciré tu nombre eternamente y para siempre. Cada día te bendeciré, Y alabaré tu nombre eternamente y para siempre*" (Salmos 145,1-2).

LESSON FIVE
DAILY BIBLE READINGS

LECCIÓN CINCO
LECTURAS BÍBLICAS DIARIAS

Day 1

Día 1

Day 2

Día 2

Day 3

Día 3

Day 4

Día 4

Day 5

Día 5

Day 6

Día 6

Day 7

Día 7

Exodus 3:15; 34:5-6; Isaiah 42:8; 47:4; 54:5; Jeremiah 10:16;16:21; 33:2; Hosea 12:5; Amos 4:13; 9:6

Éxodo 3:15; 34:5-6; Isaías 42:8; 47:4; 54:5; Jeremías 10:16;16:21; 33:2; Oseas 12:5; Amós 4:13; 9:6

Isaiah 6:3; 26:8, 13; 29:23; 57:15; Ezekiel 36:21-23; 39:7; 39:25

Isaías 6:3; 26:8, 13; 29:23; 57:15; Ezequiel 36:21-23; 39:7; 39:25

Psalm 8:1, 9; 11:9; 66:2; 86:12; 96:8; 99:3; 115:1; 138:2; 148:13

Salmos 8:1, 9; 11:9; 66:2; 86:12; 96:8; 99:3; 115:1; 138:2; 148:13

Psalm 5:11; 29:2; 30:4; 34:3; 44:8; 68:4; 72:19; 96:2;

Salmos 5:11; 29:2; 30:4; 34:3; 44:8; 68:4; 72:19; 96:2

Psalm 103:1; 145:1; 148:5

Salmos 103:1; 145:1; 148:5

Leviticus 19:12; Deuteronomy 6:13; 1 Samuel 20:23;

Levítico 19:12; Deuteronomio 6:13; 1 Samuel 20:23;

Psalm 63:11; Isaiah 65:16; Jeremiah 12:16

Salmos 63:11; Isaías 65:16; Jeremías 12:16

Psalm 102:8; 139:20; Isaiah 52:5; Jeremiah 27:15; 34:16;

Salmos 102:8; 139:20; Isaías 52:5; Jeremías 27:15; 34:16

Ezekiel 36:23; 43:8; Amos 2:7; Malachi 1:6

Ezequiel 36:23; 43:8; Amós 2:7; Malaquías 1:6

Exodus 9:16; Psalm 18:49; 66:4; 72:19; 86:9; 145:21;

Éxodo 9:16; Salmos 18:49; 66:4; 72:19; 86:9; 145:21;

Isaiah 12:4; 24:15

Isaías 12:4; 24:15

LESSON FIVE – TEST QUESTIONS

TrUE Or FaLSE

Circle T or F.

1. T F The Bible gives us many different names for God.

2. T F The name YHWH was considered the "special, sacred" name of God.

3. T F The Jewish leaders used this sacred name of God as often as possible because they believed that they would receive a specialblessing by using it.

4. T F The sacred name of God is rarely used in the book of Psalms.

5. T F Since we should use God's sacred name with awe and reverence, we should not use it in our hymns or in our prayers.

6. T F We should not quickly or casually "swear an oath" in God's name.

7. T F The book of Leviticus taught that anyone who blasphemed the name of YHWH should be put to death.

8. T F Though God wanted people to use His name with awe and reverence, there are no indications that anyone was ever put to death in Bible times for blaspheming His name.

9. T F The Heidelberg Catechism teaches that "No sin is greater, no sin makes God more angry than blaspheming His name."

10. T F The word "Hallelujah" means "Praise the Lord," so we are breaking the third commandment if we use it carelessly or thoughtlessly.

MULTIpLE ChOICE

Choose which of the three statements is correct. Circle A *or* B *or* C.

LECCIÓN CINCO – PREGUNTAS DE PRUEBA

VERDADERO O FALSO

Encierre con un círculo si es V o F.

1. V F La Biblia nos da muchos nombres diferentes para Dios.

2. V F El nombre YHWH era considerado el nombre "especial y sagrado" de Dios.

3. V F Los líderes judíos usaban este nombre sagrado de Dios tan a menudo como era posible porque creían que recibirían una bendición especial al usarlo.

4. V F El nombre sagrado de Dios raramente se utiliza en el libro de los Salmos.

5. V F Puesto que debemos usar el nombre sagrado de Dios con temor y reverencia, no debemos usarlo en nuestros himnos o en nuestras oraciones.

6. V F No debemos "jurar" rápida o casualmente en el nombre de Dios.

7. V F El libro del Levítico enseñaba que cualquiera que blasfemara el nombre de YHWH debía ser condenado a muerte.

8. V F Aunque Dios quería que la gente usara su nombre con temor y reverencia, no hay indicios de que alguien haya sido condenado a muerte en los tiempos bíblicos por blasfemar su nombre.

9. V F El Catecismo de Heidelberg enseña que "Ningún pecado es mayor, ningún pecado enfurece más a Dios que blasfemar su nombre."

10. V F La palabra "Aleluya" significa "Alabado sea el Señor", por lo que estamos quebrantando el tercer mandamiento si la utilizamos de forma descuidada o irreflexiva.

OPCIÓN MÚLTIPLE

Elija cuál de las tres afirmaciones es correcta. Encierre en un círculo A o B o C.

1. The name Yahweh (or Jehovah) means:

   A. The Mighty and Glorious One

   B. I AM   or   I Am Who I Am

   C. The LORD of GLORY

2. A. The people of Israel frequently used the holy name in their ordinary conversation.

   B. The people of Israel rarely used the holy name in their ordinary conversation.

   C. The people of Israel did not know the holy name at all.

3. A. The people of Israel frequently used a reference to God as part of the name of their children.

   B. The people of Israel were careful never use any reference to God in the names of their children.

   C. The people of Israel were severely punished if they used a referenceto God in the names of their children.

4. A. If we deliberately and consistently use God's name in a positive way, we are <u>less</u> likely to use His name in an inappropriate way.

   B. If we deliberately and consistently use God's name in a positive way, we are <u>more</u> likely to use His name in an inappropriate way.

   C. If we <u>never</u> use God's name in any way, that will be most pleasing to God.

5. A. We honor God most when we have a reputation of complete honesty and dependability so that we <u>never</u> have to use an oath to convincepeople that we are telling the truth.

   B. We honor God most when we <u>always</u> use an oath in His name to convince people that we are telling the truth.

   C. Our frequent use of God's name in an oath neither honors nor dishonors Him.

6. A. The casual use of such expressions as "God damn" may not be "polite," but most people don't

1. El nombre Yahvé (o Jehová) significa:

   A. El Poderoso y Glorioso

   B. YO SOY o YO SOY EL QUE SOY

   C. El SEÑOR de la GLORIA

2. A. El pueblo de Israel usaba frecuentemente el nombre sagrado en su conversación ordinaria.

   B. El pueblo de Israel rara vez usaba el nombre sagrado en su conversación ordinaria.

   C. El pueblo de Israel no conocía el santo nombre en absoluto.

3. A. El pueblo de Israel frecuentemente usaba una referencia a Dios como parte del nombre de sus hijos.

   C. El pueblo de Israel se cuidaba de no usar ninguna referencia a Dios en los nombres de sus hijos.

   C. El pueblo de Israel era severamente castigado si usaba una referencia a Dios en los nombres de sus hijos.

4. A. Si deliberada y consistentemente usamos el nombre de Dios de manera positiva, es <u>menos</u> probable que usemos su nombre de manera inapropiada.

   C. Si deliberada y consistentemente usamos el nombre de Dios de manera positiva, es <u>más</u> probable que usemos Su nombre de manera inapropiada.

   C. Si <u>nunca</u> usamos el nombre de Dios de ninguna manera, eso será lo más agradable para Dios.

5. A. Honramos más a Dios cuando tenemos una reputación de completa honestidad y confiabilidad, de manera que <u>nunca</u> tenemos que usar un juramento para convencer a la gente de que estamos diciendo la verdad.

   C. Honramos más a Dios cuando <u>siempre</u> usamos un juramento en Su nombre para convencer a la gente de que estamos diciendo la verdad.

   C. El uso frecuente del nombre de Dios en un juramento no lo honra ni lo deshonra.

6. A. El uso casual de expresiones como "Maldito sea" puede no ser "educado", pero la mayoría de la gente no lo toma en serio, por lo que generalmente no es una ofensa a Dios.

take it seriously, so it is usually not anoffense to God.

B. The frequent or casual use of expressions like "O my God" may not be wise, but it is not an offense to God.

C.Any careless or thoughtless use of the name of God is an offense toGod.

7. A. It's better to use God's name without thinking than not to use His name at all.

B. We should never use the name of God unless we use it thoughtfully and reverently.

C. We should not be overly concerned how we use God's name since we may become so afraid of using it wrongly that we may get to the point where we don't talk about God at all.

8. A. It is appropriate for us to talk to people about their sinful use of God'sname if they continually use God's name carelessly.

B. We should not speak to people about their sinful use of God's name, since we might be misunderstood and cause people to misuse His name even more.

C. God does not need or expect us to talk to others about the use of His name.

9. A. In Bible times people who carelessly or thoughtlessly used the nameof God or blasphemed His name were sometimes put to death.

B. Today we realize that violating the Third Commandment is much less serious than other sins.

C. God did not intend that we take this Commandment too seriously, since no one is hurt when people violate it.

10. A. The person who wrote Psalm 145 clearly overstated his enthusiasm when he wrote: "Every day I will praise you and extol your name for ever and ever."

B. El uso frecuente o casual de expresiones como "Oh, Dios mío" puede no sea prudente, pero no es una ofensa a Dios.

C. Cualquier uso descuidado o irreflexivo del nombre de Dios es una ofensa a Dios.

7. A. Es mejor usar el nombre de Dios sin pensar que no usar su nombre en absoluto.

B. Nunca debemos usar el nombre de Dios a menos que lo usemos pensada y reverentemente.

D. No debemos preocuparnos demasiado por cómo usamos el nombre de Dios ya que podemos llegar a tener tanto miedo de usarlo mal que podemos llegar al punto de no hablar de Dios en absoluto.

8. A. Es apropiado que hablemos con la gente sobre su uso pecaminoso del nombre de Dios si ellos continuamente usan el nombre de Dios sin cuidado.

B. No debemos hablar con la gente acerca de su uso pecaminoso del nombre de Dios, ya que podríamos ser malinterpretados y causar que la gente use mal Su nombre aún más.

C. Dios no necesita ni espera que hablemos con otros sobre el uso de su nombre.

9. A. En los tiempos bíblicos las personas que usaban el nombre de Dios de manera descuidada o irreflexiva, o que blasfemaban Su nombre, a veces eran condenadas a muerte.

B. Hoy en día nos damos cuenta de que violar el tercer mandamiento es mucho menos grave que otros pecados.

D. Dios no pretendía que nos tomáramos este Mandamiento demasiado en serio, ya que nadie sale perjudicado cuando la gente lo viola.

10. A. La persona que escribió el Salmo 145 claramente exageró su entusiasmo cuando escribió: "Cada día te alabaré y exaltaré tu nombre por los siglos de los siglos".

B. Alabar el nombre de Dios al hablar o cantar es bueno, pero a menudo se exagera.

B. Praising God's name in speech or song is good but it is often overdone

C. Many people, including Christians, do not honor and praise God enough.

LESSON FIVE – aDDITIONaL QUESTIONS

1. In the Bible God is referred to by many different names or titles. Write outthree passages from the Old Testament that give a different name or titlefor God.

   A.

   B.

   C.

2. A. What is the "personal name" of God?

   B. What does this name mean?

3. Why is there some uncertainty concerning the correct pronunciation ofthis name?

4. How was the familiar name "Jehovah" formed?

5. A. What part of the following names is a reference to God? Ezekiel, Daniel, Joel.

   B. What part of the following names is a reference to God? Isaiah, Jehoshaphat, Elijah.

6. Which of the following Psalms begin AND end with the word Hallelujah? Psalms 146, 147, 148, 149, 150.

7. Indicate four specific ways in which we can use God's name positively and reverently.

   A.

   B.

   C.

   D.

8. List two passages in the New Testament that indicate that we should notuse oaths in our ordinary speech.

   A.

   B.

9. Why should it normally be

C. Muchas personas, incluso los cristianos, no honran ni alaban a Dios lo suficiente.

LECCIÓN CINCO – PREGUNTAS ADICIONALES

1. En la Biblia se hace referencia a Dios con muchos nombres o títulos diferentes. Escribe tres pasajes del Antiguo Testamento que den un nombre o título diferente para Dios.

   A.

   B.

   C.

2. A. ¿Cuál es el "nombre personal" de Dios?

   B. ¿Qué significa este nombre?

3. ¿Por qué hay cierta incertidumbre en cuanto a la pronunciación correcta de este nombre?

4. ¿Cómo se formó el conocido nombre "Jehová"?

5. A. ¿Qué parte de los siguientes nombres es una referencia a Dios? Ezequiel, Daniel, Joel.

   B. ¿Qué parte de los siguientes nombres es una referencia a Dios? Isaías, Josafat, Elías.

6. ¿Cuáles de los siguientes salmos comienzan y terminan con la palabra Aleluya? Los salmos 146, 147, 148, 149, 150.

7. Indica cuatro formas específicas en las que podemos usar el nombre de Dios de manera positiva y reverentemente.

   A.

   B.

   C.

   D.

8. Enlista dos pasajes del Nuevo Testamento que indiquen que no debemos usar juramentos en nuestro discurso ordinario.

   A.

   B.

9. Normalmente, ¿por qué no debería ser necesario que utilicemos juramentos para demostrar que decimos la verdad?

10. ¿Por qué crees que Pedro "juró" que no conocía a Jesús?

unnecessary for us to use oaths to prove weare telling the truth?

10. Why do you think Peter "swore" that he did not know Jesus? (See Mark 14:66-71.)

11. A. Why is it wrong to swear an oath of allegiance to a secret club or organization?

    B. Write out two Old Testament passages which support your position.1.2.

12. A. Do you think there are any times when it is right for us to "swear anoath"?

    B. Please give the reason for your answer.

    C. List three passages in the Bible where people did express an oath of some kind without displeasing God.

        1.

        2.

        3.

13. Indicate four ways in which Christians sometimes misuse the name ofGod.

    A.

    B.

    C.

    D.

14. Indicate whether the following statements are true or false.

    If you think a statement is false, please indicate why you believe it is nottrue.

    A. If we sometimes use God's name without thinking, that is not a serious concern as long as we don't do this very often.

    B. When it becomes common to say phrases like "O my God" when we are surprised or alarmed, that is not taking God's name in vain because we don't even think about what we are saying.

    C. We should never use God's name unless we use it thoughtfully and reverently.

(Véase Marcos 14:66-71.)

11. A. ¿Por qué es incorrecto hacer un juramento de lealtad a un club u organización secreta?

    B. Escribe dos pasajes del Antiguo Testamento que apoyen tu posición. 1.2.

12. A. ¿Crees que hay momentos en los que es correcto que "juremos"?

    B. Por favor, justifica tu respuesta.

    C. Escribe tres pasajes de la Biblia en los que la gente sí expresó un juramento de algún tipo sin desagradar a Dios.

        1.

        2.

        3.

13. Indica cuatro formas en las que los cristianos a veces hacen mal uso del nombre de Dios.

    A.

    B.

    C.

    D.

14. Indica si las siguientes afirmaciones son verdaderas o falsas.

    Si crees que una afirmación es falsa, indica por qué crees que no es cierta.

    A. Si usamos el nombre de Dios sin pensar, eso no es una preocupación grave, siempre que no lo hagamos muy a menudo.

    B. Cuando se hace común decir frases como "Oh, Dios mío" cuando estamos sorprendidos o alarmados, eso no es tomar el nombre de Dios en vano porque ni siquiera pensamos en lo que estamos diciendo.

    C. Nunca debemos usar el nombre de Dios a menos que lo usemos con consideración y con reverencia.

    D. Nunca debemos tratar de "corregir" a alguien que use mal el nombre de Dios, ya que es probable que eso haga que la persona se enoje y pueda causar que use mal el nombre de

D. We should never try to "correct" someone who misuses God's name since that is likely to make the person angry and may cause him to misuse God's name all the more.

15. Would you agree or disagree with the following statement? Write Agree or Disagree.

A. "In today's world such words as "damn" and "hell" don't mean what they mean in the Bible, so it's not wrong to use them in our everydaylanguage."

B. Please give the reason for your answer.

16. A. In what way can we "violate" the Third Commandment without sayinga word?

B. Do you think God regards the "silent" violation of the Third Commandment as serious as violating the Third Commandment through speaking? Please explain your answer.

17. A. WhenGodfirstwrotetheTen Commandments,which Commandmentswere immediately followed by an explicit punishment if they were violated?

B. Why do you think these particular Commandments—and not others were followed by penalties if they were broken?

18. List three instances in the Bible where people were stoned to death because they blasphemed God or because people <u>thought</u> they blasphemed God.

A.

B.

C.

19. What does the Heidelberg Catechism (Question and Answer 100) teach about the seriousness of breaking the Third Commandment?

20. A. Write out Psalm 145:1-2.

B. Do you think it would be helpful to memorize these verses and repeat them two or three times each day?

Dios aún más.

15. ¿Estás de acuerdo o en desacuerdo con la siguiente afirmación? Escribe "de acuerdo" o "en desacuerdo".

A. "En el mundo actual, palabras como "maldito" e "demonios" no significan lo mismo que en la Biblia, por lo que no está mal usarlas en nuestro lenguaje cotidiano".

B. Por favor, justifica tu respuesta.

16. A. ¿De qué manera podemos "violar" el Tercer Mandamiento sin decir una palabra?

B. ¿Crees que Dios considera la violación "silenciosa" del Tercer Mandamiento tan grave como violar el Tercer Mandamiento hablando? Por favor, justifica tu respuesta.

17. A. Cuando Dios escribió por primera vez los Diez Mandamientos, ¿qué Mandamientos iban seguidos inmediatamente de un castigo explícito si se violaban?

B. ¿Por qué crees que estos mandamientos en particular -y no otros- iban seguidos de castigos si se violaban?

18. Enlista tres casos en la Biblia en los que la gente fue apedreada hasta la muerte porque blasfemaba a Dios o porque la gente pensaba que blasfemaba a Dios.

A.

B.

C.

19. ¿Qué enseña el Catecismo de Heidelberg (Pregunta y Respuesta 100) sobre la gravedad de quebrantar el tercer mandamiento?

20. A. Escribe el Salmo 145:1-2.

B. ¿Crees que sería útil memorizar estos versículos y repetirlos dos o tres veces al día?

Por favor, justifica tu respuesta.

Please explain your answer.

QUESTIONS FOr rEFLECTION Or DISCUSSION

1. When people get to know each other very well, they often no longer hold each other in "awe"—even if the one person is much more prominent than the other. Do you think it's possible for Christians to get to know God so well that they lose their "awe" of Him?

   If your answer is YES, how can sincere Christians recover their sense ofbeing in "awe" of God?

2. The first three Commandments begin with an emphasis on honoring Godand keeping His name holy. The Lord's Prayer begins with the phrase "Hallowed be your name." Do you think there is any special significancein that?

   Please explain your answer.

3. What practical things can we do to make sure that we do not misuse God's name in our singing, our prayers, our preaching, or our group Bible studies?

4. What do you think is the best way to respond to people who frequently misuse God's name in their ordinary conversation?

   Is your own personal example important in this regard?

5. If God is totally ignored when people speak about the origin of the universe, natural disasters, political affairs, social problems, and other significant areas of life, how can believers best let others know that theyfeel that God and the Bible are important for *every* area of life?

PREGUNTAS PARA REFLEXIONAR O DISCUTIR

1. Cuando las personas llegan a conocerse muy bien, a menudo ya no se tienen "temor", incluso si una persona es mucho más prominente que la otra. ¿Crees que es posible que los cristianos lleguen a conocer a Dios tan bien que pierdan su "temor" hacia Él?

   Si tu respuesta es SÍ, ¿cómo pueden los cristianos sinceros recuperar su sentido de estar en "temor" de Dios?

2. Los tres primeros mandamientos comienzan con un énfasis en honrar a Dios y en santificar su nombre. El Padre Nuestro comienza con la frase "Santificado sea tu nombre". ¿Crees que hay algún significado especial en ello?

   Por favor, justifica tu respuesta.

3. ¿Qué cosas prácticas podemos hacer para asegurarnos de no usar mal el nombre de Dios en nuestros cantos, nuestras oraciones, nuestra predicación o nuestros estudios bíblicos en grupo?

4. ¿Cuál crees que es la mejor manera de responder a las personas que frecuentemente usan mal el nombre de Dios en su conversación ordinaria?

   ¿Es importante tu propio ejemplo en este sentido?

5. Si se ignora totalmente a Dios cuando la gente habla sobre el origen del universo, los desastres naturales, los asuntos políticos, los problemas sociales y otras áreas significativas de la vida, ¿cuál es la mejor manera en que los creyentes pueden hacer saber a los demás que sienten que Dios y la Biblia son importantes para **cada** área de la vida?

<table>
<tr><td>

THE FOURTH COMMANDMENT
Lesson Six

Introduction

The fourth Commandment reads: *"Remember the Sabbath day, to keep it holy. Six days you shall labor, and do all your work, but the seventh day is a Sabbath to the LORD your God. On it you shall not do any work, you, or your son, or your daughter, your male servant, or your female servant, or your livestock, or the sojourner who is within your gates. For in six days the LORD made heaven and earth, the sea, and all that is in them, and rested on the seventh day. Therefore the LORD blessed the Sabbath day and made it holy"* (Exodus 20:8-11).

> God set apart one day each week for His people to rest from their daily labors and to renew their fellowship with Him. It was a special opportunity for them to reflect on their walk with the Lord. If they had received special blessings in the preceding week, they could give their special thanks to Him. If they had special needs, they would have extra time for prayer and fellowship with the Lord. If they were uncertain about some decisions they needed to make, they would have time to reflect on the promises of God. If they had been disobedient in some significant way, they could spend this day in renewing their relationship with God and in seeking ways to resist temptation in the future. The Sabbath Day was to be a day of rejoicing, renewal, blessing, and service—a special gift of God to His people in their walk with Him.

THE FOURTH COMMANDMENT AND THE DAY OF REST

The fourth Commandment is the "longest" of all the Commandments and in some ways it is also the most controversial. Some Christians believe that we should continue to observe the seventh day of the week as a day of rest, while others teach that we should observe the first day of the week as a special day. Also, some Christians believe that we are still obligated to obey many, or even most, of the restrictions and regulations given in the Old Testament concerning this day. Others believe that there are no specific laws in the Bible which guide us concerning the proper observance of the Lord's Day.

> *In this Lesson we will learn why most Christians observe Sunday rather than Saturday as a day of rest. We will also look at various biblical and historical teachings concerning the Sabbath day and the best way to observe it. After you have studied this Lesson, you might still have some questions concerning which day we should observe and how we should observe it, but you should at least have good reasons for believing what you do and for observing the day in a way that you believe is most pleasing to God.*

</td><td>

EL CUARTO MANDAMIENTO
Lección Seis

Introducción

El cuarto mandamiento dice: *"Acuérdate del día de reposo para santificarlo. Seis días trabajarás y harás todo tu trabajo, más el séptimo día es reposo para Jehová tu Dios; no hagas en él obra alguna, tú, ni tu hijo, ni tu hija, ni tu siervo, ni tu criada, ni tu bestia, ni tu extranjero que está dentro de tus puertas. Porque en seis días hizo Jehová los cielos y la tierra, el mar, y todas las cosas que en ellos hay, y reposó en el séptimo día; por tanto, Jehová bendijo el día de reposo y lo santificó."* (Éxodo 20:8-11).

> Dios separó un día cada semana para que su pueblo descansara de sus labores diarias y renovara su comunión con Él. Era una oportunidad especial para que reflexionaran sobre su camino con el Señor. Si habían recibido bendiciones especiales en la semana anterior, podían darle su agradecimiento especial a Él. Si tenían necesidades especiales, tendrían tiempo extra para la oración y la comunión con el Señor. Si estaban inseguros sobre algunas decisiones que debían tomar, tendrían tiempo para reflexionar sobre las promesas de Dios. Si habían sido desobedientes en algún aspecto importante, podían dedicar este día a renovar su relación con Dios y a buscar formas de resistir la tentación en el futuro. El día de reposo debía ser un día de regocijo, renovación, bendición y servicio, un regalo especial de Dios para su pueblo en su caminar con Él.

EL CUARTO MANDAMIENTO Y EL DÍA DE REPOSO

El cuarto mandamiento es el más "largo" de todos los mandamientos y, en cierto modo, también es el más controvertido. Algunos cristianos creen que debemos seguir observando el séptimo día de la semana como día de descanso, mientras que otros enseñan que debemos guardar el primer día de la semana como un día especial. Además, algunos cristianos creen que todavía estamos obligados a obedecer muchas, o incluso la mayoría, de las restricciones y regulaciones dadas en el Antiguo Testamento con respecto a este día. Otros creen que no hay leyes específicas en la Biblia que nos guíen en cuanto a la observancia apropiada del Día del Señor.

> *En esta lección aprenderemos por qué la mayoría de los cristianos observan el domingo en lugar del sábado como día de descanso. También veremos varias enseñanzas bíblicas e históricas sobre el día de reposo y la mejor manera de guardarlo. Después de haber estudiado esta lección, es posible que todavía tengas algunas preguntas sobre qué día debemos guardar y cómo debemos respetarlo, pero al menos deberías tener buenas razones para creer*

</td></tr>
</table>

THE ORIGIN OF THE SABBATH DAY

The Book of Genesis tells us that God created the world in six days and rested from His creative work on the seventh day (Genesis 2:2). Because God "rested" from His work on the seventh day, He established this day as a day of rest also for His creation (Exodus 20:11).

> This day was called the Sabbath Day, which means, the Day of Rest. In both Genesis 2:3 and in Exodus 20:11 we read that God *"blessed the Sabbath [or seventh] day and made it holy."* It was to be a special day, a day which would be different from all the other days of the week. And because it was "set apart" from the other days, it was considered "holy."

But God did not wait until He gave His people the Ten Commandments to teach them about the Sabbath Day. When they complained in the desert that they did not have enough food to eat, God blessed them with special food called manna. However, He provided manna only on the first six days of the week and never on the seventh day. On the sixth day He provided enough manna for two days so that the people would not have to "work" to gather manna on the Sabbath Day. He made it very clear to them that there would be no fresh supply of manna on the seventh day. If people foolishly neglected to gather extra manna on the sixth day, they would go hungry on the Sabbath (Exodus 16:21-30).

> *By providing enough food on the sixth day to last for two days, God showed His people that HE would be their Provider. He would bless them, take care of them and meet all their needs. If they trusted Him and obeyed Him, He would provide whatever they needed. However, if they failed to trust or obey Him, they would lose His blessing.*

Most of the people lost God's special blessing very soon! When God was ready to lead the people into the Promised Land, the people lost their courage and their faith (Numbers 13:26-33). They doubted what He had promised and disobeyed what He had commanded. As a result, they had to wander in the desert for nearly forty years. Most of the people died before they ever saw the land God had promised to give them (Numbers 14:26-35).

Just before the people finally entered the Promised Land, God gave them the Ten Commandments for a second time (Deuteronomy 5:1-22). The Commandments were the same as before—with one significant difference in the fourth Commandment. This time, God did not mention His work of creation as the reason for observing the Sabbath day. Rather, He emphasized their deliverance from slavery in Egypt as the reason they

---

lo que haces y para guardar el día de la manera que crees que es más agradable a Dios.

EL ORIGEN DEL DÍA DE REPOSO

El libro del Génesis nos dice que Dios creó el mundo en seis días y descansó de su obra creadora en el séptimo día (Génesis 2:2). Como Dios "descansó" de su trabajo en el séptimo día, estableció este día como un día de descanso también para su creación (Éxodo 20:11).

> Este día fue llamado el día de reposo, que significa, el día de descanso. Tanto en Génesis 2:3 como en Éxodo 20:11 leemos que Dios *"bendijo el día de reposo [o séptimo] y lo santificó"*. Iba a ser un día especial, un día que sería diferente de todos los demás días de la semana. Y porque fue "apartado" de los otros días, fue considerado "santo".

Pero Dios no esperó hasta dar a su pueblo los Diez Mandamientos para enseñarles sobre el día de reposo. Cuando se quejaron en el desierto de que no tenían suficiente comida, Dios los bendijo con un alimento especial llamado maná. Sin embargo, Él proporcionó maná sólo en los primeros seis días de la semana y nunca en el séptimo día. En el sexto día Él proveyó suficiente maná para dos días para que la gente no tuviera que "trabajar" en recoger el maná en el día de reposo. Él les dejó muy claro que no habría un nuevo suministro de maná en el séptimo día. Si la gente se descuidaba tontamente de recoger maná extra en el sexto día, pasarían hambre en el día de reposo (Éxodo 16:21-30).

> *Al proveer suficiente comida en el sexto día para durar dos días, Dios le mostró a su pueblo que ÉL sería su Proveedor. Él los bendeciría, cuidaría de ellos y satisfaría todas sus necesidades. Si confiaban en Él y le obedecían, Él les proporcionaría todo lo que necesitaran. Sin embargo, si no confiaban en Él o no le obedecían, perderían su bendición.*

La mayoría del pueblo perdió la bendición especial de Dios muy pronto. Cuando Dios estaba listo para llevar al pueblo a la Tierra Prometida, el pueblo perdió su valor y su fe (Números 13:26-33). Dudaron de lo que Él había prometido y desobedecieron lo que había ordenado. Como resultado, tuvieron que vagar por el desierto durante casi cuarenta años. La mayoría del pueblo murió antes de ver la tierra que Dios había prometido darles (Números 14:26-35).

Justo antes de que el pueblo entrara finalmente en la Tierra Prometida, Dios les dio los Diez Mandamientos por segunda vez (Deuteronomio 5:1-22). Los mandamientos eran los mismos que antes, con una diferencia significativa en el cuarto mandamiento. Esta vez, Dios no mencionó su obra de creación como la razón para guardar el día de reposo. Por el contrario, enfatizó su liberación de la esclavitud en Egipto como la razón por la que debían guardar este día (Deuteronomio

should observe this day (Deuteronomy 5:15). He also explicitly emphasized the importance of making sure that their servants would rest as well as everyone else (Deuteronomy 5:14). No one was to find "rest" at the expense of someone else's labor!

To have a special day of rest each week in the new land would be a tremendous blessing for Israel. For many years they had lived in Egypt as slaves and rarely or never enjoyed a day free from oppressive labor. The Sabbath Day was, therefore, a special gift of God to His people—a day which many people in the world did not have.

> It's not surprising, therefore, that in the Old Testament God emphasized that the Sabbath day was a special sign between Himself and His people (Exodus 31:14-17; Ezekiel 20:12 and 20:20). Every Sabbath the people were reminded that God had made a covenant with them, that He had given them promises that He had not given to anyone else, and that He would continue to provide all they needed if they would only trust and obey Him.

Because the Sabbath Day was a reminder of their special covenantal relationship with God, any failure to observe the day properly would be a grievous offense against their God. That's why anyone who violated the Sabbath day would be severely punished. Every violation was an indication that the people did not put God in first place in their lives. And every act of disobedience indicated that they did not truly love the Lord with all their heart and soul and mind and strength as He had commanded them.

THE OBSERVANCE OF THE SABBATH DAY

Throughout the Old Testament God strictly required His people to observe the seventh day as a day of rest from all unnecessary work (Isaiah 58:13- 14; Jeremiah 17:21-22; Ezekiel 44: 24). Those who refused or neglected to keep this day holy were to be put to death (Exodus 31:14-15; Exodus 35:2; Numbers 15:32-36).

> In the Old Testament, the people of Israel were clearly told how they were to observe the Sabbath Day. All ordinary work was to be set aside except for those activities that were necessary for the life or well-being of themselves or their animals. Planting, cultivating, and harvesting were strictly forbidden. No work was to be done on the Sabbath day which could be done on another day. Every effort was to be made to keep the Sabbath holy—unique, separate, and distinct from every other day of the week.

The laws concerning Sabbath observance, however, changed dramatically during the period between the Old Testament and the coming of Christ. By this time the Temple had been destroyed so the people could no longer worship at the Temple or bring their sacrifices there. One of the results of this was that the Jewish leaders placed a very special emphasis on their

5:15). También enfatizó explícitamente en la importancia de asegurarse de que sus siervos descansaran al igual que todos los demás (Deuteronomio 5:14). Nadie debía encontrar "descanso" a expensas del trabajo de otro.

Tener un día especial de descanso cada semana en la nueva tierra sería una tremenda bendición para Israel. Durante muchos años habían vivido en Egipto como esclavos y rara vez o nunca disfrutaron de un día libre de trabajo opresivo. El día de reposo era, por lo tanto, un regalo especial de Dios para su pueblo, un día que muchas personas en el mundo no tenían.

> Por lo tanto, no es sorprendente que en el Antiguo Testamento Dios enfatizara que el día de reposo era una señal especial entre Él y su pueblo (Éxodo 31:14-17; Ezequiel 20:12 y 20:20). Cada día de reposo se le recordaba al pueblo que Dios había hecho un pacto con ellos, que les había dado promesas que no le había dado a nadie más, y que seguiría proveyendo todo lo que necesitaran si sólo confiaban en Él y lo obedecían.

Debido a que el día de reposo era un recordatorio de su relación especial de pacto con Dios, cualquier falta en guardar el día correctamente sería una ofensa grave contra su Dios. Por eso cualquiera que violara el día de reposo sería castigado severamente. Cada violación era una indicación de que el pueblo no ponía a Dios en primer lugar en sus vidas. Y cada acto de desobediencia indicaba que no amaban verdaderamente al Señor con todo su corazón, alma, mente y fuerza, como Él les había ordenado.

EL RESPETO AL DÍA DE REPOSO

A lo largo del Antiguo Testamento, Dios exigió estrictamente a su pueblo que guardaran el séptimo día como día de descanso de todo trabajo innecesario (Isaías 58:13-14; Jeremías 17:21-22; Ezequiel 44:24). Los que se negaban o descuidaban el respeto de este día, eran condenados a muerte (Éxodo 31:14-15; Éxodo 35:2; Números 15:32-36).

> En el Antiguo Testamento, al pueblo de Israel se le dijo claramente cómo debía guardar el día de reposo. Todo trabajo ordinario debía dejarse de lado, excepto las actividades necesarias para la vida o el bienestar de ellos mismos o de sus animales. Estaba estrictamente prohibido plantar, cultivar y cosechar. No se debía hacer ningún trabajo en el día de reposo que pudiera hacerse en otro día. Se debía hacer todo lo posible para mantener el día santo, único, separado y distinto de cualquier otro día de la semana.

Sin embargo, las leyes relativas a guardar el día de reposo cambiaron drásticamente durante el período comprendido entre el Antiguo Testamento y la venida de Cristo. Para entonces, el Templo había sido destruido, por lo que el pueblo ya no podía adorar en el Templo ni llevar allí sus sacrificios. Uno de los resultados de esto fue que los líderes judíos pusieron un énfasis muy especial en sus Escrituras. Y, lamentablemente, también

Scriptures. And, regrettably, they also drew up many laws of their own to add to the ones the Lord had given them.

> Among those laws were many regulations regarding the proper observance of the Sabbath Day. Most of those laws were very restrictive and some were very burdensome. Detailed regulations were given governing every aspect of how the people should live on the Sabbath. And the primary emphasis seemed to be on what people should not do on that day.

By the time Jesus was born, the Jewish leaders had made the Sabbath a day of special restrictions rather than a time of special blessings. It was often difficult for the people to focus on the positive celebration of the day when they had to make sure they did not break any of the restrictive laws that governed everything they did on this day.

> Jesus carefully observed God's laws concerning the Sabbath Day just as He observed the other laws God had given His people in the Old Testament (Matthew 5:17). However, He was not bound by the "extra" laws which the Jewish rulers had instituted concerning the Sabbath Day. Rather, He sought to free the people from bondage to those laws that defeated God's purpose in establishing the Sabbath Day as a blessing for His people.

Jesus regularly went to the synagogue on the Sabbath day (Luke 4:16), but He also did works of mercy on the Sabbath which the Jewish leaders considered to be forbidden "work." He healed those who were sick or paralyzed and thus demonstrated that it was God's desire and intention that His people would do good deeds on the Sabbath (Matthew 12:9-13; Luke 13:10-17; 14:1-6; John 5:1-10; 9:13-16). He also permitted His disciples to eat from the grains in the fields even though the leaders considered this, too, to be illegitimate work (Luke 6:1-4). He taught the people that God had established the Sabbath for the benefit of mankind and that people were not made for the Sabbath (Mark 2:27).

> Jesus also boldly proclaimed that He Himself was Lord of the Sabbath, indicating that it was His understanding of the Sabbath and not theirs that represented the truth of God (Luke 6:5).

FROM THE SEVENTH DAY TO THE FIRST DAY

Throughout the Old Testament, there was never any question which day the Lord had designated as the Sabbath Day. God's own work of "six days" was followed by a day of rest, so God's people were to follow His example and rest after working six days.

> While Jesus was on earth, the people of Israel observed the seventh day of the week as the day of rest and worship. And it appears that the first Christians, especially Jewish believers, also

redactaron muchas leyes propias para añadirlas a las que el Señor les había dado.

> Entre esas leyes había muchos reglamentos relativos a la manera correcta de guardar el día de reposo. La mayoría de esas leyes eran muy restrictivas y algunas eran muy gravosas. Se dieron regulaciones detalladas que gobernaban cada aspecto de cómo el pueblo debía vivir en el día de reposo. Y el énfasis principal parecía estar en lo que la gente no debía hacer en ese día.

Para cuando nació Jesús, los líderes judíos habían convertido el día de reposo en un día de restricciones especiales en lugar de un tiempo de bendiciones especiales. A menudo era difícil para la gente centrarse en la celebración positiva del día cuando tenían que asegurarse de no romper ninguna de las leyes restrictivas que gobernaban todo lo que hacían en este día.

> Jesús guardó cuidadosamente las leyes de Dios relativas al día de reposo, al igual que guardó las demás leyes que Dios había dado a su pueblo en el Antiguo Testamento (Mateo 5:17). Sin embargo, no estaba obligado a cumplir las leyes "adicionales" que los gobernantes judíos habían instituido con respecto al día de reposo. Por el contrario, trató de liberar al pueblo de la esclavitud de esas leyes que desvirtuaban el propósito de Dios al establecer el día de reposo como una bendición para su pueblo.

Jesús regularmente iba a la sinagoga en el día de reposo (Lucas 4:16), pero también hacía obras de misericordia en el día de reposo, el cual, los líderes judíos consideraban como "trabajo" prohibido. Sanó a los que estaban enfermos o paralíticos y demostró así que era el deseo y la intención de Dios que el pueblo hiciera buenas obras en el día de reposo (Mateo 12:9-13; Lucas 13:10-17; 14:1-6; Juan 5:1-10; 9:13-16). También permitió a sus discípulos comer de los granos del campo, aunque los dirigentes consideraban que esto también era un trabajo ilegítimo (Lucas 6:1-4). Enseñó a la gente que Dios había establecido el día de reposo en beneficio de la humanidad y que las personas no estaban hechas para el día de reposo (Marcos 2:27).

> Jesús también proclamó con valentía que Él mismo era el Señor del día de reposo, indicando que era Su comprensión del día de reposo y no la de ellos la que representaba la verdad de Dios (Lucas 6:5).

DESDE EL SÉPTIMO HASTA EL PRIMER DÍA

A lo largo del Antiguo Testamento, nunca se cuestionó qué día había designado el Señor como día de reposo. El propio trabajo de Dios de "seis días" fue seguido por un día de descanso, por lo que el pueblo de Dios debía seguir su ejemplo y descansar después de trabajar seis días.

> Mientras Jesús estaba en la tierra, el pueblo de Israel observaba el séptimo día de la semana como día de descanso y adoración. Y parece que los primeros cristianos, especialmente los creyentes

continued to worship the Lord on the seventh day—at least for a while.

However, within a relatively short time after Jesus returned to heaven, it became clear to the believers that Jesus had fulfilled the law on their behalf and that they were no longer obligated to observe the ceremonial laws of the Old Testament. When the leaders of the early church met in Jerusalem, therefore, they made it very clear that Gentile believers were not obligated to observe most of the ceremonial laws that God had given to His people in the Old Testament (Acts 15:28-29).

> The leaders, led by the Holy Spirit, determined that the Gentiles should still observe some of the O.T. laws, but no mention was made either of circumcision or the Sabbath Day (Acts 15:19-21). Since both the Sabbath and circumcision were signs of the special relationship between God and the people of Israel, it was significant that the apostles did not include either one of these practices among the things Gentile believers were obligated to observe.

Later, when writing to the Christians in Colossae, Paul explicitly taught that believers no longer had to follow O.T. laws concerning circumcision (Colossians 2:11-12; see also Galatians 5:2-6). Nor were they to be judged concerning their observance of the Sabbath day (Colossians 2:9-16). The Sabbath, he wrote, was only "a shadow of things that were to come." The reality to which the Sabbath pointed is found in Christ (Colossians 2:17).

Paul also wrote to the Christians in Rome, *"One man considers one day more sacred than another; another man considers every day alike. Each one should be fully convinced in his own mind"* (Romans 14:5; see also Galatians 4:10-11). Though Paul himself continued to go to the Jewish synagogues on the Sabbath day, he did so primarily because he was able to preach Christ to the people who were gathered there on that day (Acts 13:14, 42, 44; 17:2; 18:4).

> It appears that Paul and many other believers, especially Gentiles, soon began to observe the first day of the week rather than the seventh day as a day of rest and worship.

In Acts 20:7 there is a reference to *"the first day of the week, when we were gathered together to break bread."* The breaking of bread was most probably a reference to celebrating the Lord's Supper (Holy Communion) together. On this day Paul also preached to the people. Later, when he wrote to the believers at Corinth, he urged them to set aside a sum of money *"on the first day of every week"* (1 Corinthians 16:2).

> This would seem to indicate that the first day of the week was the day when Christian believers were meeting together. And, according to Revelation 1:10, the apostle John received a special revelation from the ascended Lord on the Lord's Day, a day which

judíos, también continuaron adorando al Señor en el séptimo día, al menos por un tiempo.

Sin embargo, en un tiempo relativamente corto después de que Jesús regresara al cielo, quedó claro para los creyentes que Jesús había cumplido la ley en su nombre y que ya no estaban obligados a guardar las leyes ceremoniales del Antiguo Testamento. Por lo tanto, cuando los líderes de la iglesia primitiva se reunieron en Jerusalén, dejaron muy claro que los creyentes gentiles no estaban obligados a guardar la mayoría de las leyes ceremoniales que Dios había dado a su pueblo en el Antiguo Testamento (Hechos 15:28-29).

> Los líderes, guiados por el Espíritu Santo, determinaron que los gentiles debían seguir guardando algunas de las leyes del Antiguo Testamento, pero no se mencionó ni la circuncisión ni el día de reposo (Hechos 15:19-21). Puesto que, tanto el día de reposo como la circuncisión eran signos de la relación especial entre Dios y el pueblo de Israel, era significativo que los apóstoles no incluyeran ninguna de estas prácticas entre las cosas que los creyentes gentiles estaban obligados a guardar.

Más tarde, al escribir a los cristianos de Colosas, Pablo enseñó explícitamente que los creyentes ya no tenían que seguir las leyes del Antiguo Testamento relativas a la circuncisión (Colosenses 2:11-12; véase también Gálatas 5:2-6). Tampoco debían ser juzgados por su manera de guardar el día de reposo (Colosenses 2:9-16). El día de reposo, escribió, era sólo "una sombra de las cosas que habían de venir". La realidad a la que apuntaba el día de reposo se encuentra en Cristo (Colosenses 2:17).

Pablo también escribió a los cristianos de Roma: *"Uno hace diferencia entre día y día; otro juzga iguales todos los días. Cada uno esté plenamente convencido en su propia mente"* (Romanos 14:5; véase también Gálatas 4:10-11). Aunque el propio Pablo seguía yendo a las sinagogas judías en el día de reposo, lo hacía principalmente porque podía predicar a Cristo a las personas que se reunían allí en ese día (Hechos 13:14, 42, 44; 17:2; 18:4).

> Parece que Pablo y muchos otros creyentes, especialmente los gentiles, pronto comenzaron a guardar el primer día de la semana en lugar del séptimo como día de descanso y adoración.

En Hechos 20:7 hay una referencia a *"el primer día de la semana, cuando nos reuníamos para partir el pan"*. El partimiento del pan era probablemente una referencia a la celebración de la Cena del Señor (Santa Cena) juntos. En este día Pablo también predicaba al pueblo. Más tarde, cuando escribió a los creyentes de Corinto, les instó a apartar una suma de dinero *"el primer día de cada semana"* (1 Corintios 16:2).

> Esto parece indicar que el primer día de la semana era el día en que los creyentes cristianos se reunían. Y, según Apocalipsis 1:10, el apóstol Juan recibió una revelación especial del Señor ascendido en el Día del Señor, un día que la mayoría de los estudiosos reconocen como el primer día de la semana. De estos versículos se desprende que el primer día de la semana era cada

most scholars recognize as the first day of the week. It's apparent from these verses that the first day of the week was becoming increasingly important for the early believers as a time of worship and fellowship.

Though the New Testament never explicitly says that the divinely-appointed day of rest was changed from the seventh day of the week to the first day, there is good reason to believe that Christians increasingly recognized the special significance of the first day of the week. It was on Sunday that Jesus Christ rose from the dead. And it was His resurrection that signified that Christ had completely fulfilled the O.T. law on behalf of believers and that His victory over death introduced a new era in God's relationship to His people. The temple veil had been torn in two, and believers gained direct access to the presence of God through Christ without having to go through priestly intermediaries (Matthew 27:51; Hebrews 10:19-20).

It was also most probable that it was the first day of the week when the Holy Spirit was sent to the church on Pentecost (Acts 2:1-4).

This was the time when there were God-fearing Jews and Gentiles in Jerusalem from many different nations to worship the Lord. The coming of the Holy Spirit marked a new stage in the history of the church. Up until that time, the disciples were weak and fearful and powerless. When the Holy Spirit came upon them, they began to demonstrate the reality and significance of the completed work of Christ.

As believers increasingly realized the significance of what Christ had done for them, they understood that they entered by faith into the "spiritual rest" which Christ had won for them (Hebrews 4:1-10). That spiritual "rest" was the reality to which the O.T. Sabbath had pointed. Believers, therefore, began to celebrate the "work" of God in Christ on the first day of the week and lived the rest of the week in the power of His resurrection. For believers today, celebrating Sunday and worshiping the Lord on the first day of the week is an indication and a reminder that in Christ we have attained true spiritual "rest" and now live each day in the power of our victorious and risen Lord.

Some might object that the Bible itself never *explicitly* indicates all of this. And that is true. However, it's also true that the Holy Spirit did not always fully and completely explain other significant beliefs of the church either.

For example, the hallowed doctrine of the Trinity as we now understand it is not explicitly spelled out in the Bible, though Christians believe that this doctrine is clearly derived from New Testament teachings. Also, the Bible does not explicitly teach that the Lord's Supper (Holy Communion) has taken the place of the Passover or that baptism has taken the place of circumcision as a "sign" of the covenant relationship between God and His people (though Colossians 2:11-12 definitely points in that direction).

It probably should not be surprising, therefore, that the New Testament does not explicitly address or answer all

vez más importante para los primeros creyentes como tiempo de adoración y comunión.

Aunque el Nuevo Testamento nunca dice explícitamente que el día de descanso designado por Dios se cambiara del séptimo día de la semana al primero, hay buenas razones para creer que los cristianos reconocían cada vez más el significado especial del primer día de la semana. Fue en domingo cuando Jesucristo resucitó de entre los muertos. Y fue su resurrección la que significó que Cristo había cumplido completamente la ley del Antiguo Testamento en favor de los creyentes y que su victoria sobre la muerte introdujo una nueva era en la relación de Dios con su pueblo. El velo del templo se había rasgado en dos, y los creyentes obtuvieron acceso directo a la presencia de Dios a través de Cristo sin tener que pasar por intermediarios sacerdotales (Mateo 27:51; Hebreos 10:19-20).

También es muy probable que fuera el primer día de la semana cuando el Espíritu Santo fue enviado a la iglesia en Pentecostés (Hechos 2:1-4).

Este era el momento en que había judíos y gentiles temerosos de Dios en Jerusalén, procedentes de muchas naciones diferentes, para adorar al Señor. La venida del Espíritu Santo marcó una nueva etapa en la historia de la iglesia. Hasta ese momento, los discípulos eran débiles, temerosos e impotentes. Cuando el Espíritu Santo vino sobre ellos, comenzaron a demostrar la realidad y el significado de la obra completada de Cristo.

A medida que los creyentes se daban cuenta de la importancia de lo que Cristo había hecho por ellos, comprendieron que entraban por fe en el "descanso espiritual" que Cristo había ganado para ellos (Hebreos 4:1-10). Ese "descanso" espiritual era la realidad a la que apuntaba el día de reposo del Antiguo Testamento. Los creyentes, por lo tanto, comenzaron a celebrar la "obra" de Dios en Cristo el primer día de la semana y vivieron el resto de la semana en el poder de su resurrección. Para los creyentes de hoy, celebrar el domingo y adorar al Señor el primer día de la semana es una indicación y un recordatorio de que en Cristo hemos alcanzado el verdadero "descanso" espiritual y ahora vivimos cada día en el poder de nuestro victorioso y resucitado Señor.

Algunos podrían objetar que la propia Biblia nunca indica explícitamente todo esto. Y eso es cierto. Sin embargo, también es cierto que el Espíritu Santo tampoco explicó siempre de forma plena y completa otras creencias significativas de la iglesia.

Por ejemplo, la sagrada doctrina de la Trinidad, tal y como la entendemos ahora, no se explica explícitamente en la Biblia, aunque los cristianos creen que esta doctrina se deriva claramente de las enseñanzas del Nuevo Testamento. Además, la Biblia no enseña explícitamente que la Cena del Señor (Santa Cena) haya tomado el lugar de la Pascua o que el bautismo haya tomado el lugar de la circuncisión como "signo" de la relación de alianza entre Dios y su pueblo (aunque Colosenses 2:11-12 definitivamente apunta en esa dirección).

Por lo tanto, probablemente no debería sorprender que el Nuevo Testamento no aborde ni responda

the questions that believers have concerning the Sabbath day. As already noted above, many leaders of the early church were not at all sure which of the O.T. laws and practices were fulfilled in Christ and which ones were not (Acts 15:1-5). Even Peter acknowledged that there were some things in Paul's letters which were hard to understand (2 Peter 3:15-16). And Paul reprimanded both Barnabas and Peter because some of their actions were not fully consistent with the teachings of the Gospel (Galatians 2:11-13). Paul himself, though free from the obligations of the Old Testament law (Galatians 3:25; Romans 7:6), was willing to continue to follow some O.T. laws and customs if, by doing so, he could gain an audience with faithful Jews who had not yet accepted the message of Christ (1 Corinthians 9:19-23; Acts 21:20-24).

So, even though there are no biblical texts which explicitly teach that believers should come together to worship the Lord on the first day of the week rather than on the seventh day, there is good reason to believe that they increasingly did so on the basis of their understanding of the finished work of Christ.

All this is further confirmed by some statements made by Christian leaders in the first two centuries. For example, Ignatius, one of the best known Christian leaders in the second century wrote, "Christians have come to the possession of a new hope, no longer observing the Sabbath, but living in observance of the Lord's Day, on which also our life has sprung up again by Him and by His death." Justin Martyr, another leader who lived in the second century, also describes the church's worship "on the day called Sunday."

THEOLOGICAL REFLECTIONS ON THE SABBATH DAY

When God first established the Sabbath Day as a special day to be observed by His people, He based His command on His own "rest" after His work of creation. When His people were ready to go into the Promised Land, He indicated that they should observe the Sabbath Day because He had delivered them from slavery and bondage in Egypt (Deuteronomy 5:14- 15). This "second reason" for observing the Sabbath did not cancel out the "first reason," but it did give God's people an additional reason for observing the Sabbath Day.

In both instances, God commanded Sabbath observance on the basis of work HE had done—whether it was the work of creation in the beginning or His later "work" of delivering His people from slavery.

explícitamente a todas las preguntas que los creyentes tienen en relación con el día de reposo. Como ya se ha señalado anteriormente, muchos líderes de la iglesia primitiva no estaban del todo seguros de cuáles eran las leyes y prácticas del Antiguo Testamento que se cumplían en Cristo y cuáles no (Hechos 15:1-5). Incluso Pedro reconoció que había algunas cosas en las cartas de Pablo que eran difíciles de entender (2 Pedro 3:15-16). Y Pablo reprendió tanto a Bernabé como a Pedro porque algunas de sus acciones no eran totalmente coherentes con las enseñanzas del Evangelio (Gálatas 2:11-13). El propio Pablo, aunque estaba libre de las obligaciones de la ley del Antiguo Testamento (Gálatas 3:25; Romanos 7:6), estaba dispuesto a continuar siguiendo algunas leyes y costumbres del Antiguo Testamento si, al hacerlo, podía ganar una audiencia con judíos fieles que aún no habían aceptado el mensaje de Cristo (1 Corintios 9:19-23; Hechos 21:20-24).

Así que, aunque no hay textos bíblicos que enseñen explícitamente que los creyentes debían reunirse para adorar al Señor el primer día de la semana en lugar del séptimo, hay buenas razones para creer que cada vez lo hacían más sobre la base de su comprensión de la obra terminada de Cristo.

Todo esto queda confirmado por algunas declaraciones de los líderes cristianos de los dos primeros siglos. Por ejemplo, Ignacio, uno de los líderes cristianos más conocidos del siglo II, escribió: "Los cristianos han llegado a la posesión de una nueva esperanza, no guardando ya el día de reposo, sino viviendo en la observancia del día del Señor, en el que también nuestra vida ha resurgido por Él y por su muerte." Justino Mártir, otro líder que vivió en el siglo II, también describe el culto de la iglesia "en el día llamado domingo".

REFLEXIONES TEOLÓGICAS SOBRE EL DÍA DE REPOSO

Cuando Dios estableció por primera vez el día de reposo como un día especial que debía ser guardado por su pueblo, basó su mandato en su propio "descanso" después de su obra de creación. Cuando Su pueblo estaba listo para ir a la Tierra Prometida, Él indicó que debían guardar el Día de Reposo porque Él los había liberado de la esclavitud y la servidumbre en Egipto (Deuteronomio 5:14- 15). Esta "segunda razón" para guardar el día de reposo no anuló la "primera razón", pero sí le dio al pueblo de Dios una razón adicional para guardar el día de reposo.

En ambos casos, Dios ordenó que se guardara el día de reposo sobre la base de la obra que ÉL había hecho, ya sea la obra de la creación en el principio o su "obra" posterior de liberar a su pueblo de la esclavitud.

Dios no sólo los liberó de la esclavitud en una tierra extranjera (Éxodo 20:2; Hechos 7:34), sino que también les prometió una nueva tierra donde podrían encontrar

God not only delivered them from slavery in a foreign land (Exodus 20:2; Acts 7:34), but He also promised them a new land where they could find rest from their slave masters and be victorious over everyone who tried to lord it over them. Here they could also enjoy the wonderful material blessings of God in a land described as the "land of milk and honey" (Deuteronomy 6:3, 18-19).

However, even though their life in the earthly Promised Land would be wonderful, it would only provide temporal "rest" and imperfect rest. They would still always be subject to temptation and sin and all the trials and problems that resulted from their failures. So, even the Promised Land of Canaan was only a type of the true rest which God promised that His people would someday enjoy. (See Hebrews 4:8-9.)

> In the New Testament, believers had a much greater and more wonderful work of God to celebrate than people had in Old Testament times. That "new work" of God was His gracious work of delivering believers from the bondage and slavery of sin through His Son Jesus Christ (John 8:36; Romans 6:22-23; Galatians 5:1).

Through the work of Christ, believers were able to enjoy the blessings that came from their position as heirs of God and co-heirs with Christ (Romans 8:17; Galatians 4:7; Ephesians 1:4-14). They were given the blessed spiritual rest that Jesus promised to all those who would come to Him, put their trust in Him, and become obedient to Him (Matthew 11:28- 29). Entering into that rest would be wonderful indeed!

> But there is even more. The Bible promises that those who become children of God through faith in Jesus Christ will someday enjoy a place and a time of rest which will be far greater and more glorious than anything anyone has ever known before (John 14:2-3; 1 Corinthians 2:9-10; 2 Corinthians 4:16-18).

This promised rest will be an eternal rest, a perfect rest in which the children of God will forever enjoy the presence and blessing of their God (Revelation 21:1-4). And this time, their own works, works which God enabled them to do through the Holy Spirit (Ephesians 2:10), will "follow" them into this new land of eternal joy and peace (Revelation 14:13). This will be the final and ultimate fulfillment of Sabbath rest for the people of God. And here God will be praised perfectly and eternally by all those who have entered into HIS rest (Hebrews 4:9-10).

THE CHRISTIAN'S OBSERVANCE OF SUNDAY

In the Old Testament, God gave His people various rules and commands regarding the proper observance of the Sabbath. Jesus Himself observed these commands. He regularly worshiped in the synagogue and never

descanso de sus amos y ser victoriosos sobre todos los que trataran de enseñorearse de ellos. Aquí también podrían disfrutar de las maravillosas bendiciones materiales de Dios en una tierra descrita como "tierra de leche y miel" (Deuteronomio 6:3, 18-19).

Sin embargo, aunque su vida en la Tierra Prometida terrenal sería maravillosa, sólo les proporcionaría un "descanso" temporal e imperfecto. Siempre estarían sujetos a la tentación y al pecado, y a todas las pruebas y problemas resultantes de sus fracasos. Así que, incluso la Tierra Prometida de Canaán era sólo un tipo del verdadero descanso que Dios prometió que su pueblo disfrutaría algún día. (Véase Hebreos 4:8-9.)

> En el Nuevo Testamento, los creyentes tenían una obra de Dios mucho más grande y maravillosa que celebrar que la gente en los tiempos del Antiguo Testamento. Esa "nueva obra" de Dios era su obra de gracia de liberar a los creyentes de la esclavitud del pecado por medio de su Hijo Jesucristo (Juan 8:36; Romanos 6:22-23; Gálatas 5:1).

A través de la obra de Cristo, los creyentes pudieron disfrutar de las bendiciones que se derivan de su posición como herederos de Dios y coherederos con Cristo (Romanos 8:17; Gálatas 4:7; Efesios 1:4-14). Se les dio el bendito descanso espiritual que Jesús prometió a todos los que vinieran a Él, pusieran su confianza en Él y fueran obedientes a Él (Mateo 11:28-29). ¡Entrar en ese descanso sería realmente maravilloso!

> Pero aún hay más. La Biblia promete que aquellos que se convierten en hijos de Dios por medio de la fe en Jesucristo, algún día disfrutarán de un lugar y de un tiempo de descanso que será mucho más grande y glorioso que cualquier cosa que se haya conocido antes (Juan 14:2-3; 1 Corintios 2:9-10; 2 Corintios 4:16-18).

Este descanso prometido será un descanso eterno, un descanso perfecto en el que los hijos de Dios disfrutarán para siempre de la presencia y la bendición de su Dios (Apocalipsis 21:1-4). Y esta vez, sus propias obras, obras que Dios les permitió hacer a través del Espíritu Santo (Efesios 2:10), los "seguirán" a esta nueva tierra de gozo y paz eternos (Apocalipsis 14:13). Este será el cumplimiento final y último del descanso del día de reposo para el pueblo de Dios. Y aquí Dios será alabado perfecta y eternamente por todos aquellos que hayan entrado en SU descanso (Hebreos 4:9-10).

EL RESPETO CRISTIANO DEL DOMINGO

En el Antiguo Testamento, Dios dio a su pueblo varias reglas y mandatos sobre la manera correcta de guardar el día de reposo. Jesús mismo guardó estos mandatos. Él adoraba regularmente en la sinagoga y nunca violó el espíritu o la intención de ninguna de las leyes que Dios había dado. Sin embargo, también ayudó a sus seguidores a entender el verdadero significado y

violated the spirit or intention of any laws God had given. However, He also helped His followers understand the real meaning and purpose of the Sabbath day, and He freed them from seeing this day as a burden rather than a blessing.

But how should we observe Sunday today? Should we take the Old Testament laws concerning the seventh day of the week and apply them to the first day? Is the only difference between the Old Testament Sabbath and the New Testament Sunday a change from one day to another?

Since the Bible does not give us direct answers to those questions, Christians do not agree fully how we should celebrate and observe Sunday. However, in the light of the teachings presented above, the following suggestions provide some biblically-based guidelines as we seek to honor our Lord every Lord's Day.

1) We should honor the Lord and celebrate His resurrection victory by worshiping Him with God's people (Hebrews 10:25). Except under very unusual circumstances, our worship of the Lord on Sunday should be one of our highest priorities.

2) We should abstain from all forms of work or recreation which would hinder us from spending a significant amount of time in prayer, worshiping the Lord with His people, and reading and studying His Word.

3) We should perform special deeds of mercy and kindness for those who are in need.

4) We should give generous gifts for the work of the Lord and the promotion of His kingdom.

5) We should seek to get adequate physical rest to enable us to enter into our week-day activities with vigor and enthusiasm.

6) We should seek to learn how we can better serve the Lord each day through the power of the resurrected Christ and the Holy Spirit.

7) We should minimize all activities which would cause us to focus too much on things of this world rather than on the things of God.

8) We should do whatever we can on this day to help us overcome our personal weaknesses so that we can increasingly serve the Lord with joy and thanksgiving.

9) We should, whenever possible, find rest from our physical labors, our daily jobs, our ordinary obligations, and the pressures of daily living.

propósito del día de reposo, y los liberó de ver este día como una carga en lugar de una bendición.

Pero, ¿cómo debemos guardar el domingo hoy en día? ¿Debemos tomar las leyes del Antiguo Testamento relativas al séptimo día de la semana y aplicarlas al primer día? ¿Es la única diferencia entre el día de reposo del Antiguo Testamento y el domingo del Nuevo Testamento un cambio de un día a otro?

Dado que la Biblia no nos da respuestas directas a estas preguntas, los cristianos no están totalmente de acuerdo en cómo debemos celebrar y guardar el domingo. Sin embargo, a la luz de las enseñanzas presentadas anteriormente, las siguientes sugerencias proporcionan algunas pautas con base bíblica mientras buscamos honrar a nuestro Señor cada Día del Señor.

1) Debemos honrar al Señor y celebrar su victoria en la resurrección adorándolo con el pueblo de Dios (Hebreos 10:25). Excepto en circunstancias muy inusuales, nuestra adoración al Señor el domingo debe ser una de nuestras más altas prioridades.

2) Debemos abstenernos de toda forma de trabajo o recreación que nos impida pasar una cantidad significativa de tiempo en oración, adorando al Señor con Su pueblo, y leyendo y estudiando Su Palabra.

3) Debemos realizar obras especiales de misericordia y bondad para los necesitados.

4) Debemos dar donaciones generosas para la obra del Señor y la promoción de Su reino.

5) Debemos procurar un descanso físico adecuado que nos permita entrar en nuestras actividades de la semana con vigor y entusiasmo.

6) Debemos tratar de aprender cómo podemos servir mejor al Señor cada día a través del poder de Cristo resucitado y del Espíritu Santo.

7) Debemos reducir al mínimo todas las actividades que nos hagan centrarnos demasiado en las cosas de este mundo en lugar de en las cosas de Dios.

8) Debemos hacer todo lo posible en este día para ayudarnos a superar nuestras debilidades personales, de modo que podamos servir cada vez más al Señor con alegría y acción de gracias.

9) Siempre que sea posible, deberíamos descansar de nuestras labores físicas, de nuestros trabajos diarios, de nuestras obligaciones ordinarias y de las presiones de la vida cotidiana.

10) We should use whatever opportunities we have to share with others the good news that Jesus is able to set people free from the bondage of sin and death through His own death and resurrection.

CONCLUSION

Although we may still have some questions concerning the best way to honor and observe the fourth Commandment, it should at least be clear that God has given us one day in seven to be a day of special blessing. It is to be a day of spiritual and physical refreshment, a day of joy and delight, a day that gives us the opportunity to grow in the Lord and in our service to others in His name. Observing the Lord's Day should also help us serve and love Him better every day of the week. If our observance of the Lord's Day helps us do these things, then we will have observed the Day in a way that is truly pleasing to the Lord and a blessing to us and also to others.

10) Deberíamos aprovechar cualquier oportunidad que tengamos para compartir con los demás la buena nueva de que Jesús es capaz de liberar a las personas de la esclavitud del pecado y de la muerte mediante su propia muerte y resurrección.

CONCLUSIÓN

Aunque todavía tengamos algunas dudas sobre la mejor manera de honrar y guardar el cuarto mandamiento, al menos debe quedar claro que Dios nos ha dado un día de cada siete para que sea un día de bendición especial. Debe ser un día de renovación espiritual y físico, un día de alegría y deleite, un día que nos da la oportunidad de crecer en el Señor y en nuestro servicio a los demás en Su nombre. Guardar el Día del Señor también debería ayudarnos a servirle y amarle mejor cada día de la semana. Si guardar el Día del Señor nos ayuda a hacer estas cosas, entonces habremos guardado el Día de una manera que es realmente agradable al Señor y una bendición para nosotros y también para los demás.

LESSON SIX
DAILY BIBLE READINGS

Day 1

Day 2

Day 3

Day 4

Day 5

Day 6

Day 7

Exodus 16:23-26; 20:8-11; 31:12-17; Leviticus 19:30; Deuteronomy 5:12-15

Exodus 16:27-30; 35:1-3; Numbers 15:32-36; Isaiah 58:13-14;

Jeremiah 17:19-27

Matthew 5:17; 12:1-14; Luke 4:16; Luke 13:10-17; 14:1-6;

John 5:1-10; John 9:13-16

Acts 13:14, 42, 44; 17:2; 18:4; Romans 14:5; Galatians 4:10-11;

Colossians 2:16-17

Matthew 28:1-7; Mark 16:9; Luke 24:1-6; John 20:1, 19, 26;

Acts 2:1-4; Acts 20:7; 1 Corinthians 16:2; Revelation 1:10

Matthew 11:28-30; Hebrews 4:1-11; 8:8-10; 9:15; 10:1, 19-25

Romans 8:31-32, 38-39; 1 Corinthians 2:9-10; Revelation 14:13;

Revelation 21:1-5; 22:1-5

LECCIÓN SEIS
LECTURAS BÍBLICAS DIARIAS

Día 1

Día 2

Día 3

Día 4

Día 5

Día 6

Día 7

Éxodo 16:23-26; 20:8-11; 31:12-17; Levítico 19:30; Deuteronomio 5:12-15

Éxodo 16:27-30; 35:1-3; Números 15:32-36; Isaías 58:13-14;

Jeremías 17:19-27

Mateo 5:17; 12:1-14; Lucas 4:16; Lucas 13:10-17; 14:1-6;

Juan 5:1-10; Juan 9:13-16

Hechos 13:14, 42, 44; 17:2; 18:4; Romanos 14:5; Gálatas 4:10-11;

Colosenses 2:16-17

Mateo 28:1-7; Marcos 16:9; Lucas 24:1-6; Juan 20:1, 19, 26;

Hechos 2:1-4; Hechos 20:7; 1 Corintios 16:2; Apocalipsis 1:10

Mateo 11:28-30; Hebreos 4:1-11; 8:8-10; 9:15; 10:1, 19-25

Romanos 8:31-32, 38-39; 1 Corintios 2:9-10; Apocalipsis 14:13;

Apocalipsis 21:1-5; 22:1-5

TrUE Or FaLSE

Circle T or F.

1. T F All sincere Christians agree on the best way to observe the Fourth Commandment.

2. T F Exodus 20:11 and Deuteronomy 5:15 give different reasons for observing the Fourth Commandment.

3. T F The prescribed punishment for deliberately violating the FourthCommandment was death.

4. T F The basic meaning of the word "Sabbath" is "rest."

5. T F Violating any of God's commandments was serious, but no one inBible times was ever punished with death for breaking the fourthCommandment.

6. T F Jesus said that it was pleasing to God to do good works on theSabbath Day.

7. T F Jesus was accused of many things, but He was never accused ofbreaking the Fourth Commandment.

8. T F Jesus permitted His disciples to pluck and eat grains of wheat while walking through other people's fields on the Sabbath day.

9. T F When Jesus lived on the earth, there were more laws regardingthe Sabbath Day than there were in the time of Moses.

10. TF Jesus was very careful not to perform any miracles on theSabbath Day so that he would not offend the Jews of His day.

MULTIpLE ChOICE

Choose which of the three statements is correct. Circle A *or* B *or* C.

1. A. Long before God gave the Ten Commandments to the people of Israel, He indicated in one way or another that the seventh day wasa special day.

    B. Before God gave the Ten Commandments, there was never any indication that the seventh day was different from any other day of the week.

VERDADERO O FALSO

Encierre con un círculo si es V o F.

1. V F Todos los cristianos sinceros están de acuerdo en la mejor manera de guardar el Cuarto Mandamiento.

2. V F Éxodo 20:11 y Deuteronomio 5:15 dan diferentes razones para guardar el Cuarto Mandamiento.

3. V F El castigo prescrito por violar deliberadamente el Cuarto Mandamiento era la muerte.

4. V F El significado básico de la palabra "día de reposo" es "descanso".

5. V F Violar cualquiera de los mandamientos de Dios era grave, pero nadie en los tiempos bíblicos fue castigado con la muerte por violar el cuarto mandamiento.

6. V F Jesús dijo que era agradable a Dios hacer buenas obras en el día de reposo.

7. V F A Jesús se le acusó de muchas cosas, pero nunca se le acusó de romper el cuarto mandamiento.

8. V F Jesús permitió que sus discípulos arrancaran y comieran granos de trigo mientras caminaban por los campos de otras personas en el día de reposo.

9. V F Cuando Jesús vivió en la tierra, había más leyes con respecto al día de reposo que las que había en el tiempo de Moisés.

10. V F Jesús tuvo mucho cuidado de no realizar ningún milagro en el día de reposo para no ofender a los judíos de su época.

OPCIÓN MÚLTIPLE

Elija cuál de las tres afirmaciones es correcta. Encierre en un círculo A o B o C.

1. A. Mucho antes de que Dios diera los Diez Mandamientos al pueblo de Israel, indicó de una u otra manera que el séptimo día era un día especial.

C. While the people of Israel lived in Egypt, they likely were given one day of rest each week.

2. A. God intended the Sabbath Day to be a blessing for His people, not aburden.

B. God knew that the observance of the Sabbath Day would be a burden to His people, but He set aside the seventh day as a specialday to test their obedience.

C. Very few people of Israel observed the Sabbath Day in Old Testamenttimes.

3. A. Jesus performed many miracles while He was on earth, but He wascareful never to do the "work" of performing a miracle on the SabbathDay.

B. Jesus performed some miracles on the Sabbath day which raised strong opposition on the part of some of the Jewish leaders.

C. Jesus frequently cautioned His disciples not to do anything on the Sabbath Day that would rouse the opposition of the Jewish leaders.

4. A. The Apostle Paul never preached to the Jews in the synagogues onthe Sabbath Day since he wanted the followers of Jesus to worshipon the first day of the week.

B. Paul often preached in the synagogues on the seventh day of the week.

C. Paul never preached in the synagogues at all.

5. A. There is no indication that the early Christians ever worshiped on the first day of the week.

B. There are several New Testament passages that clearly teach that Christians should worship on the first day of the week and not on theseventh day.

C. There are some indications in the New Testament that at least someof the early Christians gathered on the first day of the week for worship.

6. Which of the following miracles did Jesus NOT do on the SabbathDay?

A. Healing a man who had been an invalid for 38 years.

B. Raising someone from the dead.

B. Antes de que Dios diera los Diez Mandamientos, nunca hubo ninguna indicación de que el séptimo día fuera diferente de cualquier otro día de la semana.

C. Mientras el pueblo de Israel vivía en Egipto, probablemente se les dio un día de descanso cada semana.

2. A. La intención de Dios era que el día de reposo fuera una bendición para su pueblo, no una carga.

B. Dios sabía que guardar el día de reposo sería una carga para su pueblo, pero apartó el séptimo día como un día especial para probar su obediencia.

C. Muy poca gente de Israel guardaba el día de reposo en los tiempos del Antiguo Testamento.

3. A. Jesús realizó muchos milagros mientras estuvo en la tierra, pero se cuidó de nunca hacer la "obra" de realizar un milagro en el día de reposo.

B. Jesús realizó algunos milagros en el día de reposo, lo cual suscitó una fuerte oposición por parte de algunos de los líderes judíos.

C. Jesús advirtió frecuentemente a sus discípulos que no hicieran nada en el día de reposo que despertara la oposición de los líderes judíos.

4. A. El apóstol Pablo nunca predicó a los judíos en las sinagogas en el día de reposo, ya que quería que los seguidores de Jesús adoraran en el primer día de la semana.

B. Pablo a menudo predicaba en las sinagogas en el séptimo día de la semana.

C. Pablo nunca predicó en las sinagogas en absoluto.

5. A. No hay ninguna indicación de que los primeros cristianos hayan adorado en el primer día de la semana.

B. Hay varios pasajes del Nuevo Testamento que enseñan claramente que los cristianos deben adorar en el primer día de la semana y no en el séptimo día.

C. Hay algunas indicaciones en el Nuevo Testamento de que al menos algunos de los primeros cristianos se reunían el primer día de la semana para adorar.

6. ¿Cuál de los siguientes milagros NO hizo Jesús en el día de reposo?

A. Curar a un hombre que había sido inválido

C. Giving sight to a blind man.

7. Which of the following statements is NOT found in the New Testament.

    A. "Do none of your ordinary work on the Sabbath Day."

    B. "The Sabbath was made for man, not man for the Sabbath."

    C. "Let no one pass judgment on you in . . . regard to . . . a Sabbath."

8. Which of the following statements was NOT made by Jesus?

    A. "It is lawful to do good on the Sabbath." Matthew 12:12

    B. "The Son of Man is Lord of the Sabbath." Matthew 12:8

    C. "It is not lawful for you to take up your bed on the Sabbath day." John5:10

9. Which of these Old Testament prophets wrote nothing about observingthe Sabbath Day?

    A. Daniel

    B. Ezekiel

    C. Jeremiah

10. Which of the following statements is NOT true?

    A. The Sabbath Day was a special gift of God to His people.

    B. The command to obey the Sabbath was given to all nations in OldTestament times.

    C. The Jewish leaders added many restrictions regarding the proper observance of the Sabbath Day.

LESSON SIX – aDDITIONaL QUESTIONS

1. What are the two major things on which Christians disagree concerningthe Fourth Commandment?

    A.

    B.

2. What are the two different reasons why God told the people of Israel notto do any work on the Sabbath Day? See Exodus 20:11 and Deuteronomy5:15.

    A.

    B.

3. Even before God gave His people the Ten

durante 38 años.

    B. Resucitar a alguien de entre los muertos.

    C. Dar la vista a un ciego.

7. ¿Cuál de las siguientes afirmaciones NO se encuentra en el Nuevo Testamento?

    A. "No hagáis ningún trabajo ordinario en el día de reposo".

    B. "El día de reposo fue hecho para el hombre, no el hombre para el día de reposo".

    C. "Que nadie os juzgue... respecto al día de reposo".

8. ¿Cuál de las siguientes afirmaciones NO fue hecha por Jesús?

    A. "Es lícito hacer el bien en el día de reposo". Mateo 12:12

    B. "El Hijo del Hombre es el Señor del día de reposo". Mateo 12:8

    C. "No te es lícito tomar tu cama en el día de reposo". Juan 5:10

9. ¿Cuál de estos profetas del Antiguo Testamento no escribió nada sobre guardar el día de reposo?

    A. Daniel

    B. Ezequiel

    C. Jeremías

10. ¿Cuál de las siguientes afirmaciones NO es cierta?

    A. El día de reposo fue un regalo especial de Dios para su pueblo.

    B. El mandato de obedecer el día de reposo fue dado a todas las naciones en los tiempos del Antiguo Testamento.

    C. Los líderes judíos agregaron muchas restricciones con respecto a la forma apropiada de guardar el día de reposo.

LECCIÓN SEIS – PREGUNTAS ADICIONALES

1. ¿Cuáles son las dos cosas principales en las que los cristianos no están de acuerdo con respecto al Cuarto Mandamiento?

    A.

    B.

2. ¿Cuáles son las dos razones diferentes por las que Dios le dijo al pueblo de Israel que no hiciera ningún trabajo en el día de reposo? Ver Éxodo 20:11 y Deuteronomio 5:15.

Commandments, how didHe make it clear to them that the seventh day of the week was to be a special day? (See Exodus 16:21-30.)

4. A. Do you believe the Sabbath was primarily a <u>blessing</u> or a <u>burden</u> forthe people of Israel?

   B. Please give the reason for your answer.

5. A. What is the basic meaning of the word "Sabbath"?

   B. Which of the people were commanded to "rest" on the Sabbathday?

6. In Genesis 2:2-3 we read that God "rested" from His work. Which of the following statements do you think best explains this statement?

   A. The work of creation required an exceptional amount of effort on God's part, so He was understandably weary and needed rest.

   B. God "ceased" from His creative work on the seventh day and in thatsense He rested.

   C. God did not really "rest" in any way at all, but simply used these words to encourage His people to rest on the seventh day of the week.

7. In what way, do you think, the Sabbath day was a "sign" between God and His people? (See Exodus 31:17; Ezekiel 20:12 and 20:20.)

   8. A. We read about the establishment of the Sabbath Day in Exodus and Deuteronomy.

   Do any of the prophets ever refer to this day as being important?

   B. Please support your answer with Scripture.

9. A. What was the prescribed penalty for deliberately violating the Sabbath Day?

   B. List two references which teach this.

   C. Was the death penalty ever actually applied to a Sabbath breaker?Support you answer with a Scripture passage.

10. Read Isaiah 58:13 and 14 and fill in the blanks. "If you turn back your footfrom the Sabbath, from doing your____________on my holy day, andcall the Sabbath a____and the holy day of the LORD honorable;if you honor it, not going __________________ , or seeking your own________, or talking ; then you shall take_________inthe Lord."

11. A. When Jesus was on earth, how did most Jews observe the Sabbathday?

A.

B.

3. Incluso antes de que Dios le diera a su pueblo los Diez Mandamientos, ¿cómo le dejó claro que el séptimo día de la semana debía ser un día especial? (Véase Éxodo 16:21-30.)

4. A. ¿Crees que el día de reposo era principalmente una bendición o una carga para el pueblo de Israel?

   B. Por favor, justifica tu respuesta.

5. A. ¿Cuál es el significado básico de la palabra "día de reposo"?

   B. ¿A qué personas se les ordenó "descansar" en el día de reposo?

6. En Génesis 2:2-3 leemos que Dios "descansó" de su trabajo. ¿Cuál de las siguientes afirmaciones crees que explica mejor esta declaración?

   A. La obra de la creación requirió una cantidad excepcional de esfuerzo por parte de Dios, por lo que es comprensible que estuviera cansado y necesitara descansar.

   B. Dios "cesó" de su trabajo creativo en el séptimo día y en ese sentido descansó.

   C. Dios realmente no "descansó" de ninguna manera, sino que simplemente usó estas palabras para animar a su pueblo a descansar en el séptimo día de la semana

7. ¿De qué manera crees que el día de reposo era una "señal" entre Dios y su pueblo? (Véase Éxodo 31:17; Ezequiel 20:12 y 20:20).

8. A. Leemos sobre el establecimiento del día de reposo en Éxodo y Deuteronomio.

   ¿Se refiere alguno de los profetas a este día como algo importante?

   B. Por favor, respalda tu respuesta con las Escrituras.

9. A. ¿Cuál era la pena prescrita por violar deliberadamente el día de reposo?

   B. Enlista dos referencias que enseñen esto.

   C. ¿Se aplicó alguna vez la pena de muerte a un infractor del día de reposo? Respalda tu respuesta con un pasaje de las Escrituras.

10. Lee Isaías 58:13 y 14 y completa los espacios en blanco. "Si retrajeres del día de reposo tu pie, de hacer tu voluntad en mi día santo, y lo llamares , glorioso de Jehová;y lo venerares, no andando ____________ _____ _________, ni buscando tu

B. Why were there more Sabbath laws in Jesus' day than in the OldTestament?

12. What did Jesus teach about the Sabbath Day in the following passages

A. Luke 6:5

B. Mark 2:27

C. Matthew 12:12

13. A. Describe briefly three miracles of healing that Jesus performed on the Sabbath day.

1.

2.

3.

B. Which word best describes the reaction of the Jewish leaders tothese miracles?

Anger   Fear   Thanksgiving   Joy   Praise

14. Write True or False in front of each of the following statements.

A. Jesus usually went to the synagogue on the Sabbath Day.

B. Jesus said that God never expected His people to refrain from work on the Sabbath.

C. Jesus permitted His disciples to pluck and eat grains of wheat while walking through other people's fields on the Sabbath.

D. Jesus said it was pleasing to God to do good works on the Sabbath.

E. Jesus said it would be acceptable for a man to rescue a son who had fallen into a pit on the Sabbath but wrong to rescue one of his animals.

15. In the Old Testament, circumcision and the Sabbath were two special signs of God's unique relationship to the people of Israel.

A. What did Paul teach about the necessity of circumcision for Gentile believers?

B. What did Paul teach about the Sabbath in Romans 14:5 and Colossians 2:16-17?

16. Write out two N.T. passages that seem to indicate that the early Christians were probably beginning to meet on the first day of the week.

A.

B.

17. A. Did the early Christians usually immediately understand everythingabout

, ni hablando; entonces te____en Jehová."

11. A. Cuando Jesús estaba en la tierra, ¿cómo guardaban la mayoría de los judíos el día de reposo?

B. ¿Por qué había más leyes sobre el día de reposo en la época de Jesús que en el Antiguo Testamento?

12. ¿Qué enseñó Jesús sobre el día de reposo en los siguientes pasajes?

A. Lucas 6:5

B. Marcos 2:27

C. Mateo 12:12

13. A. Describe brevemente tres milagros de sanación que Jesús realizó en el día de reposo.

1.

2.

3.

B. ¿Qué palabra describe mejor la reacción de los líderes judíos ante estos milagros?

Ira   Miedo   Acción de Gracias   Alegría Alabanza

14. Escribe Verdadero o Falso frente a cada una de las siguientes afirmaciones.

A. Jesús solía ir a la sinagoga en el día de reposo.

B. Jesús dijo que Dios nunca esperó que su pueblo se abstuviera de trabajar en el día de reposo.

C. Jesús permitió a sus discípulos arrancar y comer granos de trigo mientras caminaban por los campos de otras personas en el día de reposo.

D. Jesús dijo que era agradable a Dios hacer buenas obras en el día de reposo.

E. Jesús dijo que sería aceptable para un hombre rescatar a un hijo que había caído en un pozo en el día de reposo, pero que sería incorrecto rescatar a uno de sus animales.

15. En el Antiguo Testamento, la circuncisión y el día de reposo eran dos señales especiales de la relación única de Dios con el pueblo de Israel.

A. ¿Qué enseñó Pablo sobre la necesidad de la circuncisión para los creyentes gentiles?

B. ¿Qué enseñó Pablo sobre el día de reposo en Romanos 14:5 y Colosenses 2:16-17?

16. Escribe dos pasajes del Nuevo Testamento que indiquen que los primeros cristianos comenzaron a reunirse en el primer día de la semana.

the Christian faith and its relationship to the Old Testament?

B. Support your answer with specific Scripture passages.

18. Why did the Apostle Paul frequently worship with the Jews in thesynagogue on the Sabbath Day?

19. What great promise did Christ give in Matthew 11:28?

20. Hebrews 4:8-11 refers to a REST which God promises to give to His people. What is this great REST to which Christians are looking forward?

QUESTIONS FOr rEFLECTION Or DISCUSSION

1. All three of the world's great monotheistic religions (religions which emphasize that there is only one true God) have one day of the week set aside for the communal worship of God. Muslims observe Fridays as a special day, Orthodox Jews observe the Sabbath, and most Christiansobserve Sunday as a special day.

Do you think it makes any difference WHICH day is chosen?Please give the reason for your answer.

2. Do you believe that Sunday replaces the Sabbath Day as the weekly day of rest and worship? Or, do you think the observance of Sunday asa "special day" has nothing at all to do with the Fourth Commandment?

3. How would you respond to someone who says: "I have the right to do whatever I want on Sunday, since the Bible does not give us any laws orguidelines concerning this day"?

4. In some cultures, Sunday has become a day on which the majority of people do not have to work. As a result, Sunday has become a day on which people focus on buying and selling, professional sports, games and recreation, and the pursuit of personal pleasures of every kind. Howdo you look upon all of these things? Are they morally wrong? Or is it a "blessing" of the Lord that we have a special day on which we can do these things?

5. Whether or not you agree that the New Testament teaches us to observeSunday as The Lord's Day, how can we best spend this day in a way that glorifiesGod and helps us to live each day of the week in a way thatpleases and honors

A.

B.

17. A. ¿Los primeros cristianos solían entender inmediatamente todo lo relacionado con la fe cristiana y su relación con el Antiguo Testamento?

B. Respalda tu respuesta con pasajes específicos de la Escritura.

18. ¿Por qué el apóstol Pablo adoraba frecuentemente con los judíos en la sinagoga en el día de reposo?

19. ¿Cuál gran promesa dio Cristo en Mateo 11:28?

20. Hebreos 4:8-11 se refiere a un DESCANSO que Dios promete dar a su pueblo. ¿Cuál es este gran DESCANSO que los cristianos esperan?

PREGUNTAS PARA REFLEXIONAR O DISCUTIR

1. Las tres grandes religiones monoteístas del mundo (religiones que hacen hincapié en que sólo hay un Dios verdadero) tienen un día de la semana reservado para el culto comunitario a Dios. Los musulmanes guardan los viernes como un día especial, los judíos ortodoxos guardan el sábado, y la mayoría de los cristianos guardan el domingo como un día especial.

¿Crees que hay alguna diferencia en cuanto al día elegido? Por favor, justifica tu respuesta.

2. ¿Crees que el domingo sustituye al día de reposo como día semanal de descanso y culto? ¿O crees que guardar el domingo como "día especial" no tiene nada que ver con el Cuarto Mandamiento?

3. ¿Cómo responderías a alguien que dice: "Tengo derecho a hacer lo que quiera en domingo, ya que la Biblia no nos da ninguna ley o directriz respecto a este día"?

4. En algunas culturas, el domingo se ha convertido en un día en el que la mayoría de la gente no tiene que trabajar. Como resultado, se ha convertido en un día en el que la gente se concentra en la compra y venta, los deportes profesionales, los juegos y la recreación, y la búsqueda de placeres personales de todo tipo. ¿Cómo ves todas estas cosas? ¿Son moralmente malas? ¿O es una "bendición" del Señor que tengamos un día especial en el que podamos hacer estas cosas?

Him?

5. Ya sea que estés o no de acuerdo con que el Nuevo Testamento, este nos enseña a guardar el domingo como el Día del Señor, ¿cómo podemos pasar este día de una manera que glorifique a Dios y nos ayude a vivir cada día de la semana de una manera que lo complazca y lo honre?

Introduction

The first four Commandments dealt specifically with our relationship to God. These four Commandments are referred to as the First Table of the Law. The last six Commandments deal primarily with our relationship to our neighbor. These Commandments are referred to as the Second Table of the Law. The first Four Commandments can be summed up in the words, "You shall love the Lord your God with all your heart . . . soul . . . mind . . . and strength." The last six Commandments can be summed in the words, "You shall love your neighbor as yourself." (See Matthew 22:37-40.)

> This Lesson deals with the Fifth Commandment: *"Honor your father and your mother, that your days may be long in the land that the LORD your God is giving you"* (Exodus 20:12).

Our walk with God is usually affected very strongly by our relationship with our parents. God has established the home as the place where we usually first learn about love, fellowship, trust, obedience, and deep and lasting relationships.

> If our relationship to our parents is broken or stained, it will often have a very negative effect upon our relationship to our Father in heaven and may also have a very negative effect on our relationship with others.

Though the fifth commandment emphasizes the obedience of children to their parents, other passages in the Bible also emphasize the obligations that parents have to their children. No one can fully enjoy his walk with God as much as those who have the blessing of living in a home where children and parents have a mutually loving and trusting relationship according to the teachings of the Scriptures.

THE FIRST COMMANDMENT WITH A PROMISE

The second and third Commandments included a strong word of punishment upon those who failed to obey them. The Fifth Commandment includes a special blessing upon those who obey it. When Paul referred to this Commandment in his letter to the ephesians, he makes special note of the fact that this is *"the first Commandment with a promise"* (Ephesians 6:2).

> God had already indicated that He would show love to a thousand generations of those who loved Him and kept His commandments (Exodus 20:6), but this Commandment also

---

Introducción

Los primeros cuatro mandamientos trataban específicamente de nuestra relación con Dios. Estos cuatro mandamientos se conocen como la Primera Tabla de la Ley. Los últimos seis mandamientos se refieren principalmente a nuestra relación con el prójimo. Estos Mandamientos se denominan la Segunda Tabla de la Ley. Los primeros Cuatro Mandamientos pueden resumirse en las palabras: "Amarás al Señor tu Dios con todo tu corazón... alma... mente... y fuerza". Los últimos seis Mandamientos pueden resumirse en las palabras: "Amarás a tu prójimo como a ti mismo". (Véase Mateo 22:37-40.)

> Esta Lección trata del Quinto Mandamiento: *"Honra a tu padre y a tu madre, para que tus días se alarguen en la tierra que Jehová, tu Dios, te da"* (Éxodo 20:12).

Nuestro camino con Dios suele estar muy marcado por la relación con nuestros padres. Dios ha establecido el hogar como el lugar donde primeramente aprendemos sobre el amor, el compañerismo, la confianza, la obediencia y las relaciones profundas y duraderas.

> Si nuestra relación con nuestros padres está rota o manchada, a menudo tendrá un efecto muy negativo en nuestra relación con nuestro Padre en el cielo y también puede tener un efecto muy negativo en nuestra relación con los demás.

Aunque el quinto mandamiento enfatiza la obediencia de los hijos a sus padres, otros pasajes de la Biblia también enfatizan las obligaciones que los padres tienen con sus hijos. Nadie puede disfrutar tanto de su camino con Dios como aquellos que tienen la bendición de vivir en un hogar donde los hijos y los padres tienen una relación de amor y confianza mutua de acuerdo con las enseñanzas de las Escrituras.

EL PRIMER MANDAMIENTO CON UNA PROMESA

El segundo y el tercer mandamiento incluyen una fuerte palabra de castigo sobre aquellos que no los obedecen. El quinto mandamiento incluye una bendición especial para los que lo obedecen. Cuando Pablo se refirió a este Mandamiento en su carta a los efesios, hace especial mención al hecho de que éste es *"el primer Mandamiento con una promesa"* (Efesios 6:2).

> Dios ya había indicado que mostraría amor a mil generaciones de aquellos que lo amaran y guardaran sus mandamientos (Éxodo 20:6), pero este Mandamiento también incluye una promesa

includes a specific promise given directly to those who obey it. Interestingly, this is also the only Commandment that does not contain the word "no" or "not."

The promise God gave to those who would keep the Fifth Commandment was later expanded to include the words *"that your days may be long, and that it may go well with you in the land that the LORD your God is giving you"* (Deuteronomy 5:16).

WHAT DOES IT MEAN TO HONOR OUR PARENTS?

When we think of honoring someone, we usually think of bringing this person praise or recognition for something he or she has accomplished or achieved. We honor people in sports or politics who win victories. We honor students who graduate from academic institutions. We honor others who reach special goals or achieve something unusual. However, when God commanded children to "honor" their parents, He was not thinking primarily about honoring our parents in this way.

Though it certainly is appropriate to "honor" parents by giving them special recognition at times, the main focus of the fifth Commandment is on other things. According to the Bible, children honor their parents by:

1) Obeying them (Ephesians 6:1, Colossians 3:20, Luke 2:51)

2) Showing them love and respect (Leviticus 19:3; Proverbs 23:22, 1 Timothy 3:4)

3) Providing for their physical, personal, and material needs (Genesis 45:9-11; 1 Samuel 22:3-4; 1 Timothy 5:4-8)

4)

TO WHOM DOES THIS COMMANDMENT REFER?

When we first read this Commandment, it may appear that it is addressed primarily to young children who are still living at home with their parents. Paul's words in the New Testament might seem to support that. In Ephesians 6:1 he wrote, *"Children, obey your parents in the Lord, for this is right."* And in Colossians 3:20, he wrote, *"Children, obey your parents in everything, for this pleases the Lord."* when we think of the children referred to in these verses, we usually think first of all of younger children. And that is certainly appropriate. However, the Commandment is definitely not limited just to young children.

In the Book of Proverbs, for example, we repeatedly read of the instructions or guidelines which fathers gave to their children. Each of the first seven chapters is

---

específica dada directamente a aquellos que lo obedecen. Curiosamente, este es también el único Mandamiento que no contiene la palabra "no".

La promesa que Dios dio a los que guardaran el Quinto Mandamiento se amplió más tarde para incluir las palabras *"para que tus días se alarguen y te vaya bien en la tierra que Jehová, tu Dios, te da"* (Deuteronomio 5:16).

¿QUÉ SIGNIFICA HONRAR A NUESTROS PADRES?

Cuando pensamos en honrar a alguien, solemos pensar en alabar o reconocer a esa persona por algo que ha logrado o conseguido. Honramos a las personas que ganan victorias en los deportes o en la política. Honramos a los estudiantes que se gradúan en instituciones académicas. Honramos a otros que alcanzan metas especiales o logran algo inusual. Sin embargo, cuando Dios mandó a los hijos a "honrar" a sus padres, no estaba pensando principalmente en honrar a nuestros padres de esta manera.

Aunque ciertamente es apropiado "honrar" a los padres dándoles un reconocimiento especial en algunas ocasiones, el enfoque principal del quinto mandamiento está en otras cosas. Según la Biblia, los hijos honran a sus padres:

1) Obedeciéndolos (Efesios 6:1, Colosenses 3:20, Lucas 2:51)

2) Mostrándoles amor y respeto (Levítico 19:3; Proverbios 23:22, 1 Timoteo 3:4)

3) Satisfaciendo sus necesidades físicas, personales y materiales (Génesis 45:9-11; 1 Samuel 22:3-4; 1 Timoteo 5:4-8)

¿A QUIÉN SE REFIERE ESTE MANDAMIENTO?

Cuando leemos por primera vez este mandamiento, puede parecer que se dirige principalmente a los niños pequeños que todavía viven en casa con sus padres. Las palabras de Pablo en el Nuevo Testamento podrían parecer apoyar esto. En Efesios 6:1 escribió: *"Hijos, obedeced en el Señor a vuestros padres, porque esto es justo"*. Y en Colosenses 3:20, escribió: *"Hijos, obedeced a vuestros padres en todo, porque esto agrada al Señor"*. Cuando pensamos en los niños a los que se refieren estos versículos, solemos pensar en primer lugar en los más pequeños. Y eso es ciertamente apropiado. Sin embargo, el mandamiento no se limita a los niños pequeños.

En el Libro de los Proverbios, por ejemplo, leemos repetidamente sobre las instrucciones o directrices que los padres daban a sus hijos. Cada uno de los primeros

addressed to "my son" or "my sons." Further, in Proverbs 10:1 and 15:20 we read, "A wise son brings joy to his father." And in Proverbs 13:1 we read, "A wise son heeds his father's instruction."

> Most of these passages seem to refer primarily to older children who are faced with new challenges and temptations that go beyond those experienced by younger children. It was not only little children, therefore, who were expected to honor and obey their parents. Older children were expected to honor their parents, too!

Though older children who no longer live with their parents have a different relationship to their parents than younger children do, even older children should honor their parents by seriously listening to their warnings and heeding their instructions.

Parents in turn should do everything they can to make sure that their children, both younger and older, are firmly rooted in the truths of the Christian faith. They should begin their instruction as early as possible, being confident that children who learn to walk with God when they are young will usually continue to walk with Him also when they get older. As Proverbs 22:6 teaches, *"Train up a child in the way he should go; even when he is old he will not depart from it."*

> Parents should not only give their children deep "roots." They should also help them develop strong "wings." As children mature, they should be taught how to "fly" on their own, using the good judgment and biblical principles that their parents have taught them. Though both parents and children may sometimes make serious mistakes, children who have learned to depend on the Lord for wisdom and guidance will usually learn to "fly" in the right direction when they are older. And parents will rejoice when they do.

THE IMPORTANCE OF OBEDIENCE

When Paul referred to the Fifth Commandment, he emphasized the importance of obedience. In Ephesians 6:1 he wrote: "Children, obey your parents in the Lord, for this *is right*." And in Colossians 3:20, he wrote: *"Children, obey your parents in everything, for this pleases the Lord."*

> When Paul wrote that children should obey their parents "in everything," he meant that there are no "areas" in which children are not subject to the teaching and discipline of their parents. And when he wrote that children should obey their parents "in the Lord," he taught that parents represent the Lord's authority in the home and children should therefore submit to it.

Christian children, therefore, should not obey their parents simply because they "have to," but because they recognize and remember that God has placed their parents in authority over them for their good. And parents should recognize and remember that God has given them authority in the home to help their children

siete capítulos se dirige a "mi hijo" o "mis hijos". Además, en Proverbios 10:1 y 15:20 leemos: "El hijo sabio alegra a su padre". Y en Proverbios 13:1 leemos: "El hijo sabio hace caso a la instrucción de su padre".

> La mayoría de estos pasajes parecen referirse principalmente a los hijos mayores que se enfrentan a nuevos retos y tentaciones que van más allá de los que experimentan los niños pequeños. Por lo tanto, no sólo se esperaba que los niños pequeños honraran y obedecieran a sus padres. También se esperaba que los hijos mayores honraran a sus padres.

Aunque los hijos mayores que ya no viven con sus padres tienen una relación diferente con ellos que los hijos pequeños, incluso los hijos mayores deben honrar a sus padres escuchando seriamente sus advertencias y prestando atención a sus instrucciones.

Los padres, a su vez, deben hacer todo lo posible para asegurarse de que sus hijos, tanto jóvenes como mayores, estén firmemente arraigados en las verdades de la fe cristiana. Deben comenzar su instrucción tan pronto como sea posible, confiando en que los niños que aprenden a caminar con Dios cuando son jóvenes, normalmente continuarán caminando con Él también cuando sean mayores. Como enseña Proverbios 22:6, *"Instruye al niño en su camino, Y aun cuando fuere viejo no se apartará de él"*.

> Los padres no sólo deben dar a sus hijos "raíces" profundas. También deben ayudarles a desarrollar fuertes "alas". A medida que los hijos maduran, se les debe enseñar a "volar" por sí mismos, usando el buen juicio y los principios bíblicos que sus padres les han enseñado. Aunque tanto los padres como los hijos pueden cometer graves errores a veces, los hijos que han aprendido a depender del Señor para obtener sabiduría y guía generalmente aprenderán a "volar" en la dirección correcta cuando sean mayores. Y los padres se alegrarán cuando lo hagan.

LA IMPORTANCIA DE LA OBEDIENCIA

Cuando Pablo se refirió al Quinto Mandamiento, destacó la importancia de la obediencia. En Efesios 6:1 escribió: " *Hijos, obedeced en el Señor a vuestros padres, porque esto es justo"*. Y en Colosenses 3:20, escribió: *"Hijos, obedeced a vuestros padres en todo, porque esto agrada al Señor"*.

> Cuando Pablo escribió que los hijos deben obedecer a sus padres "en todo", quiso decir que no hay "áreas" en las que los hijos no estén sujetos a la enseñanza y la disciplina de sus padres. Y cuando escribió que los hijos deben obedecer a sus padres "en el Señor", enseñó que los padres representan la autoridad del Señor en el hogar y que, por lo tanto, los hijos deben someterse a ella.

Por lo tanto, los hijos cristianos no deben obedecer a sus padres simplemente porque "tienen que hacerlo", sino porque reconocen y recuerdan que Dios ha puesto a sus padres en autoridad sobre ellos para su bien. Y los padres deben reconocer y recordar que Dios les ha dado autoridad en el hogar para ayudar a sus hijos a caminar en el camino del Señor y no simplemente para ayudarlos como padres a "manejar" hijos rebeldes o difíciles.

walk in the way of the Lord and not simply to help them as parents to "manage" unruly or difficult children.

> It is significant that Paul teaches that children should honor both their *"father and mother"* (Ephesians 6:2). In some situations or cultures children may tend to obey or honor one parent more than another, but Paul indicates that both parents have the same authority and both are worthy of the same honor.

Children should, therefore, not seek to "play" one parent over against the other by seeking to get "permission" for something from one parent that the other parent has already denied. Discussion is certainly appropriate, but manipulation is not! Children should recognize that obedience is a command . . . not a choice!

OBEYING PARENTS "IN THE LORD"

When Paul writes in Ephesians 6:1 that children should obey their parents "for this is right," does this mean that children should always do whatever their parents tell them to do—no matter what? Must they obey their parents even when they sincerely believe that what their parents request or demand is clearly contrary to the will of God? Definitely not!

> Sometimes it is very easy for children or young people to know when a parent is telling them to do something that is wrong. For example, if parents tell their children to lie or steal or cheat in order to gain some material advantage, or if they tell them to bow down to an idol of some kind, the children know immediately that they should not do so. In such situations the parents are clearly not representing God or helping their children to be the kind of people God wants them to be.

So when Paul wrote that children should obey their parents "in the Lord," he makes it clear that children should obey their parents when they are exercising their authority in a way that pleases and honors the Lord.

Children will definitely not please the Lord if they do something that violates the clear teachings of Scripture—no matter who tells them to do it! Parents do have authority over their children, but their authority is not absolute. God is the final authority in a child's life. If the command of a parent is clearly in conflict with a command of God, children not only have the right to disobey but also the duty to disobey.

> However, children should be very sure that their failure to obey their parents in a given situation would truly be pleasing to the Lord. Children should not disobey their parents simply because their parents tell them to do something they do not want to do or because they tell them *not* to do something they would like to do.

There may be times when a child is told to do something that they sincerely feel is wrong or inappropriate, even though the Bible may not specifically address that particular matter. Children are then torn between what they sincerely believe is right and what their parents tell

> Es significativo que Pablo enseñe que los hijos deben honrar tanto a su *padre como a su madre* (Efesios 6:2). En algunas situaciones o culturas los hijos tienden a obedecer u honrar a un padre más que a otro, pero Pablo indica que ambos padres tienen la misma autoridad y ambos son dignos del mismo honor.

Por lo tanto, los hijos no deben tratar de "jugar" con uno de los padres en contra del otro, tratando de obtener "permiso" para algo de uno de los padres que el otro ya ha negado. La discusión es ciertamente apropiada, pero la manipulación no lo es. Los niños deben reconocer que la obediencia es un mandato... ¡no una elección!

OBEDECIENDO A LOS PADRES "EN EL SEÑOR"

Cuando Pablo escribe en Efesios 6:1 que los hijos deben obedecer a sus padres "porque esto es justo", ¿significa que los hijos deben hacer siempre lo que sus padres les digan que hagan, sin importar nada? ¿Deben obedecer a sus padres incluso cuando creen sinceramente que lo que sus padres piden o exigen es claramente contrario a la voluntad de Dios? ¡Definitivamente no!

> A veces es muy fácil para los niños o jóvenes saber cuándo un padre les está diciendo que hagan algo que está mal. Por ejemplo, si los padres les dicen a sus hijos que mientan, roben o engañen para obtener alguna ventaja material, o si les dicen que se inclinen ante algún tipo de ídolo, los hijos saben inmediatamente que no deben hacerlo. En tales situaciones los padres claramente no están representando a Dios ni ayudando a sus hijos a ser la clase de personas que Dios quiere que sean.

Así que cuando Pablo escribió que los hijos deben obedecer a sus padres "en el Señor", deja claro que los hijos deben obedecer a sus padres cuando están ejerciendo su autoridad de una manera que agrada y honra al Señor.

Los hijos definitivamente no complacerán al Señor si hacen algo que viola las claras enseñanzas de las Escrituras, ¡no importa quién les diga que lo hagan! Los padres tienen autoridad sobre sus hijos, pero su autoridad no es absoluta. Dios es la autoridad final en la vida de un niño. Si el mandato de un padre está claramente en conflicto con un mandato de Dios, los hijos no sólo tienen el derecho de desobedecer sino también el deber de desobedecer.

> Sin embargo, los hijos deben estar muy seguros de que su desobediencia a los padres en una situación determinada sería realmente agradable al Señor. Los hijos no deben desobedecer a sus padres simplemente porque sus padres les digan que hagan algo que no quieren hacer o porque les digan que no hagan algo que les gustaría hacer.

Puede haber ocasiones en las que se le diga a un hijo que haga algo que sinceramente considera incorrecto o inapropiado, aunque la Biblia no trate específicamente ese asunto. Los hijos se ven entonces divididos entre lo que creen sinceramente que es correcto y lo que sus

them to do. If they disobey their parents, they seem to be violating a clear command of the Lord. If they obey them, they feel they are doing something God doesn't want them to do. Such difficult situations may arise particularly when children are sincere believers and their parents are not. Or they may arise when the children are much more sensitive to the will of God than their parents are. When then happens, what should the children do?

> If they are not sure what they should do, they might consult with some mature Christians who can help them make the right decision. If that decision is to disobey their parents, they should do so with humility and not in a spirit of rebellion or defiance. It is only when they are very sure that they would dishonor God by obeying their parents that they have the right and the duty to disobey them. Simply being unhappy with their parents' decision or command does not by itself give them the right to disobey them!

In general, children who have sincere Christian parents will usually find that their parents truly want what is best for them and will not ask or forbid anything which they believe would be hurtful for their children or displeasing to the Lord. It may be frustrating at times for young people to find that the Christian parents of other children are more "lenient" or less strict that their own parents are, but that by itself does not give them the right to disobey them. When parents and children truly love each other and faithfully pray for one another, both parents and children will increasingly seek to promote the well-being of each other and help them to live in a way that is most honoring to their Lord.

THE IMPORTANCE OF HUMILITY AND DISCERNMENT

Most Christians would readily agree that we must obey God rather than men when there is a serious conflict between the two. However, there may well be situations when it is not totally clear that we are truly obeying God by choosing to disobey a human authority—whether those are parents or others. It's always possible that we simply do not *like* a command even though it would not be sinful or wrong to obey it. We may then seek to justify our disobedience by appealing to God's law when we really do not have any solid Scriptural grounds for our disobedience. It's always important, therefore, that we do not look for an excuse to be disobedient.

> In the early church, Peter and the other apostles were preaching about Jesus in public when they were arrested for doing so. When the Jewish authorities commanded them not to preach any longer about Jesus (Acts 4:18), the answer of Peter and John was clear and simple: *"Whether it is right in the sight of God to listen to you rather than to God, you must judge, for we cannot but speak of*

padres les dicen que hagan. Si desobedecen a sus padres, les parece que están violando un claro mandato del Señor. Si los obedecen, sienten que están haciendo algo que Dios no quiere que hagan. Estas situaciones difíciles pueden surgir especialmente cuando los hijos son creyentes sinceros y sus padres no. O pueden surgir cuando los hijos son mucho más sensibles a la voluntad de Dios que sus padres. Cuando esto ocurre, ¿qué deben hacer los hijos?

> Si no están seguros de lo que deben hacer, podrían consultar con algunos cristianos maduros que puedan ayudarles a tomar la decisión correcta. Si esa decisión es desobedecer a sus padres, deben hacerlo con humildad y no con un espíritu de rebeldía o desafío. Sólo cuando estén muy seguros de que deshonrarían a Dios obedeciendo a sus padres, tienen el derecho y el deber de desobedecerlos. El simple hecho de no estar contentos con la decisión o el mandato de sus padres no les da derecho a desobedecerlos.

En general, los niños que tienen padres cristianos sinceros suelen encontrar que sus padres realmente quieren lo mejor para ellos y no pedirán o prohibirán nada que crean que sería perjudicial para sus hijos o desagradable para el Señor. Puede ser frustrante a veces para los jóvenes encontrar que los padres cristianos de otros niños son más "indulgentes" o menos estrictos que sus propios padres, pero eso por sí mismo no les da derecho a desobedecerlos. Cuando los padres y los hijos se aman de verdad y oran fielmente los unos por los otros, tanto los padres como los hijos procurarán cada vez más promover el bienestar de los demás y ayudarles a vivir de la manera más honrosa para su Señor.

LA IMPORTANCIA DE LA HUMILDAD Y EL DISCERNIMIENTO

La mayoría de los cristianos estarían de acuerdo en que debemos obedecer a Dios antes que a los hombres cuando existe un grave conflicto entre ambos. Sin embargo, puede haber situaciones en las que no esté del todo claro que estemos obedeciendo a Dios al elegir desobedecer a una autoridad humana, ya sean los padres u otros. Siempre es posible que simplemente no nos guste un mandato, aunque no sería pecaminoso o incorrecto obedecerlo. Entonces podemos intentar justificar nuestra desobediencia apelando a la ley de Dios cuando en realidad no tenemos ninguna base bíblica sólida para nuestra desobediencia. Por lo tanto, siempre es importante que no busquemos una excusa para ser desobedientes.

> En la iglesia primitiva, Pedro y los otros apóstoles estaban predicando sobre Jesús en público cuando fueron arrestados por hacerlo. Cuando las autoridades judías les ordenaron que no predicaran más sobre Jesús (Hechos 4:18), la respuesta de Pedro y Juan fue clara y sencilla: *"Juzgad si es justo delante de Dios obedecer a vosotros antes que a Dios; porque no podemos dejar de decir lo que hemos visto y oído."* (Hechos 4:19-20). Más tarde, cuando volvieron a ser arrestados por seguir predicando sobre

what we have seen and heard" (Acts 4:19-20). Later, when they were again arrested for continuing to preach about Jesus, Peter and the other apostles said, *"We must obey God rather than men!"* (Acts 5:29).

The Bible clearly states that God requires people to obey divinely-appointed authorities, whether in church (Hebrews 13:17) or at home (Exodus 20:12; Ephesians 6:1-2) or in the state (Romans 13:1-2). However, even though these earthly authorities may represent God, they never replace Him. Ultimate allegiance and obedience must always be given to the Lord rather than to men. Whenever there is a conflict between earthly authority and divine authority, therefore, God is the one who must always be obeyed rather than men.

It's also very important that children (no matter how young or old they are) do not "dishonor" their parents by assuming some kind of "holier than thou" attitude toward them. If the children are more sensitive spiritually than their parents are, it is easy for them to think and act as if they are "superior" to their parents.

> But any spirit of pride or arrogance is completely contrary to God's will. If God has given children the grace to understand His will more clearly than their parents do, they should still recognize that God has given their parents authority over them. Unless the parents misuse or abuse that authority in a way that dishonors the Lord, the children should usually still obey them.

It is also wrong for children (of any age) to "talk back" to their parents or speak negatively about them when they talk to others about their parents. Children should always seek to maintain a respectful attitude toward their parents. They should sincerely seek to understand them and humbly try to explain to them why they feel that they [the parents] may be unfair or wrong. This is especially true when children try to explain to their parents that their Christian commitment keeps them from doing what they have been told to do.

DOING WHAT IS GOOD WHEN PARENTS OPPOSE IT

Perhaps even more difficult than deciding when NOT to do something that parents tell children to do is deciding when to do good things that parents tell them not to do. For example, young people may sincerely desire to attend worship services at a given church on Sunday or to participate in some other really good activities with other young people at church or school or at someone's home. But if the parents forbid them to participate in these good and meaningful activities, what should they do?

> The answer to that question is often very difficult. Worshiping with others is a very significant way of praising the Lord and building each other up in the Christian faith *(Hebrews 10:24-25)*. Should any believer fail to do that if he is able to do so? Under

Jesús, Pedro y los demás apóstoles dijeron: *"¡Es necesario obedecer a Dios antes que a los hombres!"* (Hechos 5:29).

La Biblia afirma claramente que Dios exige que las personas obedezcan a las autoridades designadas por Él, ya sea en la iglesia (Hebreos 13:17) o en el hogar (Éxodo 20:12; Efesios 6:1-2) o en el Estado (Romanos 13:1-2). Sin embargo, aunque estas autoridades terrenales pueden representar a Dios, nunca lo reemplazan. La lealtad y la obediencia finales deben darse siempre al Señor y no a los hombres. Por lo tanto, cuando hay un conflicto entre la autoridad terrenal y la autoridad divina, Dios es el que siempre debe ser obedecido en lugar de los hombres.

También es muy importante que los hijos (no importa lo jóvenes o mayores que sean) no "deshonren" a sus padres asumiendo algún tipo de actitud "más santa que tú" hacia ellos. Si los hijos son más sensibles espiritualmente que sus padres, es fácil que piensen y actúen como si fueran "superiores" a sus padres.

> Pero cualquier espíritu de orgullo o arrogancia es completamente contrario a la voluntad de Dios. Si Dios les ha dado a los hijos la gracia de entender Su voluntad más claramente que sus padres, aún deben reconocer que Dios les ha dado a sus padres autoridad sobre ellos. A menos que los padres hagan mal uso o abusen de esa autoridad de una manera que deshonre al Señor, los hijos normalmente deberían seguir obedeciéndoles.

También es incorrecto que los hijos (de cualquier edad) "contesten" a sus padres o hablen negativamente de ellos cuando hablan con otros sobre sus padres. Los hijos deben tratar de mantener siempre una actitud respetuosa hacia sus padres. Deben buscar sinceramente comprenderlos y tratar de explicarles con humildad por qué creen que [los padres] pueden ser injustos o estar equivocados. Esto es especialmente cierto cuando los hijos tratan de explicar a sus padres que su compromiso cristiano les impide hacer lo que les han dicho.

HACIENDO LO QUE ES CORRECTO CUANDO LOS PADRES SE OPONEN

Tal vez sea aún más difícil decidir cuándo NO hacer algo que los padres les dicen a los hijos que hagan, que decidir cuándo hacer cosas buenas que los padres les dicen que no hagan. Por ejemplo, los jóvenes pueden desear sinceramente asistir a los servicios de culto en una determinada iglesia el domingo o participar en algunas otras actividades realmente buenas con otros jóvenes en la iglesia o la escuela o en la casa de alguien. Pero si los padres les prohíben participar en esas actividades buenas y significativas, ¿qué deben hacer?

> La respuesta a esta pregunta suele ser muy difícil. Adorar con otros es una forma muy significativa de alabar al Señor y de edificarnos mutuamente en la fe cristiana *(Hebreos 10:24-25)*. ¿Debería algún creyente dejar de hacerlo si puede hacerlo? En circunstancias normales, la respuesta es claramente NO. Sin

normal circumstances, the answer is clearly NO! However, there might well be times when a child or young person will be disobeying a parent's clear command if he does so.

Some parents, for example, strongly forbid their children to go to church or Sunday School or Christian concerts or fellowship meetings. They also refuse to give their children permission to participate in other activities which are wholesome, enjoyable, and appropriate. Under such circumstances, what should the children do?

> Some children might boldly say that they must obey God rather than men—and choose to violate their parents' commands. Others might simply and quietly stay away from activities which clearly are good and helpful. Before making a decision to obey or disobey their parents in this matter, it is very important that children sincerely and humbly and prayerfully seek wisdom and guidance from the Lord.

It's also important that children seek the advice of other mature believers to help them discern God's will in that situation. It is often very difficult for a young person to discern by himself what God would have him do under the pressure of difficult circumstances. If he stays away from good Christian fellowship, he will lose something that is very precious. However, if he deliberately and persistently goes contrary to the desires and commands of his parents, he will also lose something of great value.

Sometimes a young person who finds himself in a situation like this might try to come to some kind of compromise with his parents. By demonstrating his love and concern for his parents and by recognizing their authority, he will be less likely to alienate them. And by indicating to them how important it is for him to enjoy good Christian fellowship, he will show his parents how sincere he is in seeking to become the kind of person God wants him to be. If he takes this approach, he might eventually be given permission to attend some important events while agreeing to stay away from others. This would certainly not be a perfect solution, but it might possibly lead to a better understanding on the part of the parents and to their willingness to become more gracious and helpful in the future.

> *If parents continue to oppose every effort of a young person to do what he believes is right and good in the sight of God, he may finally have to follow the road of disobedience. However, disobedience should always be a last resort and not a first option. Every act of disobedience should be done with humility and with a continuing loving concern for the parents who seem to oppose him.*

HONORING PARENTS BY SHOWING THEM LOVE AND RESPECT

Children also honor their parents not only when they obey them but also when they love and respect them. Children may not always agree with everything their

embargo, puede haber ocasiones en las que un niño o joven esté desobedeciendo el claro mandato de sus padres si lo hace.

Algunos padres, por ejemplo, prohíben tajantemente a sus hijos ir a la iglesia o a la escuela dominical o a los conciertos cristianos o a las reuniones de hermandad. También se niegan a dar permiso a sus hijos para participar en otras actividades que son sanas, agradables y apropiadas. En tales circunstancias, ¿qué deben hacer los hijos?

> Algunos hijos podrían decir audazmente que deben obedecer a Dios antes que a los hombres, y elegir violar los mandatos de sus padres. Otros podrían simplemente y en silencio mantenerse alejados de actividades que claramente son buenas y útiles. Antes de tomar la decisión de obedecer o desobedecer a sus padres en este asunto, es muy importante que los hijos busquen sinceramente y con humildad y oración la sabiduría y la guía del Señor.

También es importante que los hijos busquen el consejo de otros creyentes maduros para que les ayuden a discernir la voluntad de Dios en esa situación. A menudo es muy difícil para un joven discernir por sí mismo lo que Dios quiere que haga bajo la presión de circunstancias difíciles. Si se aleja de la buena comunión cristiana, perderá algo que es muy valioso. Sin embargo, si deliberada y persistentemente va en contra de los deseos y mandatos de sus padres, también perderá algo de gran valor.

A veces, un joven que se encuentra en una situación como ésta puede intentar llegar a algún tipo de acuerdo con sus padres. Demostrando su amor y preocupación por sus padres y reconociendo su autoridad, será menos probable que se aleje de ellos. Y al indicarles lo importante que es para él disfrutar de un buen compañerismo cristiano, mostrará a sus padres lo sincero que es en su intento de convertirse en la clase de persona que Dios quiere que sea. Si adopta este enfoque, es posible que al final le den permiso para asistir a algunos eventos importantes, pero aceptando mantenerse alejado de otros. Ciertamente, ésta no sería una solución perfecta, pero podría conducir a una mejor comprensión por parte de los padres y a su disposición a ser más amables y serviciales en el futuro.

> *Si los padres siguen oponiéndose a todo esfuerzo de un joven por hacer lo que cree que es correcto y bueno a los ojos de Dios, puede que finalmente tenga que seguir el camino de la desobediencia. Sin embargo, la desobediencia debe ser siempre el último recurso y no la primera opción. Todo acto de desobediencia debe hacerse con humildad y con una continua preocupación amorosa por los padres que parecen oponerse a él.*

HONRANDO A LOS PADRES MOSTRÁNDOLES AMOR Y RESPETO

Los hijos también honran a sus padres no sólo cuando los obedecen, sino también cuando los aman y respetan. Puede que los hijos no estén siempre de acuerdo con

parents say or do, but they should always seek to uphold their name and reputation whenever and wherever they can. They will never unnecessarily speak ill of their parents when talking to others and they will seek never to bring them sorrow, pain, or suffering through anything they say or do. They will be conscious of the impact their lives have on the "family name" and they will seek to uphold the honor of that name whenever possible. They will never compare their own parents negatively with other parents or undermine their position in the communities or organizations in which they are involved.

> Regrettably, however, there may be times when parents do things that are clearly sinful, wrong, or embarrassing. By doing so, parents forfeit the respect of their children as well as the respect of others in their community. However, even under these circumstances, children should not take part in unnecessarily defaming their parents or adding to their suffering, sorrow, or shame.

At times, children may have to acknowledge (either publicly or privately or both) some of the bad things their parents have done, but even then they should not do so in ways that would unnecessarily add to their burdens. As children get older, they may have to challenge some of the decisions their parents have made or point out things they have done wrong, but they should always do so with sincere love, Christian compassion, and genuine concern. Children may come to the point where they strongly oppose and even dislike their parents, but they should still love them with the love of Christ, seeking what is truly best for them, even though the parents may have failed them or others in many ways.

HONORING PARENTS BY HELPING TO MEET THEIR NEEDS

Children should also honor their parents by seeking to promote their health and well-being. They should help make their lives as comfortable as possible, particularly when they become weak or infirm because of age or illness.

> *Children should also provide for their parents' physical and material needs when the parents are unable to provide for themselves. If the children are not in a position to provide needed help because they do not live near their parents or because they personally lack the needed resources, they should do whatever they can to make other resources available to them.*

Children must also be careful not to seek ways of getting around their responsibilities toward their parents by falsely claiming a lack of time or resources. In New Testament times some people were deliberately withholding needed support from their parents by "dedicating" some of their funds to God when those funds could have been used to support their parents.

todo lo que dicen o hacen sus padres, pero siempre deben tratar de defender su nombre y reputación cuando y donde puedan. Nunca hablarán innecesariamente mal de sus padres cuando hablen con otros y procurarán no causarles pena, dolor o sufrimiento con cualquier cosa que digan o hagan. Serán conscientes del impacto que sus vidas tienen en el "nombre de la familia" y tratarán de mantener el honor de ese nombre siempre que sea posible. Nunca compararán negativamente a sus propios padres con otros padres ni socavarán su posición en las comunidades u organizaciones en las que participan.

> Sin embargo, lamentablemente puede haber ocasiones en las que los padres hagan cosas claramente pecaminosas, incorrectas o vergonzosas. Al hacerlo, los padres pierden el respeto de sus hijos, así como el de los demás miembros de su comunidad. Sin embargo, incluso en estas circunstancias, los hijos no deben participar en la difamación innecesaria de sus padres o en aumentar su sufrimiento, su dolor o su vergüenza.

En ocasiones, los hijos pueden tener que reconocer (en público o en privado, o en ambos casos) algunas de las cosas malas que han hecho sus padres, pero incluso en ese caso no deben hacerlo de manera que aumente innecesariamente su carga. A medida que los hijos crecen, es posible que tengan que cuestionar algunas de las decisiones que sus padres han tomado o señalar las cosas que han hecho mal, pero siempre deben hacerlo con amor sincero, compasión cristiana y preocupación genuina. Los hijos pueden llegar al punto de oponerse fuertemente a sus padres e incluso de no gustarles, pero deben seguir amándolos con el amor de Cristo, buscando lo que es verdaderamente mejor para ellos, aunque los padres les hayan fallado a ellos o a otros de muchas maneras.

HONRANDO A LOS PADRES AYUDANDO A SATISFACER SUS NECESIDADES

Los hijos también deben honrar a sus padres procurando promover su salud y bienestar. Deben ayudar a que sus vidas sean lo más cómodas posible, sobre todo cuando se debilitan o enferman a causa de la edad o la enfermedad.

> *Los hijos también deben satisfacer las necesidades físicas y materiales de sus padres cuando éstos no puedan valerse por sí mismos. Si los hijos no están en condiciones de prestar la ayuda necesaria porque no viven cerca de sus padres o porque carecen personalmente de los recursos necesarios, deben hacer todo lo posible para poner a su disposición otros recursos.*

Los hijos también deben tener cuidado de no buscar formas de eludir sus responsabilidades hacia sus padres alegando falsamente la falta de tiempo o de recursos. En los tiempos del Nuevo Testamento, algunas personas retenían deliberadamente el apoyo necesario de sus padres "dedicando" parte de sus fondos a Dios cuando esos fondos podrían haberse utilizado para mantener a sus padres. Esto no era más que un intento deliberado

This was nothing but a deliberate attempt to get around their obligations, and Jesus strongly condemned them for it (Mark 7:9-11).

Obviously, young children will usually not be able to provide for the physical or material needs of their parents. And the Lord does not expect them to do so. However, even young children should honor their parents by doing simple chores around the house or performing simple acts of kindness which help relieve some of the burdens of their parents and bring them joy and delight.

At times, there are situations in which parents are clearly not "worthy" of their children's help and support. Some parents, for example, spend their time and their resources foolishly and even sinfully. They may lose their money through gambling or spend their money on sinful habits that hurt themselves and displease the Lord. Or they may try to live at a level that far exceeds their income or their own resources. Children are certainly not obliged nor expected to help support the sinful or foolish lifestyle of their parents. Nor should they cause their own children to go without needed things so that they can provide needless things for their parents!

Children (of every age) should be discerning as well as loving, so that they show the kind of obedience, assistance and respect that is most pleasing to the Lord and most beneficial to their parents.

A BRIEF WORD FOR PARENTS

When Paul wrote that children should obey their parents in the Lord, he also added a word of admonition for the parents—especially for fathers who were usually the ones responsible for admonition, instruction and discipline. He wrote to the Ephesians,

"Fathers, do not provoke your children to anger, but bring them up in the discipline and instruction of the Lord" (Ephesians 6:4). And to the Colossians he wrote, *"Fathers, do not provoke your children, lest they become discouraged"* (Colossians 3:21).

Paul realized that parents could easily abuse or misuse the authority God had given them. If they wished to have obedient children, he knew that they would have to exercise their authority lovingly, wisely, patiently, and appropriately. If they didn't, the children would easily become discouraged or exasperated. And discouragement and exasperation could eventually lead to rebellion and to a broken relationship between parents and their children.

The authority of parents is very important, but it is not absolute. Only God's authority is absolute. If parents exercise their

de eludir sus obligaciones, y Jesús los condenó enérgicamente por ello (Marcos 7:9-11).

Obviamente, los niños pequeños no suelen ser capaces de cubrir las necesidades físicas o materiales de sus padres. Y el Señor no espera que lo hagan. Sin embargo, incluso los niños pequeños deben honrar a sus padres haciendo tareas sencillas en la casa o realizando actos sencillos de bondad que ayuden a aliviar algunas de las cargas de sus padres y les proporcionen alegría y deleite.

A veces, hay situaciones en las que los padres claramente no son "dignos" de la ayuda y el apoyo de sus hijos. Algunos padres, por ejemplo, gastan su tiempo y sus recursos de forma insensata e incluso pecaminosa. Pueden perder su dinero a través de los juegos de azar o gastar su dinero en hábitos pecaminosos que se dañan a sí mismos y desagradan al Señor. O pueden tratar de vivir a un nivel que supera con creces sus ingresos o sus propios recursos. Ciertamente, los hijos no están obligados ni se espera que ayuden a mantener el estilo de vida pecaminoso o insensato de sus padres. Tampoco deben hacer que sus propios hijos se queden sin cosas necesarias para que ellos puedan proporcionar cosas innecesarias a sus padres.

Los hijos (de todas las edades) deben tener discernimiento, así como amor, para que muestren el tipo de obediencia, asistencia y respeto que es más agradable al Señor y más beneficioso para sus padres.

UNAS BREVES PALABRAS PARA LOS PADRES

Cuando Pablo escribió que los hijos debían obedecer a sus padres en el Señor, también añadió una palabra de amonestación para los padres -especialmente para los padres que solían ser los responsables de la amonestación, la instrucción y la disciplina. Escribió a los efesios,

"Y vosotros, padres, no provoquéis a ira a vuestros hijos, sino criadlos en disciplina y amonestación del Señor" (Efesios 6:4). Y a los Colosense les escribió, *"Padres, no exasperéis a vuestros hijos, para que no se desalienten"* (Colosenses 3:21).

Pablo se dio cuenta de que los padres podían fácilmente abusar o hacer mal uso de la autoridad que Dios les había dado. Si querían tener hijos obedientes, sabía que debían ejercer su autoridad con amor, sabiduría, paciencia y de forma adecuada. Si no lo hacían, los hijos se desanimarían o exasperarían fácilmente. Y el desánimo y la exasperación podrían conducir eventualmente a la rebelión y a una relación rota entre los padres y sus hijos.

La autoridad de los padres es muy importante, pero no es absoluta. Sólo la autoridad de Dios es absoluta. Si los padres ejercen su autoridad de manera imprudente o sin ayuda o sin amor, a menudo llevarán a sus hijos a la misma desobediencia que ellos aborrecen.

authority unwisely or unhelpfully or unlovingly, they will often
drive their children into the very disobedience they abhor.

It's so important, therefore, for both children and
parents to pray for one another, so that the children will
have the blessing of parents who humbly and sincerely
help them become all that God wants them to be, and
parents will have the blessing of having children who
are joyfully and faithfully walking in the ways of the
Lord.

SUMMARY AND CONCLUSION

The Fifth Commandment, as Paul wrote, is "the first
Commandment with a promise." God did not give His
people this Commandment to make life unhappy for
children or difficult for parents. Rather, He gave them
this Commandment so that children might learn to
honor and obey their parents. If they did obey and
honor their parents, God promised that it would go well
with them in the land the Lord was giving them.
Without the guidance, instruction, and discipline of
God-fearing parents, children would quickly wander
away from the ways of God and lose His blessing. And
if parents did not exercise their God-given authority
with patience and love, they would not only frustrate
their children but they would also run the risk of driving
their children away from the path that would lead to life
and blessing.

Both parents and children, therefore, should continue to pray for
one another and humbly seek to help each other fulfill their role
in keeping the Fifth Commandment to the glory of God and to
the benefit of one another.

Por lo tanto, es muy importante que tanto los hijos como
los padres oren los unos por los otros, para que los hijos
tengan la bendición de unos padres que humilde y
sinceramente les ayuden a llegar a ser todo lo que Dios
quiere que sean, y los padres tengan la bendición de
tener hijos que caminen alegre y fielmente por los
caminos del Señor.

RESUMEN Y CONCLUSIÓN

El Quinto Mandamiento, como escribió Pablo, es "el
primer mandamiento con una promesa". Dios no dio a
su pueblo este Mandamiento para hacer la vida infeliz a
los hijos o difícil a los padres. Más bien, les dio este
Mandamiento para que los hijos aprendieran a honrar y
obedecer a sus padres. Si obedecían y honraban a sus
padres, Dios les prometía que les iría bien en la tierra
que el Señor les daba. Sin la guía, la instrucción y la
disciplina de los padres temerosos de Dios, los hijos se
alejarían rápidamente de los caminos de Dios y
perderían su bendición. Y si los padres no ejercieran la
autoridad que Dios les ha dado con paciencia y amor, no
sólo frustrarían a sus hijos, sino que correrían el riesgo
de alejarlos del camino que los llevaría a la vida y a la
bendición.

Por lo tanto, tanto los padres como los hijos deben seguir orando
los unos por los otros y procurar humildemente ayudarse
mutuamente a cumplir su papel en el cumplimiento del Quinto
Mandamiento para gloria de Dios y para beneficio de los demás.

LESSON SEVEN
DAILY BIBLE READINGS

Day 1

Day 2

Day 3

Day 4

Day 5

Day 6

Day 7

Ephesians 6:1-4; Colossians 3:20-21; Leviticus 19:3;

Proverbs 23:22; Luke 2:51; 1 Timothy 3:4

Deuteronomy 4:9-11; 6:6-7, 20-25; Proverbs 1:8-9; 3:1-2, 21-26;

Proverbs 4:1-9; 20-27; 22:6

Proverbs 10:1; 15:20; 23:24; 27:11; 29:3; Genesis 45:9-13

Proverbs 3:11-12; 13:24; 19:18; 22:15; 23:13-14; 29:15, 17;

Hebrews 12:7-11

Exodus 21:15; Leviticus 20:9; Deuteronomy 21:18-21;

Proverbs 28:24; Proverbs 30:17; Mark 7:9-13

1 Kings 15:3; 15:26; 22:51-53; 2 Kings 21:19-22;

2 Chronicles 22:3; Jeremiah 9:14

1 Samuel 2:26; 2 Kings 12:2; 2 Chronicles 26:4-5; 34:1-2;

Luke 1:80; Luke 2: 51; 2 Timothy 1:5

LECCIÓN SIETE
LECTURAS BÍBLICAS DIARIAS

Día 1

Día 2

Día 3

Día 4

Día 5

Día 6

Día 7

Efesios 6:1-4; Colosenses 3:20-21; Levítico 19:3;

Proverbios 23:22; Lucas 2:51; 1 Timoteo 3:4

Deuteronomio 4:9-11; 6:6-7, 20-25; Proverbios 1:8-9; 3:1-2, 21-26;

Proverbios 4:1-9; 20-27; 22:6

Proverbios 10:1; 15:20; 23:24; 27:11; 29:3; Génesis 45:9-13

Proverbios 3:11-12; 13:24; 19:18; 22:15; 23:13-14; 29:15, 17;

Hebreos 12:7-11

Éxodo 21:15; Levítico 20:9; Deuteronomio 21:18-21;

Proverbios 28:24; Proverbios 30:17; Marcos 7:9-13

1 Reyes 15:3; 15:26; 22:51-53; 2 Reyes 21:19-22;

2 Crónicas 22:3; Jeremías 9:14

1 Samuel 2:26; 2 Reyes 12:2; 2 Crónicas 26:4-5; 34:1-2;

Lucas 1:80; Lucas 2: 51; 2 Timoteo 1:5

LESSON SEVEN – TEST QUESTIONS

TrUE Or FaLSE

Circle T or F.

1. T F The fifth commandment is unique in that it includes a specific promise given directly to those who obey it.

2. T F In Exodus 20 children are commanded to obey both their fathersand their mothers, but in Deuteronomy 5 children are commandedto obey only their fathers.

3. T F The fifth commandment requires that children should do what their parents tell them to do without ever questioning them.

4. T F The fifth command refers specifically to younger children and does not include any obligations for children who no longer live with their parents.

5. T F When Paul referred to the Fifth Commandment in his letter to theEphesians, he added a special promise to those who obey it.

6. T F Children should obey their parents even if they tell them to do something which clearly goes contrary to some teachings in the Bible.

7. T F Parents should not only help their children to live in a way that pleases God when they are young, but they should also help them to prepare to live wisely as adults.

8. T F Children who always do what their parents tell them to do but do so with a bad attitude are not obeying the Fifth Commandment.

9. T F As children mature in their faith and understanding, they may have to challenge their parents' actions and decisions at times, but they should still continue to love them and honor them as their parents.

10. T F When children marry and establish a home of their own, the fifth Commandment no long has any relevance for them in regard to their parents.

LECCIÓN SIETE – PREGUNTAS DE PRUEBA

VERDADERO O FALSO

Encierre con un círculo si es V o F.

1. T F El quinto mandamiento es único porque incluye una promesa específica promesa dada directamente a los que lo obedecen.

2. T F En Éxodo 20 se ordena a los hijos obedecer tanto a sus padres como a sus madres, pero en Deuteronomio 5 se ordena a los hijos obedecer sólo a sus padres.

3. T F El quinto mandamiento exige que los hijos hagan lo que sus padres les digan que hagan sin cuestionarlos nunca.

4. T F El quinto mandamiento se refiere específicamente a los hijos menores y no incluye ninguna obligación para los hijos que ya no viven con sus padres.

5. T F Cuando Pablo se refirió al quinto mandamiento en su carta a los Efesios, añadió una promesa especial a los que lo obedecen.

6. T F Los hijos deben obedecer a sus padres incluso si les dicen que hagan algo que claramente va en contra de algunas enseñanzas de la Biblia.

7. T F Los padres no sólo deben ayudar a sus hijos a vivir de una manera que agrade a Dios cuando son jóvenes, sino que también deben ayudarles a prepararse para vivir sabiamente cuando sean adultos.

8. T F Los hijos que siempre hacen lo que sus padres les dicen que hagan, pero lo hacen con una mala actitud no están obedeciendo el Quinto Mandamiento.

9. T F A medida que los hijos maduran en su fe y comprensión, puede que tengan que desafiar las acciones y decisiones de sus padres a veces, pero aun así deben seguir amándolos y honrándolos como sus padres.

10. T F Cuando los hijos se casan y establecen un hogar propio, el quinto mandamiento ya no tiene relevancia para ellos en lo que respecta a sus padres.

MULTIpLE ChOICE

Choose which of the three statements is correct. Circle A *or* B *or* C.

1.   A. The Fifth Commandment is different from the other Commandmentsbecause it is not relevant when children get older.

    B. The Fifth Commandment is always relevant for both children and parents even when they get older.

    C. The Fifth Commandment is always significant for children but not always significant for parents.

2.   A. Proverbs 22:6 guarantees that children who are brought up to love and trust the Lord will always do so.

    B. Proverbs 22:6 teaches us that children who are brought up to do what is right will not quickly forget what they were taught.

    C. Proverbs 22:6 encourages parents to teach their children what is right and assures them that their children will eventually come backto the Lord if they turn away from Him for a while.

3.   A. Ephesians 6 teaches that parents have the right and authority to discipline their children in any way they consider necessary and appropriate.

    B. Fathers have to be careful not to provoke their children to anger through unnecessary and harsh discipline.

    C. Fathers always know better than their children what is best in a givensituation and they should act accordingly.

4. Read: Leviticus 20:9, Deuteronomy 21: 18-21, and Proverbs 20:20. These passages teach that:

    A. Parents in Israel were never permitted to carry out severe discipline.

    B. Parents were encouraged at times to exercise very severe discipline.

    C. Parents were taught that true love never included severe discipline.

5. Hebrews 12:7-11 teaches us that:

    A. It is appropriate, wise, and necessary for fathers to discipline theirchildren.

OPCIÓN MÚLTIPLE

Elija cuál de las tres afirmaciones es correcta. Encierre en un círculo A o B o C.

1.   A. El Quinto Mandamiento es diferente de los otros mandamientos porque no es relevante cuando los hijos crecen.

    B. El Quinto Mandamiento siempre es relevante tanto para los hijos como para los padres, incluso cuando se hacen mayores.

    C. El Quinto Mandamiento siempre es significativo para los hijos, pero no siempre es significativo para los padres.

2.   A. Proverbios 22:6 garantiza que los niños que son educados para amar y confiar en el Señor siempre lo harán.

    B. Proverbios 22:6 nos enseña que los niños que son educados para hacer lo que es correcto no olvidarán rápidamente lo que se les enseñó.

    C. Proverbios 22:6 anima a los padres a enseñar a sus hijos lo que es correcto y les asegura que sus hijos eventualmente volverán al Señor si se alejan de Él por un tiempo.

3.   A. Efesios 6 enseña que los padres tienen el derecho y la autoridad de disciplinar a sus hijos de la manera que consideren necesaria y apropiada.

    B. Los padres tienen que tener cuidado de no provocar la ira de sus hijos con una disciplina innecesaria y dura.

    C. Los padres siempre saben lo que es mejor para sus hijos en una situación determinada y deben actuar en consecuencia.

4. Lee: Levítico 20:9, Deuteronomio 21: 18-21 y Proverbios 20:20. Estos pasajes enseñan que:

    A. A los padres en Israel nunca se les permitió llevar a cabo una disciplina severa.

    B. A veces, los padres eran alentados a ejercer una disciplina severa.

    C. A los padres se les enseñaba que el verdadero amor nunca incluía la disciplina severa.

5. Hebreos 12:7-11 nos enseña que:

    A. Es apropiado, sabio y necesario que los

B. Discipline rarely accomplishes much good.

C. Discipline usually ends with negative rather than positive results.

6. Read Proverbs 10:1, 17:6, 23:24, 27:11. These passages teach that:

A. Obedient and loving children bring joy and blessing to their parents.

B. Children should obey and honor their parents even if the parentsdon't appreciate it.

C. Most parents want <u>love</u> from their children more than <u>obedience</u>.

7. Read Proverbs 17:21, 17:25, 19:26. These passages teach that:

A. Foolish and disobedient children hurt only themselves.

B. Foolish and disobedient children hurt their parents.

C. Foolish and disobedient children are a poor example for their siblings.

8. When parents get old and are no longer able to provide for their ownneeds:

A. Children should treat them in the same way the parents had treatedthem. If the parents had been unkind and unloving, the children should treat them the same way in order to help them see their failures and repent and find forgiveness while they still have the opportunity to do so.

B. Children should humbly and patiently help to meet the needs of theirparents no matter how the parents had treated them when they wereyoung.

C. Children should provide enough for their parents to carry on if they are able to do so, but they have no obligation to do more than that.

9. When parents and younger teen-aged children have very different ideasas to what is right and good and what isn't:

A. The children should continue to obey their parents as long as they are living in their parents' home.

B. The children should do what <u>they</u> believe is right since they are accountable to God and not to their parents for the choices they make.

C. The parents should make concessions from time to time eventhough they sincerely believe their children are going in the wrong direction.

10.   A. It can sometimes be wise for young adults to

padres disciplinen a sus hijos.

B. La disciplina rara vez logra mucho bien.

C. La disciplina suele terminar con resultados negativos en lugar de positivos.

6. Lee Proverbios 10:1, 17:6, 23:24, 27:11. Estos pasajes enseñan que:

A. Los hijos obedientes y amorosos traen alegría y bendición a sus padres.

B. Los hijos deben obedecer y honrar a sus padres, aunque éstos no lo aprecien.

C. La mayoría de los padres quieren el <u>amor</u> de sus hijos más que la <u>obediencia</u>.

7. Lee Proverbios 17:21, 17:25, 19:26. Estos pasajes enseñan que:

A. Los hijos necios y desobedientes sólo se dañan a sí mismos.

B. Los hijos necios y desobedientes dañan a sus padres.

C. Los hijos necios y desobedientes son un mal ejemplo para sus hermanos.

8. Cuando los padres envejecen y ya no son capaces de satisfacer sus propias necesidades:

A. Los hijos deben tratarlos de la misma manera que los padres los habían tratado. Si los padres han sido poco amables y poco cariñosos, los hijos deben tratarlos de la misma manera para ayudarlos a ver sus fallas y a arrepentirse y encontrar el perdón mientras todavía tienen la oportunidad de hacerlo.

B. Los hijos deben ayudar humilde y pacientemente a satisfacer las necesidades de sus padres, sin importar cómo los hayan tratado cuando eran jóvenes.

C. Los hijos deben proveer lo suficiente para que sus padres sigan adelante si son capaces de hacerlo, pero no tienen la obligación de hacer más que eso.

9. Cuando los padres y los hijos adolescentes tienen ideas muy diferentes sobre lo que es correcto y bueno y lo que no lo es:

A. Los hijos deben seguir obedeciendo a sus padres mientras vivan en su casa.

B. Los hijos deben hacer lo que creen que es correcto ya que son responsables ante Dios y no ante sus padres por las decisiones que toman.

consult with an older adult Christian when they disagree with their parents about certain things.

B. It is foolish and unproductive to get a third party involved in family disputes since the "third party" will almost certainly leave at least oneof the sides very displeased.

C. It is neither necessary nor desirable for a young person to go "outsidethe family" for help, since the Bible gives them all the answers they need.

LESSON SEVEN – aDDITIONaL QUESTIONS

1. A. What is meant by "The First Table of the Law"?

   B. What is meant by "The Second Table of the Law"?

2. How does the wording of the Fifth Commandment differ in Deuteronomy 5:16 from the wording in Exodus 20:12?

3 What are two ways in which the Fifth Commandment is different from theother nine Commandments?

   A.

   B.

4. According to the Lesson notes, what are three distinct ways in which children can (should) honor their parents? Give at least one Scripture passage to support each one.

   A.

   B.

   C.

5. A. Would you AGREE or DISAGREE with the following statement? "The Fifth Commandment is addressed only to young children and has little significance for those who are considered by most people to be "young adults."

   B. Please give the reason for your answer, providing Biblical support foryour position.

6. A. What did Paul write in Colossians 3:20?

   B. Does this mean that children should NEVER disobey their parents?

   C. Please explain your answer.

7. A. What do you think is meant by the

C. Los padres deben hacer concesiones de vez en cuando, aunque crean sinceramente que sus hijos van en la dirección equivocada.

10. A. A veces puede ser sabio que los jóvenes adultos consulten con un adulto mayor cristiano cuando no están de acuerdo con sus padres sobre ciertas cosas.

    B. Es insensato e improductivo involucrar a un tercero en las disputas familiares ya que el "tercero" casi seguramente dejará por lo menos a una de las partes muy disgustada.

    C. No es necesario ni deseable que un joven vaya "fuera de la familia" en busca de ayuda, ya que la Biblia le da todas las respuestas que necesita.

LECCIÓN SIETE – PREGUNTAS ADICIONALES

1. A. ¿Qué se entiende por "la primera tabla de la ley"?

   B.¿Qué se entiende por "la segunda tabla de la ley"?

2. ¿En qué difiere la redacción del quinto mandamiento en Deuteronomio 5:16 de la redacción de Éxodo 20:12?

3 ¿Cuáles son dos formas en las que el Quinto Mandamiento es diferente de los otros nueve mandamientos?

   A.

   B.

4. Según las notas de la lección, ¿cuáles son las tres formas distintas en que los hijos pueden (deben) honrar a sus padres? Da por lo menos un pasaje de las Escrituras para respaldar cada una.

   A.

   B.

   C.

5. A. ¿Estás de acuerdo o en desacuerdo con la siguiente afirmación?

   "El Quinto Mandamiento se dirige sólo a los hijos pequeños y tiene poca importancia para los que son considerados por la mayoría de la gente como "jóvenes adultos".

   B. Por favor, justifica tu respuesta, proporcionando respaldo bíblico para tu posición.

6. A. ¿Qué escribió Pablo en Colosenses 3:20?

following statement? "Parentsshould help their children develop deep roots and strong wings."

B. Do you agree with this statement? Please give the reason for your answer.

8. A. What does Proverbs 22:6 teach us?

B. Do you think EVERY child who is brought up in the ways of the Lordwill continue to follow that way during his entire lifetime?

C. Please give the reason for your answer.

9. A. Do you think parents have a better understanding of what is best fortheir children than the children themselves do? Please choose ONEof the following words as your response: ALWAYS USUALLY OFTEN or RARELY.

B. Please give the reason for your answer.

10. A. What does Hebrews 12:9 teach about *parental* discipline?

B. What does Hebrews 12:11 teach about the *benefit* of discipline?

C. Would you agree that discipline is always beneficial?

D. Please explain your answer.

11. A. Should children ALWAYS do what their parents tell them to do?

B. Please explain your answer.

12. A. What do the following passages tell us about the importance andnecessity of obeying divinely-established authority?

1. Hebrews 13:17

2. Ephesians 6:1

3. Romans 13:1-2

B. Did the disciples do the right thing when they disobeyed theauthorities in Acts 4 and Acts 5? Please explain your answer.

13. A. Do you think it is easy for children to know when to obey their parentsand when not to obey them? Choose one of the following words as your answer: ALWAYS USUALLY RARELY or NEVER.

B. Please give the reason for your answer.

14. The Fifth Commandment is the first of the Commandments with a promise. However, the Bible also indicates that there are severe penalties

B. ¿Significa esto que los hijos NUNCA deben desobedecer a sus padres?

C. Por favor, justifica tu respuesta.

7. A. ¿Qué crees que significa la siguiente afirmación? "Los padres deben ayudar a sus hijos a desarrollar raíces profundas y alas fuertes".

B. ¿Estás de acuerdo con esta afirmación? Por favor, justifica tu respuesta.

8. A. ¿Qué nos enseña Proverbios 22:6?

B. ¿Crees que TODOS los hijos que son educados en los caminos del Señor continuarán siguiendo ese camino durante toda su vida?

C. Por favor, justifica tu respuesta.

9. A. ¿Crees que los padres tienen una mejor comprensión de lo que es mejor para sus hijos que los propios hijos? Por favor, elije UNA de las siguientes palabras como respuesta: SIEMPRE, USUALMENTE o RARAMENTE.

B. Por favor, justifica tu respuesta.

10. A. ¿Qué enseña Hebreos 12:9 sobre la disciplina de los *padres*?

B. ¿Qué enseña Hebreos 12:11 sobre el *beneficio* de la disciplina?

C. ¿Estás de acuerdo en que la disciplina siempre es beneficiosa?

D. Por favor, justifica tu respuesta

11. A. ¿Los hijos deben hacer SIEMPRE lo que les dicen sus padres?

B. Por favor, justifica tu respuesta

12. A. ¿Qué nos dicen los siguientes pasajes sobre la importancia y la necesidad de obedecer a la autoridad establecida por Dios?

1. Hebreos 13:17

2. Efesios 6:1

3. Romanos 13:1-2

B. ¿Los discípulos hicieron lo correcto cuando desobedecieron a las autoridades en Hechos 4 y 5?Por favor, justifica tu respuesta

13. A. ¿Crees que es fácil para los hijos saber cuándo deben obedecer a sus padres y cuándo no? Elije una de las siguientes palabras como respuesta: SIEMPRE, RARAMENTE o NUNCA.

for those who fail to honor their parents in the way the Bible requires. What do the following passages teach about this?

A. Leviticus 20:9

B. Deuteronomy 21:18-21

C. Proverbs 20:20

15. God promises a special blessing to children who obey their parents. However, the Bible also indicates that parents are blessed when their children love, obey, and respect them. What do the following passages teach about this?

A. Proverbs 10:1

B. Proverbs 17:6

C. Proverbs 23:24

D. Proverbs 27:11

16. When children fail to obey their parents, they lose the blessing God haspromised. But their parents also lose a blessing! What do the following passages teach about this?

A. Proverbs 17:21

B. Proverbs 17:25

C. Proverbs 19:26

D. Proverbs 28:7

17.　A. What does Luke 2:51 tell us about Jesus' relationship to his earthlyparents?

B. What can we learn from Jesus' example?

18. Give two reasons why children (of any age) should demonstrate genuinehumility whenever they believe it is right for them to disobey their parents.

A.

B.

19. A. What does 1 Timothy 5:8 teach us?

B. Do you think this passage refers primarily to parents or to children orto both?

C. Please give the reason for your answer.

20. The Fifth Commandment ends with a blessing upon those who obey it: "So that you may live long and that it may go well with you in the land theLord is giving you" (Deuteronomy 5:16).

B. Por favor, justifica tu respuesta

14. El Quinto Mandamiento es el primero de los mandamientos con una promesa. Sin embargo, la Biblia también indica que hay castigos severos para aquellos que no honran a sus padres de la manera que la Biblia requiere. ¿Qué enseñan los siguientes pasajes al respecto?

A. Levíticos 20:9

B. Deuteronomio 21:18-21

C. Proverbios 20:20

15. Dios promete una bendición especial a los hijos que obedecen a sus padres. Sin embargo, la Biblia también indica que los padres son bendecidos cuando sus hijos los aman, obedecen y respetan. ¿Qué enseñan los siguientes pasajes al respecto?

A. Proverbios 10:1

B. Proverbios 17:6

C. Proverbios 23:24

D. Proverbios 27:11

16. Cuando los hijos no obedecen a sus padres, pierden la bendición que Dios ha prometido. ¡Pero sus padres también pierden una bendición! ¿Qué enseñan los siguientes pasajes al respecto?

A. Proverbios 17:21

B. Proverbios 17:25

C. Proverbios 19:26

D. Proverbios 28:7

17. A. ¿Qué nos dice Lucas 2:51 sobre la relación de Jesús con sus padres terrenales?

B. ¿Qué podemos aprender del ejemplo de Jesús?

18. Da dos razones por las que los hijos (de cualquier edad) deben demostrar una genuina humildad cuando creen que es correcto que desobedezcan a sus padres.

A.

B.

19. A. ¿Qué nos enseña 1 Timoteo 5:8?

B. ¿Crees que este pasaje se refiere principalmente a los padres, a los hijos o a ambos?

C. Por favor, justifica tu respuesta

20. El Quinto Mandamiento termina con una

A. Do you think this is an <u>absolute promise</u> to everyone who obeys hisparents?

B. Please explain your answer.

QUESTIONS FOr rEFLECTION Or DISCUSSION

Do you agree or disagree with the following statements? Wherever possible, use Scripture to support your response. You may also use your own personal experience or the experience of others to guide you in making your response.

1. "Although parents may not always be right, it is far better for them to be too strict with their children rather than too lenient."

2. "It's true that children should obey their parents. However, parents alsohave to obey God as they bring up their children. Parents have been told that they should not exasperate their children or embitter them (Ephesians 6:4 and Colossians 3:21). So, if parents do exasperate or embitter their children, the children are free from the obligation to obey their parents."

3. "Parents who fail to give their children a good home where the children can feel safe, loved, and cared for should not expect their children to care for them when they are old or sick or poor. And children who werebrought up in that kind of home should not feel in any way responsible for the well-being of their parents."

4. "Children who are not sure whether or not they should obey their parentsin a given situation should ask their friends for advice rather than older believers, since friends will understand them while older believers will not.

5. "Children whose parents are not Christians will be most likely to win theirparents to Christ if they obey them ONLY when their parents' commands are fully in accordance with God's will."

bendición para los que lo obedecen: "Para que vivas mucho tiempo y te vaya bien en la tierra que el Señor te da" (Deuteronomio 5:16).

A. ¿Crees que esta es una <u>promesa absoluta</u> para todo aquel que obedezca a sus padres?

B. Por favor, justifica tu respuesta

PREGUNTAS PARA REFLEXIONAR O DISCUTIR

¿Estás de acuerdo o no con las siguientes afirmaciones? Siempre que sea posible, utiliza las Escrituras para respaldar tu respuesta. También puedes usar tu experiencia personal o la de otros para guiarte en tu respuesta.

1. "Aunque los padres no siempre tengan razón, es mucho mejor que sean demasiado estrictos con sus hijos a que sean demasiado indulgentes".

2. "Es cierto que los hijos deben obedecer a sus padres. Sin embargo, los padres también tienen que obedecer a Dios cuando educan a sus hijos. A los padres se les ha dicho que no deben exasperar a sus hijos ni amargarlos (Efesios 6:4 y Colosenses 3:21). Así que, si los padres exasperan o amargan a sus hijos, los hijos están libres de la obligación de obedecer a sus padres."

3. "Los padres que no dan a sus hijos un buen hogar en el que éstos puedan sentirse seguros, amados y atendidos, no deben esperar que sus hijos cuiden de ellos cuando sean viejos o estén enfermos o sean pobres. Y los hijos que se criaron en ese tipo de hogar no deberían sentirse de ninguna manera responsables del bienestar de sus padres."

4. "Los hijos que no estén seguros de si deben o no obedecer a sus padres en una situación determinada deben pedir consejo a sus amigos y no a los creyentes de mayor edad, ya que los amigos les entenderán mientras que los creyentes mayores no."

5. "Los hijos cuyos padres no son cristianos tendrán más probabilidades de ganar a sus padres para Cristo si los obedecen SÓLO cuando las órdenes de sus padres están totalmente de acuerdo con la voluntad de Dios."

THE SIXTH COMMANDMENT
Lesson Eight

Introduction

The Sixth Commandment is recorded in Exodus 20:13 and Deuteronomy 5:17. In the Hebrew Bible, this is the shortest of all the Commandments. It is also one of the shortest verses in the entire Hebrew Bible, consisting of only six letters. It reads very simply: *"You shall not murder."*

This Commandment does not absolutely condemn or forbid all killing, but rather condemns the deliberate and intentional ending of a person's life without any biblically-based grounds for doing so.

IS THIS COMMANDMENT REALLY NECESSARY?

In some ways this Commandment might seem to be totally unnecessary. Murder is so horrible, so final, so destructive, and so evil that we might wonder why anyone would even think about murdering someone else. Regrettably, however, murder is almost as old as the history of mankind. One of the very first sins recorded in the Bible was the murder of Abel by his older brother Cain (Genesis 4:8). A short time later a man named Lamech not only murdered someone but arrogantly boasted about it (Genesis 4:23- 24). To our great dismay, terrifying acts of murder have been common in virtually every culture and every society, both civilized and uncivilized, throughout the history of the world.

Jesus' words recorded by Matthew have been proven to be true over and over again. He said: "Out of the heart come evil thoughts, murder . . ." and many other sins (Matthew 15:19). And Jeremiah did not exaggerate when he wrote, "The heart is deceitful above all things, and desperately sick; who can understand it?" (Jeremiah 17:9)

Though most of us would shudder at the thought that we ourselves could ever become guilty of murder, we read in the Bible of some outstanding people, including leaders of God's people, who were guilty of murder. Moses killed an Egyptian who was beating an Israelite (Exodus 2:11-12). David personally was responsible for the death of one of his own soldiers (2 Samuel 11:14-17). The Apostle Paul was directly or indirectly involved in putting Christians to death before he himself became a Christian (Acts 8:1; Acts 22:20; 1 Timothy 1:13). King Ahab was directly responsible for the murder of

EL SEXTO MANDAMIENTO
Lección Ocho

Introducción

El Sexto Mandamiento se recoge en Éxodo 20:13 y Deuteronomio 5:17. En la Biblia hebrea, éste es el más corto de todos los mandamientos. También es uno de los versículos más cortos de toda la Biblia hebrea, ya que sólo consta de seis letras. Dice simplemente: "No matarás".

Este Mandamiento no condena o prohíbe absolutamente todo asesinato, sino que condena el hecho de acabar deliberada e intencionadamente con la vida de una persona sin ningún fundamento bíblico para hacerlo.

¿ESTE MANDAMIENTO ES REALMENTE NECESARIO?

En cierto modo, este mandamiento podría parecer totalmente innecesario. El asesinato es tan horrible, tan definitivo, tan destructivo y tan malvado que podríamos preguntarnos por qué alguien pensaría siquiera en asesinar a otra persona. Sin embargo, lamentablemente, el asesinato es casi tan antiguo como la historia de la humanidad. Uno de los primeros pecados registrados en la Biblia fue el asesinato de Abel por su hermano mayor Caín (Génesis 4:8). Poco después, un hombre llamado Lamec no sólo asesinó a alguien, sino que se jactó arrogantemente de ello (Génesis 4:23- 24). Para nuestra gran consternación, los actos terroríficos de asesinato han sido comunes en prácticamente todas las culturas y sociedades, tanto civilizadas como incivilizadas, a lo largo de la historia del mundo.

Las palabras de Jesús registradas por Mateo han demostrado ser ciertas una y otra vez. Él dijo: " Porque del corazón salen los malos pensamientos, los homicidios . . ." y muchos otros pecados (Mateo 15:19). Y Jeremías no exageró cuando escribió: " Engañoso es el corazón más que todas las cosas, y perverso; ¿quién lo conocerá?". (Jeremías 17:9)

Aunque la mayoría de nosotros se estremecería ante la idea de que pudiéramos llegar a ser culpables de asesinato, leemos en la Biblia sobre algunas personas destacadas, incluidos líderes del pueblo de Dios, que fueron culpables de asesinato. Moisés mató a un egipcio que estaba golpeando a un israelita (Éxodo 2:11-12). David fue personalmente responsable de la muerte de uno de sus propios soldados (2 Samuel 11:14-17). El apóstol Pablo estuvo directa o indirectamente involucrado en la muerte de cristianos antes de que él

someone who had not done harm to him or anyone else. And various others also murdered or arranged for the murder of innocent people (for example, 2 Samuel 13:28-29).

WHY IS MURDER SO SINFUL IN THE SIGHT OF GOD?

According to Genesis 1:26-27, Genesis 5:1 and James 3:9, God made man and woman in His own image and in His own likeness. He appointed them as rulers over the entire earth as His representatives (Genesis 1:26-28; Psalm 8:4-8). And He provided them with everything necessary to enable them to carry out their responsibilities in honor of their Creator.

> Since human beings hold such an honored place in God's world, no one has the right to terminate the life of another person without God's express or implied permission. After the great flood recorded in Genesis 6-8, God said to Noah and his sons, *"Whoever sheds the blood of man, by man shall his blood be shed, for God made man in his own image"* (Genesis 9:6). And in Leviticus 24:17 we read, *"Whoever takes a human life shall surely be put to death."*
>
> A short time after God gave His people the Ten Commandments, He repeated the penalty that He first stated in Genesis 9 for anyone who deliberately or intentionally murdered someone. He said, *"Whoever strikes a man so that he dies shall be put to death"* (Exodus 21:12). Under some circumstances, even those who were carelessly responsible for the death of another person were to be put to death (Exodus 21:29).
>
> In Old Testament times the death penalty was prescribed for many different sins besides murder, but the violation of the Sixth Commandment was especially significant since it involved a direct attack on the only creature on earth who bears the image of God.

The sin of murder is also especially serious because a murderer is never able to apologize to his victim. He can never tell him that he is sorry. He can never undo the damage he has done. He will never have an opportunity to cool down and settle things in a better way. In that regard, murder is different from the other Commandments. One can make restitution when he steals. He can tell the truth after he has misrepresented it. He can sincerely repent of breaking the Sabbath. He can apologize to parents for disobeying them. And he can humbly confess to God for using His name in vain. But murder is final. There is no turning back, no second chance, no way of undoing what was done.

WHY DO PEOPLE MURDER EACH OTHER?

Since murder is so serious and so final, why do so many people still murder each other? According to the New Testament, the basic root of murder is intense anger or

mismo se hiciera cristiano (Hechos 8:1; Hechos 22:20; 1 Timoteo 1:13). El rey Acab fue directamente responsable del asesinato de alguien que no le había hecho daño a él ni a nadie más. Y varios otros también asesinaron o arreglaron el asesinato de personas inocentes (por ejemplo, 2 Samuel 13:28-29).

¿POR QUÉ EL ASESINATO ES TAN PECAMINOSO ANTE LOS OJOS DE DIOS?

Según Génesis 1:26-27, Génesis 5:1 y Santiago 3:9, Dios hizo al hombre y a la mujer a su imagen y semejanza. Los designó como gobernantes de toda la tierra como Sus representantes (Génesis 1:26-28; Salmo 8:4-8). Y les proporcionó todo lo necesario para que pudieran cumplir con sus responsabilidades en honor a su Creador.

> Dado que los seres humanos ocupan un lugar tan honroso en el mundo de Dios, nadie tiene derecho a acabar con la vida de otra persona sin el permiso expreso o implícito de Dios. Después del gran diluvio registrado en Génesis 6-8, Dios dijo a Noé y a sus hijos: *"El que derramare sangre de hombre, por el hombre su sangre será derramada; porque a imagen de Dios es hecho el hombre."* (Génesis 9:6). Y en Levítico 24:17 leemos: *"Asimismo el hombre que hiere de muerte a cualquiera persona, que sufra la muerte"*.
>
> Poco tiempo después de que Dios le diera a su pueblo los Diez Mandamientos, repitió la pena que declaró por primera vez en Génesis 9 para cualquiera que deliberada o intencionalmente asesinara a alguien. Dijo: *"El que hiriere a alguno, haciéndole así morir, él morirá."* (Éxodo 21:12). En algunas circunstancias, incluso aquellos que eran responsables por descuido de la muerte de otra persona debían ser condenados a muerte (Éxodo 21:29).
>
> En los tiempos del Antiguo Testamento se prescribía la pena de muerte para muchos pecados diferentes, además del asesinato, pero la violación del Sexto Mandamiento era especialmente significativa, ya que implicaba un ataque directo a la única criatura de la tierra que lleva la imagen de Dios.

El pecado de homicidio es especialmente grave porque un asesino nunca puede pedir perdón a su víctima. Nunca podrá decirle que lo siente. Nunca podrá deshacer el daño que ha hecho. Nunca tendrá la oportunidad de calmarse y arreglar las cosas de una manera mejor. En este sentido, el asesinato es diferente de los otros mandamientos. Uno puede hacer una restitución cuando roba. Puede decir la verdad después de haberla tergiversado. Puede arrepentirse sinceramente de romper el día de reposo. Puede pedir disculpas a sus padres por desobedecerlos. Y puede confesar humildemente a Dios por usar Su nombre en vano. Pero el asesinato es definitivo. No hay vuelta atrás, no hay segunda oportunidad, no hay forma de deshacer lo hecho.

¿POR QUÉ LA GENTE SE MATA ENTRE SÍ?

Siendo el asesinato tan grave y tan definitivo, ¿por qué sigue habiendo tanta gente que se asesina? Según el Nuevo Testamento, la raíz básica del asesinato es la ira o

hatred. Jesus said: *"Everyone who is angry with his brother will be liable to judgment"* (Matthew 5:21-22). And John taught: *"Everyone who hates his brother is a murderer"* (1 John 3:15).

> When people have intense negative feelings against someone for any reason (jealousy, fear, anger, envy, past offenses, misunderstanding, embarrassment, feelings of inferiority, or for any other reason), they may let their extreme feelings boil up into intense hatred. And when that happens, it seems to them that the only way to release those feelings is to kill the person who precipitated them. No matter what the other person may have said or done, they want that person out of the way. Only when he is dead, will their intense feelings go away. Or so they seem to believe.

Sometimes hatred and anger build up over months or years. At other times they boil to the surface in a matter of minutes or even seconds. Sometimes anger is rational. Sometimes it is not. The significance of an "offense" (real or imagined) may depend to a great extent on the state of mind of the person who has been "offended." Under some circumstances, a serious offense may be taken lightly. At other times a relatively light offense may provoke a huge reaction.

Since both hatred and anger can have devastating consequences, the Bible warns against harboring either one of them. In Ephesians 4:26-27, Paul writes, *"Be angry and do not sin; do not let the sun go down on your anger, and give no opportunity to the devil."* Psalm 37:8 teaches, *"Refrain from anger, and forsake wrath! Fret not yourself; it tends only to evil."* Ecclesiastes 7:9 says, *"Be not quick in your spirit to become angry, for anger lodges in the heart of fools."* And James writes, *"Everyone should be quick to listen, slow to speak and slow to become angry (James 1:19)."*

Hatred is far different from simply "not liking" someone. And it's much more significant than having some unpleasant feelings about someone or not enjoying his company. When we genuinely hate someone we have a strong negative attitude toward that person. We do not want what is best for him or even what is good for him. Rather, we want bad things to happen to him. We want him to fall, to fail, to be miserable, to be defeated, to be disgraced. If we don't dare to hurt him ourselves, we want someone else to hurt him. We would be pleased if he became sick and even more pleased if he died.

> Hatred is a deadly poison. It poisons our attitude, takes away our joy, decreases our pleasure, and often makes life miserable for ourselves as well as for the person we hate. And when hatred reaches its peak, it can cause us to take another person's life or to arrange for someone else to kill him. (See, for example, 1 Samuel 20:30-33; 2 Samuel 13:22,28-29; Mark 6:19.)

The Bible therefore not only warns against murder but also against hatred, the "root" of many murders. For example, Leviticus 19:17 reads: *"Do not hate your brother*

el odio intenso. Jesús dijo: *"Cualquiera que se enoje contra su hermano, será culpable de juicio."* (Mateo 5:21-22). Y Juan enseñó: *"Todo aquel que aborrece a su hermano es homicida."* (1 Juan 3:15).

> Cuando las personas tienen sentimientos negativos intensos contra alguien por cualquier motivo (celos, miedo, ira, envidia, ofensas pasadas, incomprensión, vergüenza, sentimientos de inferioridad, o por cualquier otra razón), pueden dejar que sus sentimientos extremos hiervan en un odio intenso. Y cuando eso ocurre, les parece que la única manera de liberar esos sentimientos es matar a la persona que los precipitó. No importa lo que la otra persona haya dicho o hecho, quieren quitarla de en medio. Sólo cuando esté muerta, sus intensos sentimientos desaparecerán. O eso parecen creer.

A veces el odio y la ira se acumulan durante meses o años. Otras veces salen a la superficie en cuestión de minutos o incluso de segundos. A veces la ira es racional. A veces no lo es. La importancia de una "ofensa" (real o imaginaria) puede depender en gran medida del estado mental de la persona que ha sido "ofendida". En algunas circunstancias, una ofensa grave puede tomarse a la ligera. En otras ocasiones, una ofensa relativamente leve puede provocar una reacción enorme.

Dado que, tanto el odio como la ira pueden tener consecuencias devastadoras, la Biblia advierte que no se debe albergar ninguno de ellos. En Efesios 4:26-27, Pablo escribe: *"Airaos, pero no pequéis; no se ponga el sol sobre vuestro enojo, ni deis lugar al diablo".* El Salmo 37:8 enseña: *"Deja la ira, y desecha el enojo; No te excites en manera alguna a hacer lo malo".* Eclesiastés 7:9 dice: *"No te apresures en tu espíritu a enojarte; porque el enojo reposa en el seno de los necios".* Y Santiago escribe: *" Por esto, mis amados hermanos, todo hombre sea pronto para oír, tardo para hablar, tardo para airarse (Santiago 1:19)".*

El odio es muy diferente a que simplemente "no te agrade" alguien. Y es mucho más significativo que tener algunos sentimientos desagradables hacia alguien o no disfrutar de su compañía. Cuando odiamos genuinamente a alguien tenemos una fuerte actitud negativa hacia esa persona. No queremos lo mejor para él o incluso lo que es bueno para él. Más bien, queremos que le ocurran cosas malas. Queremos que caiga, que fracase, que sea miserable, que sea derrotado, que sea deshonrado. Si no nos atrevemos a hacerle daño nosotros mismos, queremos que otro le haga daño. Nos complacería que enfermara y más aún que muriera.

> El odio es un veneno mortal. Envenena nuestra actitud, nos quita la alegría, disminuye nuestro placer y, a menudo, hace que la vida sea miserable tanto para nosotros como para la persona que odiamos. Y cuando el odio alcanza su punto más alto, puede llevarnos a quitarle la vida a otra persona o a disponer que otra persona la mate. (Véase, por ejemplo, 1 Samuel 20:30-33; 2 Samuel 13:22, 28-29; Marcos 6:19).

Por tanto, la Biblia no sólo advierte contra el asesinato, sino también contra el odio, la "raíz" de muchos

in your heart," and Proverbs 10:12 teaches: *"Hatred stirs up dissension."* In the New Testament John writes, *"Anyone who claims to be in the light but hates his brother is still in the darkness"* (1 John 2:9). And in 1 John 4:20 we read, *"If anyone says, 'I love God,' yet hates his brother, he is a liar. For anyone who does not love his brother, whom he has seen, cannot love God, whom he has not seen."*

OLD TESTAMENT TEACHINGS ON KILLING

The Bible clearly teaches that deliberate murder is normally a great sin against God. However, there are many times when the Bible also teaches that killing another person is not only justified but even required.

Before reading the passages where the Bible teaches this, however, it is important to recognize that almost all of the passages listed here are found in the Old Testament. That does not mean that these passages are no longer relevant for us today, but it does mean that we should carefully look at each passage in the context in which it is found. We should not simply take a verse from the Old Testament and immediately and directly apply it to our own situation today.

In the Old Testament, the death penalty was prescribed at one time or another for those who violated any of the Ten Commandments and various other commandments as well. (See, for example, Exodus 21:14-17; 22:18- 20; 35:2; Deuteronomy 17:12.) The reason for this is that the people of Israel had a unique relationship to God as His chosen people. They were appointed and blessed by God to enable them to serve as examples to the world around them of how God wanted people to live.

If they deliberately chose to violate His commandments, they not only broke their relationship with God but they also lost their ability to be an example or a blessing to others. In the process, they dishonored the name of their God in the sight of the nations around them. So when God's chosen people were no longer serving God's purposes and were deliberately breaking His covenant and disobeying His laws, He commanded that they be put to death.

IS KILLING EVER ACCEPTABLE IN THE SIGHT OF GOD?

The Old Testament gives us various "approved" examples where the death penalty was carried out for law breakers. Achan and his family were put to death when they disobeyed the Lord during the battle of Jericho (Joshua 7:15, 24-25). Someone who deliberately chose to break the Sabbath laws was put to death (Numbers 15:32-36). A person who boldly blasphemed the name of God was stoned to death (Leviticus 24:13-16). People who rebelled against God while on their way

asesinatos. Por ejemplo, Levítico 19:17 dice: *"No aborrecerás a tu hermano en tu corazón"*, y Proverbios 10:12 enseña: *"El odio despierta rencillas"*. En el Nuevo Testamento, Juan escribe: *"El que dice que está en la luz, y aborrece a su hermano, está todavía en tinieblas"* (1 Juan 2:9). Y en 1 Juan 4:20 leemos: *"Si alguien dice: Yo amo a Dios, y aborrece a su hermano, es mentiroso. Pues el que no ama a su hermano a quien ha visto, ¿cómo puede amar a Dios a quien no ha visto?"*.

ENSEÑANZAS DEL ANTIGUO TESTAMENTO SOBRE EL ASESINATO

La Biblia claramente enseña que el asesinato deliberado es normalmente un gran pecado contra Dios. Sin embargo, hay muchas veces en las que la Biblia también enseña que matar a otra persona no sólo está justificado, sino que incluso es necesario.

Sin embargo, antes de leer los pasajes en los que la Biblia enseña esto, es importante reconocer que casi todos los pasajes enumerados aquí se encuentran en el Antiguo Testamento. Esto no significa que estos pasajes ya no sean relevantes para nosotros hoy en día, pero sí significa que debemos mirar cuidadosamente cada pasaje en el contexto en el que se encuentra. No debemos simplemente tomar un versículo del Antiguo Testamento y aplicarlo inmediata y directamente a nuestra situación actual.

En el Antiguo Testamento, la pena de muerte se prescribía en un momento u otro para aquellos que violaban cualquiera de los Diez Mandamientos y varios otros mandamientos también. (Véase, por ejemplo, Éxodo 21:14-17; 22:18-20; 35:2; Deuteronomio 17:12.) La razón de esto es que el pueblo de Israel tenía una relación única con Dios como Su pueblo elegido. Fueron designados y bendecidos por Dios para que pudieran servir de ejemplo al mundo que los rodeaba de cómo Dios quería que la gente viviera.

Si elegían deliberadamente violar sus mandamientos, no sólo rompían su relación con Dios, sino que también perdían su capacidad de ser un ejemplo o una bendición para los demás. En el proceso, deshonraban el nombre de su Dios a la vista de las naciones que los rodeaban. Así que cuando el pueblo elegido por Dios ya no servía a los propósitos de Dios y estaba rompiendo deliberadamente su pacto y desobedeciendo sus leyes, Él ordenó que fueran ejecutados.

¿ES ACEPTABLE MATAR ANTE LOS OJOS DE DIOS?

El Antiguo Testamento nos da varios ejemplos "aprobados" en los que se aplicó la pena de muerte a los infractores de la ley. Acán y su familia fueron condenados a muerte cuando desobedecieron al Señor durante la batalla de Jericó (Josué 7:15, 24-25). Alguien que deliberadamente decidía romper las leyes del día de reposo era condenado a muerte (Números 15:32-36). Una

to the Promised Land were put to death (Numbers 16:25-33). A man who brazenly took for himself a foreign woman in direct violation of God's express law was put to death (Numbers 25:16-18). And a proud and wicked queen who led the people of Israel away from God was violently put to death (2 Kings 9:33).

> There were also times when God commanded His people to kill and destroy their enemies (for example, Numbers 25:16-18; Deuteronomy 7:1-6; Joshua 6:17, 21). These enemies strongly opposed God's people and God's purposes and flagrantly lived their lives in violation of most of God's laws. They served idols of various kinds and were exceedingly sinful in the sight of God. They "polluted" the Promised Land with their iniquity and hindered God's people from taking possession of the Land God had promised them. In addition, they frequently tempted the Israelites to serve foreign gods and enticed them to live in disobedience to their God.

There are many other passages in the Old Testament that teach that God permitted or commanded people to put someone to death. Since He is the author of life, He had the right to determine when a person should live and when he should die. However, if someone killed another person without God's approval (either expressed or implied), the killing was considered to be murder.

GOD'S PROTECTION FOR CERTAIN MURDERERS

In Old Testament times, someone who killed another person without intending to do so was given the opportunity to flee to a "City of Refuge" where he could find protection until the death of the ruling High Priest (Exodus 21:13; Deuteronomy 4:41-42; Joshua 20:1-6).

> If he was found to be innocent of intentional murder and not guilty of killing someone out of personal hatred or anger, he could eventually be free to return to his own home and community. This provision of Cities of Refuge demonstrated both the seriousness of taking someone's life (even unintentionally) and also the mercy of God in providing a way for this person to escape the death penalty for what he had done.

There were also other times when people were not put to death for taking someone's life. Neither Moses nor David, for example, was put to death for their sin of murder. And Absalom, David's son, was not put to death when he arranged for the murder of his brother Amnon (2 Samuel 13:28-29, 38- 39). This does not mean that God did not take these killings seriously, but in His mercy He did not immediately put them to death for what they had done.

> It is also important to note that God Himself made provision for the forgiveness of those who were sincerely sorry for violating His commandments. By forgiving those who humbly repented of their sins, God wonderfully demonstrated His mercy, His love, and His grace. Though the breaking of God's laws was extremely serious,

persona que blasfemaba descaradamente el nombre de Dios era apedreada hasta la muerte (Levítico 24:13-16). Las personas que se rebelaban contra Dios mientras se dirigían a la Tierra Prometida eran condenadas a muerte (Números 16:25-33). Un hombre que descaradamente tomó para sí a una mujer extranjera, en violación directa de la ley expresa de Dios, fue condenado a muerte (Números 25:16-18). Y una reina orgullosa y malvada que alejó al pueblo de Israel de Dios fue condenada a muerte violentamente (2 Reyes 9:33).

> También hubo ocasiones en que Dios ordenó a su pueblo matar y destruir a sus enemigos (por ejemplo, Números 25:16-18; Deuteronomio 7:1-6; Josué 6:17, 21). Estos enemigos se oponían fuertemente al pueblo de Dios y a los propósitos de Dios y vivían flagrantemente en violación de la mayoría de las leyes de Dios. Servían a ídolos de diversos tipos y eran sumamente pecadores a los ojos de Dios. "Contaminaron" la Tierra Prometida con su iniquidad e impidieron que el pueblo de Dios tomara posesión de la Tierra que les había prometido. Además, con frecuencia tentaron a los israelitas a servir a dioses extranjeros y los incitaron a vivir en desobediencia a su Dios.

Hay muchos otros pasajes en el Antiguo Testamento que enseñan que Dios permitió u ordenó que se diera muerte a alguien. Como Él es el autor de la vida, tenía el derecho de determinar cuándo una persona debía vivir y cuándo debía morir. Sin embargo, si alguien mataba a otra persona sin la aprobación de Dios (ya sea expresa o implícita), la muerte se consideraba un asesinato.

LA PROTECCIÓN DE DIOS PARA CIERTOS ASESINOS

En los tiempos del Antiguo Testamento, alguien que mataba a otra persona sin intención de hacerlo tenía la oportunidad de huir a una "Ciudad de Refugio" donde podía encontrar protección hasta la muerte del Sumo Sacerdote gobernante (Éxodo 21:13; Deuteronomio 4:41-42; Josué 20:1-6).

> Si se le declaraba inocente del asesinato intencionado y no era culpable de matar a alguien por odio o ira personal, podía ser libre de volver a su propio hogar y comunidad. Esta provisión de Ciudades de Refugio demostraba tanto la seriedad de quitarle la vida a alguien (incluso sin intención) como la misericordia de Dios al proveer una manera para que esta persona escapara de la pena de muerte por lo que había hecho.

También hubo otras ocasiones en las que no se condenó a muerte a nadie por quitarle la vida a alguien. Ni Moisés ni David, por ejemplo, fueron condenados a muerte por su pecado de asesinato. Y Absalón, el hijo de David, no fue condenado a muerte cuando organizó el asesinato de su hermano Amnón (2 Samuel 13:28-29, 38- 39). Esto no significa que Dios no tomara en serio estos asesinatos, pero en su misericordia no los condenó inmediatamente a muerte por lo que habían hecho.

> También es importante notar que Dios mismo hizo provisión para el perdón de aquellos que estaban sinceramente arrepentidos por violar Sus mandamientos. Al perdonar a los que se

it was love and grace that had the final word in many situations (2 Samuel 12:13- 14; Psalm 32:1-7; Psalm 51:1-17).

THE RIGHTS OF JUDICIAL AUTHORITIES

Romans 13:1 reads: *"Let every person be subject to the governing authorities If you do wrong, be afraid, for he does not bear the sword*

in vain. For he is the servant of God, an avenger who carries out God's wrath on the wrongdoer."

This passage is usually interpreted to mean that God has given civil authorities the right to take life under certain circumstances. Since the sword was a common means of execution, it would seem that the apostle Paul taught that a legitimate government has the right to take a person's life under certain circumstances.

However, it is very important that government authorities (including judges and juries) do not impose the death penalty lightly or without extreme care. Sometimes people who are charged with terrible crimes are wrongly condemned because of mistaken identity or for other reasons.

> Even though capital punishment may be appropriate in some instances, civil authorities have the obligation to make very sure that no one is put to death for a crime he did not commit.

KILLING IN WAR

One of the most common situations where killing takes place is in war. That was true in biblical times and it has continued to be true throughout human history. The Bible itself contains many situations where God not only approved of a war but even commanded it. (See, for example, Deuteronomy 2:31-37; Joshua 8:24-27; 1 Samuel 15:2-3.) Thousands and even tens of thousands of people were killed during these wars. Partly on the basis of these wars in the Old Testament, most people seem to believe that there is a place for a just war which is carried out in appropriate ways. Even though the New Testament does not explicitly promote or justify going to war (with the possible exception of Romans 13:1-4), most Christians believe that a "just war" is permissible and may even be required when it is carried out in appropriate ways.

But what makes a war "just"? Christians do not all agree on the answer to that question. However, a "just war" would seem to require at least the following elements.

1) The war should promote peace and justice and freedom for people who are unjustly oppressed or attacked by others.

LOS DERECHOS DE LAS AUTORIDADES JUDICIALES

Romanos 13:1 dice: *"Sométase toda persona a las autoridades superiores; porque no hay autoridad sino de parte de Dios, y las que hay, por Dios han sido establecidas."*

Este pasaje suele interpretarse en el sentido de que Dios ha otorgado a las autoridades civiles el derecho a quitar la vida en determinadas circunstancias. Dado que la espada era un medio común de ejecución, parecería que el apóstol Pablo enseñó que un gobierno legítimo tiene el derecho de quitarle la vida a una persona bajo ciertas circunstancias.

Sin embargo, es muy importante que las autoridades gubernamentales (incluidos los jueces y los jurados) no impongan la pena de muerte a la ligera o sin extremo cuidado. A veces, personas acusadas de crímenes terribles son condenadas erróneamente por error de identidad o por otras razones.

> Aunque la pena capital puede ser apropiada en algunos casos, las autoridades civiles tienen la obligación de asegurarse de que nadie sea condenado a muerte por un delito que no haya cometido.

MATAR EN LA GUERRA

Una de las situaciones más comunes en las que se producen asesinatos es la guerra. Eso era cierto en los tiempos bíblicos y ha seguido siendo cierto a lo largo de la historia de la humanidad. La propia Biblia contiene muchas situaciones en las que Dios no sólo aprueba una guerra, sino que incluso la ordena. (Véase, por ejemplo, Deuteronomio 2:31-37; Josué 8:24-27; 1 Samuel 15:2-3.) En estas guerras murieron miles e incluso decenas de miles de personas. En parte, basándose en estas guerras del Antiguo Testamento, la mayoría de la gente parece creer que hay un lugar para una guerra justa que se lleva a cabo de forma adecuada. Aunque el Nuevo Testamento no promueve ni justifica explícitamente la guerra (con la posible excepción de Romanos 13:1-4), la mayoría de los cristianos creen que una "guerra justa" es permisible e incluso puede ser necesaria cuando se lleva a cabo de manera apropiada.

Pero ¿qué hace que una guerra sea "justa"? Los cristianos no están de acuerdo en la respuesta a esta pregunta. Sin embargo, una "guerra justa" parece requerir al menos los siguientes elementos.

1) La guerra debe promover la paz, la justicia y la libertad de las personas injustamente oprimidas o atacadas por otros.

2) The war should be fought only if it is the only way, or at least the best way, of achieving what is just and right and fair.

3) The war should have a likely outcome of doing much more good than harm.

4) The war should be fought with as little destruction of life and property as possible in order to achieve legitimate objectives.

5) The war should not be fought simply for financial gain or to advance a person's or country's control over other people or their lands.

6) The war should not be fought primarily to promote the narrow political interests of an individual, group, or country.

Any war that is based primarily on the pursuit of selfish or sinful goals is forbidden by the Sixth Commandment.

KILLING IN SELF-DEFENSE

The Bible also seems to permit people to take the life of someone else if this is truly the only way they can defend themselves or other innocent persons against a vicious or potentially fatal attack. Even under such circumstances, however, people should never take the life of another person if there is a way to avoid it. (See, for example, 2 Samuel 2:18-28.)

Cautions

Even though most people tend to agree that the taking of human life is acceptable under certain circumstances, there are others, both Christians and non-Christians, who are convinced that killing a human being is always wrong—no matter what the circumstances may be. They believe and teach that the Sixth Commandment requires us to always preserve human life and never to destroy it.

They are totally against killing in war, they are against capital punishment for any crime, and they are even hesitant about killing another person in self-defense.

Those Christians who approve of judicial killing (capital punishment) or just wars, and those who approve of killing in self-defense should make very certain that they never take the killing of another person lightly. Even in war, people should never kill wantonly, viciously, or unnecessarily. They should always remember that every human being is an image bearer of God and should be treated as such.

Killing someone should always be considered a last resort rather than a quick solution. God is the ultimate Author of human life and we should not be quick to destroy it.

---

2) La guerra debe librarse sólo si es la única manera, o al menos la mejor, de conseguir lo que es justo y correcto.

3) La guerra debe tener un resultado probable de hacer mucho más bien que mal.

4) La guerra debe librarse con la menor destrucción posible de vidas y bienes para lograr objetivos legítimos.

5) La guerra no debe librarse simplemente para obtener beneficios económicos o para promover el control de una persona o país sobre otras personas o sus tierras.

6) La guerra no debe librarse principalmente para promover los estrechos intereses políticos de un individuo, grupo o país.

Cualquier guerra que se base principalmente en la búsqueda de objetivos egoístas o pecaminosos está prohibida por el Sexto Mandamiento.

MATAR EN DEFENSA PROPIA

La Biblia también parece permitir que la gente tome la vida de otra persona si ésta es realmente la única manera de defenderse a sí misma o a otras personas inocentes contra un atentado o un ataque potencialmente mortal. Sin embargo, incluso en tales circunstancias, la gente nunca debería quitarle la vida a otra persona si hay una manera de evitarlo. (Véase, por ejemplo, 2 Samuel 2:18-28.)

Precauciones

Aunque la mayoría de la gente tiende a estar de acuerdo en que quitar una vida humana es aceptable en determinadas circunstancias, hay otros, tanto cristianos como no cristianos, que están convencidos de que matar a un ser humano siempre está mal, sean cuales sean las circunstancias. Creen y enseñan que el Sexto Mandamiento nos exige preservar siempre la vida humana y nunca destruirla.

Están totalmente en contra de matar en la guerra, están en contra de la pena capital para cualquier crimen, e incluso dudan de matar a otra persona en defensa propia.

Los cristianos que aprueban la matanza judicial (la pena capital) o las guerras justas, y los que aprueban el asesinato en defensa propia, deberían estar muy seguros de no tomarse nunca a la ligera el asesinato de otra persona. Incluso en la guerra, la gente nunca debe matar sin sentido, con saña o innecesariamente. Deben recordar siempre que todo ser humano es portador de la imagen de Dios y debe ser tratado como tal.

Matar a alguien debe considerarse siempre como un último recurso y no como una solución rápida. Dios es el autor último de la vida humana y no debemos apresurarnos a destruirla.

SUICIDE

Though there are no specific passages in the Bible that explicitly condemn the taking of one's own life, suicide is usually considered a violation of the Sixth Commandment. Those who deliberately choose to take their own life usually do so because of depression, despair, hopelessness, fear, shame, frustration, disappointment, or a lack of trust that God can or will provide a solution for seemingly impossible problems.

> There are also times, however, when a person may give up his own life in order to protect the lives of others. This may happen, for example, when a soldier valiantly sacrifices his own life in an effort to protect his fellow soldiers from certain death. Or it may happen when someone heroically sacrifices his life to protect others who are in great danger of death or serious injury. Such acts of heroism are usually applauded rather than condemned. And rightly so.

Even when the taking of one's own life is definitely not heroic, however, we should not immediately assume that suicide is an unforgivable sin. Though it is obviously impossible to "repent" after one takes his own life, many of those who choose to end their lives do so out of a deep despair caused by depression or a drug-induced condition which leads them to do things for which they may not be fully responsible.

We should also remember that forgiveness depends on our sincere and humble trust in Jesus as our Savior and not on our confessing by name every sin of which we are guilty. Most of us are likely guilty of some "unconfessed sins" of which we may not even be aware. And many people who die from heart attacks or accidents may have been guilty of a number of sins in the moments or hours before their death—sins which they had not specifically confessed.

> Without minimizing the seriousness of taking one's own life, therefore, it's important to recognize that suicide does not automatically put a person beyond the mercy and grace and forgiveness of God.

EUTHANISIA

Another question that arises with increasing frequency is this: Is it necessary or even desirable to try to keep people alive under all circumstances? Or are there situations where it is more loving and appropriate to terminate a life that seems to have lost all "value" of any kind?

There definitely are situations where euthanasia ("mercy-killing") may seem to be the simplest and most

SUICIDIO

Aunque no hay pasajes específicos en la Biblia que condenen explícitamente el hecho de quitarse la vida, el suicidio suele considerarse una violación del sexto mandamiento. Quienes deciden deliberadamente quitarse la vida suelen hacerlo por depresión, desesperación, desesperanza, miedo, vergüenza, frustración, decepción o falta de confianza en que Dios pueda o quiera dar una solución a problemas aparentemente imposibles.

> Sin embargo, también hay ocasiones en las que una persona puede renunciar a su propia vida para proteger la de los demás. Esto puede ocurrir, por ejemplo, cuando un soldado sacrifica valientemente su propia vida en un esfuerzo por proteger a sus compañeros de una muerte segura. O puede ocurrir cuando alguien sacrifica heroicamente su vida para proteger a otros que están en gran peligro de muerte o de lesiones graves. Estos actos de heroísmo suelen ser aplaudidos en lugar de condenados. Y con razón.

Sin embargo, incluso cuando el hecho de quitarse la vida no es definitivamente heroico, no debemos asumir inmediatamente que el suicidio es un pecado imperdonable. Aunque evidentemente es imposible "arrepentirse" después de quitarse la vida, muchos de los que deciden acabar con su vida lo hacen por una profunda desesperación causada por la depresión o por una condición inducida por las drogas que les lleva a hacer cosas de las que pueden no ser plenamente responsables.

También debemos recordar que el perdón depende de nuestra sincera y humilde confianza en Jesús como nuestro Salvador y no de que confesemos en su nombre cada pecado del que somos culpables. La mayoría de nosotros somos probablemente culpables de algunos "pecados no confesados" de los que quizá ni siquiera seamos conscientes. Y muchas personas que mueren de ataques cardíacos o accidentes pueden haber sido culpables de una serie de pecados en los momentos u horas anteriores a su muerte, pecados que no habían confesado específicamente.

> Por lo tanto, sin minimizar la gravedad de quitarse la vida, es importante reconocer que el suicidio no pone automáticamente a una persona fuera de la misericordia, la gracia y el perdón de Dios.

EUTANASIA

Otra cuestión que se plantea cada vez con más frecuencia es la siguiente: ¿Es necesario o incluso deseable tratar de mantener a las personas con vida en cualquier circunstancia? ¿O hay situaciones en las que es más piadoso y apropiado poner fin a una vida que parece haber perdido todo "valor" de cualquier tipo?

Definitivamente, hay situaciones en las que la eutanasia ("muerte piadosa") puede parecer la forma más sencilla

gracious way of dealing with a suffering person who has little or no hope of ever being restored to a meaningful, productive, or happy life. In such a situation the temptation is often strong to put a suffering person "out of his misery" as lovingly and painlessly and quickly as possible.

When faced with this kind of situation, many Christians seem to have little problem in withholding nourishment or oxygen or medication or anything else which would "artificially" keep the suffering person alive. Many of them would probably also agree that it is appropriate to relieve a dying person's suffering or misery through the giving of medication or through other procedures—even if that might shorten a person's life somewhat.

However, most Christians seem to agree that we do not have the right to directly and intentionally terminate someone's life simply because we judge that this person's life is no longer of any "value." When we do that, we take the matter of life and death into our own hands instead of humbly and prayerfully leaving this very significant matter in the "hands of God."

ABORTION

During the past century, millions of unborn babies have been deliberately destroyed through abortion. In fact, abortion has become so common that more human life is deliberately ended through abortion than in any other way—including wars, famines, and natural disasters.

In spite of the fact that most people today recognize that every healthy embryo and fetus needs nothing more than time and nourishment to develop into a "normal" baby, most governments throughout the world approve of abortion—some of them approving abortion even until the moment of potential birth.

Should abortion be considered murder?

When a fetus is six months old or older, it has the capability (under the right conditions) of living on its own outside the mother. The destruction of such a fetus, therefore, would definitely be a form of murder. It is probably less appropriate to call the destruction of a sixteen-celled embryo a murder, but abortion of any fetus or embryo clearly involves the destruction of living human cells. And these human cells, if not threatened in one way or another, would definitely develop into a living human person.

Abortion, therefore, is clearly a violation of the Sixth Commandment, even though it may seem to be less "serious" when the life which is destroyed has barely begun.

y amable de tratar con una persona que sufre y que tiene poca o ninguna esperanza de volver a tener una vida significativa, productiva o feliz. En tal situación, la tentación es a menudo fuerte para poner una persona que sufre "fuera de su miseria" tan amorosamente y sin dolor y rápidamente como sea posible.

Cuando se enfrentan a este tipo de situación, muchos cristianos parecen no tener ningún problema en negar la alimentación, el oxígeno, la medicación o cualquier otra cosa que pueda mantener "artificialmente" a la persona que sufre con vida. Muchos de ellos probablemente también estarían de acuerdo en que es apropiado aliviar el sufrimiento o la miseria de una persona moribunda mediante la administración de medicamentos o mediante otros procedimientos, incluso si eso puede acortar un poco la vida de la persona.

Sin embargo, la mayoría de los cristianos parecen estar de acuerdo en que no tenemos derecho a terminar directa e intencionalmente con la vida de alguien simplemente porque juzgamos que la vida de esta persona ya no tiene ningún "valor". Cuando hacemos eso, tomamos el asunto de la vida y la muerte en nuestras propias manos en lugar de dejar humildemente y en oración este asunto tan significativo en las "manos de Dios".

ABORTO

Durante el último siglo, millones de bebés no nacidos han sido destruidos deliberadamente a través del aborto. De hecho, el aborto se ha convertido en algo tan común que se acaba deliberadamente con más vidas humanas a través del aborto que de cualquier otra forma, incluyendo guerras, hambrunas y desastres naturales.

A pesar de que la mayoría de las personas reconocen hoy en día que todo embrión y feto sano no necesita más que tiempo y alimentación para desarrollarse hasta convertirse en un bebé "normal", la mayoría de los gobiernos de todo el mundo aprueban el aborto -algunos de ellos aprueban el aborto incluso hasta el momento del posible nacimiento.

¿Debería considerarse el aborto como un asesinato?

Cuando un feto tiene seis meses o más, tiene la capacidad (en las condiciones adecuadas) de vivir por sí mismo fuera de la madre. Por lo tanto, la destrucción de un feto de este tipo sería definitivamente una forma de asesinato. Probablemente sea menos apropiado llamar asesinato a la destrucción de un embrión de dieciséis células, pero el aborto de cualquier feto o embrión implica claramente la destrucción de células humanas vivas. Y estas células humanas, si no se ven amenazadas de un modo u otro, se convertirían definitivamente en una persona humana viva.

Por lo tanto, el aborto es claramente una violación del Sexto Mandamiento, aunque pueda parecer menos "grave" cuando la vida que se destruye apenas ha comenzado.

Many Christians believe that abortion is legitimate when the life of the mother is genuinely at stake. That situation might then be somewhat comparable to killing an enemy in war or killing someone who is about to kill or seriously injure an innocent victim.

Some Christians believe that abortion is also permissible when a woman becomes pregnant through rape or incest. Others, however, strongly disagree. They believe that the origin of a new life does not provide sufficient grounds for deliberately ending that life. They also emphasize that many mothers who became pregnant through sinful or even terrifying circumstances are forever grateful that they kept their babies rather than aborting them—even though at one point they may have been strongly tempted to do so.

> When considering the deliberate destruction of a tiny embryo, therefore, the discussion should not revolve around the question whether or not abortion should be called "murder." Rather, the discussion should center on the legitimacy of destroying any human life in the process of development. The question people have to answer when contemplating abortion is this: Has God really given me or anyone else the right to destroy this human life?

OTHER VIOLATIONS OF THE SIXTH COMMANDMENT

Millions of unborn babies are destroyed by abortion. However, hundreds of thousands of children and adults also die because of hunger or poverty caused by selfish, indifferent, or unjust leaders. Many others die through preventable illnesses that have human solutions. Thousands of little children suffer premature deaths because of the lack of love and care. Many older people die because of neglect or indifference on the part of those who could care for them. Uncounted numbers of others are killed by terrorists. Many die in fires or accidents caused by the carelessness of others. Thousands die through the abuse of alcohol or drugs. Some experience early deaths because of foolish or sinful lifestyles. And some die from taking needless risks at work or play.

Many illnesses, of course, are not preventable, some sicknesses are incurable, some accidents are unavoidable, poverty is not always easy to overcome, and many things that lead to premature death are beyond human control. Still, the sixth commandment is sinfully violated in many ways other than throughout deliberate murder.

> *When people die "unnecessarily" because of human weakness, sin, neglect, indifference, or other failures, we usually do not consider such failures to be "murder" in the strictest sense of the word. However, they frequently represent a significant violation of the Sixth Commandment. And we should recognize that, repent of it, and seek to change what we can.*

Muchos cristianos creen que el aborto es legítimo cuando la vida de la madre está realmente en juego. Esa situación podría ser entonces algo comparable a matar a un enemigo en la guerra o a matar a alguien que está a punto de matar o herir gravemente a una víctima inocente.

Algunos cristianos creen que el aborto también es permisible cuando una mujer queda embarazada por violación o incesto. Otros, sin embargo, están en total desacuerdo. Creen que el origen de una nueva vida no es motivo suficiente para acabar deliberadamente con esa vida. También subrayan que muchas madres que se quedaron embarazadas en circunstancias pecaminosas o incluso aterradoras están eternamente agradecidas por haber conservado a sus bebés en lugar de abortarlos, aunque en un momento dado hayan tenido la fuerte tentación de hacerlo.

> Por lo tanto, al considerar la destrucción deliberada de un embrión diminuto, la discusión no debe girar en torno a la cuestión de si el aborto debe ser llamado "asesinato" o no. Más bien, la discusión debe centrarse en la legitimidad de destruir cualquier vida humana en proceso de desarrollo. La pregunta que la gente debe responder al contemplar el aborto es la siguiente: ¿Me ha dado Dios realmente a mí o a cualquier otra persona el derecho a destruir esta vida humana?

OTRAS VIOLACIONES DEL SEXTO MANDAMIENTO

Millones de bebés no nacidos son destruidos por el aborto. Sin embargo, cientos de miles de niños y adultos también mueren a causa del hambre o la pobreza provocada por líderes egoístas, indiferentes o injustos. Muchos otros mueren por enfermedades evitables que tienen soluciones humanas. Miles de niños pequeños sufren muertes prematuras por falta de amor y cuidados. Muchos ancianos mueren por la negligencia o la indiferencia de quienes podrían cuidarlos. Un número incalculable de otras personas mueren a manos de terroristas. Muchos mueren en incendios o accidentes causados por el descuido de otros. Miles mueren por el abuso de alcohol o drogas. Algunos mueren antes de tiempo por llevar un estilo de vida insensato o pecaminoso. Y otros mueren por correr riesgos innecesarios en el trabajo o el juego.

Muchas enfermedades, por supuesto, no se pueden prevenir, algunas enfermedades son incurables, algunos accidentes son inevitables, la pobreza no siempre es fácil de superar, y muchas cosas que conducen a la muerte prematura están fuera del control humano. Aun así, el sexto mandamiento se viola pecaminosamente de muchas maneras, además del asesinato deliberado.

> *. Cuando las personas mueren "innecesariamente" a causa de la debilidad humana, el pecado, la negligencia, la indiferencia u otros fallos, no solemos considerar esos fallos como "asesinato" en el sentido más estricto de la palabra. Sin embargo, con frecuencia representan una importante violación del Sexto Mandamiento. Y*

debemos reconocerlo, arrepentirnos de ello y tratar de cambiar lo que podamos.

OBEYING THE SIXTH COMMANDMENT

When we first read this commandment, we may think that it has little to do with our daily walk with God. Relatively few of us find "murdering" someone to be a major temptation. We may become angry with others and want to have nothing to do with them, but murder is rarely considered an "option" for us in dealing with bad relationships.

> *However, the Sixth Commandment does not only teach us to refrain from murdering others. It also teaches us the extremely high value of human life in God's sight and reminds us of our obligation to protect and preserve that life to the best of our ability. When people become indifferent to the multitude of preventable deaths taking place in the world, they are not taking the Sixth Commandment seriously—even if they never lift a finger or extend a hand to hurt anyone.*

The only way for us to truly observe the Sixth Commandment as God intended is to love others as we love ourselves. Unless we focus on that kind of love, we will always be subject to sinful anger, hatred, or indifference which may cause us to violate the Sixth Commandment in one way or another.

> When the Bible teaches us that we are to love others, it does not mean that we are expected to have warm and pleasant feelings about everyone. The simple truth is that not everyone is "likable" and not everyone is "lovely." Some people are self-centered, indifferent to the needs of others, irresponsible, unresponsive, and hard to get along with. They are not concerned about anyone else and they really don't care whether we like them or not.

The Sixth Commandment does not require us to be close friends with everyone, but it does require that we sincerely desire what is truly best for others and that we help them understand what is best and then to pursue what is best. This means that we will pray for them, encourage them to do what is right, help them when they are in need, and set an example for them of the kind of life that is pleasing to the Lord.

To live such a positive, God-pleasing, neighbor-serving life is definitely not possible in our own strength. We may not always be inclined to "hate" our unpleasant neighbors or fellow-workers, but neither are we naturally inclined to love them in the way God requires. It is humbling to acknowledge that, but we know it's true.

> In order to walk faithfully with God, therefore, we must focus more on God's undeserved love for us and less on the weaknesses and faults of others. According to Romans 5:6-8, God loved us while we were ungodly and sinners. According to 1 John 4:19, He

OBEDECIENDO EL SEXTO MANDAMIENTO

Cuando leemos por primera vez este mandamiento, podemos pensar que tiene poco que ver con nuestro camino diario con Dios. Relativamente pocos de nosotros consideramos que "asesinar" a alguien sea una tentación importante. Puede que nos enfademos con otros y que no queramos tener nada que ver con ellos, pero el asesinato rara vez se considera una "opción" para nosotros a la hora de afrontar las malas relaciones.

> *Sin embargo, el Sexto Mandamiento no sólo nos enseña a abstenernos de asesinar a otros. También nos enseña el altísimo valor de la vida humana a los ojos de Dios y nos recuerda nuestra obligación de proteger y preservar esa vida lo mejor que podamos. Cuando la gente se vuelve indiferente ante la multitud de muertes evitables que tienen lugar en el mundo, no están tomando en serio el Sexto Mandamiento, aunque nunca levanten un dedo ni extiendan una mano para hacer daño a nadie.*

La única manera de que guardemos verdaderamente el Sexto Mandamiento como Dios lo quiso es amar a los demás como nos amamos a nosotros mismos. A menos que nos centremos en ese tipo de amor, siempre estaremos sujetos a la ira pecaminosa, al odio o a la indiferencia, lo que puede hacernos violar el Sexto Mandamiento de una forma u otra.

> Cuando la Biblia nos enseña que debemos amar a los demás, no significa que se espera que tengamos sentimientos cálidos y agradables hacia todos. La simple verdad es que no todos son "agradables" y no todos son "encantadores". Algunas personas son egocéntricas, indiferentes a las necesidades de los demás, irresponsables, insensibles y difíciles de llevar. No se preocupan por los demás y les da igual que nos caigan bien o mal.

El sexto mandamiento no exige que seamos amigos íntimos de todo el mundo, pero sí requiere que deseemos sinceramente lo que es verdaderamente mejor para los demás y que les ayudemos a entender lo que es mejor y a buscar lo que es mejor. Esto significa que oraremos por ellos, les animaremos a hacer lo correcto, les ayudaremos cuando lo necesiten y les daremos ejemplo del tipo de vida que agrada al Señor.

Vivir una vida tan positiva, que agrade a Dios y que sirva al prójimo, definitivamente no es posible con nuestras propias fuerzas. Puede que no siempre estemos inclinados a "odiar" a nuestros vecinos o compañeros de trabajo desagradables, pero tampoco estamos naturalmente inclinados a amarlos de la manera que Dios requiere. Es humillante reconocerlo, pero sabemos que es cierto.

> Por lo tanto, para caminar fielmente con Dios, debemos centrarnos más en el amor inmerecido de Dios por nosotros y menos en las debilidades y faltas de los demás. Según Romanos

loved us before we loved Him or even knew Him! And in 1 John 3:16-18 we read: *"By this we know love, that he [Jesus Christ] laid down his life for us, and we ought to lay down our lives for the brothers Little children, let us not love in word or talk but in deed and in truth."*

So how can we best deal with those whom we would normally regard as enemies? By "loving them" as Christ loved us. If we are increasingly filled with the love of God and sincerely seek to walk daily with God, we must earnestly follow the teachings of Jesus who said, *"Love one another as I have loved you"* (John 15:12). If we do that, we will increasingly live as God intended us to live and joyfully walk with Him each step of the way.

5:6-8, Dios nos amó cuando éramos impíos y pecadores. Según 1 Juan 4:19, Él nos amó antes de que nosotros lo amáramos o lo conociéramos. Y en 1 Juan 3:16-18 leemos: *"En esto hemos conocido el amor, en que él [Jesucristo] puso su vida por nosotros; también nosotros debemos poner nuestras vidas por los hermanos, Hijitos míos, no amemos de palabra ni de lengua, sino de hecho y en verdad"*.

Entonces, ¿cuál es la mejor manera de tratar a quienes normalmente consideramos enemigos? "Amándolos" como Cristo nos amó. Si estamos cada vez más llenos del amor de Dios y buscamos sinceramente caminar diariamente con Dios, debemos seguir seriamente las enseñanzas de Jesús que dijo: *"Amaos los unos a los otros como yo os he amado"* (Juan 15:12). Si lo hacemos, viviremos cada vez más como Dios quería que viviéramos y caminaremos alegremente con Él a cada paso del camino.

LESSON EIGhT
DAILY BIBLE READINGS

Day 1

Day 2

Day 3

Day 4

Day 5

Day 6

Day 7

Genesis 1:26-27; Genesis 5:1; Psalm 8:3-5; 1 Corinthians 11:7;

James 3:9

Genesis 9:6; Exodus 21:12, 14, 23;
Leviticus 24:17;
Deuteronomy19:11-13

Exodus 21:15, 16, 17; Leviticus 24:13-16; Numbers 3:4;

Joshua 7:15, 24-25; 2 Kings 9:33; 2 Kings 11:15-16

Exodus 21:13; Numbers 35:10-34; Deuteronomy 4:41-42;

Joshua 20:1-6, 9

Leviticus 19:17; Proverbs 10:12; 1 Samuel 20:30-33;

2 Samuel 13:22, 28-29; 1 John 2:9-11; 1 John 3:11-15

Genesis 50:15-21; 2 Kings 6:18, 21-23; Proverbs 25:21;

Matthew 5:44; Luke 6:27-35

Psalm 103: 8-13; Mark 11:25; Luke 17:4; 1 Corinthians 13:4-7;

Ephesians 4:31-32; Colossians 3:13; 1 Thessalonians 5:15

LECCIÓN OCHO
LECTURAS BÍBLICAS DIARIAS

Day 1

Day 2

Day 3

Day 4

Day 5

Day 6

Day 7

Génesis 1:26-27; Génesis 5:1; Salmo 8:3-5; 1 Corintios 11:7;

Santiago 3:9

Génesis 9:6; Éxodo 21:12, 14, 23; Levítico 24:17;

Deuteronomio 19:11-13

Éxodo 21:15, 16, 17; Levítico 24:13-16; Números 3:4;

Josué 7:15, 24-25; 2 Reyes 9:33; 2 Reyes 11:15-16

Éxodo 21:13; Números 35:10-34; Deuteronomio 4:41-42;

Josué 20:1-6, 9

Levítico 19:17; Proverbios 10:12; 1 Samuel 20:30-33;

2 Samuel 13:22, 28-29; 1 Juan 2:9-11; 1 Juan 3:11-15

Génesis 50:15-21; 2 Reyes 6:18, 21-23; Proverbios 25:21;

Mateo 5:44; Lucas 6:27-35

Salmo 103: 8-13; Marcos 11:25; Lucas 17:4; 1 Corintios 13:4-7;

Efesios 4:31-32; Colosenses 3:13; 1 Tesalonicenses 5:15

LESSON EIGhT – TEST QUESTIONS	**LECCIÓN OCHO – PREGUNTAS DE PRUEBA**

<table>
<tr><td>

TrUE Or FaLSE

Circle T or F.

1. T F There is little difference between "You shall not kill" and "You shallnot murder."

2. T F Almost all the people in the Bible who were guilty of murdering someone were already noted for their violent natures.

3. T F In Genesis 9 we read that whoever sheds the blood of someone should be put to death because man is made in the image of God.

4. T F 1 John 3:15 teaches that "Everyone who hates his brother is a murderer."

5. T F There are no specific passages in the Old Testament where Godgave people permission to put someone to death except in war.

6. T F In one place or another in the Bible, someone was put to death for violating <u>any</u> of the Ten Commandments.

7. T F The Cities of Refuge in the Old Testament were places where people could go when they killed someone in a fit of anger or jealousy and were truly sorry for what they had done.

8. T F The Bible teaches that government authorities have the right to impose the death penalty.

9. T F The Bible does not condemn people for killing someone if that appears to be the only way they can defend themselves againsta violent attacker.

10. T F The Bible teaches that suicide is an unforgivable sin because a person cannot repent of it after the deed has been done.

</td><td>

VERDADERO O FALSO

Encierre con un círculo si es V o F.

1. V F Hay poca diferencia entre "No matarás" y "No asesinarás".

2. V F Casi todas las personas de la Biblia que fueron culpables de asesinar a alguien ya se destacaban por su naturaleza violenta.

3. V F En Génesis 9 leemos que quien derrame la sangre de alguien debe ser condenado a muerte porque el hombre está hecho a imagen de Dios.

4. V F 1 Juan 3:15 enseña que "todo el que odia a su hermano es un asesino".

5. V F No hay pasajes específicos en el Antiguo Testamento donde Dios dio permiso a la gente para dar muerte a alguien, excepto en la guerra.

6. V F En uno u otro lugar de la Biblia, alguien fue condenado a muerte por violar <u>alguno</u> de los Diez Mandamientos.

7. V F Las Ciudades de Refugio en el Antiguo Testamento eran lugares donde la gente podía ir cuando mataban a alguien en un ataque de ira o celos y estaban realmente arrepentidos de lo que habían hecho.

8. V F La Biblia enseña que las autoridades gubernamentales tienen el derecho de imponer la pena de muerte.

9. V F La Biblia no condena a las personas por matar a alguien si esa parece ser la única manera de defenderse de un atacante violento.

10. V F La Biblia enseña que el suicidio es un pecado imperdonable porque una persona no puede arrepentirse de él después de haber realizado el acto.

</td></tr>
</table>

OPCIÓN MÚLTIPLE

MULTIpLE ChOICE

Choose which of the three statements is correct. Circle A *or* B *or* C.

1. A. We read in Genesis that the first child born in the world was a murderer, but we do not read about any other <u>specific</u> murders again in the book of Genesis.

    B. The Bible does not <u>explicitly</u> condemn murder anywhere until the time when God gave the Ten Commandments to Moses.

    C. Moses himself was a murderer.

2. The Bible teaches that murder is wrong because:

    A. Most people who are murdered are actually good and constructivecitizens.

    B. Human beings are created in the image of God and are Hisrepresentatives on earth.

    C. No person is so bad that his life should be ended through murder.

3. A. The Bible rarely explicitly condemns hatred, since everyone already knows that hatred is serious and sinful.

    B. Hatred is the root of many sinful actions and is frequently condemnedin the Bible.

    C. There is never any place for anger in the life of a sincere Christiansince God is in control of everything.

4. A. The Bible teaches that there are times when the killing of someone is justified and even required.

    B. There are absolutely no times when killing is acceptable in the sightof God.

    C. In New Testament times God was willing to use people in His servicewho had been adulterers or liars or thieves, but He never used anyone who had been a murderer.

5. A. In Old Testament times, God commanded that all known murderers should be put to death.

OPCIÓN MÚLTIPLE

Elija cuál de las tres afirmaciones es correcta. Encierre en un círculo A o B o C.

1. A. Leemos en Génesis que el primer niño nacido en el mundo fue un asesino, pero no volvemos a leer sobre ningún otro asesinato <u>específico</u> en el libro del Génesis.

    B. La Biblia no condena <u>explícitamente</u> el asesinato en ninguna parte hasta el momento en que Dios dio los Diez Mandamientos a Moisés.

    C. Moisés mismo fue un asesino.

2. La Biblia enseña que el asesinato está mal porque:

    A. La mayoría de las personas que son asesinadas son en realidad ciudadanos buenos y constructivos.

    B. Los seres humanos son creados a la imagen de Dios y son sus representantes en la tierra.

    C. Ninguna persona es tan mala como para acabar con su vida mediante el asesinato.

3. A. La Biblia rara vez condena explícitamente el odio, pues todo el mundo ya sabe que el odio es grave y pecaminoso.

    B. El odio es la raíz de muchas acciones pecaminosas y es frecuentemente condenado en la Biblia.

    C. Nunca hay lugar para la ira en la vida de un cristiano sincero, ya que Dios tiene el control de todo.

4. A. La Biblia enseña que hay ocasiones en las que matar a alguien está justificado e incluso es necesario.

    B. No hay absolutamente ningún momento en el que matar sea aceptable a los ojos de Dios.

    C. En los tiempos del Nuevo Testamento Dios estaba dispuesto a usar a personas en su servicio que habían sido adúlteras o mentirosas o ladrones, pero nunca usó a nadie que hubiera sido un asesino.

5. A. En los tiempos del Antiguo Testamento, Dios ordenó que todos los asesinos conocidos fueran condenados a muerte.

B. God did not always command that murderers should be put to death.

C. God let some murderers escape the death penalty but He never permitted any of them to occupy a special role among His people ineither the Old Testament or new Testament.

6. A. There are some sincere Christians who believe that the deliberate killing of a human being is <u>always</u> wrong.

B. All sincere believers recognize that it is an abiding Biblical principle that "Whoever sheds the blood of man, by man shall his blood be shed."

C. The New Testament has several passages that clearly require the death penalty for murderers.

7. A. Abortion is not a violation of the Sixth Commandment since this Commandment refers only to "living persons."

B. Abortion is clearly permissible when a woman becomes pregnant through circumstances over which she has no control.

C. The Bible does not explicitly present any circumstances under which

abortion is acceptable in the sight of God.

8. A. It is not wrong to deliberately withhold food and drink and oxygen ormedicine from someone who is in misery, desires to die, and has noknown prospects of ever getting better.

B. We should seek to keep sick people alive in every possible way, even though a person is in misery and is ready and even eager to die, since GOD, not man, is the one to determine how long a personlives.

C. God has given us the right to deliberately end the life of someone who, for any reason, is ready and eager to die.

9. A. The Sixth Commandment refers <u>only</u> to the <u>deliberate</u> taking of a human life in one way or another.

B. The Sixth Commandment has significant implications for the waywe deal with poverty, hunger and the deaths of people becauseof injustice, neglect,

B. Dios no siempre ordenó que los asesinos fueran condenados a muerte.

C. Dios permitió que algunos asesinos escaparan de la pena de muerte, pero nunca permitió que ninguno de ellos ocupara un papel especial entre su pueblo, ni en el Antiguo ni en el Nuevo Testamento.

6. A. Hay algunos cristianos sinceros que creen que el asesinato deliberado de un ser humano <u>siempre</u> está mal.

B. Todos los creyentes sinceros reconocen que es un principio bíblico permanente que "Quien derrame la sangre de un hombre, por el hombre será derramada su sangre".

C. El Nuevo Testamento tiene varios pasajes que claramente requieren la pena de muerte para los asesinos.

7. A. El aborto no es una violación del Sexto Mandamiento ya que este Mandamiento se refiere sólo a "personas vivas".

B. El aborto es claramente permisible cuando una mujer queda embarazada por circunstancias sobre las que no tiene control.

C. La Biblia no presenta explícitamente ninguna circunstancia bajo la cual el aborto es aceptable a los ojos de Dios.

8. A. No es malo negar deliberadamente la comida y la bebida y el oxígeno o la medicina a alguien que está en la miseria, desea morir y no tiene perspectivas conocidas de mejorar.

B. Debemos tratar de mantener vivos a los enfermos de todas las maneras posibles, aunque la persona esté en la miseria y esté lista y hasta deseosa de morir, ya que DIOS, y no el hombre, es el que determina cuánto tiempo vive una persona.

C. Dios nos ha dado el derecho de terminar deliberadamente con la vida de alguien que, por cualquier razón, está listo y deseoso de morir.

9. A. El Sexto Mandamiento se refiere <u>solamente</u> a la toma <u>deliberada</u> de una vida humana de una manera u otra.

B. El Sexto Mandamiento tiene implicaciones significativas en la forma en que tratamos la pobreza, el hambre y las muertes de personas a causa de la injusticia, la

preventable sickness and other causes of premature death.

C. It's good and helpful if we try to spare the lives of people from deaththrough poverty, hunger, unjust laws, or things we can change, but these things have nothing to do with the Sixth Commandment.

10. A. The opposite of killing unjustly is to love others and to seek their well-being in every positive way.

C. It is neither helpful nor wise to confuse or compare this Commandment with Jesus' teaching that we should love one another.

D. The Heidelberg Catechism is wrong when it teaches that "In forbidding murder, God teaches us that He abhors the root of murder, as envy,hatred, anger, and desire of revenge; and that He accounts all these as murder."

LESSON EIGhT – aDDITIONaL QUESTIONS

1. A. What is the Sixth Commandment?

   B. Why should we not read this commandment this way: "You shall notkill"?

2. A. Who were the first two murderers mentioned in the Bible?

   B. Did they have the same motive for killing someone?

3. A. What does Jeremiah 17:9 teach us about the heart of man?

   B. What does Jesus teach us about the human heart in Matthew15:19?

4. What fundamental reason is given in Genesis 1 and James 3 why murder is so significant in the sight of God?

5. A. Name three important leaders in the Bible who were guilty ofmurder.

   B. Why do you think these leaders were <u>not</u> put to death for their sin?

6. In what significant way is murder different from such sins as lying, stealing, or coveting?

7. A. According to the Bible, what is the basic root of murder?

negligencia, las enfermedades evitables y otras causas de muerte prematura.

C. Es bueno y útil que tratemos de evitar que la gente muera a causa de la pobreza, el hambre, las leyes injustas o las cosas que podemos cambiar, pero estas cosas no tienen nada que ver con el Sexto Mandamiento.

10. A. Lo contrario de matar injustamente es amar a los demás y buscar su bienestar en todos los sentidos positivos.

B. No es útil ni sabio confundir o comparar este Mandamiento con la enseñanza de Jesús de que debemos amarnos unos a otros.

C. El Catecismo de Heidelberg se equivoca cuando enseña que "Al prohibir el asesinato, Dios nos enseña que aborrece la raíz del asesinato, como la envidia, el odio, la ira y el deseo de venganza; y que considera todo esto como asesinato".

LECCIÓN OCHO – PREGUNTAS ADICIONALES

1. A. ¿Cuál es el sexto mandamiento?

   B. ¿Por qué no debemos leer este mandamiento de la siguiente manera: "No matarás"?

2. A. ¿Quiénes fueron los dos primeros asesinos mencionados en la Biblia?

   B. ¿Tenían el mismo motivo para matar a alguien?

3. A. ¿Qué nos enseña Jeremías 17:9 sobre el corazón del hombre?

   B. ¿Qué nos enseña Jesús sobre el corazón del hombre en Mateo 15:19?

4. ¿Cuál razón fundamental se da en Génesis 1 y Santiago 3 por la que el asesinato es tan importante a los ojos de Dios?

5. A. Nombra tres líderes importantes en la Biblia que fueron culpables de asesinato.

   B. ¿Por qué crees que estos líderes no fueron condenados a muerte por su pecado?

6. ¿En qué sentido el asesinato es diferente de pecados como la mentira, el robo o la codicia?

7. A. Según la Biblia, ¿cuál es la raíz básica del asesinato?

   B. Escribe dos pasajes que respalden tu respuesta.
   (1)

B. Write out two passages
that support your answer.
(1)

(2)

8. A. How would you describe hatred?

B. What does 1 John 4:20 teach us about hatred?

9. List five different ways in which people may
be guilty of violating the spirit or intention of
the Sixth Commandment without actually
murdering anyone.

A.

B.

C.

D.

E.

10. A. Which of the following statements do you
think is most correct? Circle 1 or 2 or 3.

1. "If God commanded or approved
something in the Old Testament, it is
obviously an eternal truth which is still
valid for us today."

2. "Very little in the Old Testament is of
any value in helping us to understand
God's will for us today."

3. "The Old Testament has much value for
us today, but we should be careful not to
use every statement or command in the
O.T. as a guide for us today."

B. Please give the reason for your answer.

11. On various occasions God permitted and even
commanded His people in the Old Testament
to utterly destroy their enemies. Why do you
think He did this?

12. A. Give three examples of people in
the Bible who were killed for
violating God's commands. Also
state which command they
violated.

(1)

(2)

(3)

B. Do you think people should be killed for
violating those commands today?

(2)

8. A. ¿Cómo describirías al odio?

B. ¿Qué nos enseña 1 Juan 4:20 sobre el odio?

9. Enlista cinco maneras diferentes en que las
personas pueden ser culpables de violar el
espíritu o la intención del Sexto Mandamiento
sin asesinar realmente a nadie.

A.

B.

C.

D.

E.

10. A. ¿Cuál de las siguientes afirmaciones te
parece más correcta? Marca con un círculo
el 1, 2 o 3.

1. "Si Dios ordenó o aprobó algo en el
Antiguo Testamento, es obviamente
una verdad eterna que sigue siendo
válida para nosotros hoy".

2. "Muy poco en el Antiguo Testamento
tiene valor para ayudarnos a entender
la voluntad de Dios para nosotros hoy."

3. "El Antiguo Testamento tiene mucho
valor para nosotros hoy, pero debemos
tener cuidado de no usar cada
declaración o mandato en el Antiguo
Testamento como una guía para
nosotros hoy."

B. Por favor, justifica tu respuesta.

11. En varias ocasiones Dios permitió e incluso
ordenó a su pueblo en el Antiguo Testamento
que destruyera completamente a sus enemigos.
¿Por qué crees que lo hizo?

12. A. Da tres ejemplos de personas en la Biblia que
fueron asesinadas por violar los mandatos de
Dios. Indica también cuál mandamiento violaron.

(1)

(2)

(3)

B. ¿Crees que hoy en día se debería matar a la
gente por violar esos mandamientos?

C. Por favor, justifica tu respuesta.

13. ¿Qué eran las "Ciudades de Refugio" en el
Antiguo Testamento?

135

C. Please give the reason for your answer.

13. What were the "Cities of Refuge" in the Old Testament?

14. A. What does Romans 13:1-4 teach about the rights of civilauthorities?

    B. Do you think today's civil authorities have the same rights?

    C. Please give the reason for your answer.

15. A. Do you think there is such a thing as a "just war"?

    B. Please give the reason for your answer.

    C. How would you determine whether a particular war was "just" ornot?

16. A. Do you think it's possible to kill an enemy "unjustly" even if the waritself is considered to be "just"?

    B. Please explain your answer and give an example to support your position.

17. A. Since the Bible does not contain any specific verse that says: "You shall not abort an unborn baby," do you think there are any biblical grounds to oppose abortion?

    B. Please give the reason for your answer.

18. The Sixth Commandment forbids murder. What are some <u>positive</u> thingswhich are required by this Commandment? (You should not depend totally on the Lesson notes for your answer here.)

19. The Bible teaches us that we should "love our enemies."

    A. What do you think that means?

    B. Loving our enemies is very difficult. What kinds of things will help us love them the way God wants us to?

20. A. In general, do you think it is fairly easy or quite difficult to obey the Sixth Commandment?

    B.Please give the reason for your answer.

QUESTIONS FOr rEFLECTION Or DISCUSSION

Do you agree with the following five statements? Please evaluate each of them in the light of the Bible's teachings.

1. "The Bible tells that we should do to others as

14. A. ¿Qué enseña Romanos 13:1-4 sobre los derechos de las autoridades civiles?

    B. ¿Crees que las autoridades civiles de hoy tienen los mismos derechos?

    C. Por favor, justifica tu respuesta.

15. A. ¿Crees que existe la "guerra justa"?

    B. Por favor, justifica tu respuesta.

    C. ¿Cómo determinarías si una guerra concreta es "justa" o no?

16. A. ¿Crees que es posible matar a un enemigo "injustamente" aunque la propia guerra se considere "justa"?

    B. Justifica tu respuesta y pon un ejemplo que respalde tu posición.

17. A. Dado que la Biblia no contiene ningún versículo específico que diga: "No abortarás a un bebé no nacido", ¿crees que hay alguna base bíblica para oponerse al aborto?

    B. Por favor, justifica tu respuesta.

18. El sexto mandamiento prohíbe el asesinato. ¿Cuáles son algunas cosas <u>positivas</u> que exige este mandamiento? (No debes depender totalmente de las notas de la lección para tu respuesta aquí).

19. La Biblia nos enseña que debemos "amar a nuestros enemigos".

    A. ¿Qué crees que significa eso?

    B. Amar a nuestros enemigos es muy difícil. ¿Qué tipo de cosas nos ayudarán a amarlos como Dios quiere que lo hagamos?

20. A. En general, ¿crees que es bastante fácil o bastante difícil obedecer el Sexto Mandamiento?

    B. Por favor, justifica tu respuesta.

PREGUNTAS PARA REFLEXIONAR O DISCUTIR

¿Estás de acuerdo con las cinco afirmaciones siguientes? Por favor, evalúa cada una de ellas a la luz de las enseñanzas de la Biblia.

1. "La Biblia dice que debemos hacerle a los demás lo que quisiéramos que nos hicieran a nosotros. Pues bien, si yo sufriera mucho y no tuviera ninguna esperanza de volver a ponerme bien, sin duda querría que alguien

we would have them do to us. Well, if I were suffering greatly and had no hope of ever getting well again, I would definitely want someone to mercifully end my life. Therefore, I have both the right and the obligation to end the suffering ofsomeone else who has no hope of recovery."

2. "Murder is clearly wrong in the sight of God. But war, under certain circumstances is definitely not wrong. Even though the situation in NewTestament times is different from that in the Old Testament, we have both the right and duty to go to war if that is the only way to promote justice and freedom. The Bible never forbids war, and circumstances sometimes require it."

3. "When the Bible tells us to love our enemies, that's good. However, in many situations it is totally unrealistic. Since there are many evil peoplein the world, for us to love them would be not only impossible but totallywrong. God wants us to get rid of evil people and their doings, not love them! He made that very clear in the Bible."

4. "Mercy and forgiveness are more important than justice or retribution. When we kill or destroy our enemies (whether personal enemies or national enemies), we make it impossible for them to repent of what they have done and we take away all possibility of repentance and forgiveness. That is hardly the way of the Gospel. Jesus could easily have killed the people who were putting Him to death, but He chosenot to do so. We should follow the way of Jesus and not the way of the world."

5. "Abortion of unborn babies who could live on their own outside their mother's womb is clearly wrong. However, it's not always wrong to destroy a tiny embryo which is only a few days or even a few weeks old.There's some kind of growing life there, but it certainly can't be identifiedas a person. The Sixth Commandment has nothing to say about that. When the embryo is so very tiny, we should look at other factors such asthe physical and emotional health of the mother to determine whether abortion is wise or not. It just doesn't make much sense to appeal to theSixth Commandment under such circumstances."

acabara misericordiosamente con mi vida. Por lo tanto, tengo tanto el derecho como la obligación de acabar con el sufrimiento de otra persona que no tiene esperanza de recuperarse."

2. "El asesinato es claramente malo a los ojos de Dios. Pero la guerra, bajo ciertas circunstancias, definitivamente no es mala. Aunque la situación en los tiempos del Nuevo Testamento es diferente a la del Antiguo Testamento, tenemos tanto el derecho como el deber de ir a la guerra si esa es la única manera de promover la justicia y la libertad. La Biblia nunca prohíbe la guerra, y las circunstancias a veces la requieren."

3. "Cuando la Biblia nos dice que amemos a nuestros enemigos, está bien. Sin embargo, en muchas situaciones es totalmente irreal. Dado que hay mucha gente mala en el mundo, que los amemos no sólo sería imposible sino totalmente equivocado. Dios quiere que nos deshagamos de la gente mala y de sus acciones, ¡no que los amemos! Lo dejó muy claro en la Biblia".

4. "La misericordia y el perdón son más importantes que la justicia o la retribución. Cuando matamos o destruimos a nuestros enemigos (ya sean enemigos personales o nacionales), hacemos imposible que se arrepientan de lo que han hecho y les quitamos toda posibilidad de arrepentimiento y perdón. Ese no es el camino del Evangelio. Jesús podría haber matado fácilmente a las personas que le estaban dando muerte, pero decidió no hacerlo. Debemos seguir el camino de Jesús y no el del mundo".

5. "El aborto de bebés no nacidos que podrían vivir por sí mismos fuera del vientre de su madre está claramente mal. Sin embargo, no siempre está mal destruir un embrión diminuto de pocos días o incluso de pocas semanas. Ahí hay algún tipo de vida en crecimiento, pero ciertamente no puede identificarse como una persona. El sexto mandamiento no dice nada al respecto. Cuando el embrión es tan diminuto, debemos considerar otros factores, como la salud física y emocional de la madre, para determinar si el aborto es prudente o no. No tiene mucho sentido apelar al Sexto Mandamiento en esas circunstancias".

THE SEVENTH COMMANDMENT
Lesson Nine

EL SÉPTIMO MANDAMIENTO
Lección Nueve

Introduction

The Seventh Commandment reads very simply: "You shall not commit adultery." This Commandment refers to an area of life that is very personal, very sensitive, and very important. Sexual activity provides blessing, joy, and delight when pursued in the way God intends. But it often results in guilt, sickness, suffering, and even death when pursued in ways that God forbids.

SEX IS A BLESSING AND A GIFT FROM GOD

Sex is a wonderful creation and gift of God. He created sex to be a pleasurable experience for both men and women within the bonds of marriage. In fact, many people regard marital sex as one of the greatest pleasures people can enjoy in this world.

> Some people believe that the only purpose for sexual activity is to bring children into the world. But that's not what the Bible teaches. The Song of Solomon, for example, beautifully describes the pure and passionate love of a man and a woman for each other (Song of Solomon 4:1-12; 6:2-9; 7:1-13). Other passages in the Bible also state or imply that the special joys and blessings of marital sex are good in themselves (Proverbs 5:15-19; Ecclesiastes 9:9; Deuteronomy 24:5). God provided sex as a gift to be enjoyed.

But sex does more than provide pleasure. Married people who are faithful to each other find that their sexual relationship deepens their love for each other and strengthens their commitment to one another. Sexual love is precious. It is also exclusive. Neither husbands nor wives should ever be willing to share their special love with anyone else. It is theirs alone.

> It's also important to remember that God intended that both wives and husbands should enjoy the marriage relationship. Sexual pleasure is not the special privilege of men who are given wives simply for their personal enjoyment. Sexual pleasure is a two-way street—not a one lane road.

That does not mean that the sexual drives and desires of husbands and wives will always be the same. They often aren't. But neither husbands nor wives should ever take advantage of their spouses or make unreasonable demands on them. And, except for very good reasons, neither spouse should deny the other person the pleasure he or she desires.

Introducción

El Séptimo Mandamiento dice muy sencillamente: "No cometerás adulterio". Este mandamiento se refiere a un área de la vida que es muy personal, muy sensible y muy importante. La actividad sexual proporciona bendición, alegría y deleite cuando se lleva a cabo de la manera que Dios quiere. Pero a menudo resulta en culpa, enfermedad, sufrimiento, e incluso la muerte cuando se persigue en formas que Dios prohíbe.

EL SEXO ES UNA BENDICIÓN Y UN REGALO DE DIOS

El sexo es una maravillosa creación y un regalo de Dios. Él creó el sexo para que fuera una experiencia placentera tanto para el hombre como para la mujer dentro de los vínculos del matrimonio. De hecho, muchas personas consideran el sexo conyugal como uno de los mayores placeres que se pueden disfrutar en este mundo.

> Algunas personas creen que el único propósito de la actividad sexual es traer hijos al mundo. Pero eso no es lo que enseña la Biblia. El Cantar de los Cantares, por ejemplo, describe maravillosamente el amor puro y apasionado de un hombre y una mujer entre sí (Cantar de los Cantares 4:1-12; 6:2-9; 7:1-13). Otros pasajes de la Biblia también afirman o dan a entender que las alegrías y bendiciones especiales del sexo conyugal son buenas en sí mismas (Proverbios 5:15-19; Eclesiastés 9:9; Deuteronomio 24:5). Dios proporcionó el sexo como un regalo para ser disfrutado.

Pero el sexo hace algo más que proporcionar placer. Las personas casadas que son fieles el uno al otro descubren que su relación sexual profundiza su amor por el otro y fortalece su compromiso mutuo. El amor sexual es precioso. También es exclusivo. Ni los esposos ni las esposas deberían estar dispuestos a compartir su amor especial con nadie más. Es sólo para ellos.

> También es importante recordar que la intención de Dios es que tanto las esposas como los esposos disfruten de la relación matrimonial. El placer sexual no es un privilegio especial de los hombres que reciben a las esposas simplemente para su disfrute personal. El placer sexual es una calle de doble sentido, no una carretera de un solo carril.

Eso no significa que los impulsos y deseos sexuales de los esposos y las esposas sean siempre los mismos. A menudo no lo son. Pero ni los maridos ni las esposas deberían nunca aprovecharse de sus cónyuges o exigirles cosas poco razonables. Y, salvo por muy buenas

Sex within marriage is not some kind of "reward" or "bargaining chip". Rather, each spouse should be sensitive to the needs and desires of the other and show the partner genuine love and thoughtful consideration. Marital partners are not to be selfishly used. They are to be faithfully loved, emotionally enjoyed, and thoughtfully served (1 Corinthians 7:3-5; Ephesians 5:25-33; 1 Peter 3:7).

SEX CAN BE A SOURCE OF SUFFERING AND SORROW

After sin entered the world, many people sought to satisfy their sexual desires in ways that did not please the Lord. As a result, the original purpose of sex was distorted. Sexual desires often led to physical harm, psychological stress, jealousy, betrayal, despair, brokenness, prostitution, rape, disease, and even death. Sexual sins also resulted in the judgment and punishment of God (Leviticus 20:10-21; Ephesians 5:5-7; 1 Thessalonians 4:3-7).

> When God gave the Seventh Commandment, therefore, He did not do so to keep people from enjoying the gift of sex. Rather, He gave this command to help people enjoy this gift in the best way possible.

If people would choose to use sex in ways that God did not intend, He knew that the negative results would be many and that sorrow and pain would multiply. So God graciously provided a "fence" or a boundary line which could help people stay away from situations where sex would become a curse rather than a blessing.

> Sometimes sex outside of marriage may temporarily seem even more pleasurable or more thrilling than sex within marriage. One reason for this is that extra-marital affairs offer the excitement of something new and secret and different. Forbidden things often provide a special attraction and an aura of mystery that promise a unique kind of pleasure. As Proverbs 9:17 says, "*Stolen water is sweet, and bread eaten in secret is pleasant.*"

Besides, many people feel that sex outside of marriage provides them with pleasure without responsibility. This is especially true of men. Many men will lure women into a sexual relationship through promises or flattery but will then leave them to deal on their own with any hurtful consequences that may result from their relationship. Or they may pay for sex without any real consideration of the needs and concerns of the person they get involved with. They selfishly and sinfully use others for the sole purpose of satisfying their own sexual desires.

> Unbridled sexual passion can easily become a powerful master. And it often is—both for men and women. Many of those who have come under its control eventually find themselves in the valley of sorrow, guilt or despair. And millions of people become

razones, ninguno de los cónyuges debe negar al otro el placer que desea.

> El sexo dentro del matrimonio no es una especie de "recompensa" o "moneda de cambio". Más bien, cada cónyuge debe ser sensible a las necesidades y deseos del otro y mostrarle un amor genuino y una consideración atenta. Los cónyuges no deben ser utilizados egoístamente. Deben ser amados fielmente, disfrutados emocionalmente y servidos con consideración (1 Corintios 7:3-5; Efesios 5:25-33; 1 Pedro 3:7).

EL SEXO PUEDE SER UNA FUENTE DE SUFRIMIENTO Y PENA

Después de que el pecado entró en el mundo, muchas personas buscaron satisfacer sus deseos sexuales de maneras que no agradaban al Señor. Como resultado, el propósito original del sexo fue distorsionado. Los deseos sexuales a menudo condujeron a daños físicos, estrés psicológico, celos, traición, desesperación, ruptura, prostitución, violación, enfermedad e incluso la muerte. Los pecados sexuales también provocaban el juicio y el castigo de Dios (Levítico 20:10-21; Efesios 5:5-7; 1 Tesalonicenses 4:3-7).

> Por lo tanto, cuando Dios dio el Séptimo Mandamiento, no lo hizo para evitar que la gente disfrutara del don del sexo. Más bien, dio este mandamiento para ayudar a la gente a disfrutar de este don de la mejor manera posible.

Si la gente eligiera usar el sexo en formas que Dios no pretendía, Él sabía que los resultados negativos serían muchos y que la pena y el dolor se multiplicarían. Por eso, Dios proporcionó una "valla" o una línea divisoria que podría ayudar a las personas a mantenerse alejadas de situaciones en las que el sexo se convertiría en una maldición en lugar de una bendición.

> A veces el sexo fuera del matrimonio puede parecer temporalmente más placentero o más emocionante que el sexo dentro del matrimonio. Una de las razones es que las relaciones extramatrimoniales ofrecen la emoción de algo nuevo, secreto y diferente. Las cosas prohibidas a menudo proporcionan una atracción especial y un aura de misterio que prometen un tipo de placer único. Como dice Proverbios 9:17: " *Las aguas hurtadas son dulces, y el pan comido en oculto es sabroso*".

Además, muchas personas sienten que el sexo fuera del matrimonio les proporciona placer sin responsabilidad. Esto es especialmente cierto en el caso de los hombres. Muchos hombres atraen a las mujeres a una relación sexual a través de promesas o halagos, pero luego las dejan lidiar solas con cualquier consecuencia perjudicial que pueda resultar de su relación. O pueden pagar por sexo sin ninguna consideración real de las necesidades y preocupaciones de la persona con la que se involucran. Utilizan egoísta y pecaminosamente a otros con el único propósito de satisfacer sus propios deseos sexuales.

> La pasión sexual desenfrenada puede convertirse fácilmente en un poderoso amo. Y a menudo lo es, tanto para los hombres como para las mujeres. Muchos de los que han caído bajo su control acaban encontrándose en el valle del dolor, la culpa o la

infected with sexually transmitted diseases which lead to great suffering and even death.

The Bible, therefore, does not forbid sexual relations outside of marriage because these relations will never produce pleasure or delight. Rather, the Bible teaches that sex outside of marriage will eventually be *harmful* both for those who pursue it and for society as a whole—even if it may initially bring pleasure or excitement. Even when the negative results of sexual sins are not immediately apparent, they will eventually bring many sad and hurtful results as history has demonstrated over and over again. God wants sex to be a blessing, not a curse.

> The Bible, therefore, explicitly condemns adultery in both the Old and New Testaments (Jeremiah 5:7-8; Hebrews 13:4; 1 Corinthians 6:9- 10), and views adultery as being so significant that it sometimes uses the term "adultery" to describe the lives of people who have forsaken the Lord and worship or follow other gods (Jeremiah 3:6-10, 14; 9:2, 23:10; Hosea 2:2).

OTHER SEXUAL SINS AND FAILURES

Unmarried persons who have sex with each other may technically not be guilty of the sin of adultery, but the Seventh Commandment clearly implies that any sexual relationship outside of marriage is contrary to the will of God.

> In Leviticus 20:10-21, Moses refers to sexual relationships with close relatives (outside of marriage), relationships with animals, relationships that take place at inappropriate times in a woman's life cycle, and relationships with people of the same gender (homosexuality). The Bible also refers in various passages to "fornication" which is generally understood to refer to sexual intercourse between unmarried people (1 Corinthians 6:15-18; 10:8; Acts 15:20). In addition, the Bible refers to personal prostitution (Proverbs 7:6-27), "ritual" prostitution (Deuteronomy 23:17-18), and rape (Deuteronomy 22:25-29). All such sexual activities are strongly condemned by the Lord.

There are many people who sincerely desire to stay away from sexual intercourse outside of marriage but find their sex drives so powerful that it seems almost impossible to stay celibate until marriage. Not only are their sexual drives very strong, their lives are often bombarded with sexual temptations as well as with opportunities to get involved in one form of sexual activity or another.

Some persons who sincerely want to honor the Lord in their sex life will allow themselves to get involved in certain sexual activities, such as self-stimulation or pornography, which do not actually end in sexual intercourse. By doing so, they contend that they have not violated the Seventh Commandment. Most Christians, however, recognize that these activities often

desesperación. Y millones de personas se infectan con enfermedades de transmisión sexual que conducen a un gran sufrimiento e incluso a la muerte.

Por lo tanto, la Biblia no prohíbe las relaciones sexuales fuera del matrimonio porque estas relaciones nunca producirán placer o deleite. Más bien, la Biblia enseña que las relaciones sexuales fuera del matrimonio acabarán siendo perjudiciales tanto para los que las practican como para la sociedad en su conjunto, aunque al principio puedan producir placer o excitación. Incluso cuando los resultados negativos de los pecados sexuales no son inmediatamente aparentes, eventualmente traerán muchos resultados tristes y dañinos, como la historia ha demostrado una y otra vez. Dios quiere que el sexo sea una bendición, no una maldición.

> Por lo tanto, la Biblia condena explícitamente el adulterio tanto en el Antiguo como en el Nuevo Testamento (Jeremías 5:7-8; Hebreos 13:4; 1 Corintios 6:9- 10), y considera que el adulterio es tan importante que a veces utiliza el término "adulterio" para describir la vida de las personas que han abandonado al Señor y adoran o siguen a otros dioses (Jeremías 3:6-10, 14; 9:2, 23:10; Oseas 2:2).

OTROS PECADOS Y FRACASOS SEXUALES

Las personas no casadas que mantienen relaciones sexuales entre sí pueden no ser técnicamente culpables del pecado de adulterio, pero el Séptimo Mandamiento implica claramente que cualquier relación sexual fuera del matrimonio es contraria a la voluntad de Dios.

> En Levítico 20:10-21, Moisés se refiere a las relaciones sexuales con parientes cercanos (fuera del matrimonio), a las relaciones con animales, a las relaciones que tienen lugar en momentos inapropiados del ciclo vital de la mujer y a las relaciones con personas del mismo sexo (homosexualidad). La Biblia también se refiere en varios pasajes a la "fornicación", que generalmente se entiende como una relación sexual entre personas no casadas (1 Corintios 6:15-18; 10:8; Hechos 15:20). Además, la Biblia se refiere a la prostitución personal (Proverbios 7:6-27), la prostitución "ritual" (Deuteronomio 23:17-18) y la violación (Deuteronomio 22:25-29). Todas estas actividades sexuales son fuertemente condenadas por el Señor.

Hay muchas personas que desean sinceramente mantenerse alejadas de las relaciones sexuales fuera del matrimonio, pero encuentran que sus impulsos sexuales son tan poderosos que parece casi imposible mantenerse célibes hasta el matrimonio. No sólo sus impulsos sexuales son muy fuertes, sino que sus vidas son a menudo bombardeadas con tentaciones sexuales, así como con oportunidades para involucrarse en una forma de actividad sexual u otra.

Algunas personas que desean sinceramente honrar al Señor en su vida sexual se permitirán involucrarse en ciertas actividades sexuales, como la auto-estimulación o la pornografía, que no terminan en una relación sexual. Al hacerlo, sostienen que no han violado el Séptimo Mandamiento. La mayoría de los cristianos, sin

involve an unholy lust. And Jesus clearly taught in Matthew 5:28 that *"Everyone who looks at a woman with lustful intent has already committed adultery with her in his heart."*

Moreover, giving in to sexual temptation of any kind often results in a sense of personal weakness and failure. In Romans 6:11-14 and 19-22 Paul warns against becoming enslaved to any weakness or sin that masters us. And in 1 Corinthians 6:18-19 he writes that our bodies are *"a temple of the Holy Spirit"* and should not be used for sinfully sexual activities.

> If we habitually give in to one temptation, we may make it much easier to give in to other temptations as well. If, on the other hand, we are able with God's help to resist temptations in regard to our sex life, it will likely be easier to develop self-discipline in other areas as well. As one song writer put it: "Yield not to temptation, for yielding is sin. Each victory will help you some other to win."

HOMOSEXUALITY

Homosexuality (sex between people of the same gender) has long been condemned but has become increasingly common and accepted in many parts of the world. In some areas it is also now legally approved. Men are permitted to "marry" men and women are permitted to "marry" women and are given the same rights and privileges under the law that men and women have who are married to each other.

> Regrettably, homosexuality is also being increasingly practiced and approved in some churches. Those churches or "leaders" who approve of homosexual activity and homosexual marriage often try to "explain away" what the Bible says. They contend that the homosexuality condemned by the Bible is different from the homosexuality practiced by two people today who "love" each other and wish to marry each other and remain "faithful" to each other. Most churches, however, (at least until recently) recognize that the Bible clearly condemns homosexuality of any kind. (See Leviticus 18:22; 20:13; Romans1:26- 27; 1 Corinthians 6:9-11.)

It is also important to recognize the difference between homosexual "orientation" and homosexual "practice." Christians who recognize this distinction seek to be understanding and helpful as they deal with people who are homosexually "oriented" but who sincerely desire and seek to remain sexually celibate. They show love and compassion to those who are struggling and they encourage them to seek help from individuals or organizations that provide special counseling for those who sincerely desire to stay away from sexual activities that the Bible condemns.

> In this regard, it is important to remember that homosexuals are not the only people who struggle with their sexual desires and drives. Many heterosexuals do too, including those who are married. These people, just as homosexuals, are frequently

embargo, reconocen que estas actividades a menudo implican una lujuria impía. Y Jesús enseñó claramente en Mateo 5:28 que *"Cualquiera que mira a una mujer para codiciarla, ya adulteró con ella en su corazón"*.

Además, ceder a la tentación sexual de cualquier tipo a menudo resulta en una sensación de debilidad y fracaso personal. En Romanos 6:11-14 y 19-22, Pablo advierte que no debemos esclavizarnos a cualquier debilidad o pecado que nos domine. Y en 1 Corintios 6:18-19 escribe que nuestros cuerpos son *"templo del Espíritu Santo"* y no deben utilizarse para actividades sexuales pecaminosas.

> Si cedemos habitualmente a una tentación, podemos hacer que sea mucho más fácil ceder a otras tentaciones también. Si, por el contrario, somos capaces, con la ayuda de Dios, de resistir las tentaciones en lo que respecta a nuestra vida sexual, probablemente será más fácil desarrollar la autodisciplina en otras áreas también. Como dice una canción: "No cedas a la tentación, porque ceder es pecado. Cada victoria te ayudará a ganar alguna otra".

HOMOSEXUALIDAD

La homosexualidad (sexo entre personas del mismo sexo) ha sido condenada durante mucho tiempo, pero se ha convertido en algo cada vez más común y aceptado en muchas partes del mundo. En algunas zonas también está aprobada legalmente. A los hombres se les permite "casarse" con hombres y a las mujeres se les permite "casarse" con mujeres y se les conceden los mismos derechos y privilegios ante la ley que tienen los hombres y las mujeres que están casados entre sí.

> Lamentablemente, la homosexualidad también se está practicando y aprobando cada vez más en algunas iglesias. Esas iglesias o "líderes" que aprueban la actividad homosexual y el matrimonio homosexual a menudo tratan de "explicar" lo que dice la Biblia. Sostienen que la homosexualidad condenada por la Biblia es diferente de la homosexualidad practicada por dos personas hoy en día que se "aman" y desean casarse y permanecer "fieles" el uno al otro. Sin embargo, la mayoría de las iglesias (al menos hasta hace poco) reconocen que la Biblia condena claramente la homosexualidad de cualquier tipo. (Véase Levítico 18:22; 20:13; Romanos1:26- 27; 1 Corintios 6:9-11).

También es importante reconocer la diferencia entre la "orientación" homosexual y la "práctica" homosexual. Los cristianos que reconocen esta distinción buscan ser comprensivos y útiles cuando tratan con personas que tienen una "orientación" homosexual pero que sinceramente desean y buscan permanecer sexualmente célibes. Muestran amor y compasión a aquellos que están luchando y les animan a buscar ayuda de individuos u organizaciones que proporcionan asesoramiento especial para aquellos que sinceramente desean mantenerse alejados de las actividades sexuales que la Biblia condena.

> A este respecto, es importante recordar que los homosexuales no son las únicas personas que luchan con sus deseos e impulsos sexuales. Muchos heterosexuales también lo hacen, incluso los

tempted to fulfill their sexual desires in sinful ways. However, with God's help, they earnestly seek to control their sexual activity and make a strong effort to stay away from every situation that would tempt them to become involved in any activity that does not please the Lord.

HELP IN DEALING WITH SEXUAL TEMPTATIONS

If we truly want to have a joyful walk with the Lord in the area of sexual morality, there are things we can do to help us walk with God rather than walk away from Him. It may not be possible to avoid all temptations in regard to sexual immorality, but there definitely are things which can help us stay away from temptation and also help us to overcome temptation.

> We are once again reminded of the words of Paul in 1 Corinthians 10:13: *"No temptation has overtaken you that is not common to man. God is faithful, and he will not let you be tempted beyond your ability, but with the temptation he will also provide the way of escape, that you may be able to endure it."*

Included among the guidelines that will help us walk with God in this area are the following.

1) Be very careful what you look *at* and what you look *for*!

Most people recognize that many sexual temptations come through the "eye gate." Explicit and alluring sexual images are presented in the movies, over television, on computers, in magazines, on the stage, and in various other ways. Styles and standards of dress often permit thoughtless or provocative women to present alluring exposures of themselves. And pornography of every kind is readily available to anyone who wants to view it.

What once was secret or hidden is now often aggressively promoted and publicly displayed. Pornography boldly invades many homes and corrupts many hearts. It frequently and very often quickly creates sinful desires that pollute minds, destroy marriages, and ruin lives. Hundreds of thousands of people, including Christian leaders, have been led astray by it.

> Though men and women may both be lured by pornography or other visual temptations, men are particularly sensitive to sensual stimuli that come into their minds through their eyes. That's why women in certain cultures are required to cover their bodies and their faces so as not to lead men into temptation. That's also why Jesus warned men against looking upon a woman with lustful eyes. He said, *"I say to you that everyone who looks at a woman with lustful intent has already committed adultery with her in his heart"* (Matthew 5:28).

Already in the Old Testament, when visual temptations were far less, Job declared, *"I made a covenant with my eyes not to look lustfully at a girl"* (Job 31:1). Pornography is both subtle and powerful. It quickly takes hold of a

que están casados. Estas personas, al igual que los homosexuales, se ven frecuentemente tentadas a satisfacer sus deseos sexuales de forma pecaminosa. Sin embargo, con la ayuda de Dios, buscan seriamente controlar su actividad sexual y hacen un gran esfuerzo para mantenerse alejados de toda situación que los tiente a involucrarse en cualquier actividad que no agrade al Señor.

AYUDA PARA HACER FRENTE A LAS TENTACIONES SEXUALES

Si realmente queremos tener un camino gozoso con el Señor en el área de la moralidad sexual, hay cosas que podemos hacer para ayudarnos a caminar con Dios en lugar de alejarnos de Él. Puede que no sea posible evitar todas las tentaciones con respecto a la inmoralidad sexual, pero definitivamente hay cosas que pueden ayudarnos a mantenernos alejados de la tentación y también ayudarnos a superar la tentación.

> Una vez más recordamos las palabras de Pablo en 1 Corintios 10:13: *" No os ha sobrevenido ninguna tentación que no sea humana; pero fiel es Dios, que no os dejará ser tentados más de lo que podéis resistir, sino que dará también juntamente con la tentación la salida, para que podáis soportar".*

Entre las pautas que nos ayudarán a caminar con Dios en esta área se encuentran las siguientes.

1) ¡Ten mucho cuidado con lo que miras y lo que buscas!

La mayoría de la gente reconoce que muchas tentaciones sexuales entran por la "puerta de los ojos". Las imágenes sexuales explícitas y seductoras se presentan en el cine, en la televisión, en los ordenadores, en las revistas, en el escenario y de varias otras maneras. Los estilos y las normas de vestimenta a menudo permiten a las mujeres irreflexivas o provocativas presentar exposiciones seductoras de sí mismas. Y la pornografía de todo tipo está fácilmente disponible para cualquiera que quiera verla.

Lo que antes era secreto u oculto, ahora se promueve agresivamente y se exhibe públicamente. La pornografía invade audazmente muchos hogares y corrompe muchos corazones. Con frecuencia y muy a menudo crea rápidamente deseos pecaminosos que contaminan las mentes, destruyen los matrimonios y arruinan las vidas. Cientos de miles de personas, incluyendo líderes cristianos, han sido desviados por ella.

> Aunque tanto los hombres como las mujeres pueden ser atraídos por la pornografía u otras tentaciones visuales, los hombres son particularmente sensibles a los estímulos sensuales que llegan a sus mentes a través de sus ojos. Por eso, en algunas culturas, las mujeres deben cubrirse el cuerpo y el rostro para no hacer caer a los hombres en la tentación. También por eso Jesús advirtió a los hombres que no debían mirar a una mujer con ojos lujuriosos. Dijo: *"Os digo que cualquiera que mira a una mujer para codiciarla, ya adulteró con ella en su corazón"* (Mateo 5:28).

Ya en el Antiguo Testamento, cuando las tentaciones visuales eran mucho menores, Job declaró: *"Hice pacto*

person but it does not quickly let him go. As Ecclesiastes 1:8 teaches, *"The eye is not satisfied with seeing."* And Proverbs 27:20 adds, *"Never satisfied are the eyes of man."*

> You may feel that you personally could never become a victim of pornography and therefore can safely look at it just a little. But many men who are now addicted to pornography began by looking at it "just a little." Many of them became addicted much more quickly than they could ever have imagined. And the result has often been a terrible bondage from which they find it extremely difficult to escape.

Both men and women should make "a covenant" with their eyes to dwell only upon those things that are pleasing to the Lord. Anyone who is genuinely serious about keeping his sex life pleasing to the Lord cannot simply "look where he pleases" and expect to remain sexually pure. Make a covenant with your eyes—and keep it!

2) Stay away from *companions* who might lead you astray.

To the Corinthians Paul wrote, *"I wrote to you in my letter not to associate with sexually immoral people"* (1 Corinthians 5:9-11). To the Ephesians he wrote, *"For you may be sure of this, that everyone who is sexually immoral or impure . . . has no inheritance in the kingdom of Christ and God. Let no one deceive you with empty words . . . do not become partners with them"* (Ephesians 5:5-7). To the Corinthians he wrote, *"Do not be deceived: 'Bad company ruins good morals'"* (1 Corinthians 15:33). And in Proverbs 12:26 we read, *"One who is righteous is a guide to his neighbor, but the way of the wicked leads them astray."*

Those who are serious about pleasing God in their lives must be on guard against people who might lead them into sin. It's important for us to witness to those who do not know or love the Lord, but we must be extremely careful not to get entangled in their sinful activities. Many a person has found that his "good intentions" led to a sad and sinful end.

> There are clearly some people who are able to witness to those who are living immoral lives without being tempted by them. But not everyone can. Be extremely wise when you choose your friends. Some friends can help you walk with the Lord. Others will lead you away from Him. In 1 Thessalonians 4: 3-7 Paul wrote, *"This is the will of God . . . that you abstain from sexual immorality; that each one of you know how to control his own body in holiness and honor, not in the passion of lust like [those] who do not know God; that no one transgress and wrong his brother in this matter . . . For God has not called us for impurity, but in holiness."* Those who deliberately tempt others to sin through their actions, looks, speech, dress, or in other ways, are as guilty as those who fall into sin through their temptation. If you don't want to fall, don't run around with people who may become a stumbling block rather than a stepping stone.

con mis ojos; ¿Cómo, pues, había yo de mirar a una virgen?"* (Job 31:1). La pornografía es tan sutil como poderosa. Se apodera rápidamente de una persona, pero no la deja ir rápidamente. Como enseña Eclesiastés 1:8: *"Nunca se sacia el ojo de ver"*. Y Proverbios 27:20 añade: *"Así los ojos del hombre nunca están satisfechos"*.

> Es posible que pienses que nunca podrías ser víctima de la pornografía y, por lo tanto, puedes mirar con seguridad sólo un poco. Pero muchos hombres que ahora son adictos a la pornografía comenzaron mirando "sólo un poco". Muchos de ellos se volvieron adictos mucho más rápido de lo que jamás hubieran podido imaginar. Y el resultado ha sido a menudo una terrible esclavitud de la que les resulta extremadamente difícil escapar.

Tanto los hombres como las mujeres deberían hacer "un pacto" con sus ojos para detenerse sólo en aquellas cosas que son agradables al Señor. Cualquiera que se tome realmente en serio el mantener su vida sexual agradable al Señor no puede simplemente "mirar donde le plazca" y esperar permanecer sexualmente puro. Haz un pacto con tus ojos, ¡y cúmplelo!

2) Aléjate de los compañeros que puedan llevarte por el mal camino

Pablo le escribió a los Corintios: *"Os he escrito por carta, que no os juntéis con los fornicarios"* (1 Corintios 5:9-11). A los efesios les escribió: *"Porque sabéis esto, que ningún fornicario, o inmundo... tiene herencia en el reino de Cristo y de Dios. Nadie os engañe con palabras vanas... no seáis, pues, partícipes con ellos"* (Efesios 5:5-7). A los corintios les escribió: *"No erréis; las malas conversaciones corrompen las buenas costumbres"* (1 Corintios 15:33). Y en Proverbios 12:26 leemos: *"El justo sirve de guía a su prójimo; Mas el camino de los impíos les hace errar"*.

Aquellos que se toman en serio la idea de agradar a Dios en sus vidas deben estar en guardia contra las personas que pueden llevarles al pecado. Es importante que testifiquemos a aquellos que no conocen o no aman al Señor, pero debemos tener mucho cuidado de no enredarnos en sus actividades pecaminosas. Muchas personas han encontrado que sus "buenas intenciones" los llevaron a un final triste y pecaminoso.

> Está claro que hay personas que son capaces de dar testimonio de los que llevan una vida inmoral sin dejarse tentar por ellos. Pero no todos pueden hacerlo. Sé extremadamente sabio cuando elijas a tus amigos. Algunos amigos pueden ayudarte a caminar con el Señor. Otros te alejarán de Él. En 1 Tesalonicenses 4: 3-7 Pablo escribió: *"Esta es la voluntad de Dios... que os apartéis de fornicación; que cada uno de vosotros sepa tener su propia esposa en santidad y honor; no en pasión de concupiscencia, como los gentiles que no conocen a Dios; que ninguno agravie ni engañe en nada a su hermano... pues no nos ha llamado Dios a inmundicia, sino a santificación"*. Aquellos que deliberadamente tientan a otros a pecar a través de sus acciones, miradas, discurso, vestimenta, o de otras maneras, son tan culpables como aquellos que caen en pecado a través de su tentación. Si no quieres caer, no te juntes

3) Stay away from *places* that may easily lead you into sin.

Some places are dens of iniquity. These places should definitely be off- limits to most Christians. It's wonderful if someone is strong enough morally and spiritually to minister effectively in these places, but many Christians aren't. Places where people are likely to become intoxicated, or where drugs are readily available, or where the music is seductive, or where the atmosphere is clearly not God-glorifying are not the kinds of places where believers should spend their leisure or social time.

> It's foolish to deceive ourselves into thinking that we are beyond the reach of temptation in such places. Some of us may be, but many of us aren't. In 1 Corinthians 10:12 Paul wrote, *"Therefore let anyone who thinks that he stands take heed lest he fall."*

Some Christians, like spiritual doctors or nurses, may be called to work in places where moral illness and sickness abound. But those who are not called or qualified to be in such places should clearly stay away from them. As Proverbs 6:27-28 remind us: *"Can a man carry fire next to his chest and his clothes not be burned? Or can one walk on hot coals and his feet not be scorched?"* It's extremely important to make sure that you are definitely stronger than "the lions" if you choose to walk into the lions' den!

4) Resist the Devil and Flee from Temptation.

God has promised to help us when we face temptations that take us by surprise or when we wrestle with sins we hate. However, God expects and commands us to flee from evil, to stay away from all known sin or places of sin, and to resist the devil.

Old Testament References

In the book of Proverbs, we read in chapters 5, 6 and 7 about the lures and wiles of a prostitute. Young men are strongly challenged to stay away from her. Young men are sometimes naïve. Prostitutes rarely are. They are cunning, seductive, and skilled in their trade. When a man is in the presence of an attractive prostitute, his own passions are often strong. The prostitute has a cool head and is looking only for personal gain.

> Proverbs 7:24-27 reads: *"And now, O sons, listen to me, and be attentive to the words of my mouth. Let not your heart turn aside to her ways; do not stray into her paths, for many a victim has she laid low, and all her slain are a mighty throng. Her house is the way to Sheol, going down to the chambers of death."*

con personas que puedan convertirse en piedra de tropiezo en lugar de piedra angular.

3) Aléjate de los lugares que puedan conducirte fácilmente al pecado

Algunos lugares son antros de iniquidad. Estos lugares deberían estar definitivamente fuera de los límites de la mayoría de los cristianos. Es maravilloso si alguien es lo suficientemente fuerte moral y espiritualmente para ministrar efectivamente en estos lugares, pero muchos cristianos no lo son. Los lugares donde es probable que la gente se intoxique, o donde las drogas están fácilmente disponibles, o donde la música es seductora, o donde la atmósfera claramente no glorifica a Dios, no son el tipo de lugares donde los creyentes deben pasar su tiempo de ocio o social.

> Es tonto engañarnos pensando que estamos fuera del alcance de la tentación en tales lugares. Algunos de nosotros pueden estarlo, pero muchos no lo están. En 1 Corintios 10:12, Pablo escribió: "*Así que, el que piensa estar firme, mire que no caiga*".

Algunos cristianos, como médicos o enfermeras espirituales, pueden ser llamados a trabajar en lugares donde abundan las enfermedades morales. Pero aquellos que no son llamados o no están calificados para estar en tales lugares deben claramente mantenerse alejados de ellos. Como nos recuerda Proverbios 6:27-28 "*¿Tomará el hombre fuego en su seno sin que sus vestidos ardan? ¿Andará el hombre sobre brasas sin que sus pies se quemen?*". ¡Es extremadamente importante asegurarse de que eres definitivamente más fuerte que "los leones" si decides entrar en la guarida de los leones!

4) Resiste al diablo y huye de la tentación

Dios ha prometido ayudarnos cuando enfrentamos tentaciones que nos toman por sorpresa o cuando luchamos con pecados que odiamos. Sin embargo, Dios espera y nos ordena que huyamos del mal, que nos alejemos de todo pecado conocido o de los lugares de pecado, y que resistamos al diablo.

Referencias del Antiguo Testamento

En el libro de los Proverbios, leemos en los capítulos 5, 6 y 7 sobre los engaños y artimañas de una prostituta. A los jóvenes se les insta a mantenerse alejados de ella. Los jóvenes a veces son ingenuos. Las prostitutas rara vez lo son. Son astutas, seductoras y hábiles en su oficio. Cuando un hombre está en presencia de una prostituta atractiva, sus propias pasiones suelen ser fuertes. La prostituta tiene la cabeza fría y sólo busca el beneficio personal.

> Proverbios 7:24-27 dice: "*Ahora pues, hijos, oídme, y estad atentos a las razones de mi boca. No se aparte tu corazón a sus caminos; no yerres en sus veredas. Porque a muchos ha hecho caer heridos, y*

Anyone who is captured by the enticements of a prostitute is described in these words:

"He dies for lack of discipline, and because of his great folly he is led astray." Proverbs 5:23

New Testament References

"Be sober-minded; be watchful. Your adversary the devil prowls around like a roaring lion, seeking someone to devour. Resist him, firm in your faith, knowing that the same kinds of suffering are being experienced by your brotherhood throughout the world." 1 Peter 5:8-9

"Submit yourselves therefore to God. Resist the devil, and he will flee

from you. Draw near to God, and he will draw near to you." James 4:7-8

"Put on the whole armor of God, that you may be able to stand against the schemes of the devil." Ephesians 6:11

"Give no opportunity to the devil." Ephesians 4:27

"In all circumstances take up the shield of faith, with which you can

extinguish all the flaming darts of the evil one." Ephesians 6:16

Our Lord knows that the power of temptation is both real and strong. In Hebrews 4:15-16 we read, *"For we do not have a high priest who is unable to sympathize with our weaknesses, but one [Jesus] who in every respect has been tempted as we are, yet without sin. Let us then with confidence draw near to the throne of grace, that we may receive mercy and find grace to help in time of need."*

In 1 Corinthians 10:13 we read that God graciously provides a way out of temptation for those who love and trust Him. But His help is not automatic. Whenever we face temptation, we must earnestly seek to win a victory over it, humbly ask God for His help, and then immediately do whatever we can to flee from the temptation.

In sexual matters, if you take one step in the wrong direction, it's very easy to take the second step . . . and then the third. And from there it's usually downhill. Once you are on the road to getting sexual satisfaction, it's extremely hard to stop or turn back. That's why it's so very important not to take the first step. Resist the temptation. Trust in the Lord, and flee for your spiritual life!

If we "play" with temptation or take a step or two in its direction, our mind and body are already being primed to give in to it. God may still graciously rescue us from it, and He often does, but by toying with temptation, we "ask" for trouble, and the way of escape may be hard to find.

We read of people in the Bible who gave in to sexual temptation and suffered greatly for it. (See, for example, the story of David in 2 Samuel 11:1-5; 12:9-12.) However, we rarely or never read of anyone who strongly resisted temptation, prayed earnestly to the Lord for victory over it, but was still defeated by it. God promises to answer

aun los más fuertes han sido muertos por ella. Camino al Seol es su casa, que conduce a las cámaras de la muerte."

Cualquiera que sea capturado por las seducciones de una prostituta es descrito con estas palabras:

"Él morirá por falta de corrección, y errará por lo inmenso de su locura." Proverbios 5:23

Referencias del Nuevo Testamento

"Sed sobrios, y velad; porque vuestro adversario el diablo, como león rugiente, anda alrededor buscando a quien devorar; al cual resistid firmes en la fe, sabiendo que los mismos padecimientos se van cumpliendo en vuestros hermanos en todo el mundo." 1 Pedro 5:8-9

"Someteos, pues, a Dios; resistid al diablo, y huirá de vosotros. Acercaos a Dios, y él se acercará a vosotros." Santiago 4:7-8

"Vestíos de toda la armadura de Dios, para que podáis estar firmes contra las asechanzas del diablo." Efesios 6:11

"Ni deis lugar al diablo." Efesios 4:27

"Sobre todo, tomad el escudo de la fe, con que podáis apagar todos los dardos de fuego del maligno." Efesios 6:16

Nuestro Señor sabe que el poder de la tentación es real y fuerte. En Hebreos 4:15-16 leemos: *"Porque no tenemos un sumo sacerdote que no pueda compadecerse de nuestras debilidades, sino uno que fue tentado en todo según nuestra semejanza, pero sin pecado. Acerquémonos, pues, confiadamente al trono de la gracia, para alcanzar misericordia y hallar gracia para el oportuno Socorro."*

En 1 Corintios 10:13 leemos que Dios provee gentilmente una salida a la tentación para aquellos que lo aman y confían en Él. Pero su ayuda no es automática. Siempre que nos enfrentemos a la tentación, debemos buscar seriamente ganar una victoria sobre ella, pedir humildemente a Dios su ayuda, y luego hacer inmediatamente lo que podamos para huir de la tentación.

En materia sexual, si das un paso en la dirección equivocada, es muy fácil dar el segundo paso... y luego el tercero. Y a partir de ahí suele ser cuesta abajo. Una vez que estás en el camino de la satisfacción sexual, es extremadamente difícil parar o volver atrás. Por eso es tan importante no dar el primer paso. Resiste la tentación. Confía en el Señor y huye por tu vida espiritual.

Si "jugamos" con la tentación o damos un paso o dos en su dirección, nuestra mente y cuerpo ya están siendo preparados para ceder a ella. Dios puede rescatarnos gentilmente de ella, y a menudo lo hace, pero al jugar con la tentación, "pedimos" problemas, y el camino de escape puede ser difícil de encontrar.

En la Biblia leemos sobre personas que cedieron a la tentación sexual y sufrieron mucho por ello. (Véase, por ejemplo, la historia de David en 2 Samuel 11:1-5; 12:9-

our prayers and to help us in our times of special need—and He does! (Psalm 6:6-9; 28:1, 6-7; 66:18-20).

5) Faithfully practice self-discipline and self-control.

Paul wrote that believers should "learn to control" their own body in a way that is holy and honorable. Such control does not come automatically or easily. It is something that requires sincere and disciplined effort. It is something to be learned. But it is worth all the effort it may take, if we truly seek to live the pure life to which God has called us.

> In 1 Thessalonians 4:3-7, Paul wrote, *"For this is the will of God, your sanctification: that you abstain from sexual immorality; that each one of you know how to control his own body in holiness and honor, not in the passion of lust like the Gentiles who do not know God; . . . God has not called us for impurity, but in holiness."*
>
> In 1 Corinthians 9:25-27 we read, *"Every athlete exercises self-control in all things. They do it to receive a perishable wreath, but we an imperishable. So I do not run aimlessly; I do not box as one beating the air. But I discipline my body and keep it under control, lest after preaching to others I myself should be disqualified."*

Paul does not mean that we should deliberately hurt ourselves physically in order to resist temptation, but he uses the example of a boxer who disciplines his body so that he may be as effective as possible when he fights. Our efforts to develop self-discipline and self-control should be serious and consistent even though these efforts may be "painful" at times. We should never take sin lightly or deal with temptation as if it really doesn't matter very much whether we win or lose. Winning is very important! Every time!

6) Make yourself accountable to some mature Christian partners.

If you are serious about winning a victory over temptation, you would do well to become part of a small "accountability" group with whom you regularly meet to discuss your temptations, victories and failures (Proverbs 9:9; 12:15; 19:20).

> Accountability partners should be mature, disciplined Christians who are patient, sincere, understanding, honest and prayerful. Such partners will listen thoughtfully to each other, take each person's needs and concerns seriously, admonish one another when necessary, counsel and advise each other when possible, and pray frequently and fervently for each other. Everyone in the group should be totally honest, completely humble, pledged to confidentiality, and open to suggestion, correction, and counsel.

12.) Sin embargo, rara vez o nunca leemos de alguien que resistió fuertemente la tentación, oró fervientemente al Señor para que la venciera, pero aun así fue derrotado por ella. Dios promete responder a nuestras oraciones y ayudarnos en nuestros momentos de especial necesidad, ¡y lo hace! (Salmo 6:6-9; 28:1, 6-7; 66:18-20).

5) Practicar fielmente la autodisciplina y el autocontrol

Pablo escribió que los creyentes deben "aprender a controlar" su propio cuerpo de manera santa y honorable. Tal control no viene automáticamente o fácilmente. Es algo que requiere un esfuerzo sincero y disciplinado. Es algo que hay que aprender. Pero vale la pena todo el esfuerzo que pueda tomar, si realmente buscamos vivir la vida pura a la que Dios nos ha llamado.

> En 1 Tesalonicenses 4:3-7, Pablo escribió, *"pues la voluntad de Dios es vuestra santificación; que os apartéis de fornicación; que cada uno de vosotros sepa tener su propia esposa en santidad y honor; no en pasión de concupiscencia, como los gentiles que no conocen a Dios; . . . Pues no nos ha llamado Dios a inmundicia, sino a santificación."*
>
> En 1 Corintios 9:25-27 leemos, *"Todo aquel que lucha, de todo se abstiene; ellos, a la verdad, para recibir una corona corruptible, pero nosotros, una incorruptible. Así que, yo de esta manera corro, no como a la ventura; de esta manera peleo, no como quien golpea el aire, sino que golpeo mi cuerpo, y lo pongo en servidumbre, no sea que habiendo sido heraldo para otros, yo mismo venga a ser eliminado."*

Pablo no quiere decir que debamos dañarnos físicamente de forma deliberada para resistir la tentación, sino que utiliza el ejemplo de un boxeador que disciplina su cuerpo para ser lo más eficaz posible cuando pelea. Nuestros esfuerzos por desarrollar la autodisciplina y el autocontrol deben ser serios y constantes, aunque estos esfuerzos puedan ser "dolorosos" a veces. Nunca debemos tomar el pecado a la ligera ni enfrentarnos a la tentación como si realmente no importara mucho si ganamos o perdemos. ¡Ganar es muy importante! ¡Siempre! emotionally enjoyed

6) Hazte responsable ante tus compañeros cristianos maduros

Si te tomas en serio el ganar una victoria sobre la tentación, harías bien en formar parte de un pequeño grupo de "rendición de cuentas" con el que te reúnas regularmente para hablar de tus tentaciones, victorias y fracasos (Proverbios 9:9; 12:15; 19:20).

> Los compañeros de redención de cuentas deben ser cristianos maduros y disciplinados que sean pacientes, sinceros, comprensivos, honestos y que oren. Dichos compañeros se escucharán mutuamente, tomarán en serio las necesidades y preocupaciones de cada uno, se amonestarán mutuamente cuando sea necesario, se aconsejarán y aconsejarán cuando sea posible, y orarán frecuente y fervientemente por los demás. Todos

Regrettably, not everyone is "comfortable" with an accountability group. Some people are more eager to *hide* their failures and struggles than they are to find a victory over them. Such people, however, will often find it very difficult to win a victory over their sexual temptations. Some may never find a victory at all.

Accountability partners not only help each other stay away from places or people that would likely lead them into sin. They also help each other find and pursue enjoyable and meaningful activities that will enable them to use their drive and energies in constructive, meaningful and positive ways.

> When you know that you will have to give an account of yourself not only to God but also to other people, you will usually think twice before getting involved in something you know is wrong.

7)   Carefully control your thought life.

Temptations are everywhere. It's almost impossible to avoid them altogether. However, we can develop a pattern of thinking which will help us resist temptations when we face them. First of all, we should try to fill our minds with positive, holy, and pure thoughts so that there is less time, less room, and less desire for things which are unholy and impure (Philippians 4:8). Deliberately daydreaming about forbidden things will make us much more susceptible to temptation when we encounter it.

Sometimes we may unintentionally see or come across something which is very alluring and very provocative. If we have not been disciplined in our thought life, there will probably be a strong temptation to dwell on it for a while. But if we do, we will easily be led into sin by it—whether it be the sin of lustful looking or sinful thinking or inappropriate action. Therefore, *before* we encounter unexpected temptations of this kind, it's important for us to determine how we will respond to them. If our thought life is under control, it will be much easier to turn away from these temptations rather than giving in to them.

> Paul wrote, *"I appeal to you therefore, brothers, by the mercies of God, to present your bodies as a living sacrifice, holy and acceptable to GodDo not be conformed to this world, but be transformed by the renewal of your mind, that by testing you may discern what is thewill of God, what is good and acceptable and perfect"* (Romans 12:1,2).

> John wrote, *"For all that is in the world—the desires of the flesh and the desires of the eyes and pride of life—is not from the Father but is from the world. And the world is passing away along with its*

los miembros del grupo deben ser totalmente honestos, completamente humildes, comprometidos con la confidencialidad y abiertos a las sugerencias, correcciones y consejos.

Lamentablemente, no todo el mundo se siente "cómodo" con un grupo de responsabilidad. Algunas personas están más dispuestas a *ocultar* sus fracasos y luchas que a encontrar una victoria sobre ellos. Estas personas, sin embargo, a menudo encontrarán muy difícil ganar una victoria sobre sus tentaciones sexuales. Algunos pueden no encontrar nunca una victoria en absoluto.

Los compañeros de rendición de cuentas no sólo se ayudan mutuamente a mantenerse alejados de los lugares o las personas que podrían llevarlos al pecado. También se ayudan mutuamente a encontrar y realizar actividades agradables y significativas que les permitan utilizar su impulso y sus energías de forma constructiva, significativa y positiva.

> Cuando uno sabe que tendrá que dar cuenta de sí mismo no sólo ante Dios, sino también ante otras personas, normalmente se lo pensará dos veces antes de involucrarse en algo que sabe que está mal.

7)   Controlar cuidadosamente tu vida mental

Las tentaciones están en todas partes. Es casi imposible evitarlas por completo. Sin embargo, podemos desarrollar un patrón de pensamiento que nos ayude a resistir las tentaciones cuando las enfrentemos. En primer lugar, debemos tratar de llenar nuestra mente con pensamientos positivos, santos y puros, para que haya menos tiempo, menos espacio y menos deseo de cosas impías e impuras (Filipenses 4:8). Fantasear deliberadamente con cosas prohibidas nos hará mucho más susceptibles a la tentación cuando la encontremos.

A veces podemos ver o encontrarnos involuntariamente con algo que es muy seductor y muy provocativo. Si no hemos sido disciplinados en nuestra vida de pensamiento, probablemente habrá una fuerte tentación de detenernos en ello por un tiempo. Pero si lo hacemos, fácilmente seremos llevados al pecado por ello, ya sea el pecado de la mirada lujuriosa o el pensamiento pecaminoso o la acción inapropiada. Por lo tanto, antes de encontrarnos con tentaciones inesperadas de este tipo, es importante que determinemos cómo vamos a responder a ellas. Si nuestra vida de pensamientos está bajo control, será mucho más fácil alejarnos de estas tentaciones en lugar de ceder a ellas.

> Pablo escribió, *"Así que, hermanos, os ruego por las misericordias de Dios, que presentéis vuestros cuerpos en sacrificio vivo, santo, agradable a Dios, que es vuestro culto racional. No os conforméis a este siglo, sino transformaos por medio de la renovación de vuestro entendimiento, para que comprobéis cuál sea la buena voluntad de Dios, agradable y perfecta"* (Romanos 12:1, 2).

desires, but whoever does the will of God abides forever" (1 John 2:16-17).

The Psalmist wrote: *"Keep back your servant also from presumptuous sins; let them not have dominion over me. Then I shall be blameless, and innocent of great transgression. Let the words of my mouth and the meditation of my heart be acceptable in your sight, O LORD, my rock and my redeemer"* (Psalm 19:13-14).

Learn to *think* right so that you can *live* right!

8) Read, study, and memorize the Scriptures.

When Jesus was tempted by Satan in the wilderness, he responded to Satan's temptations by quoting from the Old Testament (Luke 4:1-13). The Bible tells us that we can use the Scriptures in the same way.

In Psalm 119:9 we read, *"How can a young man keep his way pure? By guarding it according to your word."* Psalm 119:11 reads, *"I have stored up your word in my heart, that I might not sin against you."* And in Psalm 119:104-105 we read, *"Through your precepts I get understanding; therefore I hate every false way. Your word is a lamp to my feet and a light to my path."*

9) BELIEVE that it is possible to win a victory over sexual temptation.

We do not help ourselves or anyone else by minimizing the seriousness or the power of sexual temptations. But neither do we help anyone if we believe or teach that there is nothing we can do to win a victory over such temptations.

We should continually remind ourselves and others that God has promised to provide a way out of temptation and to give us a victory over it (1 Corinthians 10:13).

One of the finest examples of victory over sexual temptation is found in the Old Testament story of Joseph. Joseph was a young man who had been sold by his brothers into slavery in Egypt. While living in this land far away from his friends, family and homeland, he became a servant in the home of a prominent Egyptian official. Joseph was not only young but very handsome and attractive to the roving eyes of his master's wife. While her husband was working, she repeatedly tempted Joseph to have sex with her (Genesis 39:6-12). Many people might feel that Joseph had nothing to lose and a lot to gain by giving in to the temptation. His master's wife was likely very attractive and none of his friends or family would ever know what he had done. Besides, the woman would likely never tell her husband.

But Joseph did not even think about giving in to the temptation. His heart was pure and his mind was set. He not only resisted the temptation, but he boldly gave the reason why he did so, ending

Juan escribió, *"Porque todo lo que hay en el mundo, los deseos de la carne, los deseos de los ojos, y la vanagloria de la vida, no proviene del Padre, sino del mundo. Y el mundo pasa, y sus deseos; pero el que hace la voluntad de Dios permanece para siempre"* (1 Juan 2:16-17).

El salmista escribió: *"Preserva también a tu siervo de las soberbias; que no se enseñoreen de mí; entonces seré íntegro, y estaré limpio de gran rebelión. Sean gratos los dichos de mi boca y la meditación de mi corazón delante de ti, Oh Jehová, roca mía, y redentor mío"* (Salmos 19:13-14).

¡Aprende a *pensar* bien para poder vivir bien!

8) Leer, estudiar y memorizar las Escrituras

Cuando Jesús fue tentado por Satanás en el desierto, respondió a las tentaciones de Satanás citando el Antiguo Testamento (Lucas 4:1-13). La Biblia nos dice que podemos utilizar las Escrituras de la misma manera.

En el Salmo 119:9 leemos, *"¿Con qué limpiará el joven su camino? Con guardar tu palabra."* En el Salmo 119:11 leemos, *"En mi corazón he guardado tus dichos, para no pecar contra ti."* Y en el Salmo 119:104-105 leemos, *"De tus mandamientos he adquirido inteligencia; por tanto, he aborrecido todo camino de mentira. Lámpara es a mis pies tu palabra, y lumbrera a mi camino."*

9) CREE que es posible obtener una victoria sobre la tentación sexual

No nos ayudamos a nosotros mismos ni a nadie minimizando la gravedad o el poder de las tentaciones sexuales. Pero tampoco ayudamos a nadie si creemos o enseñamos que no hay nada que podamos hacer para ganar una victoria sobre tales tentaciones.

Debemos recordarnos continuamente a nosotros mismos y a los demás que Dios ha prometido proporcionar una salida a la tentación y darnos una victoria sobre ella (1 Corintios 10:13).

Uno de los mejores ejemplos de victoria sobre la tentación sexual se encuentra en la historia de José en el Antiguo Testamento. José era un joven que había sido vendido por sus hermanos como esclavo en Egipto. Mientras vivía en esta tierra, lejos de sus amigos, de su familia y de su patria, se convirtió en un sirviente en la casa de un prominente funcionario egipcio. José no sólo era joven, sino también muy guapo y atractivo para los ojos errantes de la esposa de su amo. Mientras su marido trabajaba, ella tentó repetidamente a José para que tuviera relaciones sexuales con ella (Génesis 39:6-12). Mucha gente podría pensar que José no tenía nada que perder y mucho que ganar cediendo a la tentación. La mujer de su amo era probablemente muy atractiva y ninguno de sus amigos o familiares se enteraría de lo que había hecho. Además, la mujer probablemente nunca se lo diría a su marido.

Pero José ni siquiera pensó en ceder a la tentación. Su corazón era puro y su mente estaba decidida. No sólo se resistió a la tentación,

with the powerful words: *"How then can I do this great wickedness and sin against God?"* (Genesis 39:9).

Is it always *easy* to win a victory over sexual temptation? Sometimes, perhaps, but definitely not always. But it's important to remember and believe that victory is always *possible*. God promises that, and by His grace many people achieve it. Joseph gained his victory because his mind and heart were well prepared. Joseph truly wanted to walk with God—and he did!

> We don't know whether it was easy for Joseph to resist the invitation from his master's wife or not. But resist he did! And ultimately he found much greater satisfaction and pleasure in pleasing God than in pleasing himself.

10) Give God thanks for your victories rather than praising yourself.

> It's good to be grateful for every victory you experience, but remember that it is God who gives you the power to defeat your spiritual enemies. If you forget that, you may depend too much on your own limited resources when you face another temptation and fail to win a victory over it.

FORGIVENESS AND FREEDOM!

It's always wonderful to win a victory over temptation, but what about the times when you don't win? And what about those who have already suffered some of the hurtful and negative results of their failure to resist temptation? Is there any word of comfort or hope for them?

There certainly is!

There probably are few adults in the world who have never wrestled with sexual temptation of one kind or another and very few who have never given in to it. Some people may even feel that sexual temptation is so strong and the power of sin is so great and they themselves are so weak, that victory over sexual temptation is impossible. They may even be so discouraged in their struggle that they feel it is both foolish and impossible to fight against it. They feel that the battle is already lost.

> *Thankfully, that is not true. Sexual sins can be forgiven just as any other sins can. And sexual weaknesses can be overcome just as any other weaknesses can. No matter how often and how far you may have fallen in the past, with God's help you can still win victories in the future.*

The Psalmist wrote, *"He [God] will not always chide, nor will he keep his anger forever. He does not deal with us according to our sins, nor repay us according to our iniquities. For as high as the heavens are above the earth, so great is his steadfast love toward those who fear him; as far as the east is from the west, so far does he remove our transgressions from us. . . For he knows our frame; he remembers that we are dust"* (Psalm 103:9-14).

sino que dio con valentía la razón por la que lo hizo, terminando con las poderosas palabras: *"¿Cómo, pues, haría yo este grande mal, y pecaría contra Dios?"*. (Génesis 39:9).

¿Es siempre *fácil* ganar una victoria sobre la tentación sexual? A veces, tal vez, pero definitivamente no siempre. Pero es importante recordar y creer que la victoria siempre es posible. Dios lo promete, y por su gracia muchas personas lo logran. José obtuvo su victoria porque su mente y su corazón estaban bien preparados. José realmente quería caminar con Dios, y lo hizo.

> No sabemos si fue fácil para José resistir la invitación de la esposa de su amo o no. Pero se resistió. Y al final encontró mucha más satisfacción y placer en complacer a Dios que en complacerse a sí mismo.

10) Da gracias a Dios por tus victorias en lugar de alabarte a ti mismo

> Es bueno estar agradecido por cada victoria que experimentas, pero recuerda que es Dios quien te da el poder para derrotar a tus enemigos espirituales. Si lo olvidas, puedes depender demasiado de tus propios y limitados recursos cuando te enfrentes a otra tentación y no consigas vencerla.

¡PERDÓN Y LIBERTAD!

Siempre es maravilloso ganar una victoria sobre la tentación, pero ¿qué pasa con las veces que no se gana? ¿Y qué pasa con aquellos que ya han sufrido algunos de los resultados negativos y dañinos de su fracaso en resistir la tentación? ¿Hay alguna palabra de consuelo o esperanza para ellos?

¡Ciertamente la hay!

Probablemente hay pocos adultos en el mundo que nunca hayan luchado con la tentación sexual de un tipo u otro y muy pocos que nunca hayan cedido a ella. Algunas personas pueden incluso sentir que la tentación sexual es tan fuerte y el poder del pecado es tan grande y ellos mismos son tan débiles, que la victoria sobre la tentación sexual es imposible. Incluso pueden estar tan desanimados en su lucha que sienten que es tonto e imposible luchar contra ella. Sienten que la batalla ya está perdida.

> *Afortunadamente, eso no es cierto. Los pecados sexuales pueden ser perdonados al igual que cualquier otro pecado. Y las debilidades sexuales pueden ser superadas al igual que cualquier otra debilidad. No importa cuántas veces y cuán lejos hayas caído en el pasado, con la ayuda de Dios todavía puedes ganar victorias en el futuro.*

El salmista escribió, *"No contenderá para siempre [Dios], ni para siempre guardará el enojo. No ha hecho con nosotros conforme a nuestras iniquidades, ni nos ha pagado conforme a nuestros pecados. Porque como la altura de los cielos sobre la tierra, engrandeció su misericordia sobre los que le temen. Cuanto está lejos el oriente del occidente, hizo alejar de nosotros nuestras rebeliones. . . Porque él conoce nuestra*

If you sincerely desire to walk with God, He will graciously enable you to do so. Your victory over temptation may not be easy, but it is possible. As Paul wrote, God is *able to do far more abundantly than all that we ask or think, according to the power at work within us* (Ephesians 3:20).

Some of history's most notorious sinners were redeemed by the grace of God and later became great and widely respected models of holy living. Among those redeemed sinners is John Newton, author of the hymn *Amazing Grace*. In his earlier years, Newton was known to be a notorious slave trader, a profligate sinner, a hard drinker, and a man of extreme moral corruption. But God demonstrated His amazing grace in Newton's life when He mercifully forgave him, radically changed him, and graciously called him to be a gentle and effective pastor who led many to Christ and into the joy of the Lord. (See 1 Corinthians 6:9-11.)

If you have been walking with God and living a life that truly pleases the Lord, continue to rejoice in His wonderful gift to you—the gift of living in the joy of knowing and doing His will. However, if your sexual life has not been pleasing to Him, graciously seek His forgiveness and plead for His power to enable you to live in freedom from any form of sexual sin in the future. Let your sexuality be a source of blessing and joy to you as you become its master and no longer its slave. It definitely is worth the effort!

condición; Se acuerda de que somos polvo" (Salmos 103:9-14).

Si deseas sinceramente caminar con Dios, Él te capacitará gentilmente para hacerlo. Su victoria sobre la tentación puede no ser fácil, pero es posible. Como escribió Pablo, *Dios "es poderoso para hacer todas las cosas mucho más abundantemente de lo que pedimos o entendemos, según el poder que actúa en nosotros"* (Efesios 3:20).

Algunos de los pecadores más notorios de la historia fueron redimidos por la gracia de Dios y más tarde se convirtieron en grandes y respetados modelos de vida santa. Entre esos pecadores redimidos está John Newton, autor del himno Amazing Grace. En sus primeros años, Newton era conocido por ser un notorio comerciante de esclavos, un pecador derrochador, un bebedor empedernido y un hombre de extrema corrupción moral. Pero Dios demostró su asombrosa gracia en la vida de Newton cuando lo perdonó misericordiosamente, lo cambió radicalmente y lo llamó con gracia a ser un pastor amable y eficaz que llevó a muchos a Cristo y al gozo del Señor. (Ver 1 Corintios 6:9-11.)

Si has estado caminando con Dios y viviendo una vida que realmente agrada al Señor, continúa regocijándote en Su maravilloso regalo para ti-el regalo de vivir en el gozo de conocer y hacer Su voluntad. Sin embargo, si tu vida sexual no ha sido agradable a Él, busca gentilmente Su perdón y suplica por Su poder para permitirte vivir en libertad de cualquier forma de pecado sexual en el futuro. Deja que tu sexualidad sea una fuente de bendición y de alegría para ti cuando se convierta en tu amo y no en tu esclavo. ¡Definitivamente vale la pena el esfuerzo!

LESSON NINE **DAILY BIBLE READINGS**	**LECCIÓN NUEVE** **LECTURAS BÍBLICAS DIARIAS**
Day 1	Día 1
Day 2	Día 2
Day 3	Día 3
Day 4	Día 4
Day 5	Día 5
Day 6	Día 6
Day 7	Día 7

Leviticus 18:1-30	Levítico 18:1-30
Leviticus 20:10-17, 22-24; Jeremiah 17:10; Revelation 21:8	Levítico 20:10-17, 22-24; Jeremías 17:10; Apocalipsis 21:8
Proverbs 2:12-19, 7:6-27; James 1:13-15	Proverbios 2:12-19, 7:6-27; Santiago 1:13-15
Proverbs 4:20-27; 5:1-23; 1 Corinthians 6:15-20; James 4:7-8; 1 Peter 5:8-9	Proverbios 4:20-27; 5:1-23; 1 Corintios 6:15-20; Santiago 4:7-8; 1 Pedro 5:8-9
Psalm 119:9-16, 33-37; Romans 13:12-14; Ephesians 6:10-18	Salmos 119:9-16, 33-37; Romanos 13:12-14; Efesios 6:10-18
1 Corinthians 10:12-13; Ephesians 3:20-21; 2 Thessalonians 3:3-4; Hebrews 2:17-18; 4:15-16; 1 John 4:4	1 Corintios 10:12-13; Efesios 3:20-21; 2 Tesalonicenses 3:3-4; Hebreos 2:17-18; 4:15-16; 1 Juan 4:4
Psalm 32:1-7; 51:1-4, 7-12; 103:8-14; 1 Corinthians 6:9-11; 1 John 1:8-9	Salmos 32:1-7; 51:1-4, 7-12; 103:8-14; 1 Corintios 6:9-11; 1 Juan 1:8-9

LESSON NINE – TEST QUESTIONS

TrUE Or FaLSE

Circle T or F.

1.   T   F Sex is a wonderful gift of God and should be regarded as such.

2.   T   F   The only divinely accepted purpose for sexual activity is the procreation of children.

3.   T   F   The Bible clearly and explicitly condemns adultery in both the Old and New Testaments.

4.   T   F   The Bible approves of sex between any mature adults if both agree to it.

5.   T   F   The Bible strongly condemns homosexuality and never approves it.

6.   T   F The Bible tells us that Jesus was tempted in all ways that we are, though he was without sin.

7.   T   F   In 1 Corinthians 7:2-5 Paul teaches that it is better to marry than to be burdened with unmet sexual desires.

8 T F Proverbs 9:17 acknowledges that "stolen water is sweet" and thereby approves of what some people might regard as sinful sexual activities.

9.   T F Sexual activity outside of marriage can and often does bring sad and hurtful results in the lives of other people as well as those who are directly involved in it.

10.   T F   People who sincerely desire to serve and honor the Lord will never be tempted to get involved in sinful sexual activities of anykind.

MULTIpLE ChOICE

Choose which of the three statements is correct. Circle A *or* B *or* C.

1.   A. Sexual activity can provide joy and blessing when pursued in the way God intends, but it can produce suffering, guilt, sickness and even death when pursed in ways God forbids.

   B. So-called illicit sex becomes a problem only when people condemn those who are involved in it.

LECCIÓN NUEVE – PREGUNTAS DE PRUEBA

VERDADERO O FALSO

Encierre con un círculo si es V o F.

1.   V   F El sexo es un maravilloso regalo de Dios y debe ser considerado como tal.

2.   V   F El único propósito divinamente aceptado para la actividad sexual es la procreación de los hijos.

3.   V   F La Biblia condena clara y explícitamente el adulterio tanto en el Antiguo Testamento como en el Nuevo Testamento.

4.   V   F La Biblia aprueba el sexo entre cualquier adulto maduro si ambos están de acuerdo.

5.   V   F La Biblia condena fuertemente la homosexualidad y nunca la aprueba.

6.   V   F La Biblia nos dice que Jesús fue tentado en todo lo que nosotros somos, aunque no tenía pecado.

7.   V   F En 1 Corintios 7:2-5 Pablo enseña que es mejor casarse que estar agobiado por deseos sexuales insatisfechos.

8 V F Proverbios 9:17 reconoce que "el agua robada es dulce" y, por lo tanto, aprueba lo que algunas personas podrían considerar como actividades sexuales pecaminosas.

9.   V F La actividad sexual fuera del matrimonio puede traer, y a menudo lo hace, resultados tristes e hirientes en las vidas de otras personas, así como de aquellos que están directamente involucrados en ella.

10.   V F   Las personas que desean sinceramente servir y honrar al Señor nunca serán tentadas a involucrarse en actividades sexuales pecaminosas de ningún tipo.

OPCIÓN MÚLTIPLE

Elija cuál de las tres afirmaciones es correcta. Encierre en un círculo A o B o C.

1.   A. La actividad sexual puede proporcionar alegría y bendición cuando se persigue en la forma en que Dios quiere, pero puede producir sufrimiento, culpa, enfermedad e incluso la muerte cuando se persigue en formas que Dios prohíbe.

C. The Bible rarely condemns "illicit sex" in either the Old or the New Testament.

2. A. Adultery is not only a sin in the sight of God, but it is also a seriousoffense against one's marriage partner and children.

B. Adultery rarely hurts a spouse significantly because it often leads the guilty person to be "nicer" to his or her marriage partner and also more lenient with his or her children.

C. Adultery may affect children in the family for a short time, but it rarelyaffects them for a long time.

3. A. People who have one major weakness are usually more able to dealwell with lesser temptations.

B. We all have at least one area of temptation where we can expectto lose more often than win, and there is little or nothing we can do about it.

C. The Bible teaches that God provides a way of escape out of every temptation.

4. A. Paul indicated that sexual sins are not nearly as serious or significant as many other sins.

C. Paul warned against becoming enslaved to <u>any</u> weakness or sin thatmasters us and wrote that those who sin sexually sin against their own body which is a temple of the Holy Spirit.

C. Paul rarely wrote about sexual sins or weaknesses because he himself was not married and was not personally concerned about such things.

5. A. Though homosexuality was widely practiced when Jesus and Paul were living, it obviously was not a very important or significant subject, since the Bible rarely refers to it.

B. Although the Bible does not refer to homosexuality very often, whenever it does refer to it, it clearly condemns it.

C. Homosexuality is primarily a matter of "natural" orientation and should not be looked upon as a moral issue.

6. A. The Bible tells us that Joseph made a promise never to be involved with any woman other than his wife.

B. El llamado sexo ilícito se convierte en un problema sólo cuando la gente condena a los que lo practican.

C. La Biblia rara vez condena el "sexo ilícito" en el Antiguo ni en el Nuevo Testamento.

2. A. El adulterio no sólo es un pecado a los ojos de Dios, sino que también es una grave ofensa contra la pareja matrimonial y los hijos.

B. El adulterio rara vez daña significativamente a un cónyuge porque a menudo lleva a la persona culpable a ser "más amable" con su pareja matrimonial y también más indulgente con sus hijos.

C. El adulterio puede afectar a los hijos de la familia durante un corto periodo de tiempo, pero raramente les afecta durante mucho tiempo.

3. A. Las personas que tienen una debilidad importante suelen ser más capaces de afrontar bien las tentaciones menores.

B. Todos tenemos al menos un área de tentación en la que podemos esperar perder más que ganar, y hay poco o nada que podamos hacer al respecto.

C. La Biblia enseña que Dios provee una vía de escape para cada tentación.

4. A. Pablo indicó que los pecados sexuales no son tan serios o significativos como muchos otros pecados.

B. Pablo advirtió que no debemos esclavizarnos a <u>cualquier</u> debilidad o pecado que nos domine y escribió que los que pecan sexualmente pecan contra su propio cuerpo que es un templo del Espíritu Santo.

C. Pablo rara vez escribió sobre los pecados o debilidades sexuales porque él mismo no estaba casado y no se preocupaba personalmente por esas cosas.

5. A. Aunque la homosexualidad era ampliamente practicada cuando Jesús y Pablo vivían, obviamente no era un tema muy importante o significativo, ya que la Biblia rara vez se refiere a ella.

B. Aunque la Biblia no se refiere a la homosexualidad muy seguido, siempre que se refiere a ella, la condena claramente.

C. La homosexualidad es principalmente una cuestión de orientación "natural" y no debe ser considerada como una cuestión moral.

6. A. La Biblia nos dice que José hizo la promesa de

B. The Bible tells us that Paul made a vow never to be involved with <u>any</u> woman.

C. The Bible tells us that Job made a "covenant" not to look lustfully at a woman.

7. A. Jesus said: "Anyone who looks at a woman lustfully has already committed adultery with her in his heart."

B. Paul said: "It is better to not be married at all than to have more thanone wife."

C. Peter said: "It would be better to die than to be guilty of sinning against the Seventh Commandment."

8. If we want to overcome and resist temptation:

A. We should deliberately expose ourselves to significant temptations for a while so we can learn how to overcome those temptations without submitting to them.

B. We should deliberately stay away from people and places that mighteasily lead us into temptation.

C. We should boast to others that we will never be led astray by temptation and then work hard to live up to our boast.

9. In the Bible, chapters 5, 6 and 7 of the Book of Proverbs:

A. Warn young men about the dangers of getting involved with prostitutes.

B. Encourage older men of high moral standards to minister to prostitutes in order to help them overcome the sinfulness of their lifestyle.

C. Teach that the temptations of prostitutes are greatly exaggerated and can easily be resisted.

10. A. If we give in to temptation and get involved in sexual sins, we will never be able to witness effectively to others about the power and grace of God.

B. The New Testament gives us many examples of people who were guilty of sexual sins and as a result were never again used by the Lord in His service.

C. Both in Bible times and in subsequent history, some notorious sinnerswere graciously forgiven and became effective and fruitful in joyfullyserving the Lord.

no relacionarse nunca con otra mujer que no fuera su esposa.

B. La Biblia nos dice que Pablo hizo un voto de no involucrarse nunca con ninguna mujer.

C. La Biblia nos dice que Job hizo un "pacto" de no mirar con lujuria a una mujer.

7. A. Jesús dijo: "Cualquiera que mire a una mujer con lujuria ya ha cometido adulterio con ella en su corazón".

B. Pablo dijo: "Es mejor no estar casado que tener más de una esposa".

C. Pedro dijo: "Es mejor morir que ser culpable de pecar contra el séptimo mandamiento".

8. Si queremos vencer y resistir la tentación:

A. Deberíamos exponernos deliberadamente a tentaciones significativas durante un tiempo para poder aprender a superar esas tentaciones sin someternos a ellas.

B. Deberíamos alejarnos deliberadamente de las personas y los lugares que puedan hacernos caer fácilmente en la tentación.

C. Deberíamos presumir ante los demás de que nunca nos dejaremos llevar por la tentación y luego esforzarnos por estar a la altura de nuestra presunción.

9. En la Biblia, los capítulos 5, 6 y 7 del Libro de los Proverbios:

A. Advierte a los jóvenes sobre los peligros de involucrarse con prostitutas.

B. Animan a los hombres mayores de alto nivel moral a ministrar a las prostitutas para ayudarlas a superar la pecaminosidad de su estilo de vida.

C. Enseñan que las tentaciones de las prostitutas son muy exageradas y pueden ser fácilmente resistidas.

10. A. Si cedemos a la tentación y nos involucramos en pecados sexuales, nunca podremos testificar eficazmente a otros sobre el poder y la gracia de Dios.

B. El Nuevo Testamento nos da muchos ejemplos de personas que fueron culpables de pecados sexuales y como resultado nunca más fueron usados por el Señor en su servicio.

C. Tanto en los tiempos bíblicos como en la historia posterior, algunos pecadores notorios fueron perdonados con gracia y llegaron a ser

LESSON NINE – aDDITIONaL QUESTIONS

1. Write True or False in front of each of the following statements.

    A. The only purpose of sexual activity is for the procreation of children.

    B. Sexual pleasure is intended primarily for men rather than for women.

    C. The Bible permits sex between mature adults if both agree to it.

2. What does Deuteronomy 24:5 teach about marriage?

3. What practical reason is given in 1 Corinthians 7:2-5 for marriage?

4. Evaluate the following statement: "After sin entered the world, Godno longer wanted people to enjoy sex, so he gave them the Seventh Commandment."

5. List two reasons why sex outside of marriage may pose a great temptation to some people.

    A

    B.

6. A. What are some possible results of breaking the SeventhCommandment?

    B. Do you think these results happen rarely, occasionally, frequently, orusually?

    C. Give one instance in the Bible where we clearly see what the resultsof adultery were.

7. How would you describe the difference between "lust" and "love"?

8. <u>Write out</u> two passages in the *New Testament* that forbid adultery.

    A.

    B.

9. A. What is meant by "fornication"?

    B. List two passages in the N.T. which forbid fornication.

    1.

    2.

10. Write out three passages in the Bible which condemn homosexuality.

    A.

efectivos y fructíferos en el servicio gozoso al Señor.

LECCIÓN NUEVE – PREGUNTAS ADICIONALES

1. Escribe Verdadero o Falso delante de cada una de las siguientes afirmaciones.

    A. La única finalidad de la actividad sexual es la procreación de los hijos.

    B. El placer sexual está destinado principalmente a los hombres y no a las mujeres.

    C. La Biblia permite el sexo entre adultos maduros si ambos están de acuerdo

2. ¿Qué enseña Deuteronomio 24:5 sobre el matrimonio?

3. ¿Qué razón práctica se da en 1 Corintios 7:2-5 para el matrimonio?

4. Evalúa la siguiente afirmación: "Después de que el pecado entró en el mundo, Dios ya no quería que la gente disfrutara del sexo, así que les dio el séptimo mandamiento".

5. Enlista dos razones por las que el sexo fuera del matrimonio puede suponer una gran tentación para algunas personas.

    A

    B

6. A. ¿Cuáles son algunas de las posibles consecuencias de infringir el séptimo mandamiento?

    B. ¿Crees que estos resultados ocurren rara vez, ocasionalmente, frecuentemente o usualmente?

    C. Da un ejemplo en la Biblia donde veamos claramente cuáles eran los resultados del adulterio.

7. ¿Cómo describirías la diferencia entre "lujuria" y "amor"?

8. <u>Escribe</u> dos pasajes del Nuevo Testamento que prohíben el adulterio.
    A.

    B.

9. A. ¿Qué se entiende por "fornicación"?

    B. Enlista dos pasajes del N.T. que prohíben la fornicación
    1.

    2.

10. Escribe tres pasajes de la Biblia que condenen la homosexualidad.

B.

C.

11. A. What "covenant" is referred to in Job 31:1?

B. Do you think it's possible to keep such a covenant today?

Please explain your answer.

12. Write out two passages in the Bible that teach that it is possible to win a victory over temptation.

A.

B.

13. What does Hebrews 4:15-16 teach us?

14. Complete the quotation from Romans 6:6: "We ____ that our old self was ____ with him in order that the body of sin might be brought to _____ so that we would no longer be ____ to sin."

15. Write out what you consider to be some of the advantages and blessings of staying sexually pure.

16. A. Do you think it is easier to <u>avoid</u> temptation or to <u>overcome</u> temptation?

B. Please explain your answer.

17. A. What should you do if you fall into sexual sin of one kind or another?

B. Write out two passages in the Bible that support your answer.

1.

2.

18. Complete this quotation from 1 Corinthians 10:13. "No temptation has overtaken you that is not ____ to man. God is_____________________ , and he will not let you be tempted beyond your_______________________________, but with the temptation he will also provide the ____ that you may be able to endure it."

19. What does Paul teach about our bodies in 1 Corinthians 6:19-20?

20. In Roman 6:17 Paul exclaims: "Thanks be to God." What was he so thankful for?

Write out Romans 6:18.

QUESTIONS FOr rEFLECTION Or DISCUSSION

1. Which of the following statements do you think is more correct? Write either A or B and then give the reason for your answer, using Scripture to support

---

A.

B.

C.

11. A. ¿A qué "pacto" se refiere Job 31:1?

B. ¿Crees que es posible mantener un pacto así hoy en día?

Por favor, justifica tu respuesta.

12. Escribe dos pasajes de la Biblia que enseñen que es posible obtener una victoria sobre la tentación.

A.

B.

13. ¿Qué nos enseña Hebreos 4:15-16?

14. Completa la cita de Romanos 6:6 " ____ esto, que nuestro viejo hombre fue juntamente con él, para que el cuerpo del pecado sea______ a fin de que no____________ al pecado."

15. Escribe lo que consideras que son algunas de las ventajas y bendiciones de mantenerse sexualmente puro.

16. A. ¿Crees que es más fácil <u>evitar</u> la tentación o <u>vencerla</u>?

B. Por favor, justifica tu respuesta.

17. A. ¿Qué debes hacer si caes en un pecado sexual de un tipo u otro?

B. Escribe dos pasajes de la Biblia que respalden tu respuesta.

1.

2.

18. Completa esta cita de 1 Corintios 10:13. "No os ha sobrevenido ninguna tentación que no sea ____. Pero Dios es_____________________ , que no os dejará ser tentados más de lo que podéis____________________________sino que dará también juntamente con la tentación__________, para que podáis soportar."

19. ¿Qué enseña Pablo sobre nuestros cuerpos en 1 Corintios 6:19-20?

20. En Romanos 6:17 Pablo exclama: "Gracias a Dios". ¿Por qué estaba tan agradecido?

Escribe Romanos 6:18.

PREGUNTAS PARA REFLEXIONAR O DISCUTIR

1. ¿Cuál de las siguientes afirmaciones crees que es más correcta? Escriba A o B y luego da la razón de

your position.

   A. Sexual sins are definitely more serious and more significant than most other sins."

   B. "All sins are equally serious in the sight of God. It's impossible to saythat one sin is greater or more significant than another. Sexual sins are certainly not worse than any other sins."

2. Since the Bible does not directly refer to sexual "self-stimulation," how can you decide whether this practice is acceptable in God's sight or not?

3. How would you respond to someone who says, "Sexual temptations arejust too strong for me. I will never be able to resist them, no matter whatI do"?

4. Thoughtfully evaluate the following paragraph.

"It's good to know that God is willing to forgive all our sins, including sexualsins. However, we should not emphasis that point too much, since that will likely lead people to take sexual temptations and failures too lightly.It would be better if we emphasized those many passages in the Bible which condemn sexual immorality as well as those which emphasize God's judgment on those who disobey the Seventh Commandment."

5. A. Do you think it is really <u>possible</u> for people to share their inmost thoughts, actions, and desires with others?

   B. Do you think it is <u>helpful</u> to be accountable to someone else for your behavior?

   Please explain your answer.

tu respuesta, usando las Escrituras para respaldar su posición.

   A. "Los pecados sexuales son definitivamente más serios y más significativos que la mayoría de los otros pecados".

   B. "Todos los pecados son igualmente graves a los ojos de Dios. Es imposible decir que un pecado es mayor o más significativo que otro. Los pecados sexuales ciertamente no son peores que cualquier otro pecado."

2. Dado que la Biblia no se refiere directamente a la "autoestimulación" sexual, ¿cómo puedes decidir si esta práctica es aceptable a los ojos de Dios o no?

3. ¿Cómo responderías a alguien que dice: "Las tentaciones sexuales son demasiado fuertes para mí. Nunca podré resistirlas, haga lo que haga"?

4. Evalúa cuidadosamente el siguiente párrafo.

"Es bueno saber que Dios está dispuesto a perdonar todos nuestros pecados, incluidos los sexuales. Sin embargo, no debemos enfatizar demasiado ese punto, ya que eso probablemente llevará a la gente a tomar las tentaciones y los fracasos sexuales demasiado a la ligera. Sería mejor que enfatizáramos esos muchos pasajes de la Biblia que condenan la inmoralidad sexual, así como los que enfatizan el juicio de Dios sobre los que desobedecen el séptimo mandamiento."

5. A. ¿Crees que es realmente <u>posible</u> que las personas compartan sus pensamientos, acciones y deseos más íntimos con los demás?

   B. ¿Crees que es <u>útil</u> rendir cuentas a otra persona por tu comportamiento?

   Por favor, justifica tu respuesta.

THE EIGHTH COMMANDMENT
Lesson Ten

Introduction

The Eighth Commandment is very brief and very simple: "You shall not steal." The implications of this Commandment, however, are many. The Heidelberg Catechism asks: "What does God forbid in the Eighth Commandment?" The answer is:

> "God forbids not only outright theft and robbery, punishable by law. But in God's sight theft also includes cheating and swindling our neighbor by schemes made to appear legitimate, such as inaccurate measurements of weight, size, or volume; fraudulent merchandising; counterfeit money; excessive interest; or any other means forbidden by God. In addition He forbids all greed and pointless squandering of His gifts."

The Catechism then goes on to ask: "What does God require of you in this commandment?" And the answer is:

> "That I do whatever I can for my neighbor's good, that I treat others as I would like them to treat me, and that I work faithfully so that I may share with those in need."

If the Catechism answer is correct, there probably are very few people who have not broken the eighth Commandment in one way or another.

TAKING WHAT DOES NOT BELONG TO US

When we hear the word "stealing," most of us probably think first of all about taking for ourselves something that belongs to someone else. We know that stealing goes on all the time. People steal big things and little things, expensive things and cheap things, important things and insignificant things. And often they do it without being very concerned about what they are doing. They just steal!

> *But whenever people take something that doesn't belong to them, whether big or small, cheap or expensive, it is a sin in the sight of God.*

Many people don't see it that way, however. They feel that stealing small things or inexpensive items doesn't matter very much. To them, stealing a pencil or a bar of candy or a small amount of money isn't very significant. As far as they are concerned, it certainly is nothing to worry about. When God condemned stealing, they say, He was thinking about big things, expensive things—not about little things or things that don't amount to much.

EL OCTAVO MANDAMIENTO
Lección Diez

Introducción

El octavo mandamiento es muy breve y muy sencillo: "No hurtarás". Sin embargo, las implicaciones de este Mandamiento son muchas. El Catecismo de Heidelberg se pregunta: "¿Qué prohíbe Dios en el Octavo Mandamiento?". La respuesta es:

> "Dios no sólo prohíbe el hurto y el robo, castigados por la ley. Pero, a los ojos de Dios, el robo incluye también el engaño y la estafa al prójimo mediante programas que parecen legítimos, como la medición inexacta del peso, el tamaño o el volumen; la comercialización fraudulenta; la falsificación de dinero; el interés excesivo; o cualquier otro medio prohibido por Dios. Además, prohíbe toda codicia y despilfarro inútil de Sus dones".

A continuación, el Catecismo se pregunta: "¿Qué exige Dios de vosotros en este mandamiento?". Y la respuesta es:

> "Que haga todo lo que pueda por el bien de mi prójimo, que trate a los demás como quisiera que me trataran a mí, y que trabaje fielmente para poder compartir con los necesitados".

Si la respuesta del Catecismo es correcta, probablemente haya muy pocas personas que no hayan incumplido el octavo Mandamiento de una u otra manera.

TOMAR LO QUE NO NOS PERTENECE

Cuando oímos la palabra "robar", la mayoría de nosotros probablemente piensa, en primer lugar, en tomar algo para nosotros que pertenece a otra persona. Sabemos que se roba todo el tiempo. La gente roba cosas grandes y pequeñas, cosas caras y baratas, cosas importantes y cosas insignificantes. Y a menudo lo hacen sin preocuparse demasiado por lo que hacen. Simplemente roban.

> *Pero siempre que la gente toma algo que no le pertenece, sea grande o pequeño, barato o caro, es un pecado a los ojos de Dios.*

Sin embargo, muchas personas no lo ven así. Piensan que robar cosas pequeñas o baratas no tiene mucha importancia. Para ellos, robar un lápiz o una barra de caramelo o una pequeña cantidad de dinero no es muy significativo. En lo que a ellos concierne, ciertamente no hay nada de qué preocuparse. Cuando Dios condenó el robo, dicen, estaba pensando en las cosas grandes, en las

There are so many possible ways to cheat or steal, that people who are not at all concerned about God's reaction to how they live will find dozens of ways to violate the eighth Commandment. They may cheat on their taxes, embezzle funds from their employer, lie to their insurance company, take things home from the workplace that do not belong to them, cheat on government forms, or misrepresent something they are trying to sell. They may keep a double set of records to hide their dishonesty, make counterfeit money, take advantage of people who are not well-informed, use false weights or measures, sell inferior products at normal prices, produce misleading advertisements, or make dishonest presentations.

For many people, stealing becomes a way of life. They will do almost anything to "get ahead" in life—without ever seriously thinking about the consequences. But stealing is always a sin in the sight of God . . . and He takes it seriously, even if we don't! (Deuteronomy 25:13-16; Proverbs 20:10, 23; Amos 8:5-6).

STEALING IN MORE SUBTLE WAYS

When people steal things or money from someone, it's obvious to almost everyone that they are violating the Eighth Commandment. But it's also possible to violate this Commandment by stealing in very subtle ways. For example, an employer may steal from his employees by not paying them a fair wage (Jeremiah 22:13; Amos 2:6-8; James 5:1-5). Employees may steal from their employers by not doing what they are being paid to do. They work faithfully only when a supervisor is watching them (Ephesians 6:6). They waste time on the job, take longer breaks than they are entitled to, use office equipment for their own personal use or take care of their personal affairs when they are supposed to be working. Since this kind of thing is done so frequently, both employers and employees may not even see these activities as stealing. But God does!

WHY PEOPLE STEAL

Sometimes people steal because they are poor or hungry and have no money to get what they need (Proverbs 6:30). And that kind of situation is very sad, especially when people are treated unfairly, given unjust wages, or not given a reasonable opportunity to provide for themselves. More often, however, people steal because they are greedy, covetous, or simply because they have an insatiable desire to get more things. If they can't earn the things they want, they will steal them. They are not

cosas caras, no en las cosas pequeñas o en las que no tienen mucha importancia.

Hay tantas formas posibles de engañar o robar, que las personas que no se preocupan en absoluto por la reacción de Dios ante su forma de vivir encontrarán docenas de formas de violar el octavo mandamiento. Pueden hacer trampa en sus impuestos, malversar fondos de su empleador, mentir a su compañía de seguros, llevarse a casa cosas del lugar de trabajo que no les pertenecen, hacer trampa en los formularios del gobierno, o tergiversar algo que están tratando de vender. Pueden llevar un doble registro para ocultar su falta de honradez, fabricar dinero falso, aprovecharse de las personas que no están bien informadas, utilizar pesos o medidas falsas, vender productos de calidad inferior a precios normales, producir anuncios engañosos o hacer presentaciones deshonestas.

Para muchas personas, robar se convierte en una forma de vida. Hacen casi cualquier cosa para "salir adelante" en la vida, sin pensar seriamente en las consecuencias. Pero robar es siempre un pecado a los ojos de Dios... ¡y Él lo toma en serio, aunque nosotros no lo hagamos! (Deuteronomio 25:13-16; Proverbios 20:10, 23; Amós 8:5-6).

ROBAR DE FORMAS MÁS SUTILES

Cuando la gente roba cosas o dinero a alguien, es obvio para casi todo el mundo que está violando el Octavo Mandamiento. Pero también es posible violar este Mandamiento robando de maneras muy sutiles. Por ejemplo, un empleador puede robar a sus empleados al no pagarles un salario justo (Jeremías 22:13; Amós 2:6-8; Santiago 5:1-5). Los empleados pueden robar a sus empleadores al no hacer lo que se les paga. Trabajan fielmente sólo cuando un supervisor los vigila (Efesios 6:6). Pierden tiempo en el trabajo, se toman descansos más largos de lo que les corresponde, utilizan el equipo de la oficina para su uso personal o se ocupan de sus asuntos personales cuando se supone que están trabajando. Como este tipo de cosas se hacen con tanta frecuencia, tanto los empleadores como los empleados pueden no ver estas actividades como un robo. Pero Dios sí lo ve.

¿POR QUÉ LA GENTE ROBA?

A veces la gente roba porque es pobre o tiene hambre y no tiene dinero para conseguir lo que necesita (Proverbios 6:30). Y ese tipo de situación es muy triste, especialmente cuando las personas son tratadas injustamente, se les da un salario injusto, o no se les da una oportunidad razonable para mantenerse. Sin embargo, lo más frecuente es que la gente robe porque es avariciosa, codiciosa o simplemente porque tiene un deseo insaciable de conseguir más cosas. Si no pueden

concerned about the feelings or the needs of others but look only to their own interests. They want what they see and they will do whatever it takes to get it (Proverbs 1:10-16; Micah 2:2).

> The basic reason why most people steal is because their hearts are sinful (Matthew 15:19). People without Christ are not naturally "good" as many people suppose. Rather, they are naturally selfish, eager to get rather than to give, eager to satisfy their own desires rather than to meet the needs of others (Ephesians 2:1-3). As Jeremiah 17:9 reminds us, *"The heart is deceitful above all things, and desperately sick; who can understand it?"*

Even Christians sometimes struggle with the temptation to steal—just as they wrestle with other temptations. Christians, however, sincerely want to resist temptation and humbly believe that by God's grace they can! Paul, therefore, urged believers to deliberately and prayerfully choose to forsake their old ways and to walk with God in the power of the Holy Spirit. To the Ephesian Christians he wrote:

> *"You must no longer walk as the Gentiles do . . .(who) are darkened in their understanding, alienated from the life of God because of the ignorance that is in them"* (Ephesians 4:17-18) *"Let the thief no*
>
> *longer steal, but rather let him labor, doing honest work with his own hands, so that he may have something to share with anyone in need.*
>
> *. . . And do not grieve the Holy Spirit of God, by whom you were sealed for the day of redemption"* (Ephesians 4:28-30).
>
> And when writing to Titus, Paul emphasized that servants should not steal from their masters, *"not pilfering, but showing all good faith, so that in everything they may adorn the doctrine of God our Savior"* (Titus 2:10).

Christians who deliberately steal are not only robbing other people, but they are also "robbing" God by bringing dishonor to His name.

MAKING EXCUSES FOR STEALING

There are many situations in which people try to justify their stealing. For example, people who are poor may feel that they have the "right" to steal from those who are rich because the rich already have far more than they need. They may sincerely ask: "Why should I sweat and struggle every day so that somebody else can make money from my hard work?" Or, "Why should someone else have ten pairs of shoes when my children have only one—or none at all?" "Why should a man object if I take just one shirt from his store when he has hundreds of shirts that he can sell at a profit?" "Why should anyone condemn me if I steal a coat from someone who has a dozen coats he doesn't even wear, while I have only the tattered clothes on my back?"

ganar las cosas que quieren, las robarán. No se preocupan por los sentimientos o las necesidades de los demás, sino que sólo miran por sus propios intereses. Quieren lo que ven y harán lo que sea necesario para conseguirlo (Proverbios 1:10-16; Miqueas 2:2).

> La razón básica por la que la mayoría de la gente roba es porque sus corazones son pecaminosos (Mateo 15:19). Las personas sin Cristo no son naturalmente "buenas" como muchos suponen. Más bien, son naturalmente egoístas, deseosos de obtener en lugar de dar, deseosos de satisfacer sus propios deseos en lugar de satisfacer las necesidades de los demás (Efesios 2:1-3). Como nos recuerda Jeremías 17:9, *"Engañoso es el corazón más que todas las cosas, y perverso; ¿quién lo conocerá?"*.

Incluso los cristianos luchan a veces contra la tentación de robar, al igual que luchan contra otras tentaciones. Los cristianos, sin embargo, desean sinceramente resistir la tentación y creen humildemente que por la gracia de Dios pueden hacerlo. Por eso, Pablo instó a los creyentes a que, deliberadamente y en oración, decidieran abandonar sus viejos hábitos y caminar con Dios en el poder del Espíritu Santo. A los cristianos de Éfeso les escribió:

> *"ya no andéis como los otros gentiles. . . eniendo el entendimiento entenebrecido, ajenos de la vida de Dios por la ignorancia que en ellos hay"* (Efesios 4:17-18) *"El que hurtaba, no hurte más, sino trabaje, haciendo con sus manos lo que es bueno, para que tenga qué compartir con el que padece necesidad. . . Y no contristéis al Espíritu Santo de Dios, con el cual fuisteis sellados para el día de la redención."* (Efesios 4:28-30).
>
> Y cuando escribía a Tito, Pablo enfatizaba que los siervos no debían robar a sus amos, *"o defraudando, sino mostrándose fieles en todo, para que en todo adornen la doctrina de Dios nuestro Salvador"* (Tito 2:10).

Los cristianos que roban deliberadamente no sólo están robando a otras personas, sino que también están "robando" a Dios al traer deshonra a Su nombre.

EXCUSARSE PARA ROBAR

Hay muchas situaciones en las que la gente intenta justificar sus robos. Por ejemplo, las personas que son pobres pueden sentir que tienen el "derecho" de robar a los que son ricos porque los ricos ya tienen mucho más de lo que necesitan. Pueden preguntarse sinceramente: "¿Por qué debo sudar y luchar cada día para que otra persona pueda ganar dinero con mi duro trabajo?". O: "¿Por qué debe tener otra persona diez pares de zapatos cuando mis hijos sólo tienen uno -o ninguno-?". "¿Por qué debería objetar un hombre si tomo una sola camisa de su tienda cuando él tiene cientos de camisas que puede vender con beneficio?" "¿Por qué ha de condenarme alguien si robo un abrigo de alguien que tiene una docena de abrigos que ni siquiera usa, mientras que yo sólo tengo los jirones de la ropa en la espalda?".

Employees may claim they are simply making up for their "lost" wages when they steal things in the shop or office. Others may feel that they have the right to take care of their own business on "company time" because the boss doesn't treat them well. Still others may claim that they have the "right" to steal whatever they can get away with because the boss isn't treating them "fairly." Since they are convinced that the rich keep getting rich at their expense, they argue that poor are "entitled" to do whatever they can to "get ahead."

Employers, on the other hand, may justify paying someone very small wages by saying, "If I didn't give him a job, he wouldn't have anything at all. I could find lots of people who would love to have his job. Besides, he's not a very good employee and he doesn't work very hard."

It's often easy to "justify" what we do while condemning others for what they do. But even if others do not always do what is right and fair, that does not give us the right to do what God clearly forbids.

WHY STEALING IS WRONG

1) <u>Stealing is wrong because God forbids it</u> (Exodus 20:15; Leviticus 19:11,13; Isaiah 61:8). That is reason enough not to do it. Even if we did not understand the reasons why God told us not to steal, we wouldstill dishonor and disobey Him if we did what He commanded us not to do.

God obviously does not give us the right to be selfish or unjust or unfair with the things we possess. But He never gave someone else the right to steal our property simply because we are using it in a way that does not please Him. And He definitely has not permitted us to "even the score" with those who mistreat us by taking things that don't belong to us. *Judgment belongs to the Lord, not to us* (Romans 12:17-21).

2) <u>Stealing is wrong because it is unlawfully taking something that God has entrusted to someone else.</u>

Ultimately, everything belongs to God—not to any individual, business, or corporation (Leviticus 25:23; Psalm 50:10-12; Psalm 24:1). Human beings are simply temporary stewards of the things that God permits them to "have" and to use. They are not the ultimate owners and they should not think or act as if they are!

Because God is the ultimate Owner, He can give temporary "ownership" of things to anyone He chooses. No one has the right to take for himself what God has temporarily entrusted to someone else.

It's so important for both rich and poor to remember that. The rich should not boast about what they have and the poor should not complain about what they do not have. Rather, both rich and poor should look to the Lord for what they need and thank Him for what they have.

Los empleados pueden alegar que simplemente están compensando sus salarios "perdidos" cuando roban cosas en la tienda o la oficina. Otros pueden pensar que tienen derecho a ocuparse de sus propios asuntos en "tiempo de empresa" porque el jefe no les trata bien. Y otros pueden afirmar que tienen "derecho" a robar todo lo que puedan porque el jefe no les trata "justamente". Como están convencidos de que los ricos siguen enriqueciéndose a su costa, argumentan que los pobres tienen "derecho" a hacer lo que puedan para "salir adelante".

Los empresarios, por su parte, pueden justificar el hecho de pagar a alguien un salario muy bajo diciendo: "Si no le diera trabajo, no tendría nada. Podría encontrar mucha gente a la que le gustaría tener su trabajo. Además, no es un buen empleado y no trabaja mucho".

A menudo es fácil "justificar" lo que hacemos mientras condenamos a los demás por lo que hacen. Pero, aunque los demás no hagan siempre lo que es correcto y justo, eso no nos da derecho a hacer lo que Dios prohíbe claramente.

¿POR QUÉ ROBAR ES MALO?

1. <u>Robar está mal porque Dios lo prohíbe</u> (Éxodo 20:15; Levítico 19:11,13; Isaías 61:8). Esa es razón suficiente para no hacerlo. Incluso si no entendiéramos las razones por las que Dios nos dijo que no robáramos, aun así lo deshonraríamos y desobedeceríamos si hiciéramos lo que Él nos ordenó no hacer.

Obviamente, Dios no nos da el derecho de ser egoístas o injustos con las cosas que poseemos. Pero Él nunca le dio el derecho a nadie más de robar nuestra propiedad simplemente porque la estamos usando de una manera que no le agrada. Y definitivamente no nos ha permitido "igualar el marcador" con aquellos que nos maltratan tomando cosas que no nos pertenecen. *El juicio pertenece al Señor, no a nosotros* (Romanos 12:17-21).

2. <u>Robar está mal porque es tomar ilegalmente algo que Dios ha confiado a otra persona.</u>

En última instancia, todo pertenece a Dios, no a ningún individuo, empresa o corporación (Levítico 25:23; Salmo 50:10-12; Salmo 24:1). Los seres humanos son simplemente administradores temporales de las cosas que Dios les permite "tener" y usar. No son los dueños finales y no deben pensar o actuar como si lo fueran.

Debido a que Dios es el propietario final, Él puede dar la "propiedad" temporal de las cosas a quien Él quiera. Nadie tiene derecho a tomar para sí lo que Dios ha confiado temporalmente a otra persona.

Es muy importante que tanto los ricos como los pobres recuerden esto. Los ricos no deben presumir de lo que tienen y los pobres no deben quejarse de lo que no tienen. Más bien, tanto los ricos como los pobres deben buscar en el Señor lo que necesitan y agradecerle lo que tienen.

3) Stealing is wrong because many people are hurt by it.

Sometimes people feel that stealing is not really so serious because "no one is hurt" if they rob someone without doing anyone physical harm. But they are wrong. People are always hurt when a robbery takes place. Some people live in insecurity or fear for years after they have been robbed—even if they were not personally hurt. Others feel they have been personally violated because someone has broken into their car or their home or their office when they were gone. And many live in the fear that they *might be* robbed in the future.

Children, women, and elderly people are often afraid to go outside their homes at night because they are afraid of being mugged or robbed. Many thieves probably have very little idea how much harm they do when they rob someone. For many people the loss of peace and security is even greater than the loss of their money or possessions.

Stealing also hurts multitudes of people who themselves are not robbed directly. Because stealing is so common in its many forms, the cost of many products and the cost of doing business are significantly increased. Stores and businesses require guards, surveillance equipment and special detectives to provide security. They also need insurance to cover their possible losses. Many business owners have to raise their prices because of their losses. And because of this, the poor also have to pay more for the goods and services they receive.

In addition, people have to pay extra taxes in order to provide policemen for protection and to pursue and prosecute those who break the law. And those who are convicted of stealing are usually housed in prisons maintained by tax payers. The payment of all these additional costs falls on both rich and poor in one way or another.

4) Stealing is wrong because it is driven by sinful motives.

Many people steal because they are driven by covetousness. Not being content with what they have, they look with passionate lust on what others have and do whatever it takes for them to get it. Driven by the love of money or things, they rob or steal or break into a home or a vehicle or a store—no matter how much hurt

---

3. Robar está mal porque muchas personas resultan perjudicadas por ello.

A veces la gente piensa que robar no es realmente tan grave porque "nadie sale herido" si roban a alguien sin hacerle daño físico. Pero se equivocan. La gente siempre sale perjudicada cuando se produce un robo. Algunas personas viven en la inseguridad o el miedo durante años después de haber sido robadas, aunque no hayan sido heridas personalmente. Otros sienten que han sido violados personalmente porque alguien ha entrado en su coche o en su casa o en su oficina cuando ellos no estaban. Y muchos viven con el temor de que les roben en el futuro.

Los niños, las mujeres y los ancianos suelen tener miedo de salir de sus casas por la noche porque temen ser asaltados o robados. Muchos ladrones probablemente no tienen ni idea del daño que hacen cuando roban a alguien. Para muchas personas, la pérdida de paz y seguridad es incluso mayor que la pérdida de su dinero o posesiones.

Robar también perjudica a multitud de personas que no son robadas directamente. Como el robo es tan común en sus múltiples formas, el coste de muchos productos y el coste de hacer negocios se incrementan considerablemente. Las tiendas y los negocios necesitan guardias, equipos de vigilancia y detectives especiales para proporcionar seguridad. También necesitan un seguro para cubrir sus posibles pérdidas. Muchos propietarios de negocios tienen que subir sus precios a causa de las pérdidas. Y por ello, los pobres también tienen que pagar más por los bienes y servicios que reciben.

Además, la gente tiene que pagar impuestos adicionales para proporcionar policías para la protección y para perseguir y procesar a los que infringen la ley. Y los que son condenados por robar suelen ser alojados en prisiones mantenidas por los contribuyentes. El pago de todos estos costes adicionales recae tanto en los ricos como en los pobres de una forma u otra.

4. Robar es malo porque está impulsado por motivos pecaminosos.

Muchas personas roban porque les mueve la codicia. Al no estar contentos con lo que tienen, miran con apasionada lujuria lo que otros tienen y hacen lo que sea para conseguirlo. Impulsados por el amor al dinero o a las cosas, roban o hurtan o irrumpen en una casa o en un vehículo o en una tienda, sin importar el daño que

it may bring to others (Ezekiel 22:27-29; Hosea 12:7-8; Amos 8:4-6).

> People who steal usually find that the more they get, the more they want. If they get away with stealing something, it simply drives them to steal something else. Getting more things never satisfies them. As the author of Ecclesiastes wrote, when possessions increase, it often creates a continual desire for still more (Ecclesiastes 4:8; 5:10; 6:7).

5) <u>Stealing is wrong because God has ordained other ways to meet our needs.</u>

In a just and well-run society, people will usually be able to produce enough income for their daily needs by working diligently and faithfully. They may not become rich, but they should have enough so they will not need to steal (Deuteronomy 30:8-9; Proverbs 12:11, 14; 13:21; 13:25; 14:23).

When people are not able to find adequate work or cannot work at all, those who do have enough should help meet the needs of those who don't. Sometimes the needs of the poor can be met by individual gifts, while at other times their needs can be met by the generosity of churches or by other organizations or government agencies.

> And when people are truly desperate, as they sometimes are, God invites them to cry out to Him for help. God often provides for the needs of the poor in ways that bring a blessing to those in need, joy to the ones who help, and glory to Himself (Psalm 37:18-19, 23-29, 34, 39-40).

MAKING RESTITUTION

What should people do if they are truly sorry for their sin of stealing— whether they get caught or not?

> First of all, they should confess their sin to God and seek His forgiveness (Psalm 32:1-5; Psalm 51:1-4). Then they should ask the Lord to help them keep from stealing in the future (Psalm 51:10-12). But they should also do more.

When someone commits adultery or murder, it is often impossible to make atonement or restitution for the harm that has been done. But with stealing it is different. That's why God gave His people specific directions as to what they should do if they had stolen something.

> In most cases they were not only commanded to repay or give back what they had taken, they were also required to give back more than they had taken! The penalty they would have to pay would vary from one situation to another, but the thief was usually not let off by simply returning what he had stolen. (See Exodus 22:1-9; Leviticus 6:2-7; Proverbs 6:30-31.)

The fact that God required a convicted thief to pay a heavy penalty for what he had done indicates how seriously God regarded stealing of any kind. It also

puedan causar a otros (Ezequiel 22:27-29; Oseas 12:7-8; Amós 8:4-6).

> Las personas que roban suelen descubrir que cuanto más obtienen, más quieren. Si se salen con la suya en el robo de algo, esto simplemente los impulsa a robar algo más. Conseguir más cosas nunca les satisface. Como escribió el autor del Eclesiastés, cuando las posesiones aumentan, a menudo se crea un deseo continuo de tener aún más (Eclesiastés 4:8; 5:10; 6:7).

5. <u>Robar está mal porque Dios ha ordenado otras formas de satisfacer nuestras necesidades.</u>

En una sociedad justa y bien administrada, la gente generalmente podrá producir suficientes ingresos para sus necesidades diarias trabajando diligente y fielmente. Puede que no se hagan ricos, pero deben tener lo suficiente para no necesitar robar (Deuteronomio 30:8-9; Proverbios 12:11, 14; 13:21; 13:25; 14:23

Cuando la gente no puede encontrar un trabajo adecuado o no puede trabajar en absoluto, los que tienen lo suficiente deben ayudar a satisfacer las necesidades de los que no tienen. A veces, las necesidades de los pobres pueden satisfacerse con donaciones individuales, mientras que otras veces sus necesidades pueden ser satisfechas por la generosidad de las iglesias o por otras organizaciones o agencias gubernamentales.

> Y cuando la gente está realmente desesperada, como ocurre a veces, Dios les invita a clamar a Él en busca de ayuda. A menudo, Dios atiende las necesidades de los pobres de forma que bendice a los necesitados, alegra a los que ayudan y se glorifica a sí mismo (Salmo 37:18-19, 23-29, 34, 39-40).

RESTITUCIÓN

¿Qué debe hacer la gente si está realmente arrepentida de su pecado de robar, tanto si lo atrapan como si no?

> En primer lugar, deben confesar su pecado a Dios y buscar su perdón (Salmo 32:1-5; Salmo 51:1-4). Luego deben pedir al Señor que les ayude a no robar en el futuro (Salmo 51:10-12). Pero también deberían hacer algo más.

Cuando alguien comete un adulterio o un asesinato, a menudo es imposible hacer expiación o restitución por el daño que se ha hecho. Pero con el robo es diferente. Por eso Dios dio a su pueblo instrucciones específicas sobre lo que debían hacer si habían robado algo.

> En la mayoría de los casos no sólo se les ordenó devolver lo que habían tomado, sino que también se les exigió devolver más de lo que habían tomado. La pena que debían pagar variaba de una situación a otra, pero el ladrón no solía librarse simplemente devolviendo lo que había robado. (Véase Éxodo 22:1-9; Levítico 6:2-7; Proverbios 6:30-31).

El hecho de que Dios exigiera a un ladrón convicto que pagara una fuerte pena por lo que había hecho indica la seriedad con que Dios consideraba el robo de cualquier

indicates God's deep concern for those who are the
victims of stealing.

ROBBING GOD

Some people who are strongly opposed to stealing from
men may be unaware that they themselves are robbing
God! God refers to that kind of robbery in Malachi 3:6-
10.

> In this passage God says people rob Him when they fail to give
> Him a regular portion of all the gifts He has entrusted to them.
> God does not give us money and possessions simply so that we
> may enjoy them by ourselves. He requires that we give a
> significant portion to Him of all we have or earn. In Old
> Testament times He required His people to give Him at least a
> tithe (ten percent) of all their income (Leviticus 27:30-32;
> Numbers 18:21-32). In addition, He required them to present
> additional tithes and offerings on specified occasions
> (Deuteronomy 14:22-23; 26:1-12). They were also encouraged to
> give free-will offerings as well. Those who did not give back to
> God what He required of them were judged to be robbing God of
> what was rightfully His!

Although our situation today is not the same as it was in
Old Testament times, God still expects us to provide
tithes and offerings for the church and for helping to
spread the Good News about Jesus Christ throughout
the world. He also expects us to provide clothing,
shelter, food and water for those who are in need.

> Many passages in the Old Testament teach clearly that God
> expects us to be compassionate and loving as we care for the
> needs of the sick, the orphan, the widow and others in distress
> (Deuteronomy 14:28-29; 24:19-22; 26:12-13). And in the New
> Testament we read, *"Religion that is pure and undefiled before
> God, the Father, is this: to visit orphans and widows in their
> affliction, and to keep oneself unstained from the world"* (James
> 1:27).

When we do not do what the Lord requires of us with
the money and possessions He has entrusted to us, we
are violating the Eighth Commandment even though we
have not directly stolen anything from anyone else.

> The Catechism asks *"What does God require of you in this
> commandment?"* And the answer given is: *"That I do whatever I
> can for my neighbor's good, that I treat others as I would like them
> to treat me, and that I work faithfully so that I may share with
> those in need."* (See 2 Corinthians 8:2-7, 13-15.)

IS STEALING EVER JUSTIFIABLE IN THE SIGHT OF GOD?

Some people insist that stealing is never permitted
under any circumstances. They argue that God will
eventually provide what we genuinely need and if, in
His wisdom, He does not do so, we must humbly

tipo. También indica la profunda preocupación de Dios
por aquellos que son víctimas del robo.

ROBAR A DIOS

Algunas personas que se oponen firmemente a robar a
los hombres pueden no ser conscientes de que ellos
mismos están robando a Dios. Dios se refiere a ese tipo
de robo en Malaquías 3:6-10.

> En este pasaje Dios dice que la gente le roba cuando no le da una
> porción regular de todos los dones que les ha confiado. Dios no
> nos da dinero y posesiones simplemente para que las disfrutemos
> por nosotros mismos. Él requiere que le demos una porción
> significativa de todo lo que tenemos o ganamos. En los tiempos
> del Antiguo Testamento exigía a su pueblo que le diera al menos
> el diezmo (diez por ciento) de todos sus ingresos (Levítico 27:30-
> 32; Números 18:21-32). Además, les exigía que presentaran
> diezmos y ofrendas adicionales en determinadas ocasiones
> (Deuteronomio 14:22-23; 26:1-12). También se les animaba a dar
> ofrendas voluntarias. Aquellos que no devolvían a Dios lo que Él
> requería de ellos eran juzgados como si estuvieran robando a Dios
> lo que era suyo por derecho.

Aunque nuestra situación hoy en día no es la misma que
en los tiempos del Antiguo Testamento, Dios todavía
espera que proporcionemos diezmos y ofrendas para la
iglesia y para ayudar a difundir las Buenas Nuevas
sobre Jesucristo en todo el mundo. También espera que
proporcionemos ropa, refugio, comida y agua a los
necesitados.

> Muchos pasajes del Antiguo Testamento enseñan claramente que
> Dios espera que seamos compasivos y cariñosos al atender las
> necesidades de los enfermos, los huérfanos, las viudas y otras
> personas en apuros (Deuteronomio 14:28-29; 24:19-22; 26:12-13).
> Y en el Nuevo Testamento leemos: " *La religión pura y sin mácula
> delante de Dios el Padre es esta: Visitar a los huérfanos y a las
> viudas en sus tribulaciones, y guardarse sin mancha del mundo*"
> (Santiago 1:27).

Cuando no hacemos lo que el Señor exige de nosotros
con el dinero y los bienes que nos ha confiado, estamos
violando el Octavo Mandamiento, aunque no hayamos
robado directamente nada a nadie.

> El Catecismo pregunta: *"¿Qué te exige Dios en este mandamiento?".
> Y la respuesta que se da es: "Que haga todo lo que pueda por el bien
> de mi prójimo, que trate a los demás como quisiera que me
> trataran a mí, y que trabaje fielmente para poder compartir con los
> necesitados."* (Véase 2 Corintios 8:2-7, 13-15.)

¿ES JUSTIFICABLE ROBAR ANTE LOS OJOS DE DIOS?

Algunas personas insisten en que robar no está
permitido bajo ninguna circunstancia. Argumentan que
Dios acabará proporcionando lo que realmente
necesitamos y si, en su sabiduría, no lo hace, debemos

commit ourselves to the Lord and let Him do whatever is right in His sight.

Other Christians, however, believe that there are times and circumstances when stealing is not sinful or wrong in the sight of God, just as there are times when killing is "justifiable" in His sight.

> *There are a few passages or incidents in the Bible that might be used to justify stealing under certain circumstances. For example, God permitted people to eat the grain in the fields and the grapes on the vines when they walked through fields that belonged to someone else (Deuteronomy 23:24-25). Some might consider this to be stealing, but God permitted it and Jesus approved of it when He was on earth. And in Proverbs 6:30 we read that people will usually not despise a thief if he steals to satisfy his hunger when he is starving. Even then, however, verse 31 indicates that he will be punished if he is caught.*

Some people also refer to the story of David in 1 Samuel 21:1-6 when David and the men with him had nothing to eat, so they ate the "sacred bread" from the tabernacle which was intended only for the priests. In this situation David didn't actually "steal" the food, but under "normal" circumstances, he would definitely not be permitted to eat the bread which "belonged" to others.

There are also unique situations in war time or under other special circumstances such as natural disasters when people believe it is permissible to "steal" food or clothing or water or medicine if this is truly the only way they (or others) can stay alive. They also feel that it is "legitimate" to steal things that belong to an "enemy" in wartime or under other conditions when the "stolen" items would have been used for evil purposes.

In spite of these "special" circumstances or situations, for most of us, the eighth Commandment is very clear in its intent and purpose: (1) God does not want us to take from others what belongs to them, and (2) He wants us to serve Him and others to the best of our ability with all that He has entrusted to us.

SUMMARY AND CONCLUSION

The Bible strongly and repeatedly condemns stealing, theft, robbery and deceit. Many forms of stealing are plain and obvious to everyone. Some forms of stealing are more subtle and less obvious. However, stealing in every form is a sin in the sight of God.

We also violate the eighth Commandment if we withhold from God what we should be giving to *Him* or if we withhold from others what we should be giving to them. Everything we have or claim to "own" is only temporarily entrusted to us by a sovereign God who is the ultimate Owner of everything. Since He is the

encomendarnos humildemente al Señor y dejar que haga lo que sea correcto a sus ojos.

Otros cristianos, sin embargo, creen que hay momentos y circunstancias en los que robar no es pecado o está mal a los ojos de Dios, al igual que hay momentos en los que matar es "justificable" a sus ojos.

> *Hay algunos pasajes o incidentes en la Biblia que podrían utilizarse para justificar el robo en determinadas circunstancias. Por ejemplo, Dios permitía que la gente comiera el grano de los campos y las uvas de las viñas cuando pasaban por campos que pertenecían a otra persona (Deuteronomio 23:24-25). Algunos podrían considerar esto como un robo, pero Dios lo permitió y Jesús lo aprobó cuando estuvo en la tierra. Y en Proverbios 6:30 leemos que la gente no suele despreciar al ladrón si roba para saciar su hambre cuando está hambriento. Sin embargo, incluso en ese caso, el versículo 31 indica que será castigado si es atrapado.*

Algunas personas también se refieren a la historia de David en 1 Samuel 21:1-6 cuando David y los hombres que estaban con él no tenían nada que comer, así que comieron el "pan sagrado" del tabernáculo que estaba destinado sólo a los sacerdotes. En esta situación, David no "robó" la comida, pero en circunstancias "normales", definitivamente no se le permitiría comer el pan que "pertenecía" a otros.

También hay situaciones únicas en tiempos de guerra o bajo otras circunstancias especiales como los desastres naturales cuando la gente cree que es permisible "robar" comida o ropa o agua o medicina si esta es realmente la única manera en que ellos (u otros) pueden permanecer vivos. También creen que es "legítimo" robar cosas que pertenecen a un "enemigo" en tiempos de guerra o en otras condiciones en las que los artículos "robados" se habrían utilizado para fines malvados.

A pesar de estas circunstancias o situaciones "especiales", para la mayoría de nosotros, el octavo mandamiento es muy claro en su intención y propósito: (1) Dios no quiere que tomemos de otros lo que les pertenece, y (2) quiere que le sirvamos a Él y a los demás lo mejor que podamos con todo lo que nos ha confiado.

RESUMEN Y CONCLUSIÓN

La Biblia condena enérgica y repetidamente el robo, el hurto, el atraco y el engaño. Muchas formas de robo son claras y obvias para todos. Algunas formas de robar son más sutiles y menos obvias. Sin embargo, robar en todas sus formas es un pecado a los ojos de Dios.

También violamos el octavo mandamiento si retenemos de Dios lo que deberíamos darle o si retenemos de otros lo que deberíamos darles. Todo lo que tenemos o decimos que "poseemos" es sólo temporalmente confiado a nosotros por un Dios soberano que es el dueño final de todo. Puesto que Él es el dueño, debemos mirar continuamente hacia Él para aprender cómo

Owner, we should continually look to Him to learn how we can most faithfully and most effectively use that which He has entrusted to us.

Though there may possibly be unique circumstances when stealing is not absolutely condemned, we must always place our confidence and our hope in God rather than turning to questionable or sinful ways to meet our needs or the needs of our family.

We should always remember the words of Jesus, "Everyone to whom much was given, of him much will be required, and from him to whom they entrusted much, they will demand the more" (Luke 12:48).

When we consider the many dimensions of the eighth Commandment, it becomes very obvious that our obedience to this commandment will have a very significant impact on our walk with God. When we stay away from the things the Commandment forbids and do the things that it requires, we will joyfully increase our fellowship with God and find increasing delight in walking with Him moment by moment and day after day.

podemos usar más fielmente y más efectivamente lo que Él nos ha confiado.

Aunque puede haber circunstancias únicas en las que robar no es absolutamente condenado, siempre debemos poner nuestra confianza y nuestra esperanza en Dios en lugar de recurrir a formas cuestionables o pecaminosas para satisfacer nuestras necesidades o las de nuestra familia.

Debemos recordar siempre las palabras de Jesús: "porque a todo aquel a quien se haya dado mucho, mucho se le demandará; y al que mucho se le haya confiado, más se le pedirá" (Lucas 12:48).

Cuando consideramos las muchas dimensiones del octavo mandamiento, resulta muy obvio que nuestra obediencia a este mandamiento tendrá un impacto muy significativo en nuestro caminar con Dios. Cuando nos alejamos de las cosas que el Mandamiento prohíbe y hacemos las cosas que exige, aumentaremos alegremente nuestra comunión con Dios y encontraremos un creciente deleite en caminar con Él momento a momento y día a día.

LESSON TEN
DAILY BIBLE READINGS

Day 1

Day 2

Day 3

Day 4

Day 5

Day 6

Day 7

Leviticus 19:11-13; Proverbs 1:10-16; Jeremiah 7:9-11;

Hosea 7:1-2; Ephesians 4:28; Titus 2:9-10; 1 Peter 4:15

Leviticus 19:35-36; Deuteronomy 25:13-16; Proverbs 11:1;

20:10, 23; Jeremiah 22:16-17; Hosea 12:7; Micah 6:10-11

Psalm 37:21-22; Jeremiah 17:10; Ezekiel 22:29-31; Hosea 4:1-3;

Amos 5:11-12, 8:4-8; Malachi 3:5; 1 Corinthians 6:9-10

Leviticus 19:13; Deuteronomy 24:14-15; Proverbs 3:27-28;

Jeremiah 22:13; James 5:4-6

Exodus 22:1-13; Leviticus 6:1-7; Proverbs 6:30-31;

Ezekiel 33:15-16; Luke 19:8-9

Exodus 23:10-11; Leviticus 19:9-10; 23:22; Deuteronomy 15:7-

11; Proverbs 19:17; Matthew 19:21; Galatians 6:9-10

Malachi 3:8-12; 2 Corinthians 8:1-15; 9:6-15

LECCIÓN DIEZ
LECTURAS BÍBLICAS DIARIAS

Día 1

Día 2

Día 3

Día 4

Día 5

Día 6

Día 7

Levítico 19:11-13; Proverbios 1:10-16; Jeremías 7:9-11;

Oseas 7:1-2; Efesios 4:28; Tito 2:9-10; 1 Pedro 4:15

Levítico 19:35-36; Deuteronomio 25:13-16; Proverbios 11:1;

20:10, 23; Jeremías 22:16-17; Oseas 12:7; Miqueas 6:10-11

Salmos 37:21-22; Jeremías 17:10; Ezequiel 22:29-31; Oseas 4:1-3;

Amós 5:11-12, 8:4-8; Malaquías 3:5; 1 Corintios 6:9-10

Levítico 19:13; Deuteronomio 24:14-15; Proverbios 3:27-28;

Jeremías 22:13; Santiago 5:4-6

Éxodo 22:1-13; Levítico 6:1-7; Proverbios 6:30-31;

Ezequiel 33:15-16; Lucas 19:8-9

Éxodo 23:10-11; Levítico 19:9-10; 23:22; Deuteronomio 15:7-

11; Proverbios 19:17; Mateo 19:21; Gálatas 6:9-10

Malaquías 3:8-12; 2 Corintios 8:1-15; 9:6-15

TrUE Or FaLSE

Circle T or F.

1. T F Violations of the Eighth Commandment are relatively rare in mostcultures.

2. T F The Bible teaches that by nature our hearts are deceitful so that we are more inclined to take from others what we want rather than to give to others what they need.

3. T F The New Testament makes it clear that the Eighth Commandmentrefers only to those who steal when they don't really "need to" steal in order to meet their daily needs.

4. T F Most people who steal and are caught will readily admit their guiltrather than trying to justify what they have done or make excusesfor their actions.

5. T F Stealing is obviously not right in the sight of God, but it clearly isn'tas significant as the other commandments since it has nothing todo with our relationship to God Himself.

6. T F The author of Ecclesiastes wrote that as people increase in wealth, it usually enables them to overcome any inclination theymight have to steal from others.

7. T F The Bible teaches that thieves who are caught should repay whatthey have taken and, in many instances, should give back more than they had stolen.

8. T F The Bible teaches that the Eighth Commandment not only requires that we do not steal from others, but also teaches that we should give to others in need when we are able to do so.

9. T F The Bible teaches that we are "robbing God" when we do not giveHim the tithes and offerings which He wants and requires us to give.

10. T F People who are rich obviously do not violate the Eighth Commandment

VERDADERO O FALSO

Encierre con un círculo si es V o F.

1. V F Las violaciones del Octavo Mandamiento son relativamente raras en la mayoría de las culturas.

2. V F La Biblia enseña que, por naturaleza, nuestros corazones son engañosos, por lo que estamos más inclinados a tomar de los demás lo que queremos que a dar a los demás lo que necesitan.

3. V F El Nuevo Testamento deja claro que el Octavo Mandamiento se refiere sólo a los que roban cuando realmente no "necesitan" robar para satisfacer sus necesidades diarias.

4. V F La mayoría de las personas que roban y son descubiertas admitirán fácilmente su culpabilidad en lugar de tratar de justificar lo que han hecho o de poner excusas por sus acciones.

5. V F Robar obviamente no es correcto a los ojos de Dios, pero claramente no es tan significativo como los otros mandamientos ya que no tiene nada que ver con nuestra relación con Dios mismo.

6. V F El autor del Eclesiastés escribió que a medida que las personas aumentan su riqueza, generalmente les permite superar cualquier inclinación que puedan tener para robar a otros.

7. V F La Biblia enseña que los ladrones que son atrapados deben devolver lo que han tomado y, en muchos casos, deben devolver más de lo que habían robado.

8. V F La Biblia enseña que el Octavo Mandamiento no sólo exige que no robemos a los demás, sino que también enseña que debemos dar a los necesitados cuando podamos hacerlo.

9. V F La Biblia enseña que estamos "robando a Dios" cuando no le damos los diezmos y ofrendas que Él quiere y requiere que demos.

10. V F Las personas ricas obviamente no violan el Octavo Mandamiento tan a menudo

nearly as often as poor people do.

MULTIpLE ChOICE

Choose which of the three statements is correct. Circle A *or* B *or* C.

1. According to the Heidelberg Catechism, the Eighth Commandmentteaches that:

   A. We should not seek to become rich.

   B. People who steal and are caught should pay back twice the value ofthe things that they have stolen, if they are able to do so.

   C. We should not only refrain from stealing from our neighbor, but we should also do whatever we can for our neighbor's good.

2. A. Stealing inexpensive things from others may not be right, but it should not be taken too seriously.

   B. If a person steals because he is poor, he should not be punished at all, even if he is caught.

   C. All stealing is a violation of the Eighth Commandment and a sin in the sight of God.

3. A. If an employer does not pay his employees fair and just wages,the employees have the right to take from their employer what they rightly deserve.

   B. If a rich man lives near a poor man and never cares about his neighbor's needs, the poor man has the right to take from the rich man what he <u>should</u> have given him.

   C. God definitely cares very much about the needs of the poor and underpaid workers, but he does not give them the right to steal fromtheir bosses or from people who have much more than they do.

4. A. Stealing is not a very serious matter if no one is hurt by it.

   B. Stealing is almost always costly for society when people steal or threaten to steal.

   C. When the poor steal from the rich, this is one way for people to helpbring about the "fairness" that God desires.

5. A. People who steal are not trusting the Lord to provide for their needsin "appropriate ways."

OPCIÓN MÚLTIPLE

Elija cuál de las tres afirmaciones es correcta. Encierre en un círculo A o B o C.

1. Según el Catecismo de Heidelberg, el Octavo Mandamiento enseña que:

   A. No debemos buscar enriquecernos.

   B. Las personas que roban y son sorprendidas deben devolver el doble del valor de las cosas que han robado, si pueden hacerlo.

   C. No sólo debemos abstenernos de robar a nuestro prójimo, sino que debemos hacer todo lo posible por el bien de nuestro prójimo.

2. A. Robar cosas baratas a los demás puede no estar bien, pero no se debe tomar demasiado en serio.

   B. Si una persona roba porque es pobre, no debe ser castigada en absoluto, aunque la atrapen.

   C. Todo robo es una violación del Octavo Mandamiento y un pecado a los ojos de Dios.

3. A. Si un empleador no paga a sus empleados un salario justo y equitativo, los empleados tienen derecho a tomar de su empleador lo que justamente merecen.

   B. Si un hombre rico vive cerca de un hombre pobre y nunca se preocupa por las necesidades de su vecino, el hombre pobre tiene derecho a quitarle al rico lo que <u>debería</u> haberle dado.

   C. Definitivamente, Dios se preocupa mucho por las necesidades de los trabajadores pobres y mal pagados, pero no les da derecho a robar a sus jefes o a personas que tienen mucho más que ellos.

4. A. Robar no es un asunto muy grave si nadie sale perjudicado por ello

   B. Robar es casi siempre costoso para la sociedad cuando la gente roba o amenaza con robar.

   C. Cuando los pobres roban a los ricos, esta es una manera de que la gente ayude a lograr la "equidad" que Dios desea.

5. A. Las personas que roban no están confiando en que el Señor provea sus necesidades de

B. People who steal without getting caught will usually not steal again.

C. People who steal are most often motivated by their desperate need and are rarely motivated simply because they "covet" something thatothers have.

6. A. When people are truly sorry for their sin of stealing and are not caught, they should keep quiet about what they have done and sincerely determine not to do it again.

B. People who steal and are not caught should not try to make any kindof restitution, because that would expose what they have done and create an even bigger problem.

C. People who steal and realize the sinfulness of what they have doneshould acknowledge their sin, sincerely seek to find forgiveness, and, if possible, make whatever restitution is right and fair.

7. A. It is possible to break the Eighth Commandment by not giving to people in need.

B. The Eighth Commandment teaches us not to steal but it has nothingto do with "giving" to people in need.

C. It's good to give money to Christian causes, but it doesn't matter howmuch we give, since the Bible never teaches anything about that.

8. In Ephesians 4:28 we read: "He who has been stealing must steal no longer, but must work so that:

A. "He will not be tempted to steal from others."

B. "He will have something to share with others in need."

C. "He will no longer dishonor the Lord through his stealing."

9. A. Stealing usually hurts only the person who does the stealing.

B. Stealing almost always hurts many people in one way or another.

C. In most cases, stealing hurts only the person who has beenrobbed.

10. In Proverbs 30 Agur prayed "Give me neither poverty nor riches lest I befull and deny you . . . or lest I be poor and steal and:

"manera apropiada".

B. Las personas que roban sin ser atrapadas generalmente no volverán a robar.

C. Las personas que roban suelen estar motivadas por su necesidad desesperada y rara vez están motivadas simplemente porque "codician" algo que otros tienen.

6. A. Cuando las personas están realmente arrepentidas de su pecado de robo y no son atrapadas, deben guardar silencio sobre lo que han hecho y determinar sinceramente no volver a hacerlo.

B. Las personas que roban y no son atrapadas no deben tratar de hacer ningún tipo de restitución, porque eso expondría lo que han hecho y crearía un problema aún mayor.

C. Las personas que roban y se dan cuenta de la pecaminosidad de lo que han hecho deben reconocer su pecado, buscar sinceramente el perdón y, si es posible, hacer la restitución que sea justa y correcta.

7. A. Es posible romper el Octavo Mandamiento al no dar a las personas necesitadas.

B. El Octavo Mandamiento nos enseña a no robar, pero no tiene nada que ver con "dar" a las personas necesitadas.

C. Es bueno dar dinero a causas cristianas, pero no importa cuánto demos, ya que la Biblia nunca enseña nada al respecto.

8. En Efesios 4:28 leemos: " El que hurtaba, no hurte más, sino trabaje:

A. "para que no tenga la tentación de robar a otros".

B. "para que tenga qué compartir con el que padece necesidad."

C. "para que ya no deshonre al Señor con sus robos".

9. A. Robar normalmente sólo perjudica a la persona que roba.

B. Robar casi siempre perjudica a muchas personas de una u otra manera.

C. En la mayoría de los casos, robar sólo perjudica a la persona que ha sido robada.

A. Lose my reputation as a humble servant of God."

B. Hurt my brother, bringing hardship to his family."

C. Profane the name of my God."

LESSON TEN – aDDITIONaL QUESTIONS

1. The *Heidelberg Catechism* teaches that the Eighth Commandment hastwo main parts: what we should NOT do and what we SHOULD do. Briefly explain each of the two parts.

   A. What we should NOT do.

   B. What we SHOULD do.

2. Indicate whether the following statements are true or false. If you answer

   FALSE, briefly explain your answer.

   A. Stealing *little* things is certainly not a sin in God's sight.

   B. If we steal something, we do not have to confess this to God unlesswe are caught.

   C. In general, people who steal and are not caught will probably stealagain.

3. List five ways in which people "steal" even if they don't actually take something that doesn't belong to them. (See the Lesson notes for examples.)

   A.

   B.

   C.

   D.

   E.

4. A. Do you think we all should pray as Agur did in Proverbs 30?

   B. Please give the reason for your answer.

5. A. What kind of "stealing" is referred to in Deuteronomy 25:13-16 and inProverbs 20:10 and 23?

   B. How does God feel about this kind of stealing?

   C. Is this kind of "stealing" still practiced today where you live? Can you

10. En Proverbios 30 Agur oró "No me des pobreza ni riquezas, no sea que me sacie, y te niegue. . . que siendo pobre, hurte, y:

   A. Pierda mi reputación como humilde siervo de Dios".

   B. Dañe a mi hermano, trayendo dificultades a su familia".

   C. Blasfeme el nombre de mi Dios".

LECCIÓN DIEZ – PREGUNTAS ADICIONALES

1. El *Catecismo de Heidelberg* enseña que el Octavo Mandamiento tiene dos partes principales: lo que NO debemos hacer y lo que DEBEMOS hacer. Explica brevemente cada una de las dos partes.

   A. Lo que NO debemos hacer.

   B. Lo que DEBEMOS hacer.

2. Indica si las siguientes afirmaciones son verdaderas o falsas. Si tu respuesta es FALSO, explica brevemente tu respuesta.

   A. Robar cosas *pequeñas* no es ciertamente un pecado a los ojos de Dios.

   B. Si robamos algo, no tenemos que confesarlo a Dios a menos que nos descubran.

   C. En general, las personas que roban y no son atrapadas probablemente volverán a robar.

3. Enlisra cinco formas en las que la gente "roba" aunque no tome realmente algo que no le pertenece. (Consulta los ejemplos en las notas de la lección).

   A.

   B.

   C.

   D.

   E.

4. A.¿Crees que todos deberíamos orar como lo hizo Agur en Proverbios 30?

   B. Por favor, justifica tu respuesta.

5. A. ¿A qué clase de "robo" se refiere Deuteronomio 25:13-16 y Proverbios 20:10 y 23?

   B. ¿Qué opina Dios de este tipo de robo?

   C. ¿Se sigue practicando este tipo de "robo" en el lugar donde vives? ¿Puedes dar algún

give any specific examples?

D. Do you think this kind of stealing is as sinful in God's sight as stealing something from a store? Please explain your answer.

6. What kind of "stealing" is described in Jeremiah 22:13?

7. A. What are some of the ways in which workers steal from their employers?

B. If employers do not treat their workers well or pay them a livable wage, do the workers have the right to "steal" from them in order to get what they think they deserve? Please give the reason for your answer.

8. Write out two Scripture verses which explain the *basic* reason whypeople steal.

A.

B.

9. A. Which of the following statements do you think is most in harmony with the Bible?

1. One big difference between Christians and non-Christians is that Christians never steal while non-Christians often do.

2. Christians steal as well as non-Christians do, but they are more careful so they do not get caught as often as non-Christians do.

3. Christians earnestly seek to win a victory over every temptation to steal so that they honor God in their lives and do what is pleasingto Him.

B. Please explain why you chose this statement rather than the others.

10. A. What does Paul teach in Ephesians 4:28?

B. Do you think this is "realistic" advice? Or is Paul "out of touch" with reality? Please explain your answer.

11. A. What are some of the excuses poor people give for stealing?

B. What are some excuses employers give for "stealing" from their employees?

C. Which of these excuses do you think <u>justify</u> stealing?

12. A. Why is stealing wrong?

ejemplo concreto?

D. ¿Crees que este tipo de robo es tan pecaminoso a los ojos de Dios como robar algo de una tienda? Por favor, justifica tu respuesta.

6. ¿Qué tipo de "robo" se describe en Jeremías 22:13

7. A. ¿Cuáles son algunas de las formas en que los trabajadores roban a sus empleadores?

B. Si los empleadores no tratan bien a sus trabajadores o no les pagan un salario digno, ¿los trabajadores tienen derecho a "robarles" para obtener lo que creen que merecen? Por favor, justifica tu respuesta.

8. Escribe dos versículos de la Escritura que expliquen la razón básica del porqué la gente roba.

A.

B.

9. A. ¿Cuál de las siguientes afirmaciones crees que está más en armonía con la Biblia?

1. Una gran diferencia entre los cristianos y los no cristianos es que los cristianos nunca roban mientras que los no cristianos lo hacen a menudo.

2. Los cristianos roban igual que los no cristianos, pero son más cuidadosos, por lo que no son atrapados tan a menudo como los no cristianos.

3. Los cristianos buscan seriamente ganar una victoria sobre cada tentación de robar para que honren a Dios en sus vidas y hagan lo que le agrada.

B. Por favor, explica por qué elegiste esta afirmación en lugar de las otras.

10. A.¿Qué enseña Pablo en Efesios 4:28?

B. ¿Crees que es un consejo "realista"? ¿O Pablo está "fuera de contacto" con la con la realidad? Por favor, justifica tu respuesta.

11. A. ¿Cuáles son algunas de las excusas que dan los pobres para robar?

B. ¿Cuáles son algunas de las excusas que dan los empresarios para "robar" a sus empleados?

C. ¿Cuál de estas excusas crees que <u>justifica</u> el robo?

B. Do you think this Commandment is as important as the other nine?

C. Please give the reason for your answer?

13. Read Leviticus 25:23, Psalm 50:10, and Psalm 24:1. What *is the basicmessage* that is taught in all of these passages?

14. How would you respond to the following statement? "Stealing is not a sinas long as no one is hurt by it."

15. Amos 8:1-7 gives us a "parable" about a basket of ripe fruit. What is thebasic meaning of this parable?

16. A. Some people steal because they are poor or hungry. Others steal because they are covetous or jealous of others. Still others steal because they are angry that people seem to be taking advantageof them. In your own experience, what do you think are the most common reasons why people steal?

B. Do you think stealing is less serious if a person steals because he ishungry or poor? Please give the reason for your answer.

17. A. Do you think that a thief who acquires lots of things through stealingwill soon reach a point when he doesn't want to steal anymore?Or will he continue to steal even though he doesn't really need anything?

C. Write out two Scripture passages that support your answer

.1.

2.

18. What does Exodus 22:1-9 teach a person must do if he is caught stealing? (Summarize the basic teaching of this passage without going into great detail.)

19. According to Malachi 3:6-10, in what way were the people "robbing God"?

20. Write out two passages from the Bible that teach that God wants us to use our money and our other resources to bless or help others.

A.

B.

12. A. ¿Por qué está mal robar?

B. ¿Crees que este mandamiento es tan importante como los otros nueve?

C. Por favor, justifica tu respuesta.

13. Lee Levítico 25:23, Salmo 50:10 y Salmo 24:1. ¿Cuál es el *mensaje básico* que se enseña en todos estos pasajes?

14. ¿Cómo responderías a la siguiente afirmación: "Robar no es un pecado mientras no se perjudique a nadie con ello"?

15. Amós 8:1-7 nos da una "parábola" sobre una cesta de fruta madura. ¿Cuál es el significado básico de esta parábola?

16. A. Algunas personas roban porque son pobres o tienen hambre. Otros roban porque son codiciosos o están celosos de otros. Y otros roban porque están enojados porque la gente parece aprovecharse de ellos. En tu propia experiencia, ¿cuáles crees que son las razones más comunes por las que la gente roba?

B. ¿Crees que robar es menos grave si una persona roba porque tiene hambre o es pobre? Justifica tu respuesta.

17. A. ¿Crees que un ladrón que adquiere muchas cosas robando llegará pronto a un punto en el que no querrá robar más? ¿O seguirá robando, aunque no necesite nada realmente?

B. Escribe dos pasajes de la Escritura que respalden tu respuesta.

1.

2.

18. ¿Qué enseña Éxodo 22:1-9 que una persona debe hacer si es sorprendida robando? (Resume la enseñanza básica de este pasaje sin entrar en grandes detalles).

19. Según Malaquías 3:6-10, ¿de qué manera el pueblo estaba "robando a Dios"?

20. Escribe dos pasajes de la Biblia que enseñan que Dios quiere que usemos nuestro dinero y nuestros otros recursos para bendecir o ayudar a otros

A.

B.

Do you agree or disagree with the following statements? Whenever possible, refer to the Bible to support your position.

1. Though stealing is definitely wrong in most situations, there are times and circumstances when stealing can be justified.

2. When a thief was caught in Old Testament times, he was forced to restorewhat he had stolen *and* in addition he was forced to pay a significant penalty. See, for example, Exodus 22:1-9 and Leviticus 6:2-7. Should we return to that policy rather than putting thieves and robbers in jail unless they have done physical harm to someone.

3. Very few Christians today steal anything, so it usually isn't necessary topreach or teach on the Eighth Commandment today in our churches.

4. God is more concerned about "direct" stealing and robbery (such as taking goods or money from others or robbing a bank) than he is about more subtle forms of stealing (such as cheating on tax forms or insurance forms or paying inadequate wages to our workers).

5. The old saying is still true: "Once a thief, always a thief. It is almost impossible for a thief ever to change his ways."

¿Estás de acuerdo o no con las siguientes afirmaciones? Siempre que sea posible, refiérete a la Biblia para respaldar tu posición.

1. Aunque robar es definitivamente malo en la mayoría de las situaciones, hay veces y circunstancias en las que robar puede estar justificado.

2. Cuando un ladrón era atrapado en los tiempos del Antiguo Testamento, se le obligaba a restituir lo que había robado y además se le obligaba a pagar una pena importante. Véase, por ejemplo, Éxodo 22:1-9 y Levítico 6:2-7. Deberíamos volver a esa política en lugar de meter en la cárcel a los ladrones y atracadores a menos que hayan hecho daño físico a alguien.

3. Muy pocos cristianos roban algo hoy en día, así que normalmente no es necesario predicar o enseñar sobre el Octavo Mandamiento hoy en nuestras iglesias.

4. Dios está más preocupado por el robo y el hurto "directo" (como tomar bienes o dinero de otros o asaltar un banco) que por formas más sutiles de robo (como engañar en los formularios de impuestos o de seguros o pagar salarios inadecuados a nuestros trabajadores).

5. El viejo refrán sigue siendo cierto: "Una vez ladrón, siempre ladrón". Es casi imposible que un ladrón cambie alguna vez sus costumbres".

THE NINTH COMMANDMENT
Lesson Eleven

Introduction

The ninth commandment reads: *"You shall not bear false witness against your neighbor."*

This Commandment requires, among other things, that we tell the truth whenever we are in a court of law or have to testify in a legal matter. At the time the Bible was written, personal testimony in a court room was the only way to discover what really happened in any situation. There were no pictures, no movies, and no tape recorders. Lie detectors were unheard of. No one knew anything about DNA. And there was no scientific way to analyze finger prints or blood or anything else. Everything depended on the testimony of witnesses.

> However, the Ninth Commandment does not require that we tell the truth only in legal trials. God demands that we tell the truth all the time and in every situation (Leviticus 19:11). Titus 1:2 emphasizes that God Himself does not lie and Numbers 23:19 and Hebrews 6:18 teach that God cannot lie.

In contrast to that, John 8:44 teaches that the devil cannot tell the truth. *"He was a murderer from the beginning, and does not stand in the truth, because there is no truth in him. When he lies, he speaks out of his own character, for he is a liar and the father of lies."* When people habitually lie, therefore, they should remember that their speech reveals who their father is!

THE PENALTY FOR NOT TELLING THE TRUTH IN COURT

In Bible times an accused person could be put to death upon the testimony of two or three witnesses, even if there was no other evidence to convict the person (Deuteronomy 19:15). But witnesses were not always honest. Sometimes people would "hire" or bribe false witnesses in order to win their case or even to put to death someone they didn't like. (See, for example, 1 Kings 21:11-14; Mark 14:55-58; Acts 6:12-14.)

> But if it could be proved that a witness had lied, he would receive the same punishment the innocent person would have received if he had been declared guilty (Deuteronomy 19:16-21). That by itself was a good incentive for telling the truth when people were on the witness stand!

EL NOVENO MANDAMIENTO
Lección Once

Introducción

El noveno mandamiento dice: "*No hablarás contra tu prójimo falso testimonio*".

Este mandamiento exige, entre otras cosas, que digamos la verdad siempre que estemos en un tribunal o tengamos que testificar en un asunto legal. En la época en que se escribió la Biblia, el testimonio personal en un tribunal era la única manera de descubrir lo que realmente había sucedido en cualquier situación. No había fotos, ni películas, ni grabadoras. Los detectores de mentiras no se conocían. Nadie sabía nada del ADN. Y no había ninguna forma científica de analizar las huellas dactilares, la sangre o cualquier otra cosa. Todo dependía del testimonio de los testigos.

> Sin embargo, el Noveno Mandamiento no exige que digamos la verdad sólo en los juicios legales. Dios exige que digamos la verdad todo el tiempo y en cualquier situación (Levítico 19:11). Tito 1:2 enfatiza que Dios mismo no miente y Números 23:19 y Hebreos 6:18 enseñan que Dios no puede mentir.

En contraste con esto, Juan 8:44 enseña que el diablo no puede decir la verdad. "*Él ha sido homicida desde el principio, y no ha permanecido en la verdad, porque no hay verdad en él. Cuando habla mentira, de suyo habla; porque es mentiroso, y padre de mentira*". Por lo tanto, cuando la gente miente habitualmente, debe recordar que su discurso revela quién es su padre.

LA PENA POR NO DECIR LA VERDAD EN EL JUICIO

En los tiempos bíblicos, una persona acusada podía ser condenada a muerte por el testimonio de dos o tres testigos, incluso si no había ninguna otra prueba para condenar a la persona (Deuteronomio 19:15). Pero los testigos no siempre eran honestos. A veces la gente "contrataba" o sobornaba a testigos falsos para ganar su caso o incluso para dar muerte a alguien que no les agradaba. (Véase, por ejemplo, 1 Reyes 21:11-14; Marcos 14:55-58; Hechos 6:12-14).

> Pero si se demostraba que un testigo había mentido, recibía el mismo castigo que habría recibido el inocente si hubiera sido declarado culpable (Deuteronomio 19:16-21). Eso, por sí mismo, era un buen incentivo para decir la verdad cuando la gente estaba en el estrado.

TELLING THE TRUTH AS A WAY OF LIFE

In courts of law, people are often required to swear an oath that they are telling the truth, the whole truth, and nothing but the truth. Such oaths are not wrong. However, Christians should be known as people who *always* speak the truth. They should not have to swear an oath that their words are true, because people should be confident that whatever they say is always true.

> They do not hide the truth, exaggerate the truth, distort the truth, or deny the truth. Their spoken word is as good as any written guarantee. They are known as people who do not and will not tell a lie. Their reputation is as good as gold!

Regrettably, there are other people who have a reputation for *rarely* telling the truth. They lie about anything and everything. Telling the truth is simply not important to them. They will say what they think people want to hear and will distort the truth whenever it serves their purpose. No matter what they promise or how strongly they claim to be telling the truth, people can never be sure. They have lied so often about so many things that people simply do not trust them.

> Many people believe that lying about "small matters" is not important. To them, so-called "white lies" are quite acceptable. However, that's not what the Bible teaches. The Bible never makes a distinction between "small matters" and "important matters" when it comes to telling the truth. God's people should always tell the truth. Besides, once a person develops a habit of lying about "small" things, it becomes easy to lie about anything or everything.

LYING FOR PERSONAL BENEFIT

Many times it seems that lying pays off. That's why many people do it. They may lie to defend their reputation, excuse their failures, impress other people, gain some money, or get some other benefit. And lying does often seem to "work." If you have the kind of personality that other people like, and if you smile nicely, and if you appear to be sincere, others will probably believe what you say. And if you are interested only in personal gain and are not concerned about pleasing God, lying may often help you get what you want.

There are many examples of "beneficial lying." When people are trying to sell something, they may lie about the age or condition of the item they are selling. If people believe them, they may make a sale. People who are looking for a job may lie about their past training or experience. If they are good "talkers," they may get hired. People who have done something wrong may lie to cover up their sin or failure. If people believe them,

DECIR LA VERDAD COMO FORMA DE VIDA

En los tribunales, a menudo se exige a las personas que juren que dicen la verdad, toda la verdad y nada más que la verdad. Tales juramentos no están mal. Sin embargo, los cristianos deberían ser conocidos como personas que siempre dicen la verdad. No deberían tener que jurar que sus palabras son verdaderas, porque la gente debería confiar en que todo lo que dicen es siempre cierto.

> No ocultan la verdad, ni exageran la verdad, ni distorsionan la verdad, ni niegan la verdad. Su palabra hablada es tan buena como cualquier garantía escrita. Se les conoce como personas que no dicen ni dirán una mentira. Su reputación es tan buena como el oro.

Lamentablemente, hay otras personas que tienen fama de no decir casi nunca la verdad. Mienten sobre cualquier cosa y sobre todo. Decir la verdad no es importante para ellos. Dicen lo que creen que la gente quiere oír y distorsionan la verdad siempre que les sirva de algo. No importa lo que prometan o lo mucho que afirmen que dicen la verdad, la gente nunca puede estar segura. Han mentido tantas veces sobre tantas cosas que la gente simplemente no confía en ellos.

> Muchas personas creen que mentir sobre "asuntos menores" no es importante. Para ellos, las llamadas "mentiras blancas" son bastante aceptables. Sin embargo, eso no es lo que enseña la Biblia. La Biblia nunca hace una distinción entre "asuntos pequeños" y "asuntos importantes" cuando se trata de decir la verdad. El pueblo de Dios debe decir siempre la verdad. Además, una vez que una persona desarrolla el hábito de mentir sobre cosas "pequeñas", se vuelve fácil mentir sobre cualquier cosa o sobre todo.

MENTIR PARA BENEFICIO PERSONAL

Muchas veces parece que mentir da resultado. Por eso mucha gente lo hace. Pueden mentir para defender su reputación, excusar sus fracasos, impresionar a otras personas, ganar algo de dinero u obtener algún otro beneficio. Y a menudo parece que mentir "funciona". Si tienes el tipo de personalidad que agrada a los demás, y si sonríes de forma agradable, y si pareces sincero, los demás probablemente creerán lo que dices. Y si estás interesado sólo en el beneficio personal y no estás preocupado por complacer a Dios, la mentira puede a menudo ayudarte a conseguir lo que quiere.

Hay muchos ejemplos de "mentira beneficiosa". Cuando la gente está tratando de vender algo, pueden mentir sobre la edad o la condición del artículo que están vendiendo. Si la gente les cree, pueden hacer una venta. Las personas que buscan un trabajo pueden mentir sobre su formación o experiencia anterior. Si son buenos "habladores", pueden ser contratados. Las personas que han hecho algo malo pueden mentir para encubrir su pecado o fracaso. Si la gente les cree, pueden salirse con la suya. Las personas que buscan un cónyuge pueden

they may get away with it. People who are looking for a spouse may make many promises which they never intend to keep. But if someone believes them, they may gain a marriage partner.

Because lying often seems to "pay off" in one way or another, and because so many people do it, lying is often accepted as a way of life. And those who lie frequently and get away with it most of the time may simply shrug their shoulders and say: "So what's the problem?"

The problem is that God hates lying! In Proverbs 6:16 and 19 we read, *"There are six things the Lord hates."* one of those is *"a false witness who breathes out lies."* In Proverbs 19:5 we read, *"A false witness will not go unpunished, and he who breathes out lies will not escape."* And just a few verses later we read, *"A false witness will not go unpunished, and he who pours out lies will perish"* (Proverbs 19:9). God takes lying so seriously that in Revelation 21:8 He includes liars in the short list of people who will be excluded from heaven, the new Jerusalem.

Cheating, lying and deception are not new. Cain, the first person born in this world, lied because he was angry (Genesis 4:9). Abraham lied about his wife because he was afraid he might lose her (Genesis 20:1-2). Jacob lied to his father Isaac because of greed (Genesis 27:24). Joseph's brothers deceived their father because of jealousy (Genesis 37:32). Sarah lied because she was afraid she might have offended a messenger from God (Genesis 18:15).

At the time of Jeremiah the prophet, the land was full of lying and deceit. The Lord said, *"Let everyone beware of his neighbor, and put no trust in any brother, for every brother is a deceiver, and every neighbor goes about as a slanderer. Everyone deceives his neighbor, and no one speaks the truth; they have taught their tongue to speak lies; they weary themselves committing iniquity. Heaping oppression upon oppression, and deceit upon deceit, they refuse to know me"* (Jeremiah 9:4-6). And later the Lord said, *"The heart is deceitful above all things and desperately sick; Who can understand it?"* (Jeremiah 17:9).

Some people may take false comfort from these verses, concluding that lying and deceit are so common that we don't have to take them very seriously. But the opposite is true. Because lying is so common, so easy, and so frequent, we must be exceptionally diligent to make sure that we do not get involved in it.

We should be on guard lest we gradually slip into a way of life that dishonors the Lord and significantly undercuts any positive witness we may have. Dishonesty, deceit, lying, misrepresenting the truth, and leading people astray are never to be taken lightly. God takes all of them very seriously. We should, too!

hacer muchas promesas que nunca piensan cumplir. Pero si alguien les cree, pueden conseguir un compañero de matrimonio.

Dado que mentir parece "dar resultado" de una forma u otra, y dado que mucha gente lo hace, la mentira se acepta a menudo como una forma de vida. Y los que mienten con frecuencia y se salen con la suya la mayor parte del tiempo pueden simplemente encogerse de hombros y decir: "¿Y cuál es el problema?"

El problema es que ¡Dios odia la mentira! En Proverbios 6:16 y 19 leemos: "Hay seis cosas que el Señor odia". Una de ellas es *"el testigo falso que habla mentiras"*. En Proverbios 19:5 leemos: *"El testigo falso no quedará sin castigo, y el que habla mentiras no escapará"*. Y unos versos más adelante leemos: *"El testigo falso no quedará sin castigo, y el que habla mentiras perecerá"* (Proverbios 19:9). Dios se toma tan en serio la mentira que en Apocalipsis 21:8 incluye a los mentirosos en la corta lista de personas que serán excluidas del cielo, la nueva Jerusalén.

El engaño, la mentira y la decepción no son nuevos. Caín, la primera persona nacida en este mundo, mintió porque estaba enojado (Génesis 4:9). Abraham mintió sobre su esposa porque tenía miedo de perderla (Génesis 20:1-2). Jacob mintió a su padre Isaac por codicia (Génesis 27:24). Los hermanos de José engañaron a su padre por celos (Génesis 37:32). Sara mintió porque temía haber ofendido a un mensajero de Dios (Génesis 18:15).

En la época del profeta Jeremías, la tierra estaba llena de mentiras y engaños. El Señor dijo: *"Guárdese cada uno de su compañero, y en ningún hermano tenga confianza; porque todo hermano engaña con falacia, y todo compañero anda calumniando. Y cada uno engaña a su compañero, y ninguno habla verdad; acostumbraron su lengua a hablar mentira, se ocupan de actuar perversamente. Su morada está en medio del engaño; por muy engañadores no quisieron conocerme"* (Jeremías 9:4-6). Y más tarde el Señor dijo: *"Engañoso es el corazón más que todas las cosas, y perverso; ¿quién lo conocerá?"* (Jeremías 17:9).

Algunas personas pueden encontrar un falso consuelo en estos versículos, concluyendo que la mentira y el engaño son tan comunes que no tenemos que tomarlos muy en serio. Pero lo cierto es lo contrario. Debido a que la mentira es tan común, tan fácil y tan frecuente, debemos ser excepcionalmente diligentes para asegurarnos de no involucrarnos en ella.

Debemos estar en guardia para que no nos deslicemos gradualmente hacia una forma de vida que deshonra al Señor y socava significativamente cualquier testimonio positivo que podamos tener. La deshonestidad, el engaño, la mentira, la tergiversación de la verdad y el extravío de la gente nunca deben tomarse a la ligera. Dios se toma todos ellos muy en serio. Nosotros también deberíamos hacerlo.

SPEAKING THE TRUTH IN LOVE

When God told His people to be trustworthy witnesses, His intention was that we should not only speak what is true but that we should also promote what is just and fair and right and good. There are many occasions when people speak "the truth" in a way that hurts others rather than helping them. What they say is not untrue, but they speak in a way that is mean, vindictive, or completely unloving. Or they may tell others something that definitely does not have to be told.

> It simply is not always kind or wise or desirable or necessary, therefore, to speak "the whole truth." And this is especially true if the things we say are negative rather than positive.

It is possible, for example, for someone to tear down the reputation of another person out of envy or hatred or jealousy. What is said may be true, but it definitely is not kind or loving or helpful or necessary. And for that reason, it is a "truth" that could better be left unsaid.

In Ephesians 4:25 Paul emphasizes that *"Therefore, having put away falsehood, let each one of you speak the truth with his neighbor, for we are members one of another."*

But in the same chapter he also indicates that we should speak the truth *"in love"* (Ephesians 4:15).

> Though we definitely should not deceive others, neither should we speak in a way that would unnecessarily hurt them. As Paul wrote in Ephesians 4:29, we should only speak what is *"good for building up, as fits the occasion, that it may give grace to those who hear."*
>
> Here, as everywhere else, we should remember the words of Jesus in Matthew 7:14: *"So whatever you wish that others would do to you, do also to them."*

We should also recognize, however, that there are times when the most loving thing we can do for someone is to say "negative" or "critical" things which this person clearly needs to hear. If someone needs to be corrected or challenged or criticized in order to become a better person, then Christian love requires that we tell him. Hiding the truth or "shading" it in some way may seem loving at the moment, but it really isn't. In our effort to "soften" or "shade" the truth, we may actually be deceiving someone. Or we may fail to provide him with some criticism which could really be of benefit to him.

> But all such critical or negative words must always be spoken with a sincere desire to help rather than hurt. Or, in Paul's words: *We must always speak the truth "in love."*

HABLAR LA VERDAD CON AMOR

Cuando Dios le dijo a su pueblo que fueran testigos confiables, su intención era que no sólo habláramos lo que es verdad, sino que también promoviéramos lo que es justo y equitativo y correcto y bueno. Hay muchas ocasiones en las que la gente dice "la verdad" de una manera que perjudica a los demás en lugar de ayudarlos. Lo que dicen no es falso, pero hablan de manera mezquina, vengativa o completamente sin amor. O pueden decir a los demás algo que definitivamente no tiene que ser dicho.

> Por lo tanto, no siempre es amable o sabio o deseable o necesario decir "toda la verdad". Y esto es especialmente cierto si las cosas que decimos son negativas en lugar de positivas.

Es posible, por ejemplo, que alguien desprestigie la reputación de otra persona por envidia, odio o celos. Lo que se dice puede ser cierto, pero definitivamente no es amable o cariñoso o útil o necesario. Y por esa razón, es una "verdad" que es mejor no decir.

En Efesios 4:25, Pablo enfatiza que " *Por lo cual, desechando la mentira, hablad verdad cada uno con su prójimo; porque somos miembros los unos de los otros.*"

Pero en el mismo capítulo también indica que debemos decir la verdad *"en amor"* (Efesios 4:15).

> Aunque definitivamente no debemos engañar a los demás, tampoco debemos hablar de una manera que los hiera innecesariamente. Como escribió Pablo en Efesios 4:29, sólo debemos hablar lo que es *"bueno para la necesaria edificación, a fin de dar gracia a los oyentes".*
>
> Aquí, como en todas partes, debemos recordar las palabras de Jesús en Mateo 7:12: *"Todas las cosas que queráis que los hombres hagan con vosotros, así también haced vosotros con ellos".*

Sin embargo, también debemos reconocer que hay ocasiones en las que lo más amoroso que podemos hacer por alguien es decir cosas "negativas" o "críticas" que esa persona claramente necesita oír. Si alguien necesita ser corregido o desafiado o criticado para ser mejor persona, entonces el amor cristiano requiere que se lo digamos. Ocultar la verdad o "matizarla" de alguna manera puede parecer amoroso en el momento, pero realmente no lo es. En nuestro esfuerzo por "suavizar" o "matizar" la verdad, en realidad podemos estar engañando a alguien. O puede que no le proporcionemos una crítica que realmente podría serle útil.

> Pero todas esas palabras críticas o negativas deben decirse siempre con un sincero deseo de ayudar y no de herir. O, en palabras de Pablo: *Debemos decir siempre la verdad "en amor".*

LYING FOR THE BENEFIT OF OTHERS

To mislead or deceive others simply for our own personal advantage is clearly wrong. Even though our lying may result in some short-term "benefits" for us, it does not please the Lord. If there are legitimate things we need or want, we should ask the Lord for His help.

> We certainly should not lie about these things and expect God to bless our lying. God hates lying and does not bless it. Neither does He excuse it.

There are times, however, when people do not lie for their own benefit but for the benefit of others. For example, they may lie to help their friends get out of trouble . . . or to help them get something they need . . . or to help them pass a test in school. Or they may lie to spare them embarrassment or to help them gain some other so-called "benefit."

> Those who lie or deceive or mislead others in these situations may claim that they are lying out of genuine love for others—and they may sincerely want to help them. But in most cases such lying is simply "bearing false witness." And that is something clearly forbidden by the Ninth Commandment.

LYING TO PROTECT INNOCENT PEOPLE

Sometimes people lie to protect themselves or others when they are in grave danger. For example, many people lie in times of war. Some lie when they or others are being attacked by criminals. Some lie when they are confronted by people who are crazed by alcohol or drugs. If people in these situations tell the truth to their attackers, they or others will likely suffer serious injury or even death. If they lie, they may escape.

Is lying under such circumstances acceptable to God?

> This is a much more difficult question and Christians do not all agree on what is right. Some Christians strongly believe that lying is never permitted, not even under the most challenging circumstances. Others believe that the Bible itself records some instances where lying is approved or even rewarded by God.

Those who teach that lying is never permitted believe that we should always tell the truth no matter what the circumstances are and no matter how great the danger may be. They emphasize that we can confidently trust God to protect us or rescue us—if He chooses to do so. It's much better, they contend, to do what Shadrach, Meshach and Abednego did when they were commanded by King Nebuchadnezzar to bow down before the golden image which he had made. They refused to bow down and boldly stated that they

MENTIR EN BENEFICIO DE LOS DEMÁS

Engañar o embaucar a los demás simplemente para nuestro beneficio personal está claramente mal. Aunque nuestra mentira pueda resultar en algunos "beneficios" a corto plazo para nosotros, no agrada al Señor. Si hay cosas legítimas que necesitamos o queremos, debemos pedirle al Señor su ayuda.

> Ciertamente no debemos mentir sobre estas cosas y esperar que Dios bendiga nuestra mentira. Dios odia la mentira y no la bendice. Tampoco la excusa.

Sin embargo, hay veces que la gente no miente para su propio beneficio, sino para el beneficio de otros. Por ejemplo, pueden mentir para ayudar a sus amigos a salir de problemas... o para ayudarles a conseguir algo que necesitan... o para ayudarles a pasar un examen en la escuela. O pueden mentir para evitarles la vergüenza o para ayudarles a obtener algún otro supuesto "beneficio".

> Los que mienten o engañan a otros en estas situaciones pueden afirmar que mienten por auténtico amor a los demás, y puede que quieran ayudarles sinceramente. Pero en la mayoría de los casos tal mentira es simplemente "dar falso testimonio". Y eso es algo claramente prohibido por el Noveno Mandamiento.

MENTIR PARA PROTEGER A PERSONAS INOCENTES

A veces la gente miente para protegerse a sí misma o a otros cuando está en grave peligro. Por ejemplo, muchas personas mienten en tiempos de guerra. Algunos mienten cuando ellos u otros son atacados por delincuentes. Otras mienten cuando se enfrentan a personas enloquecidas por el alcohol o las drogas. Si la gente en estas situaciones dice la verdad a sus atacantes, ellos u otros probablemente sufrirán lesiones graves o incluso la muerte. Si mienten, pueden escapar.

¿Es aceptable para Dios mentir en tales circunstancias?

> Esta es una pregunta mucho más difícil y los cristianos no están todos de acuerdo en lo que es correcto. Algunos cristianos creen firmemente que la mentira nunca está permitida, ni siquiera en las circunstancias más difíciles. Otros creen que la propia Biblia registra algunos casos en los que la mentira es aprobada o incluso recompensada por Dios.

Los que enseñan que la mentira nunca está permitida creen que siempre debemos decir la verdad, sin importar las circunstancias ni el peligro. Subrayan que podemos tener la seguridad de confiar en que Dios nos protegerá o rescatará, si Él decide hacerlo. Es mucho mejor, sostienen, hacer lo que hicieron Sadrac, Mesac y Abednego cuando el rey Nabucodonosor les ordenó inclinarse ante la imagen de oro que había hecho. Se negaron a inclinarse y afirmaron con valentía que creían que Dios los rescataría. Al mismo tiempo, también reconocieron que Dios, en su sabiduría, podría decidir

believed God would rescue them. At the same time, they also recognized that God, in His wisdom, might choose not to rescue them. But rather than doing something that God had clearly told them not to do, they obeyed God and courageously faced the consequences.

They didn't know whether God would rescue them or not, but they were convinced that they should never do wrong in order that good might come from it.

As it turned out, God saved the three men and rescued them from the fiery furnace. And, in addition, the wicked king himself was humbled and God was wonderfully glorified (Daniel 3:1-30). If the men had worshiped the image as they were commanded to do, their lives would have been spared, but the king would not have been humbled, and God would not have been glorified.

In the same way, many Christians today are convinced that we should never lie in the hope that good may come from it. Rather, we should always tell the truth and trust that God will save us and protect us even when we cannot see how rescue will ever be possible. If God does not protect us or rescue us as we had hoped, we will at least have the comfort of knowing that we did what was right in God's sight. Doing what God has commanded is more important, they argue, than being rescued from some earthly danger.

Others, however, disagree with this approach. They point to some instances in the Bible when God Himself clearly seemed to approve of "deception." For example, when God told Samuel to go to Bethlehem to anoint David as king, Samuel was afraid of what Saul might do if he found out about it. When Samuel asked the Lord what he should do, the Lord told him to tell Saul that he was going to Bethlehem to make a sacrifice to the Lord. That was true, but it was clearly not the main purpose of his visit (1 Samuel 16:1-5).

Much earlier, Rahab hid two men from Israel who had come to spy out the city of Jericho. When some men came to her house and asked where the spies were, she told them that they had already left.

That statement was totally false, but she was never condemned for making it (Joshua 2:1-7). Instead she was praised and honored and blessed by the Lord (Joshua 6:17; James 2:25).

Rahab wasn't praised for the lies she told, but she was praised for taking a clear stand with the people of God instead of taking the side of her own sinful and idolatrous people. She trusted God to save her own life as well as the lives of her family members, and she sincerely believed that what she did was appropriate to accomplish her noble purpose.

At a later time, Israel's enemies came to the town of Dothan to capture the prophet Elisha. When Elisha prayed that God would strike his enemies with blindness, He answered his prayer. Elisha then led the blinded people to his own capital of Samaria, misleading

no rescatarlos. Pero en lugar de hacer algo que Dios les había dicho claramente que no hicieran, obedecieron a Dios y afrontaron valientemente las consecuencias.

No sabían si Dios los rescataría o no, pero estaban convencidos de que nunca debían hacer el mal para que el bien pudiera salir de él.

Al final, Dios salvó a los tres hombres y los rescató del horno de fuego. Y, además, el propio rey malvado fue humillado y Dios fue maravillosamente glorificado (Daniel 3:1-30). Si los hombres hubieran adorado la imagen como se les había ordenado, sus vidas se habrían salvado, pero el rey no habría sido humillado y Dios no habría sido glorificado.

Del mismo modo, muchos cristianos de hoy en día están convencidos de que nunca debemos mentir con la esperanza de que pueda salir algo bueno de ello. Más bien, debemos decir siempre la verdad y confiar en que Dios nos salvará y protegerá, incluso cuando no podamos ver cómo será posible el rescate. Si Dios no nos protege ni nos rescata como esperábamos, al menos tendremos el consuelo de saber que hicimos lo que era correcto a los ojos de Dios. Hacer lo que Dios ha ordenado es más importante, argumentan, que ser rescatados de algún peligro terrenal.

Otros, sin embargo, no están de acuerdo con este enfoque. Señalan algunos casos en la Biblia en los que Dios mismo parecía aprobar claramente el "engaño". Por ejemplo, cuando Dios le dijo a Samuel que fuera a Belén para ungir a David como rey, Samuel tenía miedo de lo que Saúl pudiera hacer si se enteraba. Cuando Samuel le preguntó al Señor qué debía hacer, el Señor le dijo que le dijera a Saúl que iba a Belén a hacer un sacrificio al Señor. Eso era cierto, pero claramente no era el propósito principal de su visita (1 Samuel 16:1-5).

Mucho antes, Rahab escondió a dos hombres de Israel que habían ido a espiar la ciudad de Jericó. Cuando unos hombres llegaron a su casa y preguntaron dónde estaban los espías, ella les dijo que ya se habían ido.

Esa declaración era totalmente falsa, pero nunca fue condenada por hacerla (Josué 2:1-7). Por el contrario, fue alabada, honrada y bendecida por el Señor (Josué 6:17; Santiago 2:25).

Rahab no fue alabada por las mentiras que dijo, sino que fue alabada por tomar una posición clara con el pueblo de Dios en lugar de ponerse del lado de su propio pueblo pecador e idólatra. Ella confió en Dios para salvar su propia vida y la de los miembros de su familia, y creyó sinceramente que lo que hizo era apropiado para cumplir su noble propósito.

Más adelante, los enemigos de Israel llegaron a la ciudad de Dotán para capturar al profeta Eliseo. Cuando Eliseo oró para que Dios golpeara a sus enemigos con ceguera, Él respondió a su oración. Eliseo entonces condujo a las personas ciegas a su propia capital de Samaria,

them to believe that he was helping them (2 Kings 6:18-23).

> Each of these people (Samuel, Rahab, and Elisha) intentionally deceived or misled the people they were dealing with. Were their actions displeasing to the Lord? Apparently not. The Lord protected them, delivered them from danger, and blessed them without ever condemning them or punishing them. Why did He do this? Because they were all sincerely seeking to do God's will, promote His cause, and protect His people from their (and His) enemies. They were not lying or deceiving others simply for their own personal or selfish advantage.

On some other occasions God blessed people's "deception" in times of war. See, for example, Ehud's deception in his fight against the king of Moab [Judges 3:15-23] and Jael's deception in the killing of Sisera [Judges 4:18-21]. Ehud and Jael may not have lied directly in "words," but they did deceive or mislead the enemy. And God blessed what they did. Why? Because (some argue) the people whom they deceived were intent on doing great harm to God's people and to God's cause while Ehud and Jael were intent on honoring God, protecting His people, and promoting His purposes.

> Some Christians, therefore, believe that all these stories demonstrate that God not only expects us to trust in Him for protection but that He also expects us to do whatever we can to protect ourselves. The purpose of "telling the truth," they contend, is not to permit people to hurt us or others, but rather to make sure that justice is being done and that the innocent are protected.

If we always tell "the truth" to those who are clearly enemies of God, we may aid the cause of those who are opposing the will and purpose of God. When we do that, we are hurting others rather than loving them. And that was never God's purpose or intention when He commanded us to tell the truth. God wanted people to tell the truth in order to promote justice and freedom and holiness and to protect the lives of the innocent and helpless.

> Should we, then, consider the conduct of Rahab and Elisha and Ehud to be a guide for us today? Not necessarily. Those who believe that lying is always wrong do not think so. They think the conduct of Rahab and Elisha was exceptional (an exception to the general rule) and not exemplary (an example for us to follow). God tolerated what they did and even blessed it, though He did not necessarily approve of it. Just as God blessed some people in the Old Testament who were divorced or had multiple wives, so He blessed some people who lied. But He never said that either polygamy or divorce—or lying—was pleasing to Him.

At the same time, many sincere and committed Christians throughout history have believed and taught that God tolerates, approves, and even blesses deception and outright lying under certain circumstances such as war or special danger.

> But even if this is true, as Christians we should never lightly tell a lie. Rather, we should always prayerfully and humbly seek to

haciéndoles creer que los estaba ayudando (2 Reyes 6:18-23).

> Cada una de estas personas (Samuel, Rahab y Eliseo) engañó o confundió intencionalmente a las personas con las que trataba. ¿Fueron sus acciones desagradables para el Señor? Aparentemente no. El Señor los protegió, los libró del peligro y los bendijo sin condenarlos ni castigarlos. ¿Por qué hizo esto? Porque todos buscaban sinceramente hacer la voluntad de Dios, promover su causa y proteger a su pueblo de sus (y Sus) enemigos. No estaban mintiendo o engañando a otros simplemente para su propia ventaja personal o egoísta.

En otras ocasiones Dios bendijo el "engaño" de la gente en tiempos de guerra. Véase, por ejemplo, el engaño de Aod en su lucha contra el rey de Moab [Jueces 3:15-23] y el engaño de Jael en la matanza de Sísara [Jueces 4:18-21]. Puede que Ehud y Jael no hayan mentido directamente con "palabras", pero sí engañaron o confundieron al enemigo. Y Dios bendijo lo que hicieron. ¿Por qué? Porque (algunos argumentan) la gente a la que engañaron tenía la intención de hacer un gran daño al pueblo de Dios y a la causa de Dios, mientras que Ehud y Jael tenían la intención de honrar a Dios, proteger a su pueblo y promover sus propósitos.

> Por lo tanto, algunos cristianos creen que todas estas historias demuestran que Dios no sólo espera que confiemos en Él para protegernos, sino que también espera que hagamos todo lo posible para protegernos. El propósito de "decir la verdad", sostienen, no es permitir que la gente nos haga daño a nosotros o a otros, sino más bien asegurarse de que se hace justicia y se protege a los inocentes.

Si siempre decimos "la verdad" a los que son claramente enemigos de Dios, podemos ayudar a la causa de los que se oponen a la voluntad y al propósito de Dios. Cuando hacemos eso, estamos hiriendo a otros en lugar de amarlos. Y ese nunca fue el propósito o la intención de Dios cuando nos ordenó decir la verdad. Dios quería que las personas dijeran la verdad para promover la justicia, la libertad y la santidad, y para proteger la vida de los inocentes e indefensos.

> ¿Debemos, entonces, considerar la conducta de Rahab y Eliseo y Ehud como una guía para nosotros hoy? No necesariamente. Los que creen que mentir es siempre malo no piensan así. Piensan que la conducta de Rahab y Eliseo fue excepcional (una excepción a la regla general) y no ejemplar (un ejemplo a seguir). Dios toleró lo que hicieron e incluso lo bendijo, aunque no necesariamente lo aprobó. Así como Dios bendijo a algunas personas en el Antiguo Testamento que se divorciaron o tuvieron múltiples esposas, también bendijo a algunas personas que mintieron. Pero nunca dijo que la poligamia o el divorcio -o la mentira- le agradaran.

Al mismo tiempo, muchos cristianos sinceros y comprometidos a lo largo de la historia han creído y enseñado que Dios tolera, aprueba e incluso bendice el engaño y la mentira descarada en ciertas circunstancias como la guerra o un peligro especial.

> Pero aunque esto sea cierto, como cristianos nunca debemos decir una mentira a la ligera. Por el contrario, siempre debemos buscar

know and do the will of God in every situation to His glory. Those who frequently lie about anything or everything are not doing that. And that is a significant violation of the ninth Commandment.

SUMMARY AND CONCLUSION

God is a God of truth who hates lies. Satan is the father of lies and hates the truth. People who love and serve the Lord are known for their honesty, their integrity, and their truthfulness. They have a good reputation and they cherish it. When they speak, people believe them. Whey they make a promise, they fulfill it. Most people respect them and trust them, even if they do not always agree with them. Those who are walking with God will use their power of speech to promote what is just and right and good. They will speak the truth in love, seeking to build people up rather than tearing them down. And they will always remember the importance of Proverbs 22:1 where we read,

> *"A good name is to be chosen rather than great riches, and favor is better than silver or gold."*

con oración y humildad conocer y hacer la voluntad de Dios en cada situación para su gloria. Los que mienten con frecuencia sobre cualquier cosa o sobre todo, no están haciendo eso. Y eso es una importante violación del Noveno Mandamiento.

RESUMEN Y CONCLUSIÓN

Dios es un Dios de la verdad que odia la mentira. Satanás es el padre de la mentira y odia la verdad. Las personas que aman y sirven al Señor son conocidas por su honestidad, su integridad y su veracidad. Tienen una buena reputación y la aprecian. Cuando hablan, la gente les cree. Cuando hacen una promesa, la cumplen. La mayoría de la gente los respeta y confía en ellos, aunque no siempre estén de acuerdo con ellos. Los que caminan con Dios usarán su poder de palabra para promover lo que es justo y correcto y bueno. Hablarán la verdad con amor, buscando edificar a la gente en lugar de derribarla. Y siempre recordarán la importancia de Proverbios 22:1 donde leemos

> *"De más estima es el buen nombre que las muchas riquezas, y la buena fama más que la plata y el oro"*

<table>
<tr><td>

LESSON ELEVEN
DAILY BIBLE READINGS

Day 1

Day 2

Day 3

Day 4

Day 5

Day 6

Day 7

Numbers 23:19; Titus 1:2; Hebrews 6:8; Proverbs 12:22;

John 14:6; Deuteronomy 32:4; Genesis 3:1-5; John 8:44

Exodus 23:1; Leviticus 19:11; Psalm 34:12-13; Proverbs 6:16,

19; 12:17, 22; 14:5, 25; 24:28; 25:18; Ephesians 4:15, 25;

Ephesians 6:14; Colossians 3:9.

Genesis 12:10-13; 18:15; 26:7; 27:19-24; Joshua 7:11;

Judges 16:10-13; 1 Samuel 21:1-2; 1 Kings 13:18-19;

2 Kings 5:19-27; 10:18-19; Acts 5:1-11

Genesis 34:13-25; 37:29-35; Joshua 9:3-15; Judges 3:20-22;

2 Samuel 13:3-14; Psalm 36:1-3; Matthew 2:7-8

Psalm 10:7; 52:1-4; 58:3; 62:4; 144:8, 11; Isaiah 32:7; 59:2-3,

12-13; Jeremiah 5:1, 12-13; 9:3-6; 17:9; 27:14; 29:9, 23;

Ezekiel 13:19; Romans 3:10-13

Psalm 5:6; 12:2-3; 63:11; 101:7; Proverbs 19:5, 9; 21:28;

Acts 5:1-11; Revelation 21:8; 22:15

Psalm 15:1-3; 24:3-5; 32:2; Proverbs 12:19; 15:1-4; 16:13

</td><td>

LECCIÓN ONCE
LECTURAS BÍBLICAS DIARIAS

Día 1

Día 2

Día 3

Día 4

Día 5

Día 6

Día 7

Números 23:19; Tito 1:2; Hebreos 6:8; Proverbios 12:22;

Juan 14:6; Deuteronomio 32:4; Génesis 3:1-5; Juan 8:44

Éxodo 23:1; Levítico 19:11; Salmo 34:12-13; Proverbios 6:16,

19; 12:17, 22; 14:5, 25; 24:28; 25:18; Efesios 4:15, 25;

Efesios 6:14; Colosenses 3:9.

Génesis 12:10-13; 18:15; 26:7; 27:19-24; Josué 7:11;

Jueces 16:10-13; 1 Samuel 21:1-2; 1 Reyes 13:18-19;

2 Reyes 5:19-27; 10:18-19; Hechos 5:1-11

Génesis 34:13-25; 37:29-35; Josué 9:3-15; Jueces 3:20-22;

2 Samuel 13:3-14; Salmo 36:1-3; Mateo 2:7-8

Salmos 10:7; 52:1-4; 58:3; 62:4; 144:8, 11; Isaías 32:7; 59:2-3

12-13; Jeremías 5:1, 12-13; 9:3-6; 17:9; 27:14; 29:9, 23;

Ezequiel 13:19; Romanos 3:10-13

Salmos 5:6; 12:2-3; 63:11; 101:7; Proverbios 19:5, 9; 21:28;

Hechos 5:1-11; Apocalipsis 21:8; 2

Salmos 15:1-3; 24:3-5; 32:2; Proverbios 12:19; 15:1-4; 16:13

</td></tr>
</table>

LESSON ELEVEN – TEST QUESTIONS	**LECCIÓN ONCE – PREGUNTAS DE PRUEBA**

TrUE Or FaLSE

Circle T or F.

VERDADERO O FALSO

Encierre con un círculo si es V o F.

1. T F The ninth Commandment refers to lying in a court of law or in a legal matter and does not refer to "simple, everyday" matters.

2. T F In Old Testament times a false witness in a legal trial could receivethe same punishment that an innocent person would receive if hewas declared guilty because of the false testimony.

3. T F The Bible teaches that there is a significant difference between telling the truth in small matters and telling the truth in more important matters.

4. T F Though the Lord does not approve of lying, Revelation 21:8 doesnot include liars in the list of people who will not enter heaven because of their sins.

5. T F Lying will often help a person get what he needs and is therefore justifiable.

6. T F The Bible teaches that we should always speak the truth, the whole truth, and nothing but the truth.

7. T F There are times when the most loving thing we can do forsomeone is to say true but unpleasant things which this person needs to hear.

8. T F There were times in Old Testament history when God tolerated and even blessed someone who said something that was not completely true.

9. T F Though lying is a sin, it is not nearly as significant as other sins and is rarely condemned in the Bible.

10. T F In Acts 5 we read that Ananias and his wife both died because they lied about some money they had given (Acts 5).

1. V F El Noveno Mandamiento se refiere a mentir en un tribunal o en un asunto legal y no se refiere a asuntos "simples y cotidianos".

2. V F En los tiempos del Antiguo Testamento, un testigo falso en un juicio legal podía recibir el mismo castigo que recibiría una persona inocente si fuera declarada culpable a causa del falso testimonio.

3. V F La Biblia enseña que hay una diferencia significativa entre decir la verdad en asuntos pequeños y decir la verdad en asuntos más importantes.

4. V F Aunque el Señor no aprueba la mentira, Apocalipsis 21:8 no incluye a los mentirosos en la lista de personas que no entrarán en el cielo a causa de sus pecados.

5. V F Mentir a menudo ayuda a una persona a conseguir lo que necesita y por lo tanto es justificable.

6. V F La Biblia enseña que siempre debemos decir la verdad, toda la verdad y nada más que la verdad.

7. V F Hay veces en que lo más amoroso que podemos hacer por alguien es decir cosas verdaderas pero desagradables que esa persona necesita oír.

8. V F Hubo momentos en la historia del Antiguo Testamento en los que Dios toleró e incluso bendijo a alguien que dijo algo que no era completamente cierto.

9. V F Aunque la mentira es un pecado, no es tan importante como otros pecados y rara vez se condena en la Biblia.

10. V F En Hechos 5 leemos que Ananías y su esposa murieron porque mintieron sobre dinero que habían dado (Hechos 5).

MULTIpLE ChOICE

**Choose which of the three statements is correct. Circle
A *or* B *or* C.**

1. Which of the following passages teach us that
   God does not lie?

   A. Ephesians 4:15 and Matthew 7:12

   B. Proverbs 12:19 and Proverbs 22:1

   C. Titus 1:2 and Numbers 23:19

2. A. Since Jeremiah 17:9 teaches us that man's
   heart is deceitful above all things, it is
   impossible for anyone to tell the truth most
   of the timeand certainly not all the time.

   B. With God's help we can learn to tell the truth
   as a way of life.

   C. Our modern society is so challenging that
   the only way to make anyprogress in our
   world today is to lie at least occasionally.

3. A. Since deception and lying are very common,
   we don't have to take them so seriously.

   B. Since lying is so very common, Christians
   should be all the more careful to always
   tell the truth.

   C. Since lying is very common, Christians
   should not oppose or condemn it so
   strongly.

4. Since the Bible teaches us that we should
   speak the truth in love:

A. We should never say anything bad or
   negative about anyone.

   B. We should be very careful not to offend
   others unnecessarily whilestill speaking
   the truth.

   C. We should always try to find positive things to
   say about others even if their behavior is
   clearly sinful or inappropriate.

5. A. If we deliberately say something which we
   know is not true, no matterwhat our motive
   may be, it is a lie.

   B. If we say something that is not true in order to
   help someone, we arenot sinning.

   C. If we lie to build up people's spirits in their
   depression or sadness,that should not be
   considered a sin.

6. Since some of the great saints in the Bible did lie
   now and then:

OPCIÓN MÚLTIPLE

**Elija cuál de las tres afirmaciones es correcta. Encierre
en un círculo A o B o C.**

1. ¿Cuál de los siguientes pasajes nos enseña que
   Dios no miente?

   A. Efesios 4:15 y Mateo 7:12

   B. Proverbios 12:19 y Proverbios 22:1

   C. Tito 1:2 y Números 23:19

2. A. Ya que Jeremías 17:9 nos enseña que el
   corazón del hombre es engañoso sobre
   todas las cosas, es imposible que alguien
   diga la verdad la mayor parte del tiempo.

   B. Con la ayuda de Dios podemos aprender a
   decir la verdad como forma de vida.

   C. Nuestra sociedad moderna es tan desafiante
   que la única forma de progresar en nuestro
   mundo actual es mentir al menos de vez en
   cuando.

3. A. Como el engaño y la mentira son muy
   comunes, no tenemos que tomarlos tan en
   serio.

   B. Dado que la mentira es tan común, los
   cristianos deben tener más cuidado de
   decir siempre la verdad.

   C. Ya que la mentira es muy común, los
   cristianos no deberían oponerse o
   condenarla tan fuertemente.

4. Ya que la Biblia nos enseña que debemos
   decir la verdad en amor:

   A. Nunca debemos decir nada malo o
   negativo de nadie.

   B. Debemos ser muy cuidadosos de no
   ofender a otros innecesariamente mientras
   seguimos hablando la verdad.

   C. Siempre debemos tratar de encontrar cosas
   positivas para decir sobre los demás, incluso
   si su comportamiento es claramente
   pecaminoso o inapropiado.

5. A. Si decimos deliberadamente algo que
   sabemos que no es verdad, no importa cuál
   sea nuestro motivo, es una mentira.

   B. Si decimos algo que no es verdad para ayudar
   a alguien, no estamos pecando.

A. We don't have to feel so bad if we tell lies only once in a while.

B. We must recognize how easy it is to sin and should guard ourthoughts and words all the more carefully.

C. We should not criticize people today who often tell lies.

7. Ephesians 4:15, 25 and 29 teach that:

A. It is better to tell a lie than to tell the truth if we know the truth will hurtothers.

B. It is impossible to <u>always</u> tell the truth without hurting someone andit is foolish to try to do so.

C. We should always seek to tell the truth in a way that will somehowbuild up others rather than hurt them.

8. A. There are NO places in the Bible where telling a "half-truth" wasacceptable to God.

B. There are some situations in the Bible when God seemed to approveof a "half-truth."

C. Christians should always tell the truth, the whole truth, and nothingbut the truth.

9. A. There were situations in the Bible when lying led directly to the deathof the one who told the lie.

B. There were no situations in the Bible when lying led directly to thedeath of the one who told the lie.

C. Since lying never led to the death of the liar, it is obvious that lying is not as significant as other sins.

10. A. Christians do not always agree on whether or not it is acceptable tolie under certain circumstances.

B. Christians agree that there are no circumstances when lying or deceiving is right in the sight of God.

C. Christians agree that God is TRUTH and we should therefore speakthe "whole truth" all the time and leave the consequences in the hands of the Lord.

C. Si mentimos para levantar el ánimo de las personas en su depresión o tristeza, eso no debe considerarse un pecado.

6. Ya que algunos de los grandes santos de la Biblia mintieron de vez en cuando:

A. No tenemos que sentirnos tan mal si decimos mentiras sólo de vez en cuando.

B. Debemos reconocer lo fácil que es pecar y debemos guardar nuestros pensamientos y palabras con más cuidado.

C. No debemos criticar a las personas de hoy en día que dicen mentiras con frecuencia.

7. Efesios 4:15, 25 y 29 enseñan que:

A. Es mejor decir una mentira que decir la verdad si sabemos que la verdad va a herir a otros.

B. Es imposible decir <u>siempre</u> la verdad sin herir a alguien y es tonto tratar de hacerlo.

C. Siempre debemos tratar de decir la verdad que de alguna manera construya a los demás en lugar de herirlos.

8. A. NO hay lugares en la Biblia donde decir una "verdad a medias" era aceptable para Dios

B. Hay algunas situaciones en la Biblia en las que Dios parecía aprobar una "verdad a medias".

C. Los cristianos siempre deben decir la verdad, toda la verdad y nada más que la verdad.

9. A. Hubo situaciones en la Biblia en las que mentir condujo directamente a la muerte del que dijo la mentira.

B. No hubo situaciones en la Biblia en las que la mentira condujera directamente a la muerte del que la dijo.

C. Como la mentira nunca llevó a la muerte del mentiroso, es obvio que la mentira no es tan importante como otros pecados.

10. A. Los cristianos no siempre están de acuerdo en si es aceptable o no mentir bajo ciertas circunstancias.

B. Los cristianos están de acuerdo en que no hay circunstancias en las que mentir o engañar sea correcto a los ojos de Dios.

C. Los cristianos están de acuerdo en que Dios es la VERDAD y, por lo tanto, debemos decir "toda la verdad" todo el tiempo y

LESSON ELEVEN – aDDITIONaL QUESTIONS

1. Why were personal witnesses so important in Bible times?

2. A. What would happen to a false witness if he was found to be lying incourt? See Deuteronomy 19:16-20.

   B. Do you think this penalty was fair? Please give the reason for youranswer.

3. A. What does Hebrews 6:18 teach us about God?

   B. What do Numbers 23:19 and Titus 1:2 teach us about God?

4 A. What does John 8:44 teach us about the devil (Satan)?

   B. What was the first lie of Satan recorded in the Bible? (See Genesis 3:1-5.)

5. A. Complete this sentence from Proverbs 12:19. "

   ____

   lips endure forever; but a

   ____

   tongue lasts only amoment."

   B. What do you think this means?

6. Do you think "lying under oath" is a more serious matter than lying whena person is not under oath? Please give the reason for your answer.

7. Proverbs 22:1 reads: "A good name is to be chosen rather than greatriches." What do you think does this passage has to do with lying?

8. A. List three or four reasons why people may choose to lie in theireveryday life.

   B. Which of these reasons is good enough to justify lying?

9. What does Proverbs 6:16-19 teach about lying?

10. Give four examples of people in the Bible who lied for their personalbenefit. Also, briefly indicate what prompted each of these people to lie.

    A.

    B.

    C.

    D.

11. Write True or False in front of each of the

---

dejar las consecuencias en manos del Señor.

LECCIÓN ONCE – PREGUNTAS ADICIONALES

1. ¿Por qué eran tan importantes los testigos personales en los tiempos bíblicos?

2. A. ¿Qué le ocurriría a un falso testigo si se descubriera que miente en el tribunal? Ver Deuteronomio 19:16-20.

   B. ¿Crees que esta pena era justa? Justifica tu respuesta.

3. A. ¿Qué nos enseña Hebreos 6:18 sobre Dios?

   B. ¿Qué nos enseñan Números 23:19 y Tito 1:2 acerca de Dios?

4 A. ¿Qué nos enseña Juan 8:44 sobre el diablo (Satanás)?

   B.¿Cuál fue la primera mentira de Satanás registrada en la Biblia? (Ver Génesis 3:1-5.)

5. A. Completa esta frase de Proverbios 12:19. "

   ____

   permanecerá para siempre; más la

   ____

   solo por un momento."

   C. ¿Qué crees que significa esto?

6. ¿Crees que "mentir bajo juramento" es un asunto más grave que mentir cuando una persona no está bajo juramento? Justifica tu respuesta.

7. Proverbios 22:1 dice: "Hay que elegir un buen nombre antes que grandes riquezas". ¿Qué crees que tiene que ver este pasaje con la mentira?

8. A. Enlista tres o cuatro razones por las que la gente puede elegir mentir en su vida cotidiana.

   B. ¿Cuál de estas razones es suficiente para justificar la mentira?

9. ¿Qué enseña Proverbios 6:16-19 sobre la mentira?

10. Da cuatro ejemplos de personas en la Biblia que mintieron para su beneficio personal. Además, indica brevemente qué motivó a cada una de estas personas a mentir.

    A.

following statements.

A. _______ Since Christians should *always* tell the truth, they should refuse to swear an oath in court to assure that they will tell the truth.

B. ___ The Bible makes a clear distinction between telling lies about minor things and telling lies about more important things.

C. ___ Revelation 21:8 teaches that unrepentant liars will be excluded from the New Jerusalem.

D. ___ Since deception and lying are so common, that is an indication that we don't have to take lying so seriously.

12. Complete these sentences from Jeremiah 9:4-6. "Let everyone bewareof his
, and put no trust in any
, for every brother is a___, and every ________

Everyone deceives his neighbor, and no one;

____

they have taught their tongue to speak

____

; they weary themselves

______________ ____________. Heaping oppression upon oppression,and____upon
____________."

13. A. What does Psalm 139:1-4 teach us?

B. What <u>additional</u> truth does Hebrews 4:13 teach us?

14. A. What does Ephesians 4:15 teach about speaking the truth?

B. How can Matthew 7:12 help us to do what Ephesians 4:15 teaches us?

15. Which of the following statements is most correct?

1. Since Jeremiah 17:9 tells us that man's heart is deceitful above all things, it is impossible for anyone to tell the truth most of the time.

2. Our modern society is so complex and challenging that the only wayto make headway in such a world is to lie occasionally just as most other people do.

3. With God's help we can be different from the rest of the world and learn to tell the truth as a way of life.

16. Read Acts 5:1-11.

B.

C.

D.

11. Escribe Verdadero o Falso delante de cada una de las siguientes afirmaciones.

A. ___ Dado que los cristianos *siempre* deben decir la verdad, deben negarse a prestar un juramento en la corte para asegurar que dirán la verdad.

B. ___ La Biblia hace una clara distinción entre decir mentiras sobre cosas menores y mentiras sobre cosas más importantes.

C. ___ Apocalipsis 21:8 enseña que los mentirosos no arrepentidos serán excluidos de la Nueva Jerusalén.

D. ___ Ya que el engaño y la mentira son tan comunes, eso es una indicación de que no tenemos que tomar la mentira tan en serio

12. Completa estas frases de Jeremías 9:4-6. "Guárdese cada uno de su__________, y en ningún_______ tenga confianza, porque todo hermano_______ con falacia, y todo _________ anda calumniando. Y cada uno engaña a su compañero, y ninguno___________; acostumbraron su lengua a hablar________, se ocupan de actuar________. Su morada está en medio del engaño, por muy________ no quisieron conocerme."

13. A. ¿Qué nos enseña el Salmo 139:1-4?

B. ¿Qué verdad <u>adicional</u> nos enseña Hebreos 4:13?

14. A. ¿Qué enseña Efesios 4:15 acerca de hablar la verdad?

B. ¿Cómo puede Mateo 7:12 ayudarnos a hacer lo que nos enseña Efesios 4:15?

15. ¿Cuál de las siguientes afirmaciones es la más correcta?

1. Como Jeremías 17:9 nos dice que el corazón del hombre es engañoso sobre todas las cosas, es imposible que alguien diga la verdad la mayor parte del tiempo.

2. Nuestra sociedad moderna es tan compleja y desafiante que la única manera de avanzar en un mundo así es mentir de vez en cuando, como lo hace la mayoría de las

A. What lie did Ananias and his wife tell to Peter?

B. Who prompted them to lie? (See Acts 5:3.)

C. What punishment did they receive because of their lies?

D. What was the effect of this punishment on those who heard about it?(See verse 11.)

17. A. Would you agree or disagree with the following statement? "Since the Bible tells us that we should speak the truth in love, we should never say anything bad about another person, even if it is true."

B.Please give the reason for your answer

18. A. Do you think a "half-truth" is actually a lie?

B. Please give the reason for your answer.

19. A. Why do you think some people often exaggerate when they talk about something?

B. Do you think "exaggeration" is a form of lying?

C. Please give the reason for your answer.

20. What does Zephaniah 3:13 say about the future of God's faithfulpeople?

QUESTIONS FOr rEFLECTION Or DISCUSSION

As you respond to the following questions, please support your answers withScripture wherever possible.

1. A married Christian man with a good reputation gets involved in a sinfulrelationship with another woman. He breaks off the relationship, but he doesn't want his wife to know what he has done. Later, when his wife hears a rumor, she asks her husband whether he has ever been unfaithfulto her. He feels it is much better for his marriage and his family and his position in the church if he says "No." So he lies. His wife believes him, his marriage is saved, and his reputation is preserved. Did he do what was right?

2. A close friend at your school desperately needs to get a scholarship if hewill be able to go on for further study at the University. If he fails to get agood grade on an important examination, he

---

personas.

3. Con la ayuda de Dios podemos ser diferentes al resto del mundo y aprender a decir la verdad como forma de vida.

16. Lee Hechos 5:1-11.

A. ¿Qué mentira le dijeron Ananías y su esposa a Pedro?

B. ¿Quién les incitó a mentir? (Ver Hechos 5:3.)

C. ¿Qué castigo recibieron por sus mentiras?

D. ¿Cuál fue el efecto de este castigo sobre los que se enteraron? (Véase el versículo 11.)

17. A. ¿Estás de acuerdo o en desacuerdo con la siguiente afirmación? "Como la Biblia nos dice que debemos hablar la verdad en amor, nunca debemos decir nada malo de otra persona, aunque sea verdad".

B. Por favor, justifica tu respuesta.

18. A. ¿Crees que una "media verdad" es realmente una mentira?

B. Por favor, justifica tu respuesta.

19. A. ¿Por qué crees que algunas personas suelen exagerar cuando hablan sobre algo?

B. ¿Crees que la "exageración" es una forma de mentir?

C. Por favor, justifica tu respuesta.

20. ¿Qué dice Sofonías 3:13 sobre el futuro del pueblo fiel de Dios?

PREGUNTAS PARA REFLEXIONAR O DISCUTIR

Cuando respondas a las siguientes preguntas, por favor respalda tus respuestas con las Escrituras siempre que sea posible.

1. Un hombre cristiano casado y con buena reputación se involucra en una relación pecaminosa con otra mujer. Rompe la relación, pero no quiere que su esposa sepa lo que ha hecho. Más tarde, cuando su esposa oye un rumor, le pregunta a su marido si alguna vez le ha sido infiel. Él cree que es mucho mejor para su matrimonio, su familia y su posición en la iglesia si dice "No". Así que miente. Su esposa le cree, su matrimonio se salva y su reputación

won't get the scholarship. You feel sorry for him and want to help him. So, out of Christian love for your friend, you devise a way for him to get the examination questions ahead of time. He passes the test and gets the scholarship. Did you do what was right?

3. A lawyer does whatever he can to make sure that his clients are declared innocent even when he knows they are guilty. Is this pleasing to God?

4. The book of Proverbs tells us that God hates lying. In spite of that, do you believe there are times when God approves of lying or at least tolerates it?

5. Read the following stories and then indicate whether you think the people in the story are telling a lie or not. In each case, give the <u>reason</u> for your answer.

   A. Your wife asks: "Do you think my cooking is as good as Mary's?" You answer, "Absolutely!" You really like Mary's cooking better, but you love your wife, so you say what you know she wants to hear.

   B. You take your son to a soccer match. He's fourteen years old. The sign says that kids twelve and under get in for half price. When the man at the ticket booth asks how old your son is, you say "Twelve." ("Well," you say to yourself, "he really doesn't look any older than twelve, and besides, he *is* twelve plus a little more.")

   C. You are a very good athlete but not a very good student. In order to stay on the team you have to write a certain paper. You don't have the time or energy to do it, so you pay someone else to write the paper for you. When the teacher asks if you wrote the paper yourself you say "Yes." (Well, you did copy it over in your own handwriting!)

se preserva. ¿Hizo lo correcto?

2. Un amigo cercano de tu escuela necesita desesperadamente obtener una beca para poder seguir estudiando en la Universidad. Si no saca una buena nota en un examen importante, no conseguirá la beca. A ti te da pena y quieres ayudarle. Así que, por amor cristiano a tu amigo, ideas una manera de que consiga las preguntas del examen con antelación. Aprueba el examen y obtiene la beca. ¿Hiciste lo correcto?

3. Un abogado hace todo lo posible para que sus clientes sean declarados inocentes, incluso cuando sabe que son culpables. ¿Es esto agradable a Dios?

4. El libro de los Proverbios nos dice que Dios odia la mentira. A pesar de ello, ¿crees que hay veces que Dios aprueba la mentira o al menos la tolera?

5. Lee las siguientes historias y luego indica si crees que las personas de la historia están diciendo una mentira o no. En cada caso, <u>justifica</u> tu respuesta.

   A. Tu mujer te pregunta: "¿Crees que mi cocina es tan buena como la de María?". Tú respondes: "¡Por supuesto!". Realmente te gusta más la cocina de María, pero quieres a tu mujer, así que dices lo que sabes que ella quiere oír.

   B. Llevas a tu hijo a un partido de fútbol. Tiene catorce años. El cartel dice que los niños de doce años o menos entran a mitad de precio. Cuando el hombre de la taquilla te pregunta qué edad tiene tu hijo, le dices "doce". ("Bueno", te dices a ti mismo, "realmente no parece mayor de doce años, y además, tiene doce años más un poco más").

   C. Eres muy buen deportista pero no muy buen estudiante. Para seguir en el equipo tienes que escribir un determinado trabajo. No tienes tiempo ni energía para hacerlo, así que pagas a otra persona para que escriba el trabajo por ti. Cuando el profesor te pregunta si has escrito el trabajo tú mismo, dices "Sí". (¡Bueno, lo has copiado de tu puño y letra!)

THE TENTH COMMANDMENT
Lesson Twelve

Introduction

The Tenth Commandment is the longest commandment in the Second Table of the Law.

> *"You shall not covet your neighbor's house; you shall not covet your neighbor's wife, or his male servant, or his female servant, or his ox, or his donkey, or anything that is your neighbor's."* Exodus 20:17

Not only is this the longest of the last six Commandments, but in some ways it may also seem to be the simplest one, the one that is not so serious, the one that really doesn't matter so very much. Most of us would readily acknowledge that killing and adultery and idolatry are all very serious. Lying and stealing are bad, too. But coveting? What can be so bad about that?

> Coveting involves our thought life, what we want or how we feel. We can covet all day long and no one else might even be aware of it. It's something we do in our own little world of thought and desire. We don't actually take anything from anyone—even though we might like to. And we don't actually kill anyone or commit adultery. We may think about doing it, but we don't really do it.
>
> So what is so bad about coveting?

THOUGHTS AND ACTIONS

Before we try to answer that question, let's make sure that we know what coveting is. Coveting is not simply a strong desire to have something we don't have. There certainly is nothing wrong with that—if, of course, what we want is not sinful or evil. Many people work hard to earn and save enough money so they can buy something they really would like to have. That's fine. Having positive goals can be very helpful in making sure that we don't become lazy or waste our time and energy on worthless things.

> The Bible refers to having worthwhile goals on many occasions. For example, in Proverbs 10:4 we read: *"A slack hand causes poverty, but the hand of the diligent makes rich."* And Proverbs 13:4 teaches: *"The soul of the sluggard craves and gets nothing, while the soul of the diligent is richly supplied."* Wanting something badly enough to work for it and save for it can be very positive.

Is coveting, then, "longing" for something too much? That gets much closer to what coveting is, but "longing" and "coveting" are not always the same. In the Bible, the word which is sometimes translated as *coveting* in a bad sense is translated in other places as *longing* in a good sense. For example, in Matthew 23:17 we read about Old Testament prophets who *longed* to see the things that the

EL DÉCIMO MANDAMIENTO
Lección Doce

Introducción

El Décimo Mandamiento es el más largo de la Segunda Tabla de la Ley.

> *"No codiciarás la casa de tu prójimo, no codiciarás la mujer de tu prójimo, ni su siervo, ni su criada, ni su buey, ni su asno, ni cosa alguna de tu prójimo"* Éxodo 20:17

No sólo es el más largo de los últimos seis mandamientos, sino que en cierto modo también puede parecer el más sencillo, el que no es tan grave, el que realmente no importa tanto. La mayoría de nosotros reconoce que matar, adulterar e idolatrar son cosas muy graves. Mentir y robar también son malos. ¿Pero codiciar? ¿Qué tiene de malo?

> Codiciar tiene que ver con nuestra vida mental, con lo que queremos o con lo que sentimos. Podemos codiciar todo el día sin que nadie se dé cuenta. Es algo que hacemos en nuestro pequeño mundo de pensamientos y deseos. En realidad, no le quitamos nada a nadie, aunque nos gustaría hacerlo. Y no matamos a nadie ni cometemos adulterio. Podemos pensar en hacerlo, pero no lo hacemos realmente.
>
> Entonces, ¿qué tiene de malo codiciar?

PENSAMIENTOS Y ACCIONES

Antes de tratar de responder a esa pregunta, asegurémonos de saber qué es la codicia. Codiciar no es simplemente un fuerte deseo de tener algo que no tenemos. Eso no tiene nada de malo, si lo que queremos no es pecaminoso o malo. Muchas personas trabajan duro para ganar y ahorrar suficiente dinero para poder comprar algo que realmente les gustaría tener. Eso está bien. Tener metas positivas puede ser muy útil para asegurarnos de que no nos volvamos perezosos o desperdiciemos nuestro tiempo y energía en cosas sin valor.

> La Biblia se refiere a tener metas que valen la pena en muchas ocasiones. Por ejemplo, en Proverbios 10:4 leemos: *"La mano negligente empobrece; más la mano de los diligentes enriquece"*. Y Proverbios 13:4 enseña: *"El alma del perezoso desea, y nada alcanza; más el alma de los diligentes será prosperada"*. Desear algo lo suficiente como para trabajar y ahorrar para ello puede ser muy positivo.

¿Codiciar es, entonces, "anhelar" algo demasiado? Eso se acerca mucho más a lo que es codiciar, pero "anhelar" y "codiciar" no son siempre lo mismo. En la Biblia, la palabra que a veces se traduce como codiciar en un mal sentido se traduce en otros lugares como anhelar en un

disciples saw. In 1 Peter 1:12 we read about angels who *long* to look into the things that the disciples were preaching about. And in the parable of the wayward son, we read that the young man longed to fill his stomach with the food that the pigs were eating because he was terribly hungry (Luke 15:16).

So, coveting is clearly not the same as sincere and intense longing for something. In fact, longing for the right things can be both natural and desirable.

There's one more thing that coveting is not. Coveting is not looking at someone else's car or house or wife and thinking: That's really nice. I would like to have a car or house or wife like that someday, too!

There is nothing wrong in appreciating beauty, quality, or loveliness in the world wherever you find it. When our hearts are right with the Lord, we can appreciate many things which others have that we don't have—without envy, jealousy, or coveting.

So what *is* coveting, then?

Coveting is a very intense and even obsessive desire to have something or someone that God has already given to someone else. Or, in some cases it involves an excessive and passionate longing for something we do not need or do not have and probably should not have.

Coveting usually involves envy or jealousy, a discontented mind and spirit, and an overwhelming desire to have something that God in His wisdom has chosen not to give us.

Even though we may not even need what we are coveting, we passionately want it anyway. We may even be willing to do whatever it takes to get it—no matter how wrong it is. (We'll see examples of that later in this Lesson.)

One of the words associated with coveting in the Bible is the word "greed." In their excessive desire for something, people become greedy. They feel they just "have to have it" whatever "it" is. And because of that, covetousness becomes idolatry (Colossians 3:5).

When people covet something, they may want it so badly that it takes first place in their minds and hearts. All other things temporarily become secondary, and that which they long for becomes an idol.

Coveting may lead people into all kinds of reckless, foolish, and sinful activities. People who covet may lose their heads as they passionately pursue their goal. Friends who know them well can hardly believe what they are willing to do in order to get what they desperately want. Passion takes hold of their hearts and minds and they do not rest until they have seized the object of their desire—no matter what the consequences may be.

Our thought life is the place where many evil deeds get their start. We plant seeds of desire in our minds and continue to "water and nurture" them. Then, when the seeds sprout and grow, they

buen sentido. Por ejemplo, en Mateo 23:17 leemos sobre los profetas del Antiguo Testamento que anhelaban ver las cosas que los discípulos veían. En 1 Pedro 1:12 leemos sobre ángeles que anhelaban ver las cosas que los discípulos predicaban. Y en la parábola del hijo descarriado, leemos que el joven anhelaba llenar su estómago con la comida que los cerdos estaban comiendo porque tenía un hambre terrible (Lucas 15:16).

Por lo tanto, codiciar no es lo mismo que anhelar algo sincera e intensamente. De hecho, anhelar las cosas correctas puede ser natural y deseable.

Hay otra cosa que no es codiciar. Codiciar no es mirar el coche, la casa o la esposa de otra persona y pensar: Eso es muy bonito. A mí también me gustaría tener un coche, una casa o una esposa así algún día.

No hay nada malo en apreciar la belleza, la calidad o el encanto del mundo dondequiera que lo encuentres. Cuando nuestros corazones están bien con el Señor, podemos apreciar muchas cosas que otros tienen y que nosotros no tenemos, sin envidia, celos o codicia.

Entonces, ¿qué *es* la codicia?

La codicia es un deseo muy intenso e incluso obsesivo de tener algo o alguien que Dios ya ha dado a otra persona. O, en algunos casos, implica un anhelo excesivo y apasionado por algo que no necesitamos o que no tenemos y que probablemente no deberíamos tener.

La codicia generalmente implica envidia o celos, una mente y un espíritu descontentos, y un deseo abrumador de tener algo que Dios, en su sabiduría, ha decidido no darnos.

Aunque no necesitemos lo que codiciamos, lo deseamos apasionadamente de todos modos. Incluso podemos estar dispuestos a hacer lo que sea necesario para conseguirlo, sin importar lo malo que sea. (Veremos ejemplos de esto más adelante en esta Lección).

Una de las palabras asociadas con la codicia en la Biblia es la palabra "avaricia". En su deseo excesivo de algo, la gente se vuelve codiciosa. Sienten que "tienen que tenerlo", sea lo que sea. Y por eso, la codicia se convierte en idolatría (Colosenses 3:5).

Cuando las personas codician algo, pueden desearlo tanto que ocupa el primer lugar en sus mentes y corazones. Todas las demás cosas se vuelven temporalmente secundarias, y lo que anhelan se convierte en un ídolo.

Codiciar puede llevar a las personas a todo tipo de actividades imprudentes, insensatas y pecaminosas. Las personas que codician pueden perder la cabeza mientras persiguen apasionadamente su objetivo. Los amigos que los conocen bien apenas pueden creer lo que están dispuestos a hacer para conseguir lo que desean desesperadamente. La pasión se apodera de sus corazones y mentes y no descansan hasta que se

produce a harvest of obsessive longing and, eventually, a harvest of evil and sinful deeds.

Most sinful activities begin somewhere in a person's thoughts and desires. People steal because they passionately want to have something that belongs to somebody else. They lie because they think they can gain some advantage by doing so. They try to take someone else's spouse as their own because they have often thought how attractive or alluring that person is. And they may even kill or hurt someone who has something they so passionately want.

> Just think about your own life for a moment. If you are honest, you will likely admit that most of your actions have their roots in your thought life. If those thoughts are good and pleasing to the Lord, your actions will likely be pleasing to Him, too. But if the thoughts are not good, your actions will likely not be good either.

In some cases you may think for a long time about something you would like to have or something you would like to do, but you keep your thoughts and feelings pretty much to yourself. But when the right opportunity comes, your thoughts give way to deeds . . . and you may do something that you never would do if your thought life had been under control.

Some people may think that the Tenth Commandment was placed last because it is the least important. But maybe it was placed last because it has a special relationship to all the other nine! The writers of the Heidelberg Catechism seemed to think so. They put it this way:

> *"What is God's will for you in the tenth commandment? That not even the slightest thought or desire contrary to any one of God's commandments should ever arise in my heart. Rather, with all my heart I should always hate sin and take pleasure in whatever is right."*

So when the Tenth Commandment teaches us not to covet, it basically is telling us to be in control of our thought life. It tells us not to focus on what we *don't* have. It tells us *not* to look with strong desire on the possessions of others. It tells us to be content with what we have rather than lusting after people or things that already belong to someone else. And it reminds us that we should never put anything or anyone in place of God in our lives.

> Coveting is a very slippery slope. It can easily lead us away from a joyful and obedient walk with God far more quickly than we could ever have imagined. And it all begins in the world of our mind—in our own personal world of covetous thoughts.

apoderan del objeto de su deseo, sin importar las consecuencias.

> Nuestra vida de pensamiento es el lugar donde muchas acciones malvadas tienen su comienzo. Plantamos semillas de deseo en nuestras mentes y continuamos "regándolas y nutriéndolas". Luego, cuando las semillas brotan y crecen, producen una cosecha de anhelos obsesivos y, eventualmente, una cosecha de actos malos y pecaminosos.

La mayoría de las actividades pecaminosas comienzan en alguna parte de los pensamientos y deseos de una persona. La gente roba porque desea apasionadamente tener algo que pertenece a otra persona. Mienten porque creen que pueden obtener alguna ventaja al hacerlo. Intentan tomar al cónyuge de otra persona como propio porque a menudo han pensado en lo atractiva o seductora que es esa persona. E incluso pueden matar o herir a alguien que tiene algo que desean con tanta pasión.

> Piensa por un momento en tu propia vida. Si eres honesto, probablemente admitirás que la mayoría de tus acciones tienen sus raíces en tu vida de pensamientos. Si esos pensamientos son buenos y agradables al Señor, tus acciones también le serán agradables. Pero si los pensamientos no son buenos, sus acciones probablemente no serán buenas tampoco.

En algunos casos, puedes pensar durante mucho tiempo en algo que te gustaría tener o en algo que te gustaría hacer, pero te guardas tus pensamientos y sentimientos para ti mismo. Pero cuando llega la oportunidad adecuada, tus pensamientos dan paso a los hechos... y puedes hacer algo que nunca harías si tu vida de pensamientos hubiera estado bajo control.

Algunas personas pueden pensar que el Décimo Mandamiento fue colocado en último lugar porque es el menos importante. Pero tal vez se colocó en último lugar porque tiene una relación especial con los otros nueve. Los redactores del Catecismo de Heidelberg parecían pensar así. Lo expresaron de esta manera:

> *"¿Cuál es la voluntad de Dios para ti en el décimo mandamiento? Que ni el más mínimo pensamiento o deseo contrario a cualquiera de los mandamientos de Dios surja jamás en mi corazón. Más bien, que con todo mi corazón odie siempre el pecado y se complazca en lo que es justo".*

Así que cuando el Décimo Mandamiento nos enseña a no codiciar, básicamente nos está diciendo que controlemos nuestra vida de pensamientos. Nos dice que no nos centremos en lo que no tenemos. Nos dice que no miremos con fuerte deseo las posesiones de los demás. Nos dice que nos contentemos con lo que tenemos en lugar de desear a las personas o las cosas que ya pertenecen a otra persona. Y nos recuerda que nunca debemos poner nada ni nadie en lugar de Dios en nuestras vidas.

> La codicia es un terreno muy resbaladizo. Puede alejarnos fácilmente de un camino alegre y obediente con Dios mucho más

COVETING NEVER LEADS TO LASTING JOY

Coveting is a dead end street. People who covet something are rarely satisfied for very long even if they finally get what they so passionately wanted. It may satisfy them for a little while, but it does not last. And the reason for that is very simple.

> God has made us in such a way that we will never be fully satisfied with anything or anyone until we put Him in first place in our lives. When we make an idol out of a person or a thing, that idol will never satisfy us. An idol can never do for us what God can do.

Besides, it usually does not take very long before those who get something they coveted will want something else that seems even nicer or better or more attractive to them. So a new round of coveting starts all over again. Once again they go off in covetous pursuit of another "prize" which will ultimately leave them with the same emptiness they started with.

> Ecclesiastes 5:10 teaches us, *"He who loves money will not be satisfied with money, nor he who loves wealth with his income."* And Ecclesiastes 4:4 reads: *"Then I saw that all toil and all skill in work come from a man's envy of his neighbor. This also is vanity and a striving after wind."*

So if covetousness is meaning*less*, what is meaning*ful*? The answer is simple: contentment. If we are truly contented with what we have, we will not quickly or easily get caught up in coveting. Rather, we will thank God for what we have and seek to enjoy it and use it wisely and well.

> *That doesn't mean that we will never want or desire something we don't have. But we will not covet something or someone God has given to someone else. And if we do seriously desire to have something we presently do not have,*
>
> 1) *We will seek to get only that which is good in God's sight,*
>
> 2) *We will seek to get it in a way that is pleasing to Him, and*
>
> 3) *We will seek to use it in a way that honors Him.*

Paul's words to Timothy about covetousness and contentment are very relevant for all of us as we seek to walk joyfully and obediently with God. Paul wrote:

> *"But godliness with contentment is great gain, for we brought nothing into the world, and we cannot take anything out of the world. But if we have food and clothing, with these we will be content. But those who desire to be rich fall into temptation, into a snare, into many senseless and harmful desires that plunge people into ruin and destruction. For the love of money is a root of all kinds of evils. It is through this craving that some have wandered*

---

rápido de lo que podríamos haber imaginado. Y todo comienza en el mundo de nuestra mente, en nuestro propio mundo de pensamientos codiciosos.

LA CODICIA NUNCA CONDUCE A LA ALEGRÍA DURADERA

Codiciar es un callejón sin salida. Las personas que codician algo rara vez están satisfechas por mucho tiempo, incluso si finalmente obtienen lo que deseaban con tanta pasión. Puede que les satisfaga durante un tiempo, pero no dura. Y la razón es muy sencilla.

> Dios nos ha hecho de tal manera que nunca estaremos plenamente satisfechos con nada ni con nadie hasta que lo pongamos a Él en primer lugar en nuestras vidas. Cuando hacemos un ídolo de una persona o una cosa, ese ídolo nunca nos satisfará. Un ídolo nunca puede hacer por nosotros lo que Dios puede hacer.

Además, normalmente no pasa mucho tiempo antes de que los que consiguen algo que codiciaron quieran otra cosa que les parezca aún más bonita o mejor o más atractiva. Así que una nueva ronda de codicia comienza de nuevo. Una vez más, se lanzan a la búsqueda codiciosa de otro "premio" que al final les dejará el mismo vacío con el que empezaron.

> Eclesiastés 5:10 nos enseña: *"El que ama el dinero, no se saciará de dinero; y el que ama el mucho tener, no sacará fruto"*. Y Eclesiastés 4:4 dice: *"He visto asimismo que todo trabajo y toda excelencia de obras despierta la envidia del hombre contra su prójimo. También esto es vanidad y aflicción de espíritu."*

Entonces, si la codicia no tiene sentido, ¿qué es lo que tiene sentido? La respuesta es sencilla: el contentamiento. Si estamos realmente contentos con lo que tenemos, no nos dejaremos atrapar rápida o fácilmente por la codicia. Más bien, daremos gracias a Dios por lo que tenemos y trataremos de disfrutarlo y utilizarlo sabiamente y bien.

> *Eso no significa que nunca querremos o desearemos algo que no tenemos. Pero no codiciaremos algo o alguien que Dios ha dado a otra persona. Y si deseamos seriamente tener algo que actualmente no tenemos,*
>
> 1) *Buscaremos obtener sólo lo que es bueno a los ojos de Dios,*
>
> 2) *Buscaremos obtenerlo de una manera que sea agradable a Él, y*
>
> 3) *Trataremos de usarlo de una manera que lo honre.*

Las palabras de Pablo a Timoteo sobre la codicia y el contentamiento son muy relevantes para todos nosotros cuando buscamos caminar alegre y obedientemente con Dios. Pablo escribió:

> *"Pero gran ganancia es la piedad acompañada de contentamiento; porque nada hemos traído a este mundo, y sin duda nada podremos sacar. Así que, teniendo sustento y abrigo, estemos contentos con esto. Porque los que quieren enriquecerse caen en tentación y lazo, y en muchas codicias necias y dañosas, que*

away from the faith and pierced themselves with many pangs" (1 Timothy 6:6-10).

EXAMPLES OF COVETING IN THE BIBLE

Regrettably, the sin of coveting was common in Bible times as well as today. One of the best known stories in the Bible about coveting is the story of David and Bathsheba in 2 Samuel 11. When David was leisurely enjoying some time at home (while his army was out on the battlefield), he spied his beautiful neighbor Bathsheba taking a bath. He quickly invited Bathsheba to his palace and to his bed. It didn't take her long to accept the invitation. After all, David was a handsome, rich, powerful, and popular King. And her husband was away with David's soldiers. So . . . why not?

> *Do you think this was the first time David ever thought about inviting a beautiful woman to his bedroom? Not likely. David, who already had more than one wife, very probably thought quite often about having someone else as well. But the opportunity was not always there. But that night David found a perfect opportunity to go beyond thinking to actually doing. So he did.*

And what was the result? At first, there was pleasure. But then there was guilt . . . and judgment . . . and punishment. The worlds of both David and Bathsheba began to fall apart.

> *Bathsheba's husband died in battle. The baby she conceived through her sinful relationship with David died, too. In David's family there was jealousy, betrayal, deceit, rebellion, and even murder. At one point David had to run away and hide from his rebellious son. And eventually this son suffered a dreadful death, leaving David with overwhelming sadness. (See 2 Samuel chapters 12-20.)*

Later, David's son Adonijah coveted the power of his father's throne and lusted after a young woman named Abishag. As a result, he lost both the throne and Abishag and also his own life (1 Kings 1:5-6; 2:13-25).

> *The cost of David's sin was extremely high. And it all started in David's mind—when he coveted his neighbor's wife.*

Many years earlier. Korah, Dathan and Abiram, three leaders among the people of Israel, coveted the authority that God had given to Moses. They and their families and all their possessions were swallowed up alive in the wilderness (Numbers 16). Miriam coveted the position and authority of her brother Moses, and Miriam instantly became a leper (Numbers 12). Gehazi, the trusted servant of the prophet Elisha, coveted the riches of an important leader from another country and he also became a leper (2 Kings An Israelite named Achan coveted the treasures of the city of Jericho which God had forbidden him to have, and while pursuing these treasures, he lost his life along with his wife and all his children (Joshua 7).

hunden a los hombres en destrucción y perdición; porque raíz de todos los males es el amor al dinero, el cual codiciando algunos, se extraviaron de la fe, y fueron traspasados de muchos dolores." (1 Timoteo 6:6-10).

EJEMPLOS DE CODICIA EN LA BIBLIA

Lamentablemente, el pecado de la codicia era común tanto en los tiempos bíblicos como en la actualidad. Una de las historias más conocidas de la Biblia sobre la codicia es la de David y Betsabé en 2 Samuel 11. Cuando David estaba disfrutando de un tiempo en casa (mientras su ejército estaba en el campo de batalla), vio a su hermosa vecina Betsabé bañándose. Rápidamente invitó a Betsabé a su palacio y a su cama. Ella no tardó en aceptar la invitación. Después de todo, David era un rey guapo, rico, poderoso y popular. Y su marido estaba fuera con los soldados de David. Así que... ¿por qué no?

> *¿Crees que esta fue la primera vez que David pensó en invitar a una mujer hermosa a su dormitorio? No es probable. David, que ya tenía más de una esposa, muy probablemente pensó en tener a alguien más también. Pero no siempre se presentaba la oportunidad. Pero esa noche David encontró una oportunidad perfecta para ir más allá del pensamiento y pasar a la acción. Así que lo hizo.*

¿Y cuál fue el resultado? Al principio, hubo placer. Pero luego hubo culpa... y juicio... y el castigo. Los mundos de David y Betsabé comenzaron a desmoronarse.

> *El esposo de Betsabé murió en la batalla. El bebé que concibió a través de su relación pecaminosa con David también murió. En la familia de David hubo celos, traición, engaño, rebelión e incluso asesinato. En un momento dado, David tuvo que huir y esconderse de su hijo rebelde. Y finalmente este hijo sufrió una muerte espantosa, dejando a David con una tristeza abrumadora. (Ver 2 Samuel capítulos 12-20.)*

Más tarde, el hijo de David, Adonías, codició el poder del trono de su padre y deseó a una joven llamada Abisag. Como resultado, perdió tanto el trono como a Abisag y también su propia vida (1 Reyes 1:5-6; 2:13-25).

> *El costo del pecado de David fue extremadamente alto. Y todo comenzó en la mente de David, cuando codició a la mujer de su prójimo.*

Muchos años antes. Coré, Datán y Abiram, tres líderes del pueblo de Israel, codiciaron la autoridad que Dios había dado a Moisés. Ellos y sus familias y todas sus posesiones fueron tragados vivos en el desierto (Números 16). Miriam codició la posición y la autoridad de su hermano Moisés, y Miriam se convirtió instantáneamente en leprosa (Números 12). Giezi, el sirviente de confianza del profeta Eliseo, codició las riquezas de un importante líder de otro país y también se convirtió en leproso (2 Reyes). Un israelita llamado Acán codició los tesoros de la ciudad de Jericó que Dios le había prohibido tener, y al perseguir estos tesoros,

Many years later, King Ahab coveted a vineyard that belonged to his neighbor who would not sell the vineyard at any price. The more Ahab thought about it, the worse he felt. Though he had almost everything else he could possibly want, he couldn't get the one thing he coveted.

Ahab's desire consumed him to the point where he decided that the owner of the vineyard would have to die. Through deceit and false testimony, the innocent owner was condemned to death (by King Ahab), and the guilty king got what he wanted. But his coveting ultimately led not only to the death of the owner, but also to Ahab's own death . . . and the death of his sinful wife (1 Kings 21:1-23).

Many years later, King Uzziah coveted the authority which God had given only to the priests. As a result, Uzziah immediately became leprous and was removed from his kingly home and from almost everyone else. For the rest of his life he was condemned to live in isolation away from the temple and away from his own luxurious palace (2 Chronicles 26:16-21).

In the New Testament Jesus told a parable about a covetous man who wanted more than anything else to be rich. He actually got richer than he could ever have dreamed. But before he could enjoy those riches which he had so very much longed for, he died and had to face the judgment of God (Luke 12:13-21). Jesus ended his parable with these words, *"So is the one who lays up treasure for himself and is not rich toward God"* (Luke 12:21).

Does it still seem that coveting is not so serious?

HOW TO WIN A VICTORY OVER COVETOUSNESS

After reading this material in the previous section, most of us would agree that coveting is definitely not to be taken lightly. Many of us would also have to confess that we ourselves are not totally free from coveting. We sadly acknowledge that it's often true that the more we have, the more we want. Newspapers and magazines and television ads constantly bombard us with the idea that we need newer, bigger, and better things. And secular movies tempt us to lust after men or women who do not belong to us. We may even sincerely wonder whether it's possible not to covet. But it is!

Winning a victory over coveting may not be easy, but it is possible. By God's grace, many people live their daily lives without coveting what belongs to someone else or without lusting after people who do not belong to them. They live their lives with contentment, grateful for what they have and not coveting what they don't have.

The Bible, which teaches us that coveting is wrong, also teaches us how we may resist it or rise above it. If we sincerely want to walk with God in a way that honors

perdió la vida junto con su esposa y todos sus hijos (Josué 7).

Muchos años después, el rey Acab codició una viña que pertenecía a su vecino, quien no quería venderla a ningún precio. Cuanto más pensaba Ajab en ello, peor se sentía. Aunque tenía casi todo lo demás que podía desear, no podía conseguir la única cosa que codiciaba.

El deseo de Acab lo consumió hasta el punto de decidir que el dueño de la viña debía morir. Mediante el engaño y el falso testimonio, el inocente propietario fue condenado a muerte (por el rey Acab), y el rey culpable consiguió lo que quería. Pero su codicia condujo en última instancia no sólo a la muerte del propietario, sino también a la propia muerte de Acab... y a la muerte de su esposa pecadora (1 Reyes 21:1-23).

Muchos años después, el rey Uzías codició la autoridad que Dios había dado sólo a los sacerdotes. Como resultado, Uzías se volvió inmediatamente leproso y fue alejado de su casa real y de casi todos los demás. Durante el resto de su vida fue condenado a vivir aislado, lejos del templo y de su lujoso palacio (2 Crónicas 26:16-21).

En el Nuevo Testamento, Jesús contó una parábola sobre un hombre codicioso que deseaba más que nada ser rico. Llegó a ser más rico de lo que jamás hubiera podido soñar. Pero antes de que pudiera disfrutar de esas riquezas que tanto anhelaba, murió y tuvo que enfrentarse al juicio de Dios (Lucas 12:13-21). Jesús terminó su parábola con estas palabras: *"Así es el que hace para sí tesoro, y no es rico para con Dios"* (Lucas 12:21).

¿Sigue pareciendo que codiciar no es tan grave?

¿CÓMO GANAR UNA VICTORIA SOBRE LA CODICIA?

Después de leer este material en la sección anterior, la mayoría de nosotros estaría de acuerdo en que codiciar definitivamente no es algo que deba tomarse a la ligera. Muchos de nosotros también tendríamos que confesar que nosotros mismos no estamos totalmente libres de codiciar. Lamentablemente, reconocemos que a menudo es cierto que cuanto más tenemos, más queremos. Los periódicos, las revistas y los anuncios de televisión nos bombardean constantemente con la idea de que necesitamos cosas más nuevas, más grandes y mejores. Y las películas seculares nos tientan a desear a hombres o mujeres que no nos pertenecen. Incluso podemos preguntarnos sinceramente si es posible no codiciar. ¡Pero sí lo es!

Ganar una victoria sobre la codicia puede no ser fácil, pero es posible. Por la gracia de Dios, muchas personas viven su vida diaria sin codiciar lo que pertenece a otro o sin desear a personas que no les pertenecen. Viven sus vidas con satisfacción, agradecidos por lo que tienen y sin codiciar lo que no tienen.

Him and blesses both us and others, we should prayerfully follow these Scriptural guidelines.

1) Refuse to dwell on anything sinful that creeps into your mind or suddenly confronts you as you read magazines, watch T.V., view movies or computer presentations, or in any other way. Deliberately keep your thoughts holy, noble, and pure. If necessary, turn off the radio or T.V., or put aside whatever is tempting you. And then intentionally fill your mind with thoughts that are pure, holy, and pleasing to God. Paul wrote:

"Finally, brothers, whatever is true, whatever is honorable, whatever is just, whatever is pure, whatever is lovely, whatever is commendable, if there is any excellence, if there is anything worthy of praise, think about these things." (Philippians 4:8)

2) Take time to focus first of all on God and His kingdom. *Make time* for Bible study, prayer, Christian fellowship, and the reading of things related to the work of God in the world. Cut down on reading certain papers or magazines. Stop watching inappropriate TV programs or questionable movies or computer presentations. It may not be easy to do all these things, but if you are serious about gaining a victory over coveting, it will be worth it!

"Seek first the kingdom of God and his righteousness, and all these things will be added to you" (Matthew 6:33).

3) Get rid of covetous thoughts or desires as soon as they arise. Don't dwell on them. Don't daydream about them. Don't go to bed with them. The longer you entertain them in your mind, the more difficult it will be to overcome them.

"Godliness with contentment is great gain If we have food and clothing, with these we will be content Those who desire to be rich fall into temptation, into a snare, into many senseless and harmful desires that plunge people into ruin and destruction" (1 Timothy 6:6-9).

4) Make a conscious and deliberate effort to substitute good thoughts for bad thoughts. Emphasize positive thoughts over negative thoughts. Emphasize pure thoughts over impure thoughts. Believe that this is possible. With God's help it *is!*

"Do not be conformed to this world, but be transformed by the renewal of your mind, that by testing you may discern what is the will of God, what is good and acceptable and perfect" (Romans 12:2).

La Biblia, que nos enseña que codiciar está mal, también nos enseña cómo podemos resistirnos a ello o superarlo. Si queremos sinceramente caminar con Dios de una manera que lo honre y nos bendiga a nosotros y a los demás, debemos seguir en oración estas pautas bíblicas.

1) Rehúsa pensar en cualquier cosa pecaminosa que se cuele en tu mente o que te confronte repentinamente mientras lees revistas, ves la televisión, ves películas o presentaciones en la computadora, o de cualquier otra manera. Mantén deliberadamente tus pensamientos santos, nobles y puros. Si es necesario, apaga la radio o la televisión, o deja a un lado lo que te está tentando. Y luego llena intencionalmente tu mente con pensamientos que sean puros, santos y agradables a Dios. Pablo escribió:

"Por lo demás, hermanos, todo lo que es verdadero, todo lo honesto, todo lo justo, todo lo puro, todo lo amable, todo lo que es de buen nombre; si hay virtud alguna, si algo digno de alabanza, en esto pensad." (Filipenses 4:8)

2) Dedica tiempo a centrarte en primer lugar en Dios y en su reino. *Dedica tiempo* al estudio de la Biblia, a la oración, a la comunión cristiana y a la lectura de cosas relacionadas con la obra de Dios en el mundo. *Reduce* la lectura de ciertos periódicos o revistas. *Deja de ver* programas de televisión inapropiados o películas cuestionables o presentaciones en la computadora. Puede que no sea fácil hacer todas estas cosas, pero si te tomas en serio el ganar una victoria sobre la codicia, ¡valdrá la pena!

"Mas buscad primeramente el reino de Dios y su justicia, y todas estas cosas os serán añadidas" (Mateo 6:33).

3) Deshazte de los pensamientos o deseos codiciosos tan pronto como surjan. No te detengas en ellos. No sueñes con ellos. No te vayas a la cama con ellos. Cuanto más tiempo los entretenga en tu mente, más difícil será vencerlos.

"Pero gran ganancia es la piedad Así que, teniendo sustento y abrigo, estemos contentos con esto. Porque los que quieren enriquecerse caen en tentación y lazo, y en muchas codicias necias y dañosas, que hunden a los hombres en destrucción y perdición" (1 Timoteo 6:6-9).

4) Haz un esfuerzo consciente y deliberado para sustituir los malos pensamientos por los buenos. Enfatiza los pensamientos positivos sobre los negativos. Enfatiza los pensamientos puros sobre los impuros. Cree que esto es posible. ¡Con la ayuda de Dios lo es!

5) Give thanks for what you already have rather than dreaming about the things you do not have. Learn to be content (Philippians 4:11- 13). Take joy in what God has already given you. And think about the wonderful eternal future He has promised you in glory (Romans 8:18; 2 Corinthians 4:16-18).

"Rejoice always, pray without ceasing, give thanks in all circumstances; for this is the will of God in Christ Jesus for you" (1 Thessalonians 5:16-18).

6) Learn the joy of serving others rather than always seeking to be served (Mark 10:43-45). Seek to give rather than to get. Find delight in sharing what you have with others. Be available for others. Follow Jesus' example of humility and service (Philippians 2:4-11).

Remember the words of Jesus that *"It is more blessed to give than to receive"* (Acts 20:35).

7) Pray for God to help you keep from coveting anyone or anything. Learn to listen to His voice and follow His leading. Walk by the Spirit so that you will not fulfill the desires of the sinful nature (Galatians 5:16, 25). Trust God to give you the victory He promised (1 Corinthians 10:13).

"And whatever you do, in word or deed, do everything in the name of the Lord Jesus, giving thanks to God the Father through him" (Colossians 3:17).

SUMMARY AND CONCLUSION

God graciously permits us to enjoy a great variety of blessings and pleasures as we walk with Him in this life. He delights to give us joy and frequently fills our lives with good things. However, the deepest desires and longings of our hearts can never be satisfied with possessions or things or in any earthly relationship. Lusting and longing for earthly pleasures and treasures will eventually end in hurt and disappointment and will significantly affect our walk with God. Only God Himself, through His Son Jesus, can satisfy our deepest hunger (John 6:35, 48-51) and quench our deepest thirst (John 4:13-14).

To the woman in Samaria who in vain had sought satisfaction in earthly things and in physical relationships, Jesus said, *"Whoever drinks of the water that I will give him will never be thirsty again. The water that I will give him will become in him a spring of water welling up to eternal life"* (John 4:14). To others who were tired and weary and could find no peace, Jesus said, *"Come to me, all who labor and are heavy laden, and I will give you rest"* (Matthew 11:28). And to those who genuinely longed for His blessing and peace, He said, *"Whoever comes to me I will never cast out* (John 6:37).

"No os conforméis a este siglo, sino transformaos por medio de la renovación de vuestro entendimiento, para que comprobéis cuál sea la buena voluntad de Dios, agradable y perfecta" (Romanos 12:2).

5) Da gracias por lo que ya tienes en lugar de soñar con lo que no tienes. Aprende a contentarte (Filipenses 4:11- 13). Alégrate de lo que Dios ya te ha dado. Y piensa en el maravilloso futuro eterno que te ha prometido en la gloria (Romanos 8:18; 2 Corintios 4:16-18).

"Estad siempre gozosos. Orad sin cesar. Dad gracias en todo, porque esta es la voluntad de Dios para con vosotros en Cristo Jesús" (1 Tesalonicenses 5:16-18).

6) Aprende la alegría de servir a los demás en lugar de buscar siempre ser servido (Marcos 10:43-45). Busca dar en lugar de recibir. Encuentra el placer de compartir lo que tienes con los demás. Estate disponible para los demás. Sigue el ejemplo de humildad y servicio de Jesús (Filipenses 2:4-11).

Recuerda las palabras de Jesús, que dijo: *"Más bienaventurado es dar que recibir"* (Hechos 20:35).

7) Ora para que Dios te ayude a no codiciar nada ni a nadie. Aprende a escuchar su voz y a seguir su guía. Camina por el Espíritu para que no cumplas los deseos de la naturaleza pecaminosa (Gálatas 5:16, 25). Confía en que Dios te dará la victoria que prometió (1 Corintios 10:13).

"Y todo lo que hacéis, sea de palabra o de hecho, hacedlo todo en el nombre del Señor Jesús, dando gracias a Dios Padre por medio de él" (Colosenses 3:17).

RESUMEN Y CONCLUSIÓN

Dios gentilmente nos permite disfrutar de una gran variedad de bendiciones y placeres mientras caminamos con Él en esta vida. Él se deleita en darnos alegría y con frecuencia llena nuestras vidas de cosas buenas. Sin embargo, los deseos y anhelos más profundos de nuestros corazones nunca pueden ser satisfechos con posesiones o cosas o con cualquier relación terrenal. La codicia y el anhelo de los placeres y tesoros terrenales terminarán eventualmente en dolor y desilusión y afectarán significativamente nuestro caminar con Dios. Sólo Dios mismo, a través de su Hijo Jesús, puede satisfacer nuestra más profunda hambre (Juan 6:35, 48-51) y saciar nuestra más profunda sed (Juan 4:13-14).

A la mujer de Samaria, que en vano había buscado satisfacción en las cosas terrenales y en las relaciones físicas, Jesús le dijo: *"Mas el que bebiere del agua que yo le daré, no tendrá sed jamás; sino que el agua que yo le daré será en él una fuente de agua que salte para vida eterna"* (Juan 4:14). A otros que estaban cansados y agobiados y no encontraban la paz, Jesús les dijo: *"Venid a mí todos los que estáis trabajados y cargados, y yo os haré descansar"*

In Christ alone are we able to find true contentment and ultimate satisfaction. In Him we experience riches and joys which can never be taken away from us. Many circumstances can separate us from earthly riches or good health or the people we love, but nothing can ever separate us from the joy of walking faithfully with God in this life or from the eternal love and glory which is ours in Christ Jesus (Romans 8:38-39; 2 Corinthians 4:18).

(Mateo 11:28). Y a los que realmente anhelaban su bendición y su paz, les dijo: "*Al que a mí viene, no le echo fuera*" (Juan 6:37).

Sólo en Cristo podemos encontrar el verdadero contentamiento y la máxima satisfacción. En Él experimentamos riquezas y alegrías que nunca nos podrán quitar. Muchas circunstancias pueden separarnos de las riquezas terrenales o de la buena salud o de las personas que amamos, pero nada puede separarnos del gozo de caminar fielmente con Dios en esta vida o del amor y la gloria eternos que son nuestros en Cristo Jesús (Romanos 8:38-39; 2 Corintios 4:18).

Day 1

Day 2

Day 3

Day 4

Day 5

Day 6

Day 7

Joshua 7:19-21; Micah 2:1-2; Luke 12:13-34; 1 Timothy 6:10

Genesis 26:14-15; 30:1; 31:1; 37:3-11; 1 Kings 21:1-19;

Psalm 27:4; 37:1, 7; 73:2-3; Proverbs 14:30; 27:4;

Ecclesiastes 4:4; James 3:1

Deuteronomy 8:10-20; Psalm 49:1-20, 1 Timothy 6:17-19

Deuteronomy 6:10-12; Psalm39:6; 62:10; Proverbs 28:20;

30:8-9; Matthew 6:19-21; 19:23-24; Mark 4:19;

1 Timothy 6:9-10

Exodus 14;11-12; 16:1-3; 17:3; Numbers 11:1, 4-6, 18-20;

14:26-33; 20:2-5; 21:4-5; Ecclesiastes 2:11

Psalm 37:16; Proverbs 15:15-16; 17:1; Ecclesiastes 2:24; 5:12;

5:18-19; 1 Timothy 6:6-8; 6:17; Philippians 4:10-13;

Hebrews 13:5

Psalm 1:1-3; 86:11-12; Acts 20:33-34; Galatians 5:16; 22-26;

Ephesians 5:2; 1 Thessalonians 1:6-10; 2:10-12; 3:12-13;

5:12-24; 1 John 1:7; 2:6

Día 1

Día 2

Día 3

Día 4

Día 5

Día 6

Día 7

Josué 7:19-21; Miqueas 2:1-2; Lucas 12:13-34; 1 Timoteo 6:10

Génesis 26:14-15; 30:1; 31:1; 37:3-11; 1 Reyes 21:1-19;

Salmos 27:4; 37:1, 7; 73:2-3; Proverbios 14:30; 27:4;

Eclesiastés 4:4; Santiago 3:1

Deuteronomio 8:10-20; Salmos 49:1-20, 1 Timoteo 6:17-19

Deuteronomio 6:10-12; Salmos 39:6; 62:10; Proverbios 28.20

30·8-9; Mateo 6:19-21; 19:23-24; Marcos 4:19;

1 Timoteo 6:9-10

Éxodo 14;11-12; 16:1-3; 17:3; Números 11:1, 4-6, 18-20;

14:26-33; 20:2-5; 21:4-5; Eclesiastés 2:11

Salmos 37:16; Proverbios 15:15-16; 17:1; Eclesiastés 2:24; 5:12

5:18-19; 1 Timoteo 6:6-8; 6:17; Filipenses 4:10-13;

Hebreos 13:5

Salmos 1:1-3; 86:11-12; Hechos 20:33-34; Gálatas 5:16; 22-26;

Efesios 5:2; 1 Tesalonicenses 1:6-10; 2:10-12; 3:12-13;

5:12-24; 1 Juan 1:7; 2:6

TrUE Or FaLSE

Circle T or F.

1. T F Intense longing for some thing or someone is always sinful in thesight of God.

2. T F We don't need to be greatly concerned about our thought life because others are usually not affected by what we think.

3. T F Working long and hard for something that we don't need but would very much like to have is not necessarily coveting.

4. T F Longing to have a particular person as your spouse is OK if that person is not yet married or engaged to be married.

5. T F Coveting often leads to sinful thoughts and desires, but it rarely leads to sinful <u>actions</u>.

6. T F A person who eventually gets what he or she coveted for a long time will not soon covet anyone or anything again.

7. T F Rich people who already seem to have "everything" can still covetwhat someone else has.

8. T F Coveting is usually committed by poorer people since those whoare rich already have everything they want or can easily get.

9. T F Every one covets one thing or person or another, so we should resign ourselves to the fact that we will never be able to overcomecoveting in our lives.

10. T F The Bible strongly condemns coveting and warns us against it, but it doesn't give us much help in how to overcome it or resist it.

MULTIpLE ChOICE

Choose which of the three statements is correct. Circle A *or* B *or* C.

1. The Heidelberg Catechism teaches that:

A. The Command not to covet is the least significant of the Ten

VERDADERO O FALSO

Encierre con un círculo si es V o F.

1. V F El anhelo intenso de alguna cosa o de alguien es siempre pecaminoso a los ojos de Dios.

2. V F No tenemos que preocuparnos mucho por nuestra vida de pensamientos porque a los demás no les suele afectar lo que pensamos.

3. V F Trabajar mucho y duro por algo que no necesitamos pero que nos gustaría mucho tener no es necesariamente codiciar.

4. V F Anhelar tener a una persona en particular como cónyuge está bien si esa persona aún no está casada o comprometida para casarse.

5. V F Codiciar a menudo lleva a pensamientos y deseos pecaminosos, pero rara vez lleva a <u>acciones</u> pecaminosas.

6. V F Una persona que finalmente obtiene lo que codició durante mucho tiempo no volverá a codiciar nada ni a nadie.

7. V F Las personas ricas que ya parecen tenerlo "todo" pueden seguir codiciando lo que tiene otra persona.

8. V F La codicia la suelen cometer las personas más pobres, ya que los ricos ya tienen todo lo que quieren o pueden conseguir fácilmente.

9. V F Todos codician una cosa o a una persona u otra, por lo que debemos resignarnos a que nunca podremos superar la codicia en nuestras vidas.

10. V F La Biblia condena fuertemente la codicia y nos advierte contra ella, pero no nos da mucha ayuda sobre cómo superarla o resistirla.

OPCIÓN MÚLTIPLE

Elija cuál de las tres afirmaciones es correcta. Encierre en un círculo A o B o C.

1. El Catecismo de Heidelberg enseña que:

A. El mandamiento de no codiciar es el menos importante de los diez Mandamientos y el más

Commandments and the easiest one to obey.

B. The tenth Commandment teaches that not even the slightest thoughtor desire contrary to any of God's commandments should ever arisein our hearts.

C. TheCommandment not to covet was given last because the Israeliteshad recently been given freedom from bondage and therefore they were rejoicing in what they already had rather than coveting what they did not have.

2. A. After people finally get what they intensely coveted, they usually will

    not soon covet anything else.

    B. People who covet and get what they want will often soon covet something else.

    C. Though the people of Israel often wrestled with one sin or another, most of them rarely had a problem with coveting.

3. A. Coveting is less serious than most other sins, since other people may not even know that we are coveting and no one is really hurt bywhat we are thinking.

    B. Coveting was considered a serious sin in Old Testament times, but no one was ever put to death because of it.

    C. Those who seriously covet something (or someone) obviously do not love God "above all" and are therefore guilty of a very serious sin.

4. Where in the Bible do we find the following statement: "He who loves money will not be satisfied with money, nor he who loves wealth with hisincome"?

    A. Matthew 6:33

    B. Luke 12:21

    C. Ecclesiastes 5:10

5. A. It is impossible for us as humans to be free from coveting, since almost everyone is always looking for something more or something better.

    B. Since we cannot win a victory over every temptation, we should focus our efforts to resist and overcome temptations that are more significant than coveting.

    C. In His grace, God makes it possible for us to increasingly love Him and serve Him and we should therefore continue to pursue a closer

fácil de obedecer.

B. El décimo Mandamiento enseña que nunca debe surgir en nuestro corazón el más mínimo pensamiento o deseo contrario a cualquiera de los mandamientos de Dios.

C. El Mandamiento de no codiciar fue dado en último lugar porque los israelitas habían sido recientemente liberados de la esclavitud y por lo tanto se regocijaban en lo que ya tenían en lugar de codiciar lo que no tenían.

2. A. Después de que la gente finalmente obtiene lo que codicia intensamente, generalmente no codician nada más.

    B. Las personas que codician y obtienen lo que quieren, suelen codiciar pronto otra cosa.

    C. Aunque el pueblo de Israel a menudo luchaba contra uno u otro pecado, la mayoría de ellos rara vez tenía problemas con la codicia.

3. A. Codiciar es menos grave que la mayoría de los otros pecados, ya que otras personas pueden ni siquiera saber que estamos codiciando y nadie es realmente herido por lo que estamos pensando.

    B. Codiciar era considerado un pecado grave en los tiempos del Antiguo Testamento, pero nadie fue condenado a muerte por ello.

    C. Aquellos que codician seriamente algo (o a alguien) obviamente no aman a Dios "por encima de todo" y, por lo tanto, son culpables de un pecado muy serio.

4. ¿En qué parte de la Biblia encontramos la siguiente afirmación: " El que ama el dinero, no se saciará de dinero; y el que ama el mucho tener, no sacará fruto"?

    A. Mateo 6:33

    B. Lucas 12:21

    C. Eclesiastés 5:10

5. A. Es imposible que como humanos estemos libres de la codicia, ya que casi todos buscamos siempre algo más o algo mejor.

    B. Dado que no podemos obtener una victoria sobre todas las tentaciones, debemos centrar nuestros esfuerzos en resistir y vencer las tentaciones más importantes que la codicia.

    C. En Su gracia, Dios hace posible que le amemos y le sirvamos cada vez más y, por lo tanto, debemos seguir buscando un camino más

walk with God rather than longing for things we do not have.

6. Where in the Bible do we find this beautiful challenge? "Whatever is true, whatever is honorable, whatever is just, whatever is pure, whatever is lovely, whatever is commendable, if there is any excellence, if thereis anything worthy of praise, think about these things, and the God of peace will be with you."

   A. The Sermon on the Mount (Matthew 5-7)

   B. Philippians 4

   C. Romans 12

7. A. God has promised to hear our prayers and, if we sincerely love and trust Him, He will graciously give us all we need so that we may joyfully and obediently walk with Him.

   B. God had not promised to help us walk with Him unless we first demonstrate our sincerity by staying away from all sin and putting Him first in our lives.

   C. We simply have to recognize and acknowledge that we are sinful people and should not expect to make much progress in our walk with God while we are on this earth.

8. Choose which of the following statements is NOT Biblical or helpful.

   A. We should be faithful in giving thanks to God for the things we alreadyhave rather than constantly asking Him for things we do not have.

   B. We should not immediately reject thoughts or ideas which at first seem to be sinful because they may possibly have a positive side tothem.

   C. We should get rid of covetous thoughts and desires as soon as theyarise.

9. Which of the following quotes was NOT written by the Apostle Paul?

   A. "Godliness with contentment is great gain. For we brought nothing into the world, and we can take nothing out of the world. But if we have food and clothing, with these we will be content For the love of money is a root of all kinds of evil."

   B. "Some people, eager for money, have wandered from the faith and pierced themselves with many griefs."

cercano a Dios en lugar de anhelar las cosas que no tenemos.

6. ¿En qué parte de la Biblia encontramos este hermoso desafío: " Por lo demás, hermanos, todo lo que es verdadero, todo lo honesto, todo lo justo, todo lo puro, todo lo amable, todo lo que es de buen nombre; si hay virtud alguna, si algo digno de alabanza, en esto pensad. Lo que aprendisteis y recibisteis y oísteis y visteis en mí, esto haced; y el Dios de paz estará con vosotros."

   A. El sermón de la montaña (Mateo 5-7)

   B. Filipenses 4

   C. Romanos 12

7. A. Dios ha prometido escuchar nuestras oraciones y, si le amamos sinceramente y confiamos en Él, nos dará gentilmente todo lo que necesitamos para que podamos caminar alegre y obedientemente con Él.

   B. Dios no ha prometido ayudarnos a caminar con Él a menos que primero demostremos nuestra sinceridad alejándonos de todo pecado y poniéndolo a Él en primer lugar en nuestras vidas.

   C. Simplemente tenemos que reconocer y admitir que somos personas pecadoras y no debemos esperar hacer mucho progreso en nuestro caminar con Dios mientras estemos en esta tierra.

8. Elije cuál de las siguientes afirmaciones NO es bíblica o útil.

   A. Debemos ser fieles en dar gracias a Dios por las cosas que ya tenemos en lugar de pedirle constantemente cosas que no tenemos.

   B. No debemos rechazar inmediatamente los pensamientos o ideas que al principio parecen ser pecaminosos porque posiblemente tengan un lado positivo.

   C. Debemos deshacernos de los pensamientos y deseos codiciosos tan pronto como surjan.

9. ¿Cuál de las siguientes citas NO fue escrita por el Apóstol Pablo?

   A. "La piedad con satisfacción es una gran ganancia. Porque nada hemos traído al mundo, y nada podemos sacar del mundo. Pero si tenemos comida y ropa, con esto estaremos contentos Porque el amor al dinero es raíz de toda clase de males".

C. "Do not lay up for ourselves treasures on earth, where moth and rust destroy and where thieves break in and steal, but lay up for yourselves treasures in heaven, . . . For where your treasure is, there you heart will be also."

10. Who wrote the following statement: "I have learned in whatever situationI am to be content"?

A. Paul

B. Job

C. Jesus

LESSON TWELVE – aDDITIONaL QUESTIONS

1. What does it mean to "covet" something?

2. Why is coveting wrong?

3. Which of the following situations represent sinful coveting in God's sightand which represent normal or acceptable longing or desire? Write the word SINFUL or the word ACCEPTABLE in front of each statement. Then give the REASON for your answers.

   A. An unmarried young man sees a beautiful unmarried young lady andlongs to have her as his wife. He thinks about her most of the day and even dreams about her at night.

   Reason:

   B. A young boy watches a soccer game and is very impressed with one of the star players. He would like to be as good as the star is and determines to practice diligently each day so he can someday become a professional soccer player.

   Reason:

   C. A man works very hard at his job and makes a decent living. However, he wants to get a second job so he can make more money and buy some new clothes for his children.

   Reason:

   D. A young wife is unhappy with her marriage because the fellow who workswith her in the office makes a lot more money than her husband does. Besides, he's a better athlete and is in far better shape. She wishes shehad married him instead of her husband and she thinks about it almost every day.

   Reason:

4. Which of the following statements are true and

B. "Algunos, ávidos de dinero, se han alejado de la fe y se han traspasado a sí mismos muchas penas".

C. "No os hagáis tesoros en la tierra, donde la polilla y el óxido destruyen y donde los ladrones entran y roban, sino haceos tesoros en el cielo, porque donde esté vuestro tesoro, allí estará también vuestro corazón".

10. ¿Quién escribió la siguiente declaración? "He aprendido a contentarme en cualquier situación en la que me encuentre"?

A. Pablo

B. Job

C. Jesús

LECCIÓN DOCE – PREGUNTAS ADICIONALES

1. ¿Qué significa "codiciar" algo?

2. ¿Por qué es malo codiciar?

3. ¿Cuáles de las siguientes situaciones representan una codicia pecaminosa a los ojos de Dios y cuáles representan un anhelo o deseo normal o aceptable? Escribe la palabra PECADO o la palabra ACEPTABLE delante de cada afirmación. Luego da la RAZÓN de tus respuestas.

   A. Un joven soltero ve a una hermosa joven soltera y anhela tenerla como esposa. Piensa en ella la mayor parte del día e incluso sueña con ella por la noche.

   Razón:

   B. Un joven ve un partido de fútbol y queda muy impresionado por uno de los jugadores estrella. Le gustaría ser tan bueno como la estrella y se propone practicar con diligencia cada día para poder llegar a ser algún día un jugador de fútbol profesional.

   Razón:

   C. Un hombre se esfuerza mucho en su trabajo y se gana la vida decentemente. Sin embargo, quiere conseguir un segundo trabajo para poder ganar más dinero y comprar ropa nueva para sus hijos.

   Razón:

   D. Una joven esposa está descontenta con su matrimonio porque el compañero que trabaja con ella en la oficina gana mucho más dinero que su marido. Además, él es mejor deportista y está en mucha mejor forma. Desearía haberse casado con él en lugar de con su marido y piensa en ello casi todos los días.

which are false? Write True or False in front of each statement. Also, give the reason for your answers.

A. Strong desires are always sinful in the sight of God because theyshow that a person is not content with what he has.

B. People who work hard to increase their wealth are almost alwayscovetous.

C. We don't need to be overly concerned about our thoughts unlessthey lead to sinful actions.

D. It's generally better not to have strong desires for anything at all,since that will help us avoid the sin of covetousness.

E. Covetousness and jealousy often go together.

5. What does Paul say about greed in Colossians 3:5?

6. A. Read the Tenth Commandment as it is found in Exodus 20:17 and inDeuteronomy 5:21 and indicate two ways in which the verses differ from each other.

(1)

(2)

B. Do you think these differences are significant?

Please give the reason for your answer.

7. Write out two passages from the Old Testament that indicate that diligence in work is pleasing to God and that sloth and laziness are not pleasing to Him.

A.

B.

8. Write out two passages from the New Testament that indicate that "intense longing" for something is not necessarily bad or sinful in God'ssight.

A.

B.

9. What does the Heidelberg Catechism teach about the Tenth Commandment?

10. A. Write out Ecclesiastes 5:10.

B. Do you think this statement is *always* true, *usually* true, or only *occasionally* true?

C. Please give the reason for your answer.

11. In what sense is coveting often or usually a "dead end street"?

Razón:

4. ¿Cuáles de las siguientes afirmaciones son verdaderas y cuáles son falsas? Escribe Verdadero o Falso delante de cada afirmación. Justifica también tus respuestas.

A. Los deseos fuertes son siempre pecaminosos a los ojos de Dios porque muestran que una persona no está contenta con lo que tiene.

B. Las personas que se esfuerzan por aumentar su riqueza son casi siempre codiciosas.

C. No necesitamos preocuparnos demasiado por nuestros pensamientos a menos que nos lleven a acciones pecaminosas.

D. Generalmente es mejor no tener fuertes deseos por nada, ya que eso nos ayudará a evitar el pecado de la codicia.

E. La codicia y los celos suelen ir juntos.

5. ¿Qué dice Pablo sobre la codicia en Colosenses 3:5?

6. A. Lee el Décimo Mandamiento tal como se encuentra en Éxodo 20:17 y en Deuteronomio 5:21 e indica dos formas en que los versículos difieren entre sí.

(1)

(2)

B. ¿Crees que estas diferencias son significativas?

Por favor, justifica tu respuesta.

7. Escribe dos pasajes del Antiguo Testamento que indiquen que la diligencia en el trabajo es agradable a Dios y que la pereza y la holgazanería no le agradan.

A.

B.

8. Escribe dos pasajes del Nuevo Testamento que indiquen que el "anhelo intenso" de algo no es necesariamente malo o pecaminoso a los ojos de Dios.

A.

B.

9. ¿Qué enseña el Catecismo de Heidelberg sobre el décimo mandamiento?

10. A. Escribe el pasaje de Eclesiastés 5:10.

B. ¿Crees que esta afirmación es verdadera *siempre*, *usualmente* verdadera, o sólo *ocasionalmente*?

C. Por favor, justifica tu respuesta.

11. ¿En qué sentido la codicia es usual o normalmente

12. What do you think it means to be "content" with what we have?

13. The Lesson teaches that it is acceptable to want something we do nothave if the following three conditions are met.

    A.

    B.

    C.

14. What does Paul teach in 1 Timothy 6:6-10 about the dangers of richesand the desire to get rich?

15. Briefly list five examples of coveting in the Bible that led to very seriousconsequences. Indicate *who* coveted, *what* they coveted, and what the *results* were.

    A.

    B

    C

    D

    E.

16. What are some of the things in your own culture which can easily leadyou and others to coveting?

17. What are some of the practical things you can do to help you not tocovet?

18. A. What one word describes the opposite of "coveting?"

    B. Fill in the missing words from 1 Thessalonians 5:16-18 ."Rejoice___, pray___give thanks in __ _ circumstances, for this is__________. "

19. A. What words of Jesus are recorded in Acts 20:35?

    B. How can this message of Jesus help you to keep from coveting?

20. A. What did Jesus teach about coveting in Luke 12:15?

    B. What did He teach in Luke 12:20-21?

    C. What do you think it means to be "rich toward God"?

QUESTIONS FOr rEFLECTION Or DISCUSSION

1. How would you respond to someone who says: "My thought life is of noconcern to anyone but myself. As long as I don't *do* anything wrong, I'm free to think whatever I please"?

---

un "callejón sin salida"?

12. ¿Qué crees que significa estar "contento" con lo que tenemos?

13. La Lección enseña que es aceptable desear algo que no tenemos si se cumplen las tres condiciones siguientes.

    A.

    B.

    C.

14. ¿Qué enseña Pablo en 1 Timoteo 6:6-10 sobre los peligros de las riquezas y el deseo de enriquecerse?

15. Enlista brevemente cinco ejemplos de codicia en la Biblia que llevaron a consecuencias muy graves. Indica *quiénes* codiciaron, *qué* codiciaron y cuáles fueron los *resultados*.

    A.

    B

    C

    D

    E.

16. ¿Cuáles son algunas de las cosas de tu propia cultura que pueden llevarte a ti y a otros a codiciar fácilmente?

17. ¿Cuáles son algunas de las cosas prácticas que puedes hacer para ayudarte a no codiciar?

18. A.¿Qué palabra describe lo opuesto a "codiciar"?

    B. Completa las palabras que faltan de 1 Tesalonicenses 5:16-18."Estad siempre________, Orad___________, dad gracias en_______, porque esta es_____________________________. "

19. A.¿Qué palabras de Jesús se registran en Hechos 20:35?

    B. ¿Cómo este mensaje de Jesús puede ayudarte a no codiciar?

20. A. ¿Qué enseñó Jesús sobre la codicia en Lucas 12:15?

    B. ¿Qué enseñó en Lucas 12:20-21?

    C. ¿Qué crees que significa ser "rico para con Dios"?

PREGUNTAS PARA REFLEXIONAR O DISCUTIR

1. ¿Cómo responderías a alguien que dice: "Mi vida de pensamiento no le importa a nadie más que a mí mismo. Mientras no haga nada malo, soy libre

2. The Lesson notes refer to several people who were guilty of coveting and were punished for it by God. Does it seem to you that the punishment was appropriate in each instance? Or did the punishment seem overly severe in some cases?

   Please give the reason for your answer.

3. The Lesson notes give seven Scriptural "guidelines" that can help us overcome or stay away from the sin of coveting. List THREE of those which seem to be most helpful in your own life.

   Please explain why you chose these three.

4. In general, who do you think it likely to be more covetous: a *rich* person or a *poor* person?

   Please give the reason for your answer.

5. A. As you look back over this course, which Lessons have been of the most help to you in your walk with God?

   Please give the reason for your answer.

   B. Of the ten summary statements at the end of the Lesson, list three of them that will likely be of the most help to you in your walk with God.

   Please give the reason for your answer.

de pensar lo que quiera"?

2. Las notas de la lección se refieren a varias personas que fueron culpables de codiciar y fueron castigadas por Dios. ¿Te parece que el castigo fue apropiado en cada caso? ¿O el castigo te pareció demasiado severo en algunos casos?

   Por favor, justifica tu respuesta.

3. Las notas de la lección dan siete "pautas" bíblicas que pueden ayudarnos a superar o alejarnos del pecado de la codicia. Enumera TRES de las que parecen ser más útiles en tu propia vida.

   Explica por qué has elegido estas tres.

4. En general, ¿quién crees que es más codicioso: una persona *rica* o una persona *pobre*?

   Por favor, justifica tu respuesta.

5. A. Al mirar hacia atrás en este curso, ¿qué Lecciones te han ayudado más en tu caminar con Dios?

   Por favor, justifica tu respuesta.

   B. De las diez afirmaciones de resumen que aparecen al final de la lección, enumera tres de ellas que probablemente te serán de mayor ayuda en tu caminar con Dios.

   Por favor, justifica tu respuesta.

SUMMARY OF SOME OF THE TEACHINGS IN THIS COURSE ON WALKING WITH GOD

As we conclude this study, we review some of the main teachings presented in the course, recognizing God's high standards, acknowledging our own failures, rejoicing in God's forgiving grace, and trusting that the Holy Spirit will enable us increasingly to WALK WITH GOD in gratitude and obedience.

God has graciously given us the Ten Commandments to help us "walk with Him" in joy, gratitude, and obedience. Contrary to what some people seem to think, He did not give us these Commandments (or any other laws) to be a burden to us. If we truly want to live in a way that honors Him and blesses us and others, He will, by His Spirit, enable us to know and do what most pleases Him and what is also best for us.

As you studied this course about the various Commandments, you might possibly have been discouraged at times to learn how high God's standards are and how impossible it is for us, on our own, to perfectly obey all His commands. It clearly is obvious that no one is able to "earn" his salvation through works of obedience.

At the same time, it's important to recall that several people mentioned in the Bible did walk with God and were regarded as "righteous" in His sight. None of them, of course, was perfect or without sin, but the persons referred to did seek to live in a way that truly honored and pleased the Lord.

A BRIEF REVIEW OF MAJOR TEACHINGS

1. God presented most of the Ten Commandments in a negative form, since He knows that by nature our hearts are prone to wander away from Him (Romans 7:18-19; Ephesians 2:1-3).

2. God provides salvation for us through His grace. Observing the law, important as it is, does not make us righteous in God's sight (Romans 3:20; Ephesians 2:8-9).

3. God desires that we be imitators of Himself and become like His Son Jesus as we live a life of

RESUMEN DE ALGUNAS DE LAS ENSEÑANZAS DE ESTE CURSO SOBRE CAMINANDO CON DIOS

Al concluir este estudio, repasamos algunas de las principales enseñanzas presentadas en el curso, reconociendo los altos estándares de Dios, reconociendo nuestros propios fracasos, regocijándonos en la gracia misericordiosa de Dios, y confiando en que el Espíritu Santo nos capacitará cada vez más para CAMINAR CON DIOS en gratitud y obediencia.

Dios nos ha dado gentilmente los Diez Mandamientos para ayudarnos a "caminar con Él" en alegría, gratitud y obediencia. Al contrario de lo que algunas personas parecen pensar, Él no nos dio estos Mandamientos (ni ninguna otra ley) para que fueran una carga para nosotros. Si realmente queremos vivir de una manera que lo honre y nos bendiga a nosotros y a los demás, Él, por medio de su Espíritu, nos capacitará para saber y hacer lo que más le agrada y lo que también es mejor para nosotros.

Al estudiar este curso sobre los diversos Mandamientos, posiblemente te hayas desanimado a veces al saber cuán altos son los estándares de Dios y cuán imposible es para nosotros, por nuestra cuenta, obedecer perfectamente todos Sus mandatos. Es evidente que nadie es capaz de "ganar" su salvación a través de las obras de obediencia.

Al mismo tiempo, es importante recordar que varias personas mencionadas en la Biblia sí caminaron con Dios y fueron consideradas "justas" a sus ojos. Ninguno de ellos, por supuesto, era perfecto o estaba libre de pecado, pero las personas a las que se hace referencia buscaron vivir de una manera que realmente honrara y agradara al Señor.

UN BREVE REPASO A LAS PRINCIPALES ENSEÑANZAS

1. Dios presentó la mayoría de los Diez Mandamientos en forma negativa, ya que sabe que por naturaleza nuestros corazones son propensos a alejarse de Él (Romanos 7:18-19; Efesios 2:1-3).

2. Dios nos proporciona la salvación por medio de su gracia. La observancia de la ley, por importante que sea, no nos hace justos a los ojos de Dios (Romanos 3:20; Efesios 2:8-9).

3. Dios desea que seamos imitadores de Él y que lleguemos a ser como su Hijo Jesús al vivir una

love (Ephesians 4:32-5:2; Romans 8:29; 2 Philippians 2:5-8).

4. God makes it possible for us to increasingly love Him and serve Him in our daily lives and He has provided all that we need in order to be all that He wants us to be (2 Peter 1:3-4; 1 John 3:9).

5. God graciously provides a way of escape out of every temptation for those who trust Him and believe Him (1 Corinthians 10:13).

6. God promises to hear our prayers and to give us the wisdom, courage, and spiritual strength we need in order to walk joyfully and obediently with Him (Matthew 21:22; Philippians 4:6; Ephesians 6:18).

7. God desires that we not simply stay away from sin, but that we demonstrate the fruit of the indwelling Holy Spirit in our daily lives (Galatians 5:22-26).

8. God wants and enables us to be His witnesses not only through the things we say but also through the lives we live to His glory (1 Peter 4:7-11).

9. God promises us real and lasting joy when we trust and obey Him and seek to know and do His will. All other pleasures are temporal and transitory (Hebrews 10:35-36; 11:24-26).

10. God will eventually bring all His children to complete perfection in everlasting glory and joy (Ephesians 5:26-27; Jude 24-25).

vida de amor (Efesios 4:32-5:2; Romanos 8:29; 2 Filipenses 2:5-8).

4. Dios hace posible que le amemos y le sirvamos cada vez más en nuestra vida diaria y ha provisto todo lo que necesitamos para ser todo lo que Él quiere que seamos (2 Pedro 1:3-4; 1 Juan 3:9).

5. Dios provee gentilmente una vía de escape de toda tentación para aquellos que confían en Él y le creen (1 Corintios 10:13)

6. Dios promete escuchar nuestras oraciones y darnos la sabiduría, el valor y la fuerza espiritual que necesitamos para caminar alegre y obedientemente con Él (Mateo 21:22; Filipenses 4:6; Efesios 6:18).

7. Dios desea que no nos limitemos a alejarnos del pecado, sino que demostremos el fruto del Espíritu Santo que mora en nosotros en nuestra vida diaria (Gálatas 5:22-26).

8. Dios quiere y nos capacita para ser Sus testigos no sólo a través de las cosas que decimos sino también a través de las vidas que vivimos para Su gloria (1 Pedro 4:7-11).

9. Dios nos promete un gozo real y duradero cuando confiamos en Él y le obedecemos y buscamos conocer y hacer su voluntad. Todos los demás placeres son temporales y transitorios (Hebreos 10:35-36; 11:24-26).

10. Dios finalmente llevará a todos sus hijos a la perfección completa en la gloria y el gozo eternos (Efesios 5:26-27; Judas 24-25).